To Franco Ramaccini, a sceptic, a friend

心智的迷思

探索大眾對心智與大腦的普遍想法

❷

作者群

Neil C. Abbot Department of Complementary Medicine, University of Exeter, 25 Victoria Park Road, Exeter EX2 4NT, UK

Giovanni Berlucchi Dipartimento di Scienze, Neurologiche e della Visione, Sezione di Fisiologia Umana, Strada Le Grazie 8, 37134 Verona, Italy

Barry L. Beyerstein Department of Psychology, Simon Fraser University, Burnaby, B.C. V5A 1S6, Canada

Michael C. Corballis Department of Psychology, University of Auckland, Private Bag 92019, Auckland, New Zealand

Sergio Della Sala Department of Psychology, University of Aberdeen, William Guild Building, Old Aberdeen AB24 2UB, UK

Ennio De Renzi Clinica Neurologica, Università di Modena, Via del Pozzo 71, 41100 Modena, Italy

Steve Donnelly Department of Physics, University of Salford, The Crescent, Salford M54 UUT, UK

Edzard Ernst Department of Complementary Medicine, University of Exeter, 25 Victoria Park Road, Exeter EX2 4NT, UK

Susan Frame Psychology Department, Victoria University of Wellington, Box 600, Wellington, New Zealand

Maryanne Garry Psychology Department, Victoria University of Wellington, Box 600, Wellington, New Zealand

Ken J. Gilhooly Department of Psychology, University of Aberdeen, William Guild Building, Aberdeen AB24 2UB, UK

Toby Howard Advanced Interfaces Group, Department of Computer Science, University of Manchester, Oxford Road, Manchester M13 9PL, UK

Mike Kopelman UMDS, Division of Psychiatry and Psychology, St Thomas's Hospital, Lambeth Palace Road, London SE1 7EH, UK

Kate Leafhead UMDS, Division of Psychiatry and Psychology, Guy's Hospital, London Bridge, London SE1 9RT UK

Elizabeth Loftus　Psychology Department, Box 351525, University of Washington, Seattle, WA 98195-1525, USA

Robert H. Logie　Department of Psychology, University of Aberdeen, William Guild Building, Old Aberdeen, AB24 2UB, UK

Michael A. Persinger　Behavioural Neuroscience Programme, Laurentian University, Ramsey Lake Road, Sudbury, Ontario P3E 2C6, Canada

Massimo Polidoro　CICAP (Comitato Italiano per il Controllo delle Affermazioni sul Paranormale), Casella Postale 60, 27058 Voghera (Pavia), Italy

Pat Rabbitt　Age and Cognitive Performance Research Centre, The University of Manchester, Coupland I, Oxford Road, Manchester M13 9PL, UK

James Randi　James Randi Educational Foundation, 201 SE Davie Boulevard, Fort Lauderdale FL 33316-1815, USA

Fernando D. Saraví　Medical School, Universidad Nacional de Cuyo, Mendoza 5500, Argentina

Graham F. Wagstaff　Department of Psychology, Liverpool University, Eleanor Rathbone Building, Liverpool L69 3BX, UK

The drawings are by:

Mr Peter Bates　Department of Psychology, University of Aberdeen, William Guild Building, Old Aberdeen, AB24 2UB, UK

4

譯者簡介

郭俊顯

學歷：

台南第一中學

國立政治大學心理學系學士（輔系：資訊管理系）

國立中正大學心理學研究所碩士

國立中正大學心理學研究所博士

經歷：

敏惠護校兼任教師

嘉義市公民大學講座

國立空中大學講師

國立中正大學通識教育中心講師

專長：

生理心理學

行為經濟學

認知神經科學

前言

　　可以將事實與迷思（myth）區分出來，對人們而言雖說是相當有幫助的，然而，倘若沒有迷思的話，這個世界可能會貧乏無趣多了。事實上，由於迷思具有一種令人難以置信的特質，才能夠讓尼斯湖水怪與亞瑟王的圓桌武士傳奇如此地迷人。在心理學裡面同樣存有一些迷思，而一般大眾常將這些迷思與事實混淆在一起。

　　本書《心智的迷思》（*Mind Myths*）就是針對這樣的主題，涵蓋了許多受到大眾熱烈討論的關於大腦與心智的話題。包括一些流傳很久的謬論，例如，我們只用到大腦的 10%、我們左右腦功能的分化：右腦的功能是藝術的，像個充滿藝術的嬉皮；而左腦負責理性的功能，像個死氣沉沉的會計人員。還有相信瀕死經驗（near-death experience）可以讓我們回顧一生的經歷。民俗心理學（folk psychology）探討的範圍包括與最佳學習策略有關的謬誤、創造力、對催眠的迷思，以及老化的影響等種種錯誤的信念。這本書的編者德拉撒拉（Sergio Della Sala）曾有過很合適但不常見的榮譽，他曾在科學期刊《自然》（*Nature*）發表一篇文章探討義大利基督教殉教者聖亞努阿里伍思〔St Januarius（San Gennaro）〕血液的「神奇」液化（liquefaction）作用，也引起了那普勒斯主教的譴責（譯註：**相傳他殉教後，遺體保存在那普勒斯大教堂，還有兩瓶據稱是聖亞努阿里伍思的血液。據稱在紀念他的節日九月十九日與其他一些節日中，瓶中的固體物質會液化**）。整體而言，這本書以相當生動的風格書寫，並且應該會引起科學記者與那些相信迷思的讀者的閱讀興趣。對大學生的研討課程而言，這本書討論的焦點也很適合於課程的使用，可以引發學生思考

從心理學的實驗室到民俗心理學之中尚未開墾的領域。總結來說，這是一本相當適時且迷人的好書。

亞倫・拜德利（Alan Baddeley）

工作記憶（working memory）的創始研究者

致謝

　　首先，我想要謝謝本書每一章的作者熱心採納我的意見。然而，我非常肯定任何一個主編都會與我有相同的感覺，我常常苦思著「死線」（譯註：deadline，意指「截稿時限」）這個字眼的真正意義，它看起來仍有污辱學術的味道。這個字是來自於美國內戰時安德森市的戰俘集中營，地上劃有一條線，戰俘不得跨過此線，否則就會被槍殺。我必須坦承的是，我在睡夢中會想像著某些對本書有所貢獻的作者們站在那條可怕界線的邊緣上。

　　我還要感謝出版編輯康佛特・傑吉得（Comfort Jegede）的熱心及指導，感謝編輯助理梅蘭妮・飛利浦（Melanie Phillips）、印刷編輯梅蒂・柯里森（Mandy Collison），以及行銷經理崔西・克萊頓（Tracy Clayton）不斷的支持，感謝喬・華森（Jo Watson）耐心地修改我地中海式的文法，依慣例還要感謝我的另一半瑪莉安（Miriam）。讀者會高興得知我們之間的關係並沒有因為我投注在本書而破壞，就像我一些同事的遭遇一樣。從大多數科學書籍的前言中可以很清楚地看到科學家在編輯一本書籍的時候，就會變得很頑固、很惡毒，變成待在家裡不願意與他人來往的野獸。相反地，當我們為彼得・貝帝斯（Peter Bates）熟練畫出的卡通圖案想標題的時候，卻有一些好笑的事情發生。關於這些插圖，我應該感謝所有提供靈感的人們。

　　最後，我要謝謝萊斯利・歐爾德（Leslie Ord）撰寫蒐集問卷資料的程式，還有盧斯・德林克瓦特（Ruth Drinkwater）、珊卓拉・史奇爾林（Sandra Skilling）以及莎拉・麥克瑞蒙（Sarah McCrimmon）對編輯工作所做的協助，讓我的日子好過點，並且讓我的工作更加有趣。

編者序

在大部分人類的知識領域中，神經科學將許多相關的學科鬆散地整合在一起，以探究腦的功能以及腦與行為之間的關係為目標。在神經科學這個領域之中，同樣地不能豁免於個人信仰、偏見、宗教信仰、希望期待、預感與迷思。大眾通常會去相信一些對腦與心智功能的科學推理，這些推理主要是反對為大眾所接受為事實的傳統看法，即便這些推理甚少經過驗證的過程（請參考Rothamn, 1989的討論）。本書撰寫時所使用的標題「神經學神話」〔Neuromythology：從過去藍道（Landau, 1988, 1989, 1990）、羅森伯格（Rosenberg, 1996）以及藍道與尼爾森（Landau & Nelson, 1996）和本書議題無關的論文中引用而來的名詞〕，和最後所使用的標題：心智的迷思（Mind Myths）。我在我所居住的小城亞伯丁（Aberdeen）附近一個叫做Archeolink的博物館中，找到了「迷思」的定義：迷思是詩般的故事，由早期的人們為了解釋宇宙、自然事件與生命本身的奧秘所發明出來；季節的改變、成長與衰老、風暴、洪水、乾旱、好運與霉運，都可以歸因於超自然的生物、有名的祖先或是遠古的英雄。我們現在對閃電與打雷有較多的了解，所以這兩者變得比較不神秘、不那麼超自然、也不再使我們覺得那麼恐怖。但是假使我們不了解腦與心智的機制，與它的疾病產生的影響，我們面對這些奧秘的方式，便是模仿人們與神靈溝通以求得幫助，或是相信一些過度簡化的教條以為庇護。一些人可能會注意到在整本書的篇名之中，「腦」（brain）與「心智」（mind）這兩個詞的定義之間有一些蓄意的模糊（deliberate ambiguity）之處〔記得明斯基（Marvin Minsky）所定義的：「心智就是腦的運作」（the mind is simply what the brain does）（1987）〕。

為了避免誤解與冗長的哲學論辯，我提出以唯物主義觀點為「腦」與「心智」下定義，然而，我記起了一個很有力的格言（*Punch* motto）：什麼是物質？別在乎，什麼是心智？沒有物質（What is matter? Never mind; What is mind? No matter）（語出Blakmore, 1994）。

科學家所了解的腦功能與認知機制，與社會大眾由報紙、新聞報導或是電視節目當中所得到的訊息之間有一道大鴻溝，這本書的目的就是想彌補這道鴻溝，像其他的科學領域（物理或是化學）一樣，大眾有興趣的題目（通常是比較非專業的）與神經科學家致力研究的主題不同。這本書的作者群用一個科學的取向，說明一些大家可以在雞尾酒會或類似的場合討論的題目。

我們生存在一個容易因輕信而受騙的世界，我們之間的許多人（與Lewis Carroll's Red Queen）一樣相信在早餐之前只有最多六件不可能的事。有個講法相當使我震驚，在美國有一半的人不相信天擇造成演化，在英國有一半的人不認為地球是圓的（Wolpert, 1993, p. ix）。薩波斯基（Sapolsky, 1998, p. 218）堅稱最近蓋洛普（Gallup）的一項調查指出「有25%的美國人相信鬼魂的存在，26%的人相信有心靈感應（mental telepathy），有47%的人相信有幽浮（UFO, unidentified flying object）的存在，有49%的人相信有超感知覺（extrasensory perception, ESP）」，有差不多比率（49%）的人相信某些人是被魔鬼附身了。

我很想確認這些數字的正確性，機會來了，有一次我們為自己系上的創系百年準備紀念活動，我們這一個心理系是全英國最古老的。在許多實際的展示之中，為了好玩，我們也設置了一台電腦，讓參觀來賓可以回答電腦呈現的十六個問題（只要回答「是」或「否」），這個問卷名稱就叫「你是一個科學家或詩人？」（註）問卷就放在下一頁，有興趣的讀者可以做一做（在繼續讀下去之前）。當然來參觀的來賓並不完全具有樣本代表性。然而，所發現的結果還滿令我們高興的：只有15%的人不同意太陽是個星星，只有24%的人不認為地球花了一年的時間環

「你是一個科學家或詩人」問卷

是非題：

1. 最後一隻恐龍在人類出現以前就滅亡了。

2. 抗菌物殺死病毒。

3. 電子比原子小。

4. 天主教派直到 1992 年才承認伽利略所說的地球繞著太陽轉是正確的。

5. 地球要花一年的時間繞太陽一圈。

6. 太陽是一顆星。

7. 奧卡姆剃刀（Occam's Razor）是巴伐力亞地區切肉的一種技術。

8. 人類跟長頸鹿有相同數目的頸骨。

9. 人類通常只使用 10 ％的大腦。

10. 理髮讓頭髮長得更快。

11. 大腦運作時使用的能量大約與點亮一盞十瓦特的燈使用的能量相同。

12. 宇宙已經有六千年歷史了。

13. 查油格（Zadig）是 1950 年代巴西足球明星。

14. 澳洲的首都是雪梨。

15. 任何有特殊天賦的人都可以只用心智能量弄彎湯匙。

16. 大腦的平均重量介於 1,100 到 1,300 克之間。

分數代表的意義（每題一分）：

12-16：天生的科學家

8-11：答對了一些，也答錯了一些，但是表現仍令人印象深刻

4-7：加油，你有一些潛力變成科學家

0-3：不太像科學家，你可能滿喜歡詩

答案：

1.○ 2.✗ 3.○ 4.○ 5.○ 6.○ 7.✗ 8.○ 9.✗ 10.✗ 11.○ 12.✗ 13.✗ 14.✗ 15.✗ 16.○

繞太陽運行，另一方面，只有31%的人在第二題回答「是」，所以普通的感冒就準備服用抗生素，有43%的人認為「伽利略因為其科學成就而入獄，直到最近才獲釋」（Della Sala, 1997a）。有一點失望的是，我們發現有27%的人堅稱人可以藉由心理能量（mental energy）將湯匙弄彎，有69%的人認為我們只使用了10%的腦力。我很期望其中的某些人可以很喜歡這本書。

容易受欺騙並不是教育程度不高的一個象徵（sign），Abel（1997）引述Winer and Cottrell的話表示：在美國有超過三分之一的大學生仍然有亞理斯多德時代的看法，也就是當我們看一個物體的時候，會有一些射線、波或是一些不特定的能量從我們的眼睛射出，就像電影明星李奧那多愛的射線一般。確實，在我的心理系學生當中，大約有五分之一相信超感知覺的存在，而且我們可以發出腦波影響外在的物質世

界。我任教大學的前任校長，就對「過火」（譯註：原文為fire-walking，意思接近於「過火」，指台灣宗教儀式中，信眾赤腳踏過火堆的行為。）的現象非常著迷（Hamilton, 1994），而且不為我的解釋所改變：因為木頭餘燼熱的傳導比較不好，當信眾以很快的速度踏過時，並不容易受傷〔譯註：通常還會灑上大把鹽巴，幫助降低木頭餘燼的溫度，但一旦接觸餘燼時間過久，例如在餘燼上跌倒，仍會造成灼傷（這並不是神明沒有顯靈保佑的緣故！）〕（這也是過火的信眾不敢踏過燒紅的鐵板，或是燒得正紅的木炭之緣故）。這位前校長採用一個相信者的邏輯：「我找不到任何解釋，所以這件事沒有任何解釋。」這種事常常發生，但「科學不能解釋……」應該被解釋成「我不曉得如何去解釋，但也許有人可以解釋。」將一切我們不了解的事物歸因於超自然的原因，意味著超自然沒有其界限。醫學之父希波克拉底（Hippocrates）就曾經批評他的對手將癲癇（epilepsy）視為神授的（divine），只因為對癲癇不了解。而且Canon Law（art. 1289,3）對癲癇患者與被魔鬼附身的區分不明確（Della Sala and Berrini, 1979）。這種事情只單純在過去常見嗎？並不盡然。一九九

七年四月十四日，在義大利Catania這個地方就聚集了很多人參與宗教集會，Echevarría主教宣稱「殘障者的父母當中有90%在結婚時並不是處男處女」。在這個十分荒謬與忽視科學的腐土之中，不理性找到其居住地。書店或是報紙批發商的書架上擠滿一堆採用不合適標題的報紙，譬如「秘密的智慧」（Secret Wisdom）、「未解的」（Unsolved）、「未公開的檔案」（The Unopened Files）、「積極的健康」（Positive Health）、「教化」（Enlightenment）、「太極與另類健康」（Tai Chi and Alternative Health）、「新世紀」（New Age）、「核心」（Nexus）、「謎」（Enigma）、「綠蛋」（Green Egg）、「神奇的協調」（Magical Blend）、Magonia、「奧秘教派」（The Kabbalist）、Avalon、「靈知」（Gnosis）、「夏曼的鼓」（Shaman's Drum）、「X—因素」（The X-factor）、「願景：解釋不可解的」（Vision: Explaining the Unexplained）。甚至一些較傳統的刊物〔例如《生活》（*LIFE*）〕，也出版一些特刊從相信者的角度介紹超自然的現象（Miller, 1997）。

如果相信上述現象的人所撰寫的書可以大賣（Ridley, 1995），那也有一大堆由批評者寫的書，這些書嘗試去揭穿大眾也相信的事情（usual beliefs），包括小綠人、超感知覺、上帝創造人類說、目睹外星人與被外星人綁架。同樣地，我們也被一些從神經心理學角度對意識的大膽解釋、一些對大腦功能的驚異假說、一些宣稱解開腦的奧秘的暢銷書、一些誤解科學的傳說軼事所淹沒。

John Allen Paulos主張任何一本書的部分動機都是憤怒（Paulos, 1988, p. 32）。確實如此，這本書也是來自對某些事情的不滿意。我常常有機會去參加一些成員背景不同的研討會，我可以察覺到即便具有相當高的教育水準，這些成員仍有一些錯誤的想法，這些想法包括「只使用10%的大腦」、「因為播放病患最喜歡的歌曲，使得病患恢復了意識」、「右半腦的創造力」、「依賴魔法以防止老化」、「腦的能量」與「錯誤記憶症候群」。想要用科學的角度來更正這些錯誤的想法，常常是找

不到適當的材料，而只能假定一些技術性的專業書籍應該有這方面的資訊。然而，腦與心智的功能非常吸引一般大眾，實際上是挑戰他們對腦與心智的了解（Greenfield, 1997）。所以《心智的迷思》這一本書，主要就是針對這些對腦與心智功能有興趣的讀者，他們不一定得是神經科學的專家，只要對神經學與認知功能的現象或知識感興趣，而想要找到一些確實的證據來檢證他們聽到的說法是否正確。

我列了一份問題的單子，這些問題是朋友曾經問過的，還有一份名單，名單上的人曾經探討過這些問題，這兩份名單的結合就是計畫出這本書的基礎。這本書的基調是科學取向，但是以社會大眾可以清楚了解的方式來說明。但是我仍希望這本書可以讓神經科學不同領域的專家滿意，而或許可以採用這本書當作理學院相關科系、神經科學相關科系或心理系第一年課程的課外讀物。閱讀本書，學生並不需要一些背景知識，但是需要熟悉科學的語言。編輯本書的過程中，各章的作者與我都避免擺出恩賜的態度，謹記在心的避免像一個世故的教授或是有名學院的有力人士的思考方式，例如「幫助學生能自行思考不是我的責任，很明顯的這是促使他們變好所應做的最後一件事。我們的責任是擔保他們應該跟我們的想法一樣，或者無論如何，一個權宜之計的想法，他們應該跟我們有相同的想法」（Butler, 1985, p. 189），我希望至少在這件事上面有部分是達成的。

如同大部分編輯而成的書籍一樣，這本書也有其優缺點（ups and downs），各章的書寫風格並不一致，而且編者也未必都同意各章作者的講法（相反的，我也確定各章作者未必都同意我的講法）。整體而言，我希望能傳達的一個訊息是「心智的奧秘並不會因為一些教條式的信念而消失，而應該尊敬地面對，並以各種方法來研究其奧秘」。這本書並不是用來解開一些謎團或是破解一些秘密，我也沒有意圖傳播對科學的狂熱，或是推理的至高無上性。確實，我發現一些專業領域的懷疑論者跟不屈不撓的化約主義論者用相當堅持己見的口吻來談論這些事

情。另外，如果認為一些異乎尋常的行為或是不尋常的發現，「可以用目前心理學的知識跟現在對人類神經系統的所知輕易地解釋跟了解」（Baker, 1992, p. 23）又顯得過度簡化。事實上，沒有事情是如此簡單的，特別是像心智這種無形的東西（請參考Stannard, 1996的討論）。就像德國戲劇作家布來克特（Brecht）在劇作「伽利略」（*Galileo*）當中所寫的，「科學的主要目標不是開啟無限智慧的門，而是為無限的錯誤定下一個界線」。不是利用一個教條跟另一個教條對比，藉此去散布我們的科學，而是盡可能教育多一點的群眾關於科學的道德跟方法（Latour, 1998）。譬如，「科學與技術之間是有所差別的」這個概念並不是那麼明顯。技術是根據科學，科學產生一些想法，而「技術產生一些可以使用的物品」（Wolpert, 1993, p. 25）。提供研究經費的委員會或是我們屈從的一些同事，強迫我們必須為研究成果儘快找到一個可能的應用方式，這也是為什麼我發現這是很令人討厭的一件事。我認為科學家必須常常花點力氣去解釋，這些結果為什麼沒有立即的成果，以及也許永遠不會有（Feynman, 1985）。有時候探索大腦與心智的功能，單純的只是想要增加我們的知識，而沒有任何實用方面的應用。

通常接收到事實方面的資訊時會覺得比較舒服，而質疑的科學取向則會被認為有點距離，有時候覺得有點笨。科學的典型情況是反直覺與具有機率的。好的科學理論應該總是產生一些有趣的想法。相對於信仰的教條不可被新證據所改變。科學很少給很確切的答案，因為它的進步是靠著「磨損」對自然神秘的「讚美」達成的，這種讚美常常是其當初事實的過度延伸。在許多領域，特別是在神經科學，科學知識是由一組理論構成的，這些理論的目的是解釋許多觀察到的現象。科學有個事實是「經過重重困難產生一些神奇的結果，各種抗拒同時也會表現出來，它所抵抗的是過去種種期望所產生的一個背景」（Kuhn, 1970）。因此，反常的，複雜的，矛盾的，有時有點荒謬的科學取向，會被認為是有距離與冷漠的。這種看法跟根深柢固的看法「科學家都是心不在焉

的、不適應社會、沒禮貌與軟弱的」相互配合。「我不相信科學，你知道的，科學是一個智能上的死路，那就是一大堆小傢伙穿著花呢襯衫，切著一些青蛙。」影星伍迪艾倫在電影「臥車」（*Sleeper*）裡面這樣說。如果以神經科學家為例，這種刻板印象只跟瘋狂科學家的形象符合，這常常是電影製片散布的一種負向偏執的特質。我希望這一本書其中一小部分可以顯示科學，關心心智的科學，可以是有趣且有創造力的。科學不是沒有人味地追求客觀資訊，它是一個有創造力的人類活動（Gould, 1980, p. 201）。科學家常常無法了解不是每個人都跟他們用同樣的方式看待世界，或是有相同的優先順序。因此，他們會被認為是傲慢自大的、精英與心不在焉的（Coghlan, 1997）。而且千真萬確的是，在科學家之中有一些人在心底的確相信社會大眾是無知的且不理性的（Anderson, 1997），所以他們冒險推廣「科學的優越性」這種看法。此外，不用懷疑的是我們科學家之中，其中許多人都有很大、阻礙的自我概念，這個事實已經由最近科學資訊協會（The Institute for Scientific Information）所公布的資料清楚地顯示出來。他們迷人的小冊子，目的是想要研究者訂閱，他們是這樣說的：「沒錯，你的名字，你的工作會在 ISI 裡面出現。」可憐？這種方法對一些人確實有用，像我，就是其中之一。科學家以「文獻」來指稱他們累積的研究結果，確實一點諷刺的意味也沒有。如果讀者在《心智的迷思》這本書也看到一絲這種傲慢，我懇求讀者可以忍耐一下。我們必須接受有時候我們確實無法避免這件事。

這是一本主題很大的書，但是它離完整收錄還有很遠的距離，也需要很長的時間才能達成這個目標。其中有一些相關的主題已經被刪掉了，我希望不久的未來，這些主題可以得到應有的注意力。學術界通常不願意貢獻珍貴的時間在調查細微的現象（Newman and Baumeister, 1996）。雖然我必須同意，有必要去確認其中有些宣稱已經在科學調查的範疇之外。「如果不這樣的話，科學家必須調查有多少兔子是從帽子

裡面產生的。」（譯註：意指連一些已經確認為假造的事物也必須去調查）
（Wolpert, 1993, p. 139）。

最後，對書店經理有一個懇求，請把這本書放置在「科學」類，而
不是「自助書籍」類，即使它在書名裡面有「心智」這兩個字。想一
下，你不會把以「薛丁格的貓」為主題的論文，或是以氨基酸galantha-
mine的生化性質為主題的論文，放在「寵物與園藝」的部分，同樣地，
你也不會把黑洞的專著擺放在「自己動手做」的單元。我懇求你無庸置
疑的聰明才智可以做到這一點。我厭惡看到這本書跟星座學的書比肩放
在同一個書架上。我是天秤座的，而天秤座惡名昭彰的一點就是他們不
相信星相學。

我們將要藉由評估我們對大腦功能一些最常見迷思的知識來開始這
個心智迷思旅程。

註釋

註　▶其中的幾個問題取自與改編自幾個已發表的資料（Sagan,1996; Seuling,
　　　1991; *The Skeptic*, Editorial, 1997）。

譯序

對於權威的半信半疑

社會上的大眾對於大腦的功能有許多新奇的問題，這些問題其中一些是我同樣也有的問題，也有一些是我回答不出來的，包括一部分完全不曉得答案，一部分是知道答案、但是提不出相關證據的，這對受實驗心理學訓練的我，當然是不及格的表現，幸好後來偶然之間看到這一本書，回答我許多未解的疑問，在求知的歷程中給與我許多的滿足。

既然許多人了解的動機大多是來自一些問題，我對這本書的介紹，也以「問題取向」的方式——簡單介紹有那些問題可以在那一章找到解答。這些解答也許還沒有提供很完整的答案，也都還只是一個初步的了解，但很重要的是，這些解答都是從研究方法出發的，這本書提供的解答並不是一種猜測，而是一種基於現今科學的了解所提出的解答。就好像假設我們是幾百年前的人，並不曉得地球是什麼形狀，對這個問題我們可能有許多的答案，這些答案的來源可能是某一次在某個神明的殿堂之上擲筊所決定的，或是某個有權勢地位的人基於作夢的內容所宣稱的，也有可能是一個對物理、化學很有興趣的人，根據當時累積的知識所提出的答案。從我的觀點，我們應該比較相信最後這一種從研究方法出發的答案，當然實際的情況可能是，第一種與第二種答案擁有的信徒會比較多一點。這種問題取向的介紹方式：也可以稱之為一種「迷思取向」的介紹方式，社會大眾對大腦功能可能會有那些迷思，這本書目前提供了那些解答來說明這些迷思是錯誤的想法。既然這本書把這些想法稱之為迷思，也就是認為從本書諸位大腦科學研究者的角度而言，這些想法都是錯誤的。如果說一下子就跟這本書的讀者說「你這個想法是錯

的，那個想法也是錯的」，大概有許多讀者不會就此信服（這是一種很好的態度，對於權威採取半信半疑的角度，只是很奇怪的是，對於宗教上的權威，常常不太會採用這種態度），因此我先介紹有那些是被本書認為是迷思的想法，對某些迷思有興趣的讀者，可以直接跳到那一章閱讀，這對於本書內容的了解並不會有太大的障礙。我建議讀者在閱讀的時候，就採取半信半疑的態度，判斷這些科學領域所提供的答案能否說服你相信他們的看法，比較一下其他非科學的領域所提出的看法是否更具有說服力。在本書末，列有英文參考文獻，想進一步了解這些主題的讀者，可以就近到各大學的圖書館參閱這些文獻。

常常會聽到有人說，你應該去參加某種課程或是接受某種訓練，因為這些課程或訓練可以「開發」你的大腦潛力。我們的大腦還可以再開發是因為「我們只使用了10%的大腦」，其餘的部分都是未開發的，這就是所謂的「10%迷思」。第一章即針對這個主題，從腦傷、演化、大腦造影、大腦功能定位、大腦微結構分析及新陳代謝的角度，來說明為什麼我們是使用全部的大腦。科學界有一句用來揶揄的話，「那些相信只使用10%大腦的人，只使用他大腦的10%」。很相信人們只使用10%大腦的讀者，請務必閱讀這一章的內容。依照我先前的說法，當然是採取半信半疑的態度（當然完全不相信的態度也是可以的），看看這些科學家提供的證據能否說服你。這一章還討論一個問題，既然10%迷思是個錯誤的想法（對那些持反對意見的讀者，你可以說這是本書的看法），那這種迷思是如何產生的？根據作者的推敲，可能是有人誤解（不管是有意或是無意的）了早期科學研究的成果或是科學家的言論，而10%迷思會持續下去的原因，其中一個當然是其背後的商業利益。

我們常會看到一些課程宣稱可以幫助「開發你的右腦」，也有一些安親班宣稱可以幫助小朋友「全腦開發」或是「全腦學習」，讓小朋友兩腦「均衡一下」，或是讓學習能力與記憶能力更強之類的〔小朋友看起來學得很慢，或是不花腦筋在學習，其實是發展上很自然的現象，這

涉及到注意力廣度發展上的改變。小朋友注意力較分散,會同時注意到許多東西,但是因為集中程度不足,學習的效率不好,這同時也會反應在小朋友的潛在學習(incidental learning)上,許多成人不會注意到的細節,小朋友可以注意得到。這種較分散式的學習情形,其實是一種很自然的發展,沒有什麼不好,當然也不需要刻意透過一些方法來改變。注意力的訓練可以透過教導小朋友一些策略來改變,不值得花那麼多的錢,花個車錢到大學心理系旁聽發展心理學,或是到書店翻閱一下發展心理學的教科書,甚至打個電話請教一下發展心理學的教授都可以學到。當然這類的全腦開發也沒有傑克或是珍妮佛的神奇效果〕。成人大腦的生理發展(所謂的硬體)都已經決定了,當然也不可能透過這類的訓練來改變。我記得幾年前中研院曾志朗副院長曾經在中國時報撰文大聲疾呼我們的左右半腦是相連的。這一章的作者,以生理學的知識說明左右腦功能的不對稱,對大部分的人而言,左腦具有特化的語言功能。但是由左腦受傷的幼兒,長大後的右腦可能發展出特化的語言功能這個事實,代表我們的大腦事實上具有的功能幾乎是相等的,只有一點點的不對稱。除非因為癲癇或是其他神經方面的問題切除了大腦部分的組織,否則正常人的兩個半腦是相連的,彼此的電流活動會相互影響,因此所謂的開發右腦是沒有根據的。當然,不相信的讀者,請閱讀第二章。

電視上靈異節目的大師常常會對著一張照片說:「這其中有靈學的訊息,我感應到許多的能量。」也有一些人宣稱他可以感應到許多能量。中醫也說我們的身體有所謂的「氣」,喧騰多時的「宋七力事件」,宋七力先生的照片上會顯示身體或是頭上出現一些光環,代表有許多能量圍繞在旁邊。最近聽說在百貨公司有一種儀器,可以拍攝出一個人最近的「氣」如何,在照片上可以顯示出一個人身旁五顏六色的光,由光的顏色判斷這個人最近的氣如何。坦白地說,我不常逛百貨公司,也沒有實際看過這種儀器。但是「類似的」照片其實早在一九七七

年就有科學家拍攝出來，稱之為「柯力連光環」。這真的可以反應一個人的「氣」是如何嗎？請看第三章對人類能量與大腦的探討。

「是不是有捷徑可以讓人快速變聰明？」「是否可以由筆跡看出一個人的個性？」「調控大腦的阿爾發波，可否調控／增進大腦的功能？」更進一步的問題是，「有沒有儀器可以調整腦波？腦波是不是真的可以透過儀器同步化？」「腦波的同步化是否真的有好處？」「如果有昂貴的儀器可以調整腦波，是不是有其他較便宜的方法可以調整腦波？」「靜坐真的對人有好處嗎？」再回到中國的古老傳統——以形補形的觀念，「吃腦真的可以補腦嗎？」這些問題都在第四章裡面回答。

電視新聞報導裡面常常可以看到有人死而復生，他們所說的「瀕死經驗」是真的嗎？「死後真的有來世嗎？」「靈魂出竅的經驗是真的嗎？」換句話說，從科學的角度，病人所報告出來的情境是真的嗎？或者只是虛構／建構出來的記憶？那些人真的看到已經死去的親人嗎？這一些問題在第五章及第六章裡面討論。在第五章特別提及科學家對鬼神經驗的模擬，請信與不信鬼神的讀者同樣以半信半疑的態度閱讀這一章。

「為什麼我們會記不得三、四歲之前發生的事情？」「有一些人小時候遭遇到性侵害，這些記憶都是真的嗎？」「為什麼同一件事，不同的人會有不同的記憶？記憶都是真的嗎？還是有可能是虛構的？」「我們的記憶會不會出錯？」在第七章會由心理學界記憶研究的大師來討論關於記憶的所有種種。

有時候遇到一些腦筋比較不好的小朋友，常常有人會安慰他們說「多讀幾遍！多練習幾遍！這樣子就可以學會囉！」意思是說發揮「鐵杵磨成繡花針」的精神，多重複幾次就可以學到了。在第八章就討論一直重複去做一件事，是否一定會學到東西，要有學習的成效，到底那些是重要的因素？

「創意是什麼？創意可以教嗎？」「如果創意可以教，會因為採用

坊間的教學材料或是訓練的課程,而變得很有創意嗎?」在第九章討論創意的種種問題,也說明一些科學家對創意的看法,包括國內讀者很熟悉的迪波諾(De Bono)的水平思考(lateral thinking)。

二○○三年二月的第三個星期,第一隻複製羊桃莉被科學家安樂死了,「複製」這個主題是現今社會大眾很關心的主題,在第十章討論大眾對複製的種種疑問,包括假設我們有達文西與希特勒的幹細胞,經由複製方法,可以再造出同樣的達文西與希特勒嗎?這一章同時也討論心理學裡一個很久遠的問題──基因與環境對個體的影響為何。

台灣也跟世界上許多國家一樣,逐漸邁入老年化的社會,第十一章就討論老化對認知能力的影響,包括「是不是老了,記性就不好了?」「是不是老了,腦筋就不管用了?」「是不是有那一些認知能力,比較不會受到老化的影響?」「可不可以透過一些方法,譬如長時間大量的練習,來延緩老化對認知能力的影響?」

國內前幾年曾經很流行催眠,包括電視上的馬丁大夫催眠秀,與徐明催眠動物的表演等等,在第十二章討論「到底催眠是什麼?」「催眠跟睡眠有什麼不同?」「催眠是真的嗎?還是只是舞台上的人在表演?」「催眠真的可以止痛嗎?」

第十三章討論大眾常在電視上看到,但未必很了解的主題:「安慰劑效果」,這個主題在確定藥物是否真的有效上扮演很重要的角色。安慰劑效果也顯示研究方法如何帶領我們真的去了解,實驗處理(包括我們服用的藥物)是不是真的有效果?還是只是因為相信這個藥物有效所帶來的效果。造福許多男性的威爾剛(Viagra),研發的輝瑞(Pfizer)藥廠同樣也經過安慰劑效果的測試程序,才得以上市。另一個由禮來(Lilly)藥廠研發造福男性的犀利士(Cialis),也經過同樣的程序。請讀者務必閱讀這一章,體會一下研究方法的精神,下次在電視上看到那家醫院或是有人宣布某種藥物或是某種程序具有神奇的效果時,可以自己去檢驗這樣的宣稱是否是真實的。

　　第十四章特別請到魔術家撰寫，魔術家藍迪說明魔術的技法如何欺騙觀眾，讓讀者了解何以「眼見不足為憑」，換句話說，假設那天看到所謂的「神蹟」，請讀者回想這一章的內容，仔細地確認所謂的神蹟是否只是一個魔術。

　　第十五章延續前一章的主題，討論「通靈」是不是真的，如果通靈是假的，那麼通靈者是如何欺騙的。心理學裡面有所謂的「巴南效應」（Barnum effect），指的是透過很模糊的措詞，讓觀眾相信他可以很準確的預測。對通靈有興趣的讀者，請務必同樣以半信半疑的態度來閱讀這一章。

　　第十六章討論人類科學上的發展，是不是一直在重複過去的發現。作者特別比較庫塔妄想與柯沙柯夫症候群在一兩百年前與現今的研究成果。

　　第十七章討論傳播媒體在報導大腦科學研究發現時所扮演的角色，包括在收視率與發行量的要求下，以及在本身科學專業素養的限制下，傳播媒體如何看待與處理這些研究發現。希望讀者讀完這一章之後，可以比較了解媒體所扮演的「角色」。

　　花了不少的篇幅介紹各章的內容，我要特別強調二點。首先，譬如在鬼神現象的討論中，從邏輯的角度，這些科學家證明了用一些方法也可以做出前述的效果，但是從邏輯的角度，並沒有否定這些人真的具有某些目前科學不了解的能力之可能性。第二點是，想必有些讀者看了這裡的文章內容後，會想要去找原文來看，可能是基於個人的興趣，可能是研究上的興趣；為了服務這些讀者，文獻的部分我盡量保留原文的資料，至於文獻書寫的方式，由於每一篇文章由不同的作者執筆，書寫方式也不同，這部分我就保留原先作者的方式，請關心格式的讀者不要介意。另外，關於人名譯名的問題，創意思考的迪波諾（E. De Bono），先前台灣的譯者將他的姓譯成波諾，根據參考文獻寫法（姓氏在前，之後為名字的簡寫），以及畫家及科學家達文西（Leonardo Da Vincci）及

本書編者S. Della Sala的例子，譯者認為應該譯成迪波諾。另外，先前有人主張物理學家Richard Feynman應該譯做「費因曼」，這是一個很合理的主張，但因為台灣的讀者大都已經接受「費曼」的譯法，為了避免讀者產生誤解，因此本書還是採用費曼的譯法，望讀者諒查。

最後，照慣例，我要感謝一些人。這本書可以產生，我要感謝三位偉大的女性。第一個是我的媽媽，從小讓我隨著興趣發展，讓我靜靜地待在一旁唸書，不知不覺中培養出喜歡閱讀的習慣，永遠只關心我生活過得好不好。第二個我要感謝的是柯華葳老師，即便我不是她指導的學生，她仍主動關心我，給與生活與學業上許多的鼓勵與指導，這本書可以找到出版社願意出版，也是柯老師一手促成的。第三個要感謝的是我的女友游婷雅（在本書出版之時，我們已經共組家庭），我的快樂、挫折與脆弱等等的生活，都是與她一起分享的，因為有她，我才會有繼續前進的動力，我有任何的成就，她都該跟我一起分享。還有一些人在這本書的誕生過程中給予許多幫助，我要在此對你們說聲謝謝。我在生理心理學領域的啟蒙老師——政大心理系的廖瑞銘教授，以及碩博士論文指導老師——中正大學蕭世朗老師，我有能力翻譯這本書，歸功於兩位老師多年的教導，如果這本書得到讀者的喜愛，都該歸功於兩位老師給我的教導，如果其中有所錯誤，請讀者見諒我學藝不精。此外要感謝陳冠銘先生提供法語部分的音譯。

目錄

【第一部分　大腦的迷思】 ‧‧‧‧‧‧‧‧‧‧‧‧‧‧‧ 1

第一章　「我們只用10%的大腦」這個迷思從何而來？ ‧‧‧‧‧‧‧‧‧ 3

第二章　我們用對腦了嗎？ ‧‧‧‧‧‧‧‧‧‧‧‧‧‧‧‧‧‧ 37

第三章　能量與腦：事實與幻想 ‧‧‧‧‧‧‧‧‧‧‧‧‧‧‧ 63

第四章　偽科學與大腦：嚮往的超級人類之調整藥物與補藥‧‧‧ 87

【第二部分　生與死之間的模糊地帶】 ‧‧‧‧‧‧‧‧‧ 127

第五章　瀕死經驗以及狂喜：人類大腦組織的產物？ ‧‧‧‧‧‧‧ 131

第六章　拉澤羅斯症候群 ‧‧‧‧‧‧‧‧‧‧‧‧‧‧‧‧‧‧‧ 153

【第三部分　關於記憶與創造性思考的迷思】 ‧‧‧‧‧ 167

第七章　躺下來跟我說說你的童年 ‧‧‧‧‧‧‧‧‧‧‧‧‧‧ 169

第八章　只有重複是沒有用的嗎？ ‧‧‧‧‧‧‧‧‧‧‧‧‧‧ 189

第九章　創意思考：迷思與錯誤概念‧‧‧‧‧‧‧‧‧‧‧‧‧‧ 209

【第四部分　爭議性的主題：複製、老化與催眠】 ‧‧‧ 237

第十章　複製人類大腦的迷思‧‧‧‧‧‧‧‧‧‧‧‧‧‧‧‧‧ 239

第十一章　年紀一大，頭腦也就跟著不管用了嗎？ ‧‧‧‧‧‧‧‧ 247

第十二章　催眠‧‧‧‧‧‧‧‧‧‧‧‧‧‧‧‧‧‧‧‧‧‧‧‧ 277

【第五部分　欺騙的多種層面】 ······················ 303

第十三章　我該取悅：安慰劑的神奇力量 ·············· 307

第十四章　魔術師的秘密 ···························· 315

第十五章　所有的秘密都在腦子裡：通靈騙術的欺騙機制 ··· 323

第十六章　「倒退走」的最新發展 ···················· 341

【第六部分　媒體觀察】 ···························· 349

第十七章　媒體與大腦 ······························ 353

【參考文獻】 ······································ 375

第一部分

大腦的迷思

1

「我們只用 10% 的大腦」
這個迷思從何而來？

貝爾斯坦

（Barry L. Beyerstein）

讓我們陷入困境的並不是我們不知道的事情，而是那些我們明知
道不是這樣的事情。

阿特摩思·瓦德 (Artemus Ward)

我們令人尊敬的主編是否曾經想過頒給這本書一個最受歡迎的「神
經胡說」（neurononsense）獎項（譯註：neurononsense由neuro與nonsense
兩字所組成）。相信這一次我得獎的希望很大。主張一般人只使用大腦十
分之一的說法，或許一直以來都是最主要的大腦謬思來源。這種主張始
終有種令人懷疑的特性，但並沒有降低它在世代間及國際間受歡迎的程
度。我回想起當初在學校的演講中，老師們總是一再強調這個論點。在
我擔任大學演講諮詢處（speaker's bureau）的代表，和社區民眾討論大
腦的種種時，正如同我所預期的，這也是最常被問到的問題。我在大學
一年級的「大腦與行為」課程授課時，如果忘了事先釐清10%的迷思，
那麼這個問題就一定會被某個人提出來詢問。而當我說「並非如此！」
時，往往會讓提出這個問題的人感到沮喪——這或許是為什麼這個令人
懷疑的主張會無法消失的原因之一。任何說明它不能成為證據的事實，
都該說給那些深信不疑的人聽。也就是說，如果它是真的，那很好。因
為如同其他許許多多的迷思一樣，10%的迷思開啟了吸引人的更多可能
性。

不久前才用「10%的解釋」來抨擊我的不是別人，而是那位具有彎
湯匙的特異功能人士蓋樂（Uri Geller）。當蓋樂跟我在華盛頓特區包翰
農（Jim Bohannon）的全國廣播節目中爭論時，蓋樂很有耐心的解釋為
什麼他可以表現出這些超自然的事蹟而我不行，那是因為他找到方法突
破10%的障礙。這樣的說法，全是他為了阻擋像我這樣抽絲剝繭的人，
散布具有嚴重損害性的質疑論點。而且碰巧蓋樂出版了一本新書，書中
會把突破10%障礙的秘密與我們分享。神奇的水晶也包括在書本內，不

另外收費。

　　與超自然或假科學的信仰者辯論時，我最常遇到一種說法是：「『科學家說』我們只使用10%的大腦」。奇怪的是他們沒有人可以告訴我是哪些科學家說的，或是這麼說的理由為何。無論如何，這個想法的支持者通常會在一開始便將這件事當成是已知的事實，認定「大家都知道的」，然後繼續辯稱：我們不知道大腦其餘的空間在做些什麼，因此它可能有一些令人敬畏的神奇能力，只有一些厲害的能手可以操控。唯有少數有資質的成員可以開啟這些潛藏在大腦皮質內的潛能，做到使身體浮起、念力、千里眼、預知能力、心電感應、通靈治療等等。或是可以做到自主性控制身體功能運作、完整的學習與回憶、超越更高層次的知識，還有一些讓不相信10%論點的凡人很難以理解的事情。

　　那些通過第一年邏輯課程的人應該都可以看出這是一個典型的謬誤：「無知論證」（argument from ignorance）。一開始時，一場辯論會中的一方促使對方相信，我們不曉得彼此所認定為真的想法其證據在哪裡，既然沒有堅實的證據，沒有退路的人常常辯稱，如果懷疑的人沒有辦法證明某些事情是錯誤的，這可以當作其中一項證據來證明這件事是真的。10%迷思這件事當然也找不到證據，但即使它被假定是真的，也找不到心智超自然能力的存在性，端看你把這件事當成是支持或是攻擊的證據。到目前為止，任何心智超自然能力的展示都不足以使人信服（Alcock, 1981; Hyman, 1992）。

　　關於10%的這個迷思，我曾經被老師、運動教練、勵志巡迴講座的常客、自我成長書籍的業者，以及一群神秘主義者所質問，因此最後驅使我找出10%迷思的根源。我曾經好奇為什麼面對大腦結構與功能愈來愈多的知識所提出的強烈質疑時，這種迷思仍然可以存在。針對這個主題所做的一些初步探討（Beyerstein, 1987）造成讀者從中產生許多揣測性的聯想，這些內容將會在本章的最後加以釐清，然而關於這個問題，尚有許多層面未能釐清，我也很希望能夠透過本書與讀者交流。

某些人用他大部分的專業生命細細研究大腦究竟是如何運作的,然而,我們大多數的人還是不了解這一點五公斤的灰質到底是如何運作才能夠產生思想、感覺與行動。然而,我仍舊不了解,告訴我們這項訊息的人,何以如此確定正常人只使用大腦的十分之一。就我個人的了解,這個被說得言之鑿鑿的「事實」並沒有在任何神經生理學或生理心理學的文獻中出現過。相對地,我們對於大腦的了解尚有許多不一致的地方。想要進一步了解這個領域,可以參考寇柏與魏袖(Kolb and Whishaw, 1996)、羅森魏格、賴門與布利得拉夫(Rosenzweig, Leiman and Breedlove, 1996)或卡拉特(Kalat, 1995)等人的研究。

「優勢大腦」的論點是另一種尚待驗證的用詞,它僅僅透過重複的出現,就巧妙地成為我們文化中的「事實」儲藏庫。它在基本常識這個殿堂中之地位,因為一種所謂的「說不出來源」(source amnesia)或「記憶隱藏」(cryptomnesia)的現象而屹立不搖(Schacter, Harbluk and McLachlan, 1984; Baker, 1992)。大腦儲存事實的方式,似乎與那些關於地點、怎麼做以及從哪裡聽來的這些資訊的儲存方式不同。後者的資訊可以完全消失,卻不損及對事實本身的真確感。因此,人們常常會認為他們是在轉述一項很可靠的科學發現,而事實上,他們可能從《國家探究》雜誌(*The National Enquirer*)上的某一期或是影集「X檔案」(*The X-Files*)中某一集聽到這些說法。

10%迷思的一些缺點

從腦傷研究產生的質疑

相信10%迷思的人應該會因一些他們已知的明確事實而有所保留。舉例來說,當我被問到10%迷思是不是真的時,我常會將提問者的注意力導引到大家所熟知的中風與穿透性腦傷病患的情況上。這些結果都指

出，事實上沒有一個腦區域可以受了傷，卻不損及一些心智、生長或行為的功能（Rosner, 1974; Damasio and Damasio, 1989）（譯註：**讀者可以參考洪蘭老師所翻譯的《腦中有情》書中對病患H.M.的描述**）。倘若大腦有90%的部分在一般的狀況下是不使用的，那麼這些區域應該是可以承受傷害，且不損傷任何功能的。很明顯地，事實並非如此——任何部位的腦傷都有可能產生特定且持久的傷害（Sacks, 1985）（譯註：**請參考Sacks所著的：《火星上的人類學家》與《錯把太太當帽子的人》**）。大多數的人都可以很直覺地發現蹊蹺，有時候我會用反問的方式作為問題的回答：「如果你突然喪失大腦90%的功能，你可以表現得多好？」我們已經知道中風病患只喪失相當小的大腦組織，卻嚴重喪失功能。雖然有時腦傷後仍有某些大腦功能恢復，如果說真的有十分之九的大腦功能是拿來作為備份用的，那麼我們應該看到更大量的功能恢復才是。

從演化研究產生的質疑

到目前為止，除了最狂熱的宗教基本教派之外，幾乎所有的人都接受人類大腦是經過幾百萬年的演化而來的產物（Oakley and Plotkin, 1979）。假定物競天擇的理論是成立的，那麼，如此珍貴的資源卻被用來浪費在形成並維持一個使用率不高的大腦上，是非常不妥當的。從新陳代謝的角度來看，大腦運作所需花費的成本太大了。譬如說，它占了總體重的2%，使用了身體靜止時總耗氧量的20%，並且從心臟供應的血液中得到同樣比率（20%）的養分。光是要提供鈉鉀幫浦能量，讓神經元細胞膜可以處理訊息，就耗掉一天熱量攝取中高得不成比例的能量（譯註：**神經訊息的傳導需要多種離子，鈉鉀幫浦會耗能運輸鈉鉀離子，以維持神經細胞的功能**）。倘若你的活動範圍並不超出廚房，卻為了提供家中所有十個房間的暖氣支付了龐大的電費，你可以忍受多久？

從腦造影研究產生的質疑

大腦演化出一定量重複的神經迴路作為安全考量的預防措施，但是如果它們真的始終沒有活動的話，它們的數量也並不多。現今的腦照影技術已經強烈地否定了這種大腦絕大區域在大部分的時間都是不活躍的說法。腦波圖（electroencephalogram, EEG）、電腦斷層（computerized axial tomography, CAT）掃描、正子放射（positron emission tomography , PET）掃描、功能性核磁共振腦造影（functional magnetic resonance imaging, fMRI）、大腦磁造影（magnetoencephalography, MEG），以及區域性腦血流量（regional cerebral bloodflow, rCBF）都是用來推斷人類活體大腦結構功能的工具（Roland, 1993; Baranaga, 1997）。這些顯影技術的研究顯示，即使是在睡眠的時候，大腦裡面也沒有任何一塊全然平靜的區域，事實上，出現某區域內的神經完全靜止的情況，是一種嚴重病理的徵兆。

從大腦功能定位產生的質疑

從上面所描述的設備，以及觀察大腦創傷後果與電流刺激各個腦區域的結果中，很清楚地顯示出，大腦並不是將腦皮質視為單一整體而運作產生功能的。特定的心理歷程是由不同的腦區所負責掌控的（參考圖1.1），我們稱為「功能定位」主義（doctrine of "localization of function"）。神經學的歷史寫下了功能定位學家以及「整體運作」（mass action）偏好者之間的蹺蹺板式戰爭（註1）。支持整體運作的學者認為，大腦執行任何動作都是整體一起運作的（Krech, 1962）。不論10%講法的支持者是否了解整體運作的主張，他們卻隱約地採用了整體運作論部分版本中的說法。此外，現代的研究已經確定偏向肯定功能定位學派的說法，雖然我們現在已經知道大腦會將困難的工作區分成幾個分項工作，並且分送到幾個分散的處理區域進一步處理，這與一般常識所認為

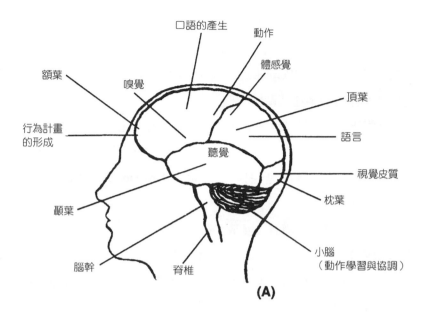

口語的產生
動作
體感覺
額葉
嗅覺
頂葉
行為計畫
的形成
語言
聽覺
視覺皮質
枕葉
顳葉
小腦
（動作學習與協調）
腦幹
脊椎

(A)

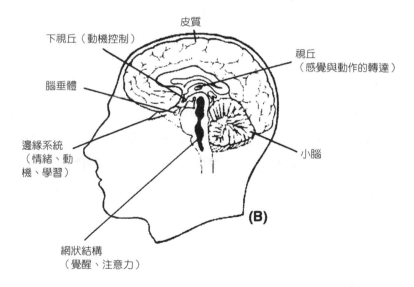

皮質
下視丘（動機控制）
視丘
（感覺與動作的轉達）
腦垂體
邊緣系統
（情緒、動
機、學習）
小腦
網狀結構
（覺醒、注意力）

(B)

圖1.1 (A)大腦左半球的側視圖，顯示（過度簡化的形式）主要的功能分區。
(B)大腦縱切剖面圖與其功能。

的處理方式不同（Gazzaniga, 1989; Petersen et al., 1990）。

最早確認功能定位存在的是臨床神經學家。舉例來說，自從一八六○年代開始，歐柏丁（Aubertin）、布洛卡（Broca）、戴克斯（Dax）與威尼基（Wernicke）開始藉著展示語言和口語功能的大腦側化且局限在優勢半球某區域的例子，以改變支持整體運作的信仰。如今，我們能夠如此精準地知道某些大腦運作的特化功能，像是，腦皮質顳葉底下某些區域的小傷，就會使得受傷者雖然可以像以前一樣察覺到大部分的物品，但卻無法辨認人臉（Damasio, Tranel and Damasio, 1990）。

十九世紀時，已經有人展示了在大腦表面移動微弱電流的探針，連續幾個點被電流刺激之後，便可以引發不同的心理現象（Young, 1970）。在德國有傅力茲趣（Fritsch）和希吉（Hitzig），在英格蘭則有費力爾（Ferrier）分別完成了這個前瞻性的實驗，並且驅使巴斯洛（Barthelow）在美國、潘菲爾德（Penfield）在加拿大，分別將這項技術運用在有意識的神經科病患身上。當使用電流刺激這些病患的大腦時，他們可以說出自己的主觀經驗。利用這個方式系統性地對應出大腦皮質的不同功能，使我們對於大腦分配不同工作到不同區域結構的看法更加深信不疑（Krech, 1962; Penfield and Perot, 1963）。了解大腦特化的本質更加促進了技術的發展，例如，為盲人植入義眼（感覺假體sensory prostheses），也就是在大腦皮質的視覺區輸入型態化的電流刺激（Dobelle and Mladejovsky, 1974）。過去幾十年研究的結論是，刺激清醒病人的大腦深處結構與皮質，完全無法將那些被一味認為不受指派工作、只是消耗能量的十分之九的大腦區域找出來。

從大腦微結構分析產生的質疑

由於先前的研究已經確定，知覺、語言、動作與情緒等等的功能，都是由大腦的不同區域所負責。相信10%迷思的人所說的，所有心智處

理都在大腦中一個小小的、有限的、像個貧民區的小角落中所處理的說法，已經不再能夠說得通了。功能分布大腦各區的看法已經是確定的，因此10%迷思支持者將他們的說法做了調整，改成這些特定區域內90%的神經是處在潛伏無用狀態的。然而，從研究中將電極直接深入這些運作的小單位，測量功能性的微迴路，便使得他們的說辭不攻自破。

透過微電極能夠隔離單一神經細胞的電反應，用在活體動物身上，測量單一細胞層次的訊息處理過程（Barlow, 1972）。藉由立體定位儀的協助，電極可以移動到相對應的位置上，並對一群細胞進行取樣，找出其不同的功能。然而，只要電極的尖端移動了幾個微米（一微米等於千分之一公釐），就會讓電極偵測不到原先的細胞，而錯誤地鎖定到同一列上的下一個細胞。很明顯地，這種偵測是用在非人類的動物，而且是在很嚴格的道德準則規範之下進行。這種研究程序也在患有神經元疾病的人類身上進行實驗性的試驗。從這些自願參與實驗的人類身上找出反應型態相對應的大腦組織，與那些較高等的哺乳類動物有相似的結果（Marg, Adams and Rutkin, 1968）。科學家在使用這種「單細胞測量」（single-unit recording）技術時，倘若真有十分之九的功能模組不作用的情況，這些科學家們應該能夠注意到。因為，在這樣的情況之下，科學家會發現電極的訊息傳遞之間有很大的間隔，因此而測不到任何活動中的神經元。我再一次強調，這種情形也不是典型發生的情況。

從新陳代謝研究產生的質疑

利用細胞不同的代謝速率來推測大腦功能特化的技術也對於10%的「真言」提出了類似的質疑。這種技術的假設是，一個特定的心理作業會讓那些完成這個作業所需的特定神經模組產生最大的激發。因此這些細胞會需要更多的葡萄糖，葡萄糖是神經細胞主要的能量來源，因此他們需要從大腦血液中吸收更多的能量。利用「去氧葡萄糖」（2-deoxyglucose, 譯註：簡稱2-DG）技術，將一種與葡萄糖相似但是經過輻射標

定過的分子送進血流中（Sokoloff, 1977）。如同葡萄糖一樣，強烈激發的區域，神經元會吸收較大量的去氧葡萄糖，但是不像葡萄糖，2-DG不會被代謝掉，它會累積在工作最多的地方。當行為作業完成後，大腦就被取出然後切片，把腦切片放在紙上，這些紙上塗有對輻射物質敏感的感光乳劑。當這個感光照片培養好後，有最大輻射活動的區域會顯示先前的行為作業是由哪個功能模組所負責。如果每一個大腦功能模組中90%的神經元都保持沉默，那麼這些感光照片應該顯示出大量的區域都處在「休假」的階段。仔細觀察各種能力相對應的大腦結構圖，再一次地，並沒有任何證據顯示出這些功能模組內有上面所說的休眠狀態。很明顯地，這種技術只適合在非人類的動物身上使用，但是前面所提到的正子放射掃描器，是允許研究人員在正常人類身上使用類似的策略，在頭部外面記錄輻射分子的衰退情況。正子放射掃描器的空間解析度並非良好，但是它的結果同樣是不支持10%迷思。

從神經不使用（disuse）研究產生的質疑

工業家亨利・福繁特曾說：「不管你有什麼，你必須使用它或是失去它。」臥病在床的病人或是太空人都知道不活動會導致肌肉萎縮，顯然，大腦內的迴路也是如此。許多研究指出神經系統在生命早期若是利用率過低，那麼，這些低度使用的神經細胞不是無法發展成功，就是永久退化（Hirsch and Jacobson, 1975）。假若早期環境上的刺激剝奪使得被剝奪的大腦發展失敗，即使在生命後期給與治療性的刺激，終究無法完全從行為缺陷中復原（Beyerstein and Freeman, 1976）。因此，如果大腦的確有如10%迷思所認為的被視為儲備用的閒置神經迴路，很有可能在我們需要這些神經元的時候，已經變成無法使用的神經元了。假使我們90%的大腦真的是閒置的，結果應該是很大區域的細胞永久退化。然而，在人類死後所進行的組織學檢驗中，很明顯地並沒有發現這些證據。

信仰者的最後一線希望

儘管有上述的諸多反駁，然而，這些懷抱著錯誤想法的死忠支持者，轉而辯稱10%指的不是神經元體積，而是低度利用的神經儲存空間，或者無法達到最高處理速度，最大的神經連結，或是一些大腦效能的指標。倘若是這樣，據我個人所知，我們無法決定這些處理運作在理論上的極限為何，然後拿來估計平均一個人完成多少比例的表現。至少，研究顯示出主要並不是缺乏儲存能力而降低表現，瓶頸較有可能發生在我們提取腦中安全儲存的記憶時產生了困難。

10%迷思從何而來？

經過幾年的挖掘，包括朋友、同事、學生與早期作品的讀者幫忙，我必須承認我對揭露10%迷思來源這件事感到十分挫折。也許沒有傳記家（Boswell）在旁為這些發展性的言論做記錄。但在我的研究中找到一些有趣的線索，雖然它的來源仍然不清楚，毋庸置疑的是，10%迷思的主要傳播者（更不用說那些從中受益的人）應該是過去及現在社會中，那些宣傳自我成長開發事業者與擁護者。

積極思想與10%迷思

美國內戰之後有一個標準的美國現象，稱為「新思潮」（New Thought）運動，在追求成功但卻焦慮不已的中產階級中熱烈地展開（Meyer, 1965），它是宗教復興與大眾心理學的綜合體，提供每一個希望擁有健康、財富、個人魅力、心智靈活及平和的人積極思想的良方，提倡它的人稱此為「靈修」（The Mind Cure）。這些成功的商人，從昆比（Phineas P. Quimby）、艾迪（Mary Baker Eddy）到卡內基（Dale Carnegie）、皮爾（Norman Vincent Peale），以及現今人類潛能運動

（Human Potential Movement）的導師，他們都嘗試著將神學理論（現在還擴大到將東西方愚昧平庸的想法納入）、大眾心理學及假科學（pseudoscience）拼湊起來，並宣稱能夠為向下沉淪中的新教徒找出遵循的教條標準並且提供他們支持（Beyerstein, 1990）。

不管10%迷思的來源為何，很明顯的在二十世紀初就已經是司空見慣了，積極思想革命運動是主要的因素。雖然這種自我協助的解救法本身並沒有創造出迷思，然而，它對於這些迷思推波助瀾的功效卻是無法否認的。我曾在一封寄給編輯的信中，回答了我對於這個主題的思索。戴克（Decker, 1994）曾經報導，一九二九年的《世界年鑑》（*World Almanac*）中有個佩爾漢機構（Pelham Institute）的廣告，佩爾漢機構提供一些自我成長的研習課程。從圖1.2中可以看到，它以一種閒聊的方式呈現我們只使用10%大腦的這個想法，並且暗示當時的讀者早已經知道這些老生常談的東西。戴克同時也注意到，同一版的世界年鑑裡也有一個名叫大衛·布希（David V. Bush）的人刊登類似廣告，大衛·布希可以說是一個只求名利的人，因為他運氣好，能夠聘請拉夫克夫特（H.P. Lovecraft）當他的捉刀作者，宣稱大衛·布希能夠幫助他的客戶開發廣大未發展的心智資源。非常明顯地，大衛·布希拒絕說明確切有多少比例是尚待開發的。

即使10%迷思不曾存在過，那麼，自我成長課程的發起人也會將它創造出來。當它成為我們處理每件事情時所扮演的令人無法忽視的重要角色時，就必須用這個代罪羔羊來解釋為什麼大多數的人無法像那些積極思想者所說的一樣，具有充分的生產力以及快樂感（註2）。在一些勵志的叢書中，例如馬登（Orison Swett Marden, 1909, 1917）與其競爭者所寫的一系列書籍，最初傾向使用較不易出錯的隱喻方式指出那些未使用到的內在潛力。但隨著整個事情的逐漸加溫，這些作者漸漸地將其具體化。最後這些用來激勵人心的作品，所使用的字眼漸漸變得有血有肉，現今的作者更是具體地指出我們未使用的大腦區塊，以討論心智隱藏的力量。這種演變在馬登（Marden, 1917）的一本暢銷書《如何得到

圖1.2 出自一九二九年世界年鑑，顯示出10%迷思如何透過自我成長企業蔓延開來。

你想要的》（*How to Get What You Want*）中明顯地看到：

> 現在為何不想想該如何取用這個被封鎖住的巨大剩餘部
> 分、這個從未被你發現的能力？人類許多的潛能，都在這塊尚
> 未開發、尚未被使用的部分發展出新的哲學（Marden, 1917, p.
> 11）。

> 新哲學特別吸引我們的是那些我們未知的部分，這個部分
> 仍然等待著被發掘，仍然緊緊地被鎖在體內（摘自原文）
> （Marden, 1917, p. 20）。

> 我們的手、舌頭或是大腦極大部分可能具有的功效，以及
> 被鎖在體內的才能，都在尚未被開發之前便死亡（Marden,
> 1917, p. 191）。

馬登在他早期的作品《和平、力量與豐富》（*Peace, Power, and Plenty*）（Marden, 1909）中，在使用到「心理化學」（mental chemistry）這個名詞時，便已經模糊了他所相信的心智神秘境界與身體生理結構之間的界線。根據馬登的說法，這是超越身體運作而賦予了心智神奇的力量。在「為什麼變老？」這一章中，他解釋為什麼積極思想可以停止老化的過程。為了替他怪異的心智大腦能力說增加權威感，馬登在某些地方引用了神秘哲學家史威登柏（Emanuel Swedenborg, 1688-1772）的說法，史威登柏早期影響了威廉·詹姆士（William James），而底下我們將會看到威廉·詹姆士在10%迷思普及化中也扮演了一個重要的角色：

> 每個人的意志與思考都是銘記在腦內，因此，人們以自己
> 的身體寫下一生，因此，當天使評估這個人是否可以進入天堂
> 的時候，天使從人們的構造中了解他的一生（Swedenborg，引

自 Marden, 1909, p. 87）。

最後總是回到他的中心議題——具有驚人卻隱藏的心智力量，以及積極思想產生健康、財富與快樂的能力——馬登從許多有名的教育家、神職人員及他那個時代的社論家蒐集證詞，更別說是威廉‧麥金利總統。

當然，大部分的自我成長書籍中，的確含有一些有用、常識程度的忠告，譬如如何安排時間的技巧，增進注意力與動機，及加強人際關係的技巧。這種類型作品的問題在於他們過度誇大宣稱效果，並且時常利用神秘主義及假科學來支持自己的論點。當這些誇大的效果無法達成時，沮喪的讀者會感到更加地不適。

數字學（numerology）的關聯

以超自然的角度來說，我懷疑在虛構的分數上碰巧選擇用十這個數字當作分母更加增添了10%迷思的吸引力。在魔法思考者之中，數字學（相信數字的神奇魔力）與表象相去不遠，而數字十是這個陣營反覆偏好的數字。這也許是因為大自然給了我們十根手指與十根腳趾，我們的老祖先對十這個數字保持最自然的崇敬。這種特別突顯的特性和我們對於十年、一個世紀（百年）及千禧年的狂熱一致，都是對十與其倍數著迷。自稱是權威的人喜歡指稱幾個十年藉此來表達過去歷史的趨勢，譬如，「喧鬧的二〇年代」（the roaring 20s）、「反抗的六〇年代」（the rebellious 60s）、「貪婪的八〇年代」（the greedy 80s），好像整個社會轉變得如此清楚，進入一個任意的時期。十戒（the Ten Commandments）、最佳服裝十人、最棒的十個遊行隊伍，都是其中幾個根據這個數字產生特別狀態的表現。我們可以猜測得到，若是有人主張我們只使用八分之一的大腦，這種迷思想要不朽，可能會有一大段的路要走。另一方面，七分之一在數字學中也許會有比較好的接受度，但是，如果目標是在將腦中巨大未使用的部分說清楚的話，可能也不具有相同的效

力。

散布迷思的「名人」

直到二十世紀中葉，10%迷思仍繼續在自我成長企業中口耳相傳著，當它變成一個固定的課程時，譬如卡內基機構（Dale Carnegie organization）的課程之後，那些推銷超覺靜坐（Transcendental Meditation）、科學論派（Scientology）與神經語言程式（Neurolinguistic Programming）的銷售者便不時地在檯面上大肆宣傳。激勵人心的演說家還是很喜歡10%迷思，我也持續地看到各式各樣所謂的「大腦調整」設備廣告，而新世紀的企業家對於這些東西卻視之為珍寶（參見第四章）。

雖然10%迷思沒有在一九三六年戴爾・卡內基《如何贏得朋友與影響人們》（*How to Win Friends and Influence People*）的原版著作中出現，但是一位受歡迎的冒險家、新聞記者與電影傳記編劇湯瑪斯（Lowell Thomas），卻在他為這本書第一版所寫的序言中強力推動這個想法（這本書在一九五六年再刷之前已銷售近五百萬本）：

> 哈佛大學的威廉・詹姆士教授曾經說過人類平均只發展大腦潛在能力的十分之一，戴爾・卡內基藉由幫助商業人士發展潛在能力，已經創造出成人教育中最顯著的運動（湯瑪斯，引自卡內基，1936, p. 12）。

卡內基在一九四四年出版的《如何停止煩惱並展開生活》（*How to Stop Worrying and Start Living*）一書中談到了這個主題：

> 當著名的威廉・詹姆士宣稱人類平均只發展潛在能力的十分之一時說道，人類從來未曾找到自己。他在書中寫道：「與我們應該有的表現比較，我們只是半醒而已，我們只用了身體

與心理資源的一小部分。廣泛地來說，人類活在距自己極限尚遠的地方，擁有各種能力卻習慣了不去使用它」（Carnegie, 1944, p. 123）。

雖然卡內基引用了美國先驅心理學家威廉‧詹姆士（1842-1910）的話，但他沒有指出這句話的出處。戴克（Dwight Decker）的消息來源者，一九九四年在網際網路新聞群組「sci.skeptic」中貼出布告說，他記得詹姆士在《心理學原理》（*The Principles of Psychology*）（James, 1890）這兩冊書中討論到10%迷思。然而，戴克與我都無法在詹姆士的傑作中找到這一段話（註3）。繼續進行調查工作的功勞要歸於加州核桃溪市的艾佛利特（Richard G. Everit）。艾佛利特（透過個人通訊網路）寫出他找到了卡內基所引用的那段話，是出現在一九○六年十二月詹姆士對美國哲學學會的演講，這個演講的題目為「人類的能量」（The Energies of Men），在哥倫比亞大學舉行，演講內容稍後也在一九○七年的《哲學評論》（*Philosophical Review*）一月號中出現。艾佛利特注意到這篇文章的大眾化版本也出現在一九○七年十月份的《美國雜誌》（*American Magazine*），而文章的標題後來改成一個比較具有啟發性的語調：「人類的力量」（The Powers of Men）。這篇文章或是被引用的部分，可能就是卡內基書中的出處來源。但也有可能是詹姆士本人在經常性地對民眾演講中，曾經提到這個在某處引用來（或錯誤引用）的結果。詹姆士是個具有醫生背景且非常優秀的生理學家，不太可能相信我們實際上只用了大腦十分之一的說法，較有可能是在他幾本暢銷的著作中被拿來作為譬喻而已。如同費爾曼（Fellman and Fellman, 1981）所注意到的，在詹姆士一般性的演講中，關於他對大腦能力的推測以及對人類可以更加盡善盡美的建議，非常能夠觸動廣大聽眾的心，像是《普及科學月刊》（*Popular Science Monthly*）就是擁有廣大讀者的例子。

大家都知道將任何主張歸於一個有名望受尊敬的人物是增加可信度

一個很可靠的方式。在二十世紀中期之前，一種無懈可擊掩蓋事實的方式就是將這個點子歸於愛因斯坦（Albert Einstein）。在政治領域裡就有許多例子，愛因斯坦的公信威望，在不是屬於他科學專業的領域上有些不恰當的影響。愛因斯坦可能曾經在某些場合中提到10%的說法，或是在回答別人問他為什麼如此聰明時提到。這個傳說非常普遍，但問題同樣是出處備受質疑。雖然我個人也聽過數十次愛因斯坦曾經說過的這些話，但我還是沒有辦法確切知道他在何時、何地說過這樣的話。很明顯地，那些努力去記錄愛因斯坦大量累積的著作、訪談和語錄的人也沒有辦法。愛因斯坦檔案管理的助理傑夫·曼德（Jeff Mandl），在回覆我的研究助理克勞馥（Anouk Crawford）的信中寫到：

> 我們沒有看到愛因斯坦曾經說過人類只使用大腦容量的十分之一。接到你的訊息時，我們檢查所擁有的紀錄，但是並沒有找到對這個主題的相關談論。

與威廉·詹姆士相同的情況，可能是愛因斯坦說了某些話，而這些言論並沒有被記錄下來，只是透過口語上的傳播流傳。但是即便是他曾經說過，身為物理學天才的愛因斯坦，並不會提高這個關於神經學或是心理學議題的價值，它的價值並不會超過其他具有聰明才智且偏好這個議題的業餘人士。同樣的情況發生在馬克吐溫、亞伯拉翰·林肯與溫士頓·邱吉爾等人的身上。人們對於這些名人總有一些錯誤的記憶，或是有一種美化名人形象的慾望。當這種情形發生之後，人們可能就會將這些話視為是愛因斯坦所說的。或許部分10%迷思的支持者很單純地認為，即使愛因斯坦沒有說過，那他也應該要說。很顯然地，一般大眾都已經認定愛因斯坦曾經說過這樣的話。

另一個促進這個大腦迷思的原因，可能是來自於佛洛依德學派心理分析的流行。儘管佛洛依德的理論在科學上有其瑕疵，但是卻緊緊抓住

了現代人的想像。它們不僅影響精神病學，也影響無數的大眾心理學、文學與電影。佛洛依德所提出的心智三階層模型，幾乎是眾所皆知。這三階層模型是由自我（ego）、超我（superego）及本我（id）三個部分所構成。如圖1.3所示，這曾經是佛洛依德對心智觀點最受歡迎的描繪。冰山的尖端代表著意識層次的自我，其他部分與非意識層次潛伏在表面之下。佛洛依德本人相信，總有一天，會發現與他的模型相對應的一個結構實際存在我們的大腦之中。然而，幾個世代以來，從未在大腦中找到這樣一個結構。雖然如此，對於那些不如佛洛依德致力於蒐集實證資料的通俗心理學家而言，佛洛依德的理論仍然非常好用。所有積極思想的愛好者真正希望的是，能有另一個名人，在慌亂之中錯誤地將潛意識與創造能量改變生命的說法連結在一起作為見證，好讓他們可以推銷這

圖1.3　教科書中對佛洛依德心智模型的典型描述。藉由冰山隱喻，這些作者助長宣傳心智的極大部分是潛伏的或沉在底下的想法，也許會造成一些讀者誤以為這個假設支持10%迷思。

些積極思想的課程給顧客們。儘管佛洛依德學派與積極思想業者的10%
迷思說法差異很大，但是，這兩者加起來便足以啟發那些容許錯誤的信
眾們，並且提供另一個毫不可信的迷思來源。

為什麼10%迷思不會消失？

倘若多年來大家都知道10%迷思在神經學上是沒有意義的，我想你
一定會好奇，為什麼這個迷思能夠流傳這麼久遠？我認為這個神經學上
十分之一的寓言會持續地存在於大眾之中。因為對於想要變得更聰明、
更有影響力及更富有的普世大眾而言，這是一個能夠撫慰人心的寓言故
事。正如同我們已經看到的，那些為了迎合我們想要變得更好的高貴渴
望，進而發展出的大型產業，讓人們相信我們都擁有大量未知的能力是
一件令人欣慰的事情。對於那些既得利益者而言，倘若這個夢幻能夠經
過大腦科學而獲得證實，那該有多好。

為了樂趣與好處而探究這些事實

偽科學家（pseudoscientist）都知道在推廣一個曖昧不清的產品時，
最好的方式就是讓一般大眾將這個產品與正統科學中最有名望的人、
事、物連結在一起。即使在老布希總統宣布一九九○年代是「腦的年
代」（decade of the brain）之前（有人也許會問，這麼龐大的工作為什
麼只需要十年？），在自我成長行銷企業中，已藉著良好聲譽的神經科
學發現之助，將科學上令人敬重之處借用在一些令人質疑的主張上（Be-
yerstein, 1990）。

大腦研究科學家數年來義無反顧地提供了許多的研究結果，這些研
究結果可能單純地被誤解，也可能是被用來圖利於人類潛能行銷事業所
提倡的10%迷思上。其中一個已經被一般大眾錯誤解釋的例子，就是將
神經解剖學家宣布腦中負責支撐的膠質細胞（位於大腦白質的部位）讓

多於神經細胞(位於灰質部位,實際上負責心智工作的部分)的這項事實,扭曲成膠質細胞與神經細胞的數量是十比一的說法。膠質細胞的角色在註7中有詳盡的討論。根據這個粗淺的看法,嚴格說來,即使大量膠質細胞的支持對於心智功能是不可缺少的(註4),但我們的確使用不到十分之一的大腦細胞產生所有的心理現象。然而,膠質細胞的支持作用對神經元的功能而言是必須的,就我所知,目前沒有任何推銷心智訓練(mental exercise)或是其他自我成長產品的人,為了獲得較好的銷售成績或升遷機會,而擔保他們能夠將膠質細胞轉換成備用的思考原料。提出這個點子的一項考慮是,雖然這樣的事情還沒有在大腦推銷業中發生,但是對他們而言,很少有東西不能放到市場上賣的。

另一個錯誤解釋神經學研究用來煽動10%迷思的例子是我先前所提到過的,戴克在一九九四年一篇網際網路上的布告引起的。戴克推測10%的信條,可能是讀者對於一九一一年版《大英百科全書》(*Encyclopedia Britannica*)中大腦的註解項目產生誤解所導致的。這本百科全書描述到當時為止,對大腦皮質功能的了解:「除非我們對於粗略解剖的描述感到滿意,否則大部分的皮質區域仍舊處於未知的狀態」。造成了一些讀者誤以為這代表著「我們不了解這些區域在做什麼」,或是「這些區域不做任何事」。

一個類似的誤解也可能是造成10%迷思的原因之一。這是來自北卡羅來納州立大學心理學系卡拉特(James Kalat)教授的建議(註5)。也是在網際網路的一個布告中,卡拉特將我們的注意力吸引到底下引用一個美國心理學先驅伍茲渥思(R.S. Woodworth)的話,在伍茲渥思的一本教科書(1934, p. 194)中,他寫到:

　　據估計大腦皮質的神經細胞總數大約是一百四十億,許多
　是很小且明顯是尚未發展的,好像他們是儲備用的,尚未運用
　在個體的皮質活動中。

現在我們知道這些所謂的連接細胞（interneurons）一輩子都存在我們的大腦皮質中，雖然它們很小，但不必然是尚未成熟的。它們也被稱為高基氏第二型神經元，與皮質中較大的、靜態的高基氏第一型神經元之間連結的形成有關（Hirsch and Jacobson, 1975）。透過這種方式產生新的神經迴路，是新經驗在大腦中留下痕跡的方法之一。卡拉特也許是對的，受到伍茲渥思那些早已消失的舊教科書深刻影響的早期世代，以為這些大量的小小神經元純粹只是當作備份，等待新的促進技巧，用來作為大腦訓練的骨架，使得它們能夠成熟並產生新的心智能力。

我相信有大塊的腦區處於潛伏狀態的這種說法，也從早期外行人對於低等動物神經學實驗結果的誤解中，得到一些它們未得到的科學假象。例如拉胥黎（Karl Lashley）的先驅研究中，顯示出移除大量的老鼠皮質，對於表面上的行為干擾非常少（Krech, 1962）。這些發現使得拉胥黎成為僅存的大腦功能整體觀（holistic）或是「整體運作」（mass action）的偉大支持者。他的同等潛力觀（equipotentiality）認為功能喪失的多寡會與皮質損失的數量成比例，而不是根據皮質移除的位置決定哪些功能喪失。拉胥黎破壞大腦但並沒有造成明顯的行為缺損，這點至少與腦中有大量重複神經元的觀點一致。後來使用了更複雜精密的行為測試研究之後，的確發現了先前拉胥黎所沒有發現的功能缺損。

由類似的脈絡中可以發現，一般大眾對於早期比較神經學家所使用的一些名詞產生困惑，這或許也是只用10%大腦這個錯誤看法產生的原因之一。如圖1.4，研究顯示，隨著演化的改變，哺乳類的大腦皮質已經增大了許多，但是感覺與運動皮質所占的比率則愈來愈少。在一九三〇年代，一個比較演化樹上不同階層不同物種的大腦皮質的研究中已經充分展示，以電流刺激皮質細胞以及試驗性地造成皮質損傷的方式，似乎對於較高等物種大腦的非感覺與非運動皮質，產生很小的效果。因為這個原因，這些區域被一些研究者稱為「沉默皮質」，雖然他們並未意指這些區域是靜止的或是不使用的。從下面的敘述中我們可以看到，它們

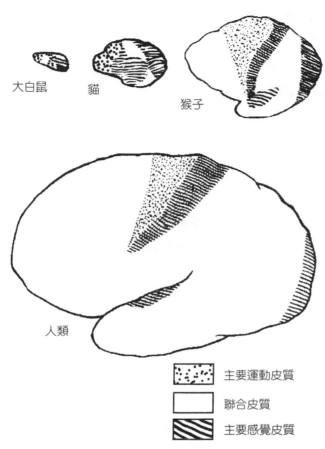

大白鼠　　貓

猴子

人類

::: 主要運動皮質

□ 聯合皮質

▨ 主要感覺皮質

圖1.4　各種哺乳類大腦的左側觀（只大約依比例繪製）。這些圖顯示隨著演化的改變，大腦體積有絕對的增加，聯合皮質區也有依比例的增加。因為一些作者選擇稱聯合皮質區為「沉默皮質」，一些讀者也許將其誤解為是「靜止的」。

並不是靜止的，這些區域在現代通常稱之為「聯合皮質」（association cortex），負責我們最特別的人類特質，包括語言、心像與抽象思考。當我們從一個作業轉換到另一個作業時，或是改變注意力及覺醒程度時，有些區域會有最強的變化活動，但是這些部位通常沒有潛伏靜止的區域可以用來指派新的功能。

　　然而，「靜止」這個名詞有點誘人，它的言外之意使得自我成長行

銷企業中的顧客，誤解了一九五〇與一九六〇年代某些作品的目的，這些作品仍然傾向拉胥黎整體運作概念的某些層面。舉例來說，極具影響力的英國神經生理學家華特，著有《活生生的腦》（*The Living Brain*）一書（Walter, 1963），這是針對一般的知識份子所寫的，其中寫道：

> 大腦的某些部分的確是規律且可辨識的精細表面，當電流刺激時，以一種可預測的方式產生反應，受到疾病或傷害侵襲時，會產生特定可診斷出來的跡象或症狀。但是在這些規則中有許許多多的例外，且實驗的基礎非常薄弱，因此現在傾向支持大腦功能的整體觀，認為所有的部分都參與任何感官或是動作。而功能位置較可能是機率造成而非特定區域……我們可以完全接受這個看法，因為由實驗的探究中發現，大腦區域的聯合皮質區產生一些模糊不清的工作，這個區域有時稱為「靜止」，因為當有實驗性的侵入產生時，它們並沒有反應。而這些區域構成大腦的極大部分……（Walter, 1963, p. 71）。

這種方式雖然並非故意的，但是一些暢銷的書籍（像是華特的書）促使了對「沉默皮質」的誤解——大腦中有很大塊未使用的區域。當我們指出後續研究中，已經在沉默皮質區內發現許多特定的功能，超越了那些大腦整體觀以及整體功能觀的研究，例如拉胥黎與華特，並不會減損我們對於這些真正偉大研究者的回憶。諷刺的是，後續的研究顯示出拉胥黎與華特在某方面是對的，只是和他們當初所提的層面有些差異。大腦在從事大部分的作業時，大多數的區域會被激發。這是因為大腦將複雜的作業分成許多平行的部分，然後投射到大腦皮質各個部位上的高度特化模組（Gazzaniga, 1989）。這看起來會比較像是整體運作的模式，但是大腦的運作像是一個交響樂團，也就是將各個區域集合在一起，將各自負責的獨特功能綜合產生整體的表現。華特的部分想法也被

證明是正確的，和過去的看法比較，現代大腦模組的觀念認為，這些神經單位會依照作業的不同而有不同的組合，相當具有流動性與暫時性。儘管這些模組的確是完全被功能特化了，然而其他不同但相似的模組也會在之後被聚集成一個臨時的網絡，以便完成同一種作業。這種隨機選取的能力，同時也意味著當某個模組受損時，卻開啟了另一個取代模組的可能性（或許這個新的模組在腦傷之後，作業執行上較沒有效率、較無法相互配合）。

　　威廉・詹姆士很可能曾經說過我們只用了很小部分的大腦（如果他真的是這麼說的，而不是說我們只用到一小部分的創造潛力），那很有可能是提及一些因為車禍或疾病造成大腦組織缺損的人（但他們看起來或多或少功能是正常的）的故事。大部分這種案例都不會被記錄下來，有能力偵測到細微認知缺損的專家通常並不會被諮詢。儘管他們可能過度誇大了這個很戲劇性的效果，但是這些故事往往會得來不好的名聲（Corliss, 1993）。特別是一些搞神秘的商人，他們以找一些科學無法解釋的異常現象作為樂趣。因此，應該就是這些人讓10%迷思看起來增添幾分可信度。

　　然而，最近有一些記錄比較完善的案例，證實了尚未成熟的大腦在腦傷之後，仍有重新組織與復原的神奇能力。年幼的兒童在腦傷或是疾病造成整個腦皮質損傷之後，的確有大部分功能恢復的情形產生（Kolb and Whishaw, 1996，第十章）。當然這種損傷的部分遠遠少於90%，但是，由於出生之後一旦神經細胞死亡，就幾乎很少能有替補的（倘若有的話），因此必定是這些病患剩下來的神經細胞做了些什麼，最起碼提高了這附近一定有一些未用部分的可能性。然而，事實上應該是這樣的：原本受傷區域所負責的功能，實際上是「擠進」了那些負責處理其他功能的完好細胞中，並不是進入未使用到的區域。這些兒童經由手術移除一個腦半球之後，在行為上及意識上受到很大的干擾，但是漸漸地，大部分的能力包括語言，都有大量恢復的情況。不幸的是，在原本

完好的神經組織中加入新功能的能力會隨著年齡的增長而急速消失。你可以去參觀任何一個神經科的病房，很快地就能夠說服你相信這一點。

即使是那些年幼時受到腦傷而日後幾乎重獲正常功能的患者，他們仍然有某些程度的缺損，雖然這些缺損有時必須要用非常精細的檢查才能看出。這種可以恢復多數功能的能力在青春期之前就大量消失。目前許多研究朝向找出破壞成熟大腦內的神經組織從腦傷中恢復功能連結的特定程序，並加以抑制。

勞勃的真理（The Gospel According to Lorber）

在一些大腦不同部位受傷的年輕人身上發現他們仍保有大部分功能，這點更加強化了「我們一開始並不需要這些多餘大腦物質」的想法。在我的經驗中，一家英國教育性質的電視公司，拍攝了一些值得注意的青少年神經科患者，這個影片主要是在喚起10%的迷思（註6）。這個由英國製作人與導演勞森（Hilary Lawson）製作、歐唐尼爾旁白的節目中，含有許多令人震驚與違反直覺的內容，因此能夠在英語系的國家中不斷重播。例如：「你的大腦真的是必須的嗎？」（Is Your Brain Really Necessary?）這種聳動的主題。媒體使用了最受歡迎的主題：一個勇敢的門外漢努力地與學術、醫療團體抗爭，再一次地，他們以此暗示這些所謂的「專家」並不如我們所想像的那麼聰明。這個節目以這種方式倡導一個誤解：我們有個保留了大量容量、偶爾可以使用，但非必須的大腦。這個節目拍攝了過去具相當爭議性的雪菲爾大學小兒科醫生──勞勃教授（Professor John Lorber），節目中所介紹的病患也是他所發現的。當勞勃教授面對攝影機時發表了以下的評論：

> 我的直覺是我們有個大量儲備的神經元與大腦細胞……我們不需要它們，也不使用它們……

勞勃偏好以此來解釋一群特殊的病患，這些病患一開始被轉介到他的門診來，只是因為一些相當小、無關緊要的抱怨。在節目拍攝之時，大部分的年輕人都處於青少年的中到晚期的年紀。他們有平均或高於平均的智力，在教育與社交生活方面的適應也相當好，但是令人驚異的是，電腦斷層掃描顯示他們的大腦皮質已經被壓縮到一公分厚。

如圖1.5所示，這個大腦的壓縮是因為底下充滿液體（譯註：**這些液體稱為腦脊髓液**，cerebrospinal fluid）的腦室增大，這可能是因為腦室與蛛膜下腔正常循環的腦脊髓液，由於外流孔道部分阻塞而慢慢累積起來，在不知不覺中壓縮到較高的大腦皮質中心。這種情況稱為水腦症（hydrocephalus）。它最常發生在嬰兒期，腦中的壓力會快速增加，進而產生破壞性的後果。根據推測，勞勃的病人發病得稍微晚一點：兒童期；因此，過多的腦脊髓液累積地較慢，在一段很長的時間中施予大腦中度

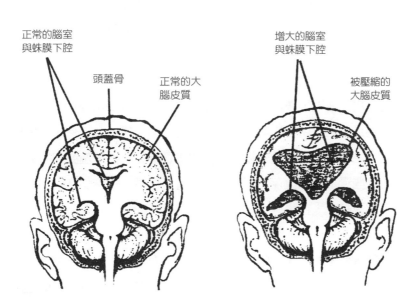

正常的腦室與蛛膜下腔

頭蓋骨

正常的大腦皮質

增大的腦室與蛛膜下腔

被壓縮的大腦皮質

圖1.5 左圖顯示一般充滿液體的腦室與蛛膜下腔的大小。右圖顯示原本充滿腦脊髓液的這些區域增大之後的情形。這種增大是因為水腦症導致腦脊髓液的累積。這些含有腦脊髓液空間的增大，嚴重地壓縮了上方的大腦組織。

但穩定的壓力。

在過去手術技術還無法將腦脊髓液抽取出來的時候，典型嬰兒期發病的水腦症，會產生快速增加的壓力，造成嬰兒仍有彈性的頭蓋骨向外膨脹成奇怪的形狀，這也是因為嬰兒的頭蓋骨尚未完全鈣化。水腦症可以預期的結果是造成嚴重的心智與運動障礙，最常發生的情況則是造成死亡。在勞勃那些應該是發病時間較晚的案例中，在他們腦脊髓液開始累積的時候，兒童的頭蓋骨也許已經完全鈣化接合了，使得大腦皮質被擠在一個硬塊與一層硬壁之間。雖然仍有大塊的皮質萎縮，但是並沒有造成這些青少年智力產生障礙的問題。這點卻讓勞勃與這部影片的製作人問了一個不夠誠實的問題，並成為影片的主題：「你的大腦真的是必須的嗎？」雖然節目當中出現一些異議，勞勃也承認這些現象都有一些常見的解釋，但很顯然地製作人贊同「多餘皮質包袱」（excess cerebral baggage）的這個解釋：也就是大部分的大腦皮質都是多餘的。毫無疑問地，這種譁眾取寵的方式的確使得許多看過這個節目的人，回想起該節目的內容。

如果你曾經看過因為大腦皮質沒有正常的發展，造成一出生便不幸地缺乏腦皮質區域，像植物一般的無腦兒（anencephalic infants）。相信你會認為這個節目所提出的問題及主題是非常滑稽的。顯然，勞勃照顧的那些青少年，一定也遭受極大程度的皮質壓縮，但這個節目所要強調的是，這些青少年的生存並不是很需要這些皮質。一篇文章引用勞勃一貫誇張的說辭：「在這些青少年中有一個是『社交方面完全正常，但是（他）實際上是沒有大腦的』」（Lewin, 1980）。

勞勃這個個案所顯示的，並不像是節目中隱隱約約想要表達的：高等功能的大腦中心與我們的心智生活無關。值得令人注意的反而是因為這個器官在生命發展的過程中出現夠晚且夠慢，使得其在面對巨大損壞時具有驚人的能力。至少對某些大腦功能的單位而言，有時在相同的區域中一系列的小傷害，反倒是比一個大規模的傷害較不至於產生毀滅性

的後果，即使是在前者與後者受傷害的大腦組織數量相同的情況之下（Kalat, 1995, p. 543）。舉例來說，在多重梗塞（multiple infarct）的疾病中，一段時間內會發生多次的輕微中風，這些病患通常仍舊可以應付生活的需求，直到因為其他疾病造成死亡之後，接受病理學家的解剖，才驚訝地發現到這些人大腦細胞受損的嚴重程度。因為這種斷斷續續性的小傷害，使得剩下的神經元有充分的時間適應，並且從完好區域的神經元中延伸出並行的分支，可以在受傷害區域中重新分布在那些因為細胞死亡而喪失的神經連接上。此外，整個系統有充分的時間學習新的策略，以應付受傷區域的損失（請參考前面對大腦模組與平行處理的討論）。

大腦斷層掃描與勞森／勞勃的電視紀錄片，不能說明這些病患的大腦皮質被壓縮變薄的原因，是因為神經元減損，還是因為神經元被壓縮到比較小的體積。神經細胞通常是浸泡在細胞間液中，也許不只是神經元的體積，這些液體的一些空間也被壓縮了。此外，也有理由相信這些個案所損失的神經細胞，或許是那些負責支撐的膠質細胞占較大的量，而非那些實際負責心智功能的神經元細胞（註7）。膠質細胞在神經迴路中扮演著很重要的支撐作用，假設這些膠質細胞的數量減少了，只要所剩的數量足夠，大腦皮質的功能還是可以維持住。再者，也有可能是這些病患的大腦皮質已經因為漸漸增加的內在壓力而變得比較平滑，但仍可維持重要的組織特性與彼此間的連接。

在同一個節目當中，使用正子放射斷層掃描（PET）的結果卻在勞勃的病患中產生不同的效果。一般而言，要求這些病患從事不同的心智作業，同樣會造成壓縮腦皮質內某些區域被激發，這些被激發的區域或多或少與正常大腦的分布相同。然而，卻也有部分證據顯示出，某些病患該功能的大腦相對位置已經改變。

事實上，從這些皮質縮小的年輕人身上所得到的訊息，並非意味著他們無法利用這些留下來的神經元。這個節目也讓我懷疑是一些戲劇化

效果，至少有一些病患的正常程度是被誇大出來的。在媒體上已經出現關於這些個案的描述，媒體喜歡強調勞勃誇張的說辭：他幾乎已經推翻幾個世紀以來大腦研究的價值（註8）。這些個案的資料很少出現在同儕評論的期刊上，這點顯示出勞勃在媒體上所發表的那些宣稱，可能無法通過一些科學審查者的質疑。舉例來說，英國神經外科醫生提爾（Kenneth Till），已經注意到勞勃所用的一些掃描儀器有時太過低估其餘大腦組織的實際容量（Lewin, 1980）。無論如何，事情並不像勞勃在電視上所說的：這些年輕人的腦幹以上「事實上是沒有大腦」的。

勞勃也在紀錄片中斷言，他的這些個案已經推翻了過去所建立的學說認為：「至少在哺乳類，出生後沒有新的神經元產生」。然而勞勃不是第一個暗示這個學說只是大體上正確，但並非絕對正確的人（Altman, 1967）。紐約科學院最近召開的一個專題討論會已經確認，事實上成熟大腦中神經元的細胞分化與取代，較以前認為的多。但是如果你思考一下，在勞勃言論中充斥著「再生」（regrowth）的解釋實際上是破壞了許多大腦是不需要的看法。如果大腦一開始就有許多多餘的神經元，那麼為什麼它需要在受傷區域進行再生？勞勃也低估了這個事實的價值：可連接神經元產生功能迴路的軸突與樹突，在我們一生中可以再成長與連接新的迴路。許多這種出生後正常大腦神經體積增加的是這些軸突與樹突相互連接的分支。因此，新功能相互連接的產生可以解釋功能被保留的原因，並不像勞勃所暗示的那樣，需要新的細胞分化以產生取代的細胞。這種傳統解釋的可能性較高，因為壓縮可以發生得很慢，有足夠的時間讓這些分支發展。

雖然與勞勃所預期的相反要讓他失望，然而主流的神經學教科書應該不會修改，他的例子反倒是可以拿來作為嚴重受傷後，年輕大腦的恢復彈性與再組織、繼續生存之能力的有力證詞。不幸的是該節目的製作人並沒有將這個主要的訊息傳達給觀眾。倘若該節目能夠傳達正確的訊息給觀眾，那麼這個節目將會成為非常有用的教育節目，觀眾也應該會

被提醒，因為腫瘤的形成造成成熟大腦的腦壓快速增加，一定會造成較為嚴重的傷害。然而，勞勃的大腦影像確實提供了一些有用的修正方向，因為它們提醒了神經學家以及神經心理學家，大腦的深層結構（在這些例子中受到相對較少的傷害）可能對於我們的心智能力之貢獻較多，與先前迷戀於大腦皮質的錯綜複雜而產生的想法不同（**譯註：亦即我們先前認為大腦皮質在心智功能中扮演較重要的角色**）。關於這點，一些主要的理論學家例如麥爾節克（Ronald Melzack, 1989）等，提出中腦及腦幹區域對於較高等心智歷程的貢獻，喚起大家對於這些區域的注意。

結論

在廣大的搜尋之後，我在此下了一個結論：10%迷思最有可能來自於各種試圖將心智潛在能量具體化的嘗試。結合了真實與自私所造成的誤解，再加上神經科學家礙於目前對於大腦了解的限制，而用一種正當謹慎的態度默許，這些都助長了這個迷思的產生。即便我們已經從這當中學到許多大腦的知識，但也只能夠誠實的承認仍有許多尚未發現的部分。這種謙虛的態度，對於迷思準備開始散布的二十世紀初期來說，是非常適合的。有可能是一些早期的研究者（可能是樂觀的）估計我們只了解10%的大腦在做什麼，然而卻被誤解為我們只使用10%的大腦。

根據我最後的分析認為，這個令人好奇的說法之所以能夠持續這麼久，也是因為被神秘宗教與新世紀信仰拿來當作撫慰人心本質的證明：如果這是真的那就太好了，不會因為死亡而感到刺痛，只要想著那些想達到的成就，就能夠帶著他們度過，心中也沒有遺憾。10%迷思所傳達的一個訊息是，我們都可以是愛因斯坦、洛克菲勒（Rockefellers）或蓋樂，只要我們在兩耳之間努力。

無所不在的10%迷思提醒了我們，關於美國民俗學者布魯芬德（Jan Harold Brunvand, 1982, 1986）的研究中所謂的「鄉野傳說」（urban legends）。布魯芬德將這個小小的教訓稱之為「朋友的朋友傳說」（FOAF-lore, for "Friend-Of-A-Friend"）的學問，因為想要正確地確認這件事會導致一個無窮盡的回歸（譯註：即找不到源頭）。據說是真實的故事通常是發生在「朋友的朋友」身上，找到這個人，他又會說這是發生在我「朋友的朋友」身上，如此繼續下去。布魯芬德（Brunvand, 1986, p. 165）指出鄉野傳說具有普遍性與持續性的幾個理由，譬如它們通常有一個吸引人的故事主軸，有一些含有事實的小小元素，通常提供機會能夠發表一些不合時宜的說法，卻不會引來其他人的不滿（陳述的人通常會說「請原諒我這麼說，我只是描述事情發生的經過」）。重要的是，他們提供了一個可以傳遞警告、激勵或道德教訓的工具，不論是明說或暗喻。儘管這些鄉野傳說的故事主軸都不可信，其內含的訊息影響了共有的希望、偏見與焦慮。然而這些故事也有令人興奮的性質，讓人暫時不去懷疑。最後，各行各業的人們傾向於相信並散布這些故事，媒體則在小小的修改之後繼續重複這些故事，其規律性就像時鐘一般。如同我們所看到的，10%迷思有上述的幾項特質。我本身已經聽過好幾遍關於「有一個人去照X光，結果他們發現他的腦子裡除了水沒有別的，但是不管怎麼樣，他非常的聰明」的故事。

令人相信的「皮質備胎」概念持續滋養著通俗心理學家的顧客群，並且時常出現在自我成長的課程中。對於「我們很少有人能夠完全發揮天份」這個符合事實的說辭，誰能夠拒絕它？將它視為激勵希望與安慰的來源，或許比傷害來得好，但是，提供慰藉並不代表事實。神秘主義以及騙徒將10%迷思視為神經基礎上的證據，但是這要成為事實，可能性顯然低於10%。

註釋

註1 ▶ 高爾（Gall）與史普漢（Spurtzheim）在十九世紀防衛功能特化的主張過

了頭。他們的顱相學（phrenology）主張大腦可區分成數個小島，每一個負責一個特定的心理特徵或是能力。雖然顱相學家在大腦的功能與其解剖之間如何對應是錯的（其他幾件事情也是錯的），但他們對功能定位的假設是對的。不幸的是，他們太過頭的想法（從他們當時所知道的知識而言，這種想法在今日看來不會太不合理）玷污了功能區分的想法超過一個世代（Clarke and Jacyna, 1987）。這導致整體功能論的支持者主宰了當時代的看法，直到臨床證據與現在研究結果支持功能區分的看法（原則上如此，如果在細節上則並非如此），顱相學家定位論的看法始終還是對的。

註 2 ▶ 諷刺的是，支持自我成長的人，藉由10%迷思提倡唯物論者的看法：心智等於大腦功能（這種看法時至今日都還不是大部分的看法），同時他們也主張復古主義的根源，在其作品中大量汲取二元論的文獻，以說明心智的天生、精神方面的本質。

註 3 ▶ 我的研究助理 Sheri Kashman 和我的兄弟 Dale Beyerstein（溫哥華藍格拉學院哲學系主任）在詹姆士的《心理學原理》二冊書中也都找不到任何的參考文獻。

註 4 ▶ 多發硬化症的病患在這個疾病導致大量膠質細胞受損後，會表現出主要的知覺與運動障礙。

註 5 ▶ 我相當感激卑詩省Nanaimo的馬拉史賓那學院（Malaspina College）心理學系的艾普藍（Ron Apland），他讓我注意到卡拉特（Kalat）的建議。我也感謝賓州蓋茲堡聖瑪莉學院的基佛教授（Professor Robert Keefer）提供一些有用的建議。

註 6 ▶ 勞森（Lawson）的紀錄也被我所認識的基督教基礎教義派所引用，以用來反駁我另一個（Beyerstein, 1988a）擁護的看法：心智與大腦功能等同。他們厭惡這種大腦的唯物觀，因為這看法反對他們偏好的二元論，即心智等同於非物質與不朽的靈魂。如果，如同勞森停止辯護其主張的缺點，大腦對高等思考過程而言是不需要的，這使得二元論、心靈的信

仰較容易成立。

註7 ▶膠質細胞是脂肪組織（白質），提供神經元新陳代謝與物質的支持。它
們也構成環繞一些神經元的髓梢（myelin sheaths），提供絕緣作用與加
速神經傳導。據估計膠質細胞的數量比神經元還多，所以因為生命早期
水腦產生的高腦壓導致的膠質細胞損失，仍可以忍受而不會有主要的功
能障礙。

註8 ▶雖然勞勃（Lorber）會克制在估計中加入數字，但大眾媒體不會如此謹
慎，通常這神奇的10%來自報導者的估計。在一九八一年五月出版的《科
學文摘月刊》（Monthly Science Digest）一篇未署名的報導中提到：「約
翰・勞勃博士……相信人們只使用正常大腦體積十分之一這麼少，而能
負擔較高的智力表現」，幾乎不被察覺的，雜誌將正常皮質厚度的十分
之一急速跳躍到一個大腦的十分之一。

2

我們用對腦了嗎？

庫伯拉力司

（Michael C. Corballis）

序論

　　大家現在都懂一點左右腦。左腦是語言、理性、線性、計算及科學的腦，右腦則是空間、直覺、情緒、創造與藝術的腦。左腦象徵了工業、軍事的西方文化，右腦則象徵了誘惑、神秘的東方文化。左腦是無趣的，右腦則是好玩的。

　　以上這些看法是在一九六○年代左右，透過許多用來舒緩癲癇症狀的裂腦手術研究中被發現的。這個手術的基本概念是藉由切除兩半腦間的聯繫，來阻止癲癇發作跨越到另一腦半球，以避免癲癇大發作（major seizure）。這種較極端的療法至少很成功地降低癲癇發生的頻率與強度。對病人而言，真正有趣的是至少對高等心智功能而言，兩邊的大腦很有效地分開，所以可以評估一邊的功能，而不受到另一邊的干擾。

　　這個研究的領導者是羅傑・史貝理（Roger W. Sperry），他因為其研究成果在一九八一年得到諾貝爾獎。史貝理與他的同事很快就證明，只有左腦才能叫出呈現於眼前的物品或文字，而右腦則保持默默無言（Gazzaniga, Bogen and Sperry, 1967; Sperry, 1982）。雖然至少在某些病人身上，右腦可以理解語言，並指揮左手指出呈現眼前物品的名字，或是指出呈現字所代表的物品。右腦理解的能力明顯在左腦之下，但是仍然可以表現出一些令人驚奇的現象，因為一世紀以來對左腦腦傷研究的結果，已經指出右腦也具有理解或產生語言的小小能力（Sperry, 1982）。裂腦研究是否已經正確描繪出正常人右腦的口語能力，仍在爭論之中。

　　但是比較有趣的想法是，右腦本身也許具有一些特殊能力，這些能力也許不與左腦分享。直到一九六○年代，右腦或是右腦半球普遍地被認為是隸屬於左腦的，因此被認為是「次要的」或「非優勢的」腦半

球。然後，獨立右腦的實驗開始顯示右腦的表現比左腦好一點。這些能力大部分是空間的，譬如配對物體一部分的形狀，或是想像物體在不同角度的外觀，或是空間注意力的導引。在確認旋律上，右腦的表現也證明比左腦好，雖然左腦看起來是特化出韻律的功能。有一些證據顯示右腦比較特化於情緒，雖然也有另一個說法是右腦是特化成負向情緒，而左腦是正向情緒。雖然研究結果暗示的右腦功能概要相當廣，但這種半腦優勢通常很小，且涉及的通常是很簡單的知覺功能（請參考Corballis, 1983的回顧文章）。研究顯示右腦比不上左腦顯著的語言優勢。史貝理最初的工作夥伴以及裂腦的長期研究者麥可·葛札尼嘉（Michael Gazzaniga），甚至做出以下的看法：「（我們）大可以主張缺乏語言功能的正常獨立右半腦的認知功能，甚至遠遠比不上一隻猩猩的認知能力」（Gazzaniga, 1987, p. 535）。

公平來講，因為右腦有限的語言理解能力，測試右半腦並不容易，它也可能具有一些研究上沒有發現的能力。此外葛札尼嘉的極端觀點也引起采得爾（Zaidel, 1983）與柏根（Bogen, 1993, 1997）的反駁。但是他並不後悔，四年後他仍然堅持「絕大部分裂腦病患都顯示出，他們的右腦只有一點點認知功能」（Gazzaniga, 1987, p. 120）。這個爭議所顯示的是，人們相信右腦應該具有創造力、直覺的技巧，雖然沒有得到實

圖2.1 G博士正在訓練他的右半腦。

驗證實,且這種看法主要是基於推測與迷思的力量,多過於不可質疑的科學證據。我個人的看法是,右腦在一些空間或非語言技巧的明顯優勢,是左腦涉入語言功能的第二後果(Corballis, 1983)。並不是右腦特化出這些功能,而是因為左腦已經喪失一些非語言的功能。這個問題稍後我會再討論。

迷思製造者

　　缺乏證據並未阻止這些迷思製造者,他們對右腦的反應就像它是走失很久但很奇特的舅舅。第一個沒有這個標籤的是喬瑟夫・柏根(Joseph E. Bogen),他是一九六〇年代施行裂腦手術的外科醫生之一。在一篇風格自由但是學術性的回顧文章中,他建議右腦應該被視為去庇護一個「對等的腦」(appositional mind),與左半球的「命題的腦」(propositional mind)互補(Bogen, 1969)。除了引用神經學與裂腦的證據,柏根也指出一個長期以來大腦雙重本質的看法,包括華人說的陰與陽,印度人區分智慧(buddhi)與心智(manas),荷彼士(Hobbes)對無秩序與導向思考,常有的理性與直覺的區分。柏根跟他的同事也進行一個研究,利用一些應該對兩個半腦不同特化能力敏感的測驗,比較不同種族在測驗表現上的差異。在這些種族中,霍皮印第安(Hopi Indians)的能力剖面圖中是最「右腦型」的,接著是城市中的非洲裔美國人女性、城市非洲裔美國人男性、鄉下白人,與城市中的白人(Bogen et al., 1972)。原始人類比工業社會人類比較偏右腦是一種很常見,含有一點十八世紀浪漫主義與「野蠻貴族」(Noble Savage)概念的想法,應該沒有受到高傲態度的影響。這種「右腦印第安人的有害迷思」想法被科里斯強與彼得司(Chrisjohn and Peters, 1986)乾淨地清除了。

　　羅伯・歐恩斯坦(Robert E. Ornstein)在他的暢銷書《意識心理學》(The Psychology of Consciousness)(Ornstein, 1972)熱切地追蹤雙腦的主題。歐恩斯坦傳達的一部分訊息是一般社會普遍的現象,尤其我們

的教育方式，都過分強調左腦思考，因此需要釋放右腦的創造力，所以這個想法開始迅速流傳。《今日心理學》（*Psychology Today*）的編輯稱它為「今年的流行主題」（the fad of the year）（Goleman, 1977, p. 89）。貝蒂・艾德華（Betty Edward）的書《使用右腦》（*Drawing on the Right Side of the Brain*）（Edwards, 1979）目的就在教導民眾，如何利用右腦的創造力與空間能力，這一點可能比歐恩斯坦的書還成功。針對柏根的主題，人類學家認為兩個半腦的不同，可能代表文化的不同（例如 Paredes and Hepburn, 1976）。即便是科學，也不能免除。卡爾・沙崗（Carl Sagan）在他一九七七年的書《伊甸園中的龍》（*The Dragons of Eden*）指出，宇宙學家（cosmologist）與科學傳播者，描述右腦的功能是創造力與科學點子偏執的教唆者，常常可以看見不存在的型態與陰謀（Sagan, 1977）。左腦理性的角色則會將這些想法好好的檢視。

在商業上，大腦的兩邊變成一件好事，麥基爾大學的管理學教授在《哈佛商業評論》（*Harvard Business Review*）上提到：

> 一個組織管理重要的政策過程依賴相當程度所有人員的右半腦，有效的管理者看起來沉迷於模糊性。在複雜、神秘的系統中有一點點的秩序（Mintzberg, 1976, p. 53）。

大約二十年後，相同的主題仍然持續出現在像哈利・艾額德（Harry Alder）的著作《右腦管理者：如何利用大腦的力量以達成個人與事業的成功》（*Right Brain Manager: How to Harness the Powers of Your Mind to Achieve Personal and Business Success*）（Alder, 1993）。

在一九七七年《今日心理學》的文章中，高曼（Goleman）提出使用右腦這個流行主題很快便會達到高峰，但是他是錯的。十年後，哈利斯（Harris, 1988）指出這個想法還是很普遍，一直到一九九〇年代晚期還是沒有減弱的跡象。《超級學習2000》（*Superlearning 2000*）的作者

於一九九四年發表此書，很厚顏無恥地寫下底下這段話：

> 是的，你以前應該聽過腦分成左腦跟右腦，**超級學習**在一
> 九八〇年代早期幫助這個想法的普及（Ostrander and Schroeder,
> 1994, p. 176）。

在一九八〇年代早期，這種想法已經在新聞界流傳至少十年了。

顯而易見的是這需要（一直都是）金錢去達成。右腦教育的課程，譬如「成就的神經心理學」（The Neuropsychology of Achievement），針對企業經理人、人事經理之類的「應用創意思考工作坊」（Applied Creative Thinking Workshop）（Hermann, 1981）。在一九八六年，一個名叫「全腦學習」（whole-brain learning）的方案以一百九十五元美金的錄影帶發行，並且藉由「大量閾下刺激」提供「心智—大腦擴展」，其中三個可以由左腦聽到，四個可以由右腦聽到。對這個方案有興趣的，可以以一千四百元美金受邀參加研討會，就可以得到「加速教學與學習

圖2.2 博士的左腦懷疑他的右腦到底可以忙些什麼。

的合格認證」（Harris, 1988）。像「超級學習」跟「神經語言課程」（Neuro-Linguistic Programming，註1）（Bandler and Grinder, 1979），特別忠於大腦兩邊應該有互補功能的信念，並且持續吸引信仰這些課程的人付費，也是世界級的大企業。

　　大腦的雙重性質被教育界很熱切地接受了。一九七七年洛杉磯時報引用一個藝術老師（早於貝蒂・艾德華）的說法，她教學方法的重點是教導人們「使用右腦，並且通常將它使用在教育上」（The Art of Putting the Brain to Work, 1977, Part IV, p. 20）。另一位作者也同樣譴責美國學校教育過分重視左腦，「很悲慘地缺乏發展學童右腦能力的努力。這種潛力——同樣重要的創造力、藝術能力與智能的來源——目前在我們的學校中大部分未被喚醒」（Garrett, 1976, p. 244）。在教室中增強右腦能力參與的建議方法，包括比較容忍兒童錯誤的答案，與他們的想法離題

嗨！喬治！你不會了解我的！我是你的右腦半球。

圖2.3　一個特許會計師接到一通不預期的電話。

到夢想與幻想的程度（Brandwein, 1977），大量使用電視教學，與利用一些冥想方法，譬如超覺靜坐、瑜伽、蘇菲教派（伊斯蘭教的一種神秘主義教派）、生物回饋、生物韻律，與催眠（Grady and Luecke, 1978）諸如此類的方法（and so it goes on）。德聶克（Zdenek, 1985）訪談一些創意作家與藝術家，並且報告一些相當令人困惑的例子：漫畫家查理士・舒茲（Charles Schulz）使用右腦的方式。但在訪談的最後，她鼓勵他：「嗯，我很高興你提出了許多的方法。」他則說：「你幫忙我脫離悲傷」（Zdenek, 1985, p. 74）。

右腦功能的說法已經侵入使用英語的世界中，如果要說一個卓越的成就卻被一般人視為微不足道的結果，那麼，語言能力的研究就是一個很好的例子。一九八三年一位英語教授出版了一本《自然地寫作：使用右腦技術來釋放你的表達能力》（*Writing the Natural Way: Using Right-Brain Techniques to Release your Expressive Powers*）（Rico, 1983）。在紐西蘭，學校裡英語教學的課程大綱共分成三大類：書寫語言、口語語言與一些稱作視覺語言（visual language）者。最後一個類別包括影片、電影與劇場表演，還有海報、電腦產生的文字與傳真機。一部分來自對政治正確性（political correctness）的讓步，口語或書寫語言能力比較差的小朋友可以因此有希望找到其他表現天份的方式，但是這毫無疑問地，是刻意提供表現所謂右腦活動的機會。一個中肯的時事評論員，本身同時也是詩人、小說家與批評家，預見了紐西蘭兒童語文能力的悲慘結果（Stead, 1997）。

將雙腦革命的說法應用在語文能力並發揮到極致，儘管如此，我們仍舊無法做到像文學獎得主泰德・休斯（Ted Hughes）所說的那樣：

> 對莎士比亞技巧表現在詩文效果上的一些層面，其中一個
> 解釋是大腦左右半球合作式的相互活動產生的。我們學到的
> 是，通常左邊半腦處理口語語言、抽象概念、線性論證（linear

argument）；而右腦處理的是感官影像、直覺想法、全體同時的空間型態……本質上這兩邊應該是一種快樂的結合。喋喋不休的社會是由右腦增強動力的：音樂、歌曲、舞蹈、色彩、想像與日常用語自然地傾向想像與音樂性……但是，就像歷史所展現的，理性的開始啟動了離婚的進行（Hughes, 1992, p. 157）。

休斯讓我們相信，莎士比亞擁有左右兩邊的大腦。然而，應該是發生了什麼事情才讓休斯特別產生這樣的想法，因為幾乎在一個世紀以前，吉卜林（Rudyard Kipling）在一九〇一年寫下這樣一首詩：

> 我欠成長的泥土一些——
> 欠餵養我的生命更多——
> 但最多的是真主阿拉
> 給我大腦中的分別兩邊。
>
> 我將不會帶走襯衫或鞋子、
> 朋友、香煙或是麵包
> 早於我兩邊腦袋瞬間消失之前離開。

歷史重演

假如吉卜林所說的是非科學中值得注意的部分，那麼十九世紀後半段對於左右腦著魔，詭異預言現在的情況，應該如何解釋。在一八六〇年代，法國醫生保羅・布洛卡（Paul Broca）報告他所觀察的腦傷病人，喪失語言能力（他用aphemia來稱呼）與其左腦半球特定區域腦傷有關（Broca, 1865，註2）。之後不久，德國神經學家威尼基（Wernicke,

1874）也找出語言理解能力的喪失與另一個腦區有關。左腦的這兩個區域，布洛卡區在額葉，威尼基區在頂葉、枕葉與顳葉的交界，至今仍被認為是語言功能主要的腦區。

即使左腦之後被廣泛地認為是「主要的」、「強勢的」腦半球，仍然有一些零工是右腦負責的。英國神經學家傑克森（Jackson, 1864）推斷，如果「表現」的功能在左腦，那麼「知覺」的功能也許在其他地方，這個想法分別得到法國神經學家德·福陸理（De Fleury, 1872）與奧地利生理學家艾昇能（Exner, 1881）的共鳴。當法國神經解剖學家路易斯（Luys, 1881）指出左腦與右腦腦傷病人之間的人格差異時，這個推斷有了不同的方向，他並暗示「情緒中樞」在右腦，與左腦的「智能中樞」互補。他也指出有歇斯底里異常的病人傾向於表現出左腦的症狀。雖然這個現象首先由布理愧特（Briquet）在一八五九年發現，甚至早於布洛卡的發現為人所知之前，它通常視為恰寇特（Jean-Martin Charcot）的貢獻。恰寇特因為催眠與歇斯底里症的研究聞名於世，甚至因此被封為「恰寇特規則」（Charcot's rule）。

接著遊戲繼續進行。布朗－希夸德（Brown-Sequard, 1877）辯稱，左半腦代表「關聯的生命」（the life of relations），右腦代表「機體的生命」（organic life），右腦腦傷可能會導致「營養方面的麻煩」（troubles of nutrition），譬如褥瘡（bedsores）、水腫（oedema）、肺積血（pulmonary congestion），以及非自主性的解便與排尿。他更進一步認為每一個腦都是完整的腦，每一個都可以分別控制整個身體的兩邊，他並且繼續擴充這個主題直到晚年（Harrington, 1985）。路易斯（1879）則認為左腦是文明的倉庫，右腦則代表原始、人類古老的本性。瘋狂來自於不平衡，應該是在右腦取得優勢的時候發生。而另一個具有影響力的理論家，帝來涅（Delaunay，載於 Harrington, 1985）將左右腦與男女性格連結在一起。一八九八年另一位法國醫生宣稱，「『男性性格』與『女性性格』這兩個名詞可以充分描繪兩個大腦的本質，其中一個是比

較智能的、較穩定的，另一個是較興奮的、也比較容易耗盡的」
（Klippel, 1898, pp. 56-57）。

　　雙腦的看法也用來解釋雙重人格的病例，左腦代表受教育、社會化
的傑寇先生（Dr Jekyll），右腦代表粗魯、暴躁易怒的海德先生（Mr
Hyde）（譯註：Jekyll-and-Hyde出自Robert Stevenson所撰寫的小說 *The Strange
Case of Dr Jekyll and Mr Hyde* 中，之後以Jekyll-and-Hyde代表雙重人格者）。一
個很不尋常的例子是路易斯（Louis V），他很明顯地受半邊麻痺（hemi-
paralysis）與半邊麻木（hemianaesthesia）之苦，而且受苦的半邊可以從
一邊轉移到另一邊。這種轉換伴隨人格的轉變，「由右腦主導的路易斯
明顯與左腦的路易斯不同。右腦麻痺（意指右腦控制的）只允許暴力與
野蠻的性格出現，左腦的麻痺（意指左腦控制）將他轉換成一個愛好和
平的男孩」（Bourru and Burot, 1888, p. 127）。

　　這些宣稱迅速引導出針對大腦其中一邊的治療方式。一個名為「金
屬治療術」（metallotherapy）的技術被發展出來，其是利用一個金屬
盤，後來利用磁性物質施放在身體的一側，意圖將症狀從一側轉換到另
一側，這種技術迅速被宣稱具有改變人格與智能的效果。這種技術被稱
為「心靈轉換」（psychic transfer）（Binet and Feret, 1885）。催眠的技
術也被發展出來（特別是在法國），以分別催眠身體的某一側。在一個
不尋常的例子裡，據說藉由在一邊半腦引起被狗攻擊的幻覺，在另一半
腦則是愉快的國家慶典，則使得一個被催眠的人同時在臉孔的一邊表現
恐懼，但是在另一邊則是冷靜滿足（Dumontpallier and Magnan, 1883）。
這是美麗新世界的願景，磁性物與半腦催眠的技術可以將心智能力加
倍。約翰·傑克森（John Jackson），一九〇三年英國雙手靈巧文化協會
創立者之一，描寫在一個新世紀中，「每一個手都應該可以決定獨立於
另一手執行任何工作；……如果需要，一手可以書寫文字，一手可以彈
鋼琴，專心程度沒有任何降低」（Jackson, 1905, p. 225）。

　　不用說，會有專事破壞的人。大概從一八八五年開始，伯恩漢

（Bernheim）開始一個破壞「金屬治療術」的活動，暗示金屬治療術所宣稱的效果完全都是「暗示」的效果。半腦催眠術很快喪失它的可信性，因為它的擁護者本來天真地假設病人可以藉由蓋住一隻眼，將注意力轉換到另一眼，因此可以使用另一個半腦。在一八八〇年代，對於訊息如何從眼睛傳達到腦部有一點混淆，但是此時廣泛地認為眼睛的神經纖維會整個投射到對邊的半腦。後來發現視神經束只有部分交叉，所以每一眼實際上是投射到大腦的兩邊。是視網膜的每一邊，而非眼睛，投射到大腦的某一邊。然而，在這個事實被弄清楚之前，半腦催眠、金屬治療術與各式各樣其他雙腦技術的整個想像的外觀已經崩潰。當歷史注定要重演時，歷史學家哈靈頓（Harrington, 1987）曾說在一九二〇到一九六〇年之間，她找不到關於雙腦的文字紀錄。

這些早期的情節可以被回顧出來，都是哈靈頓的功勞。從一九六〇年代開始，絕大部分腦側化的研究都是對歷史的健忘，而只是歷史重演，直到哈靈頓（1985, 1987）揭露一切（註3）。如果歷史真的會重演，現在的情形很快就會不再讓人熱中，儘管它過去三十年的反彈（resil-ience）（註4）。希望在二〇六〇年代下一個循環出現時，另一個機敏的歷史學家可以提醒我們的曾曾曾孫，過去兩個世紀過度的行為。

我們可以從歷史學到什麼？我們已經看到十九世紀的腦側化迷思與現代的迷思有許多相近之處，但至少有一個很重要的差別。在早期的版本中，很清楚地右腦是劣於左腦的，它代表原始的、未開化的、殘酷的、女性的（恕我直言）人類狀態。當然在這些著眼點中，它代表的是那個時代的偏見，特別是優勢、「開化的」、男性主導的歐洲──「死男性白人」（dead white males）（借用女性主義的表達方式）的看法。然後有一點小小的懷疑是，右腦雖然被認為具有某些功能，但它仍被認為是次要的或非優勢腦，非優勢指的是除非某些疾病使它取得優勢，並且導致這個不幸的受害者發瘋。儘管葛札尼嘉（1987）準確無誤地指出右腦的功能就像智力障礙黑猩猩的一種，而現代的迷思製造者比較尊敬

右腦，把右腦提升到一個有創意的精靈掙扎地要逃出。這些同樣大多是因為這個時代的偏見，而非基於神經學的事實。一九六〇與一九七〇年代是抗議的時代，反抗越戰，反抗軍事工業的建立。右腦變成是東方有創意、有開拓性的人們對抗西方殘酷毀滅力量的象徵。抗議的口號「要做愛，不要作戰」（Make love, not war）中，右腦是做愛，左腦是作戰。

為了向女性運動致敬，我們本質上有創意、直覺與女性的一面與右腦有關，這是從恃強欺弱、男子氣概的左腦釋放出來。然而，從神經心理學的角度來看，性別差異的證據是一團混亂，至少是這個樣子的。女性大部分被認為是較男性直覺的、較能表達情緒的，暗示右腦的較多涉入，雖然這些特徵實際上的兩個半腦差異尚未釐清。但是女性也被認為較男性有較佳的口語能力，而男性有較佳的空間能力，而口語能力與左腦有關，空間能力與右腦有關。確實，在一九八〇年代，神經心理學家諾曼・蓋希文（Norman Geschwind）認為應該是相反的情形，他認為男性的左腦根本不具優勢，而應該更可能是功能缺損。他暗示男性的性荷爾蒙睪固酮抑制左腦的早期生長，這可以解釋為什麼男性較女性可能出現左手為利手，與遭受語言缺失，譬如閱讀障礙與口吃（stuttering）。睪固酮的影響也可以說是增加免疫疾病的可能性，特別是運氣不好的男性與左手利者（Geschwind and Behan, 1982; Geschwind and Galaburda, 1987）。從某個角度來講，蓋希文的理論相同於十九世紀粗野、原始的右腦與女性主義者認為男性是暴力的想法。根據一九八〇年代另一個女性主義的口號「所有的男性都是強暴犯」（All men are rapists）。我們再一次看到一個理論的流行，也許是因為當時的文化，多於因為神經學上的證據。面對實證研究（例如 Bishop, 1987; Bryden, McManus and Bulman-Fleming, 1994），蓋希文的理論並未造成阻礙，而是看起來已經朝向歷史的垃圾桶。

然後，歷史所展現的是腦半球至少可以當作一部分的釘子，將我們

文化的一些偏見吊起來。但是這是一個往回走的趨勢,較十九世紀時走
得更遠,除了一開始它不是大腦——它是手。

閱讀雙手

在整個歷史中,不同文化的人們給與雙手不同的價值,或是更廣泛
一點,給兩邊的身體不同的價值。通常,這些價值與兩個半腦的價值相
反,可能是因為兩邊的身體是與對邊的半腦相互連接的。正面的價值通
常與右手有關,負面的價值通常與左手有關,雖然在某些情形這些與身
體兩側相互對應的價值是互補的。

在亞理斯多德紀錄的畢達哥拉斯學派相對物品表中,右邊與有限制
的、一個、奇數、直接的、好的、男性有關,左邊與無限制的、許多、
偶數、黑暗、彎曲的、邪惡、女性的有關。從許多極不相干的文化之中
都可以得到相似的例子(Needham, 1973)。譬如紐西蘭的毛利人(Ma-
oris)認為,右邊是神聖的一邊、神的一邊、力量與生命的一邊,左邊
則是褻瀆不敬的、妖魔的、虛弱的與死亡的一邊(Hertz, 1909)。我們
當然不能忘掉聖經上面的記載:

> 祂會將綿羊放在他的右手,將山羊放在他的左手。然後他
> 會對右手的說:「來,你們得到天父的祝福,繼承王國從創世
> 紀以來為你們準備的一切」……然後祂會對左手的說:「離開
> 我,你們應受詛咒的進入,為邪魔與它的天使準備的永續的火
> 焰之中」(馬修福音, 25:33-34; 41)。

根據巴斯里(Barsley, 1970)的說法,聖經中可以找到超過一百個
偏好右手的講法,與大約二十五個不偏好左手的講法。

左右手象徵意義的普遍性(右手幾乎都是與正面的特質有關聯,左

手則與負面的特質有關聯），無疑的反映了人類社會中大部分的人都是右手利的事實。有時候，有人會以某些國家或是種族大部分都是左手利來辯解。在一九五六年寫的一篇通俗文章中，崔佛‧哈洛威（Trevor Holloway）主張「馬達加斯加島上的 Antanalas 人是世界上很獨特的種族，在大約十萬人的部落當中，幾乎所有的人都是左手利的」（Holloway, 1956, p. 27）。我無法找到這種不尋常說法的根據。有人認為遠古的希伯來人一定是左手利的，因為希伯來文是由右到左書寫（例如 Blau, 1946），但是大約到西元一千五百年，由右到左書寫的篇章與由左到右書寫的篇章數目就差不多了，由左到右書寫的方式慢慢變成主流的事實，一定不是因為利手的關係（Hewes, 1949）。也有人認為以前有段時間，埃及人幾乎都是左手利的，因為他們都是畫出人類與動物右邊的側面，而右手利的人畫左邊的側面會比較自然。但是這可能只是反應了許多文化都認為右邊是神聖與左邊是褻瀆的，所以左邊的臉孔或是身體必須藏起來不被看見。丹尼斯（Dennis, 1958a）指出，如果我們認為如何使用手可以被描寫出來，那麼埃及人右手利的事實的證據與現代社會的情況相容。遠至一八六〇年代，安德魯‧布坎南（Andrew Buchanan）大膽但幾乎是正確地寫下以下的文字：

> 偏好右手的使用必須被視為是家庭成員的普通特徵，現今地球上沒有一個國家、種族或是部落沒有這種偏好的。在以前，就有證據顯示這種偏好的存在，不管是從歷史文獻上面，或是從更真實的一些言語、句子、演講等等的證詞，我相信可以在每一種口語語言之中發現（Buchanan, 1862, 載於 Wilson, 1872, p. 198）。

另一個近乎普遍的左右象徵是男左女右的連結。對毛利人而言，*tama tane* 表示的是右邊，但照字面上的解釋是「男性的那一邊」，*tama wahine* 照字面的解釋則為「女性的一邊」，指的是左邊（Hertz, 1909）。赫茲（Hertz）同時也引用了一首毛利人寫的詩，「所有的邪惡、悲慘與死亡來自於女性成分」（All evils, misery, and death come from the female element）（Hertz, 1960, p. 97）。在西元前五世紀，西西里島人安皮德柯（Empedocles）就辯說，男性比女性熱，右邊比左邊熱，因此性別由在子宮內的相對位置決定，也許他是對的。密特渥克（Mittwoch, 1977）報導說，雌雄同體（hermaphrodites）的睪丸比較可能在右邊被發現，而卵巢則是在左邊，所以她暗示在正常男性與女性體內存在相同的相對傾向，但是被性賀爾蒙的影響所凌駕其上。女性與左邊的連結不一定都是暗指不尊敬或是劣勢。在遠古埃及母系社會專司農業與受孕女神（Isis）的膜拜儀式中，崇敬都是給與 Isis 而不是給 Osiris（司陰府之神），給母親而非兒子，給夜晚而非白天，而整個儀式的進行都是由一個帶著左手影像的祭司所引導。

左與右的象徵力量

我們現在可能會懷疑那些關於左邊與右邊的事物，可以引發這些象徵的力量。也許它是雙手看起來很像所呈現的矛盾感。赫茲（Hertz, 1960）大聲地說出：「哪個東西可以比雙手更相像呢！」與「卻有很顯著的不同」（p. 89）。這個矛盾部分是因為兩手是鏡像，鏡像本身的關係有個矛盾的性質：鏡像的形狀，像左腳鞋與右腳鞋可以說是相同的，因為在其中一個表現上的每一點，都可以對應到另一個上面獨特的一點。但是鏡像沒有辦法完全占據另一個的空間——除了一些本身是對稱的形狀外。非常著迷於鏡子的卡羅（Lewis Carroll）在「白騎士之歌」（*The White Knight's Song*）中提醒我們：

現在，如果我隨機將手指放到膠水中，

或是瘋狂地將右手邊的腳塞到左手邊的腳的鞋中……

　　用卡羅奇怪的術語，左手邊的腳，可以很簡單地放入左腳的鞋中，但是要放進看起來相同的右腳鞋則沒有辦法。

　　但是赫茲所想的可能不是鏡像關係本身，而是兩手功能不同的事實看起來辜負了它們相同的結構。你很難藉由雙手的物理結構來區分一個人的利手是哪一隻，但是如果要求他們輪流用雙手寫字或丟東西，就可以很明顯地看出。像物理學家喜歡說的，同等沒有被保留（parity is not conserved）。

　　我已經指出這種功能與結構間明顯的不相配，會鼓勵一種笛卡兒式願望實現（Cartesian wish-fulfilment）（Corballis, 1980）。笛卡兒（Descartes, 1985）主張，人類與其他動物不同，所憑藉的是非物質的影響力可以透過松果腺影響物質的大腦。一手對看起來似乎完全相同的另一手之優越性，是這種非物質力量的表現，它讓人類與眾不同，且讓我們擁有意識與自由意志。通常也假設右手利的優勢是人類獨有的，進一步的，右手利（與我們本身）有一些特別的指標。但是我們現在知道，不是只有人類有所謂的利手。譬如，鸚鵡會有一個強烈的偏向，去使用左腳撿起小東西（Friedman and Davis, 1938），在某些情況下，黑猩猩看起來也是右手利的（Hopkins, 1996），雖然相對於人類的90%，這種不對稱性只有67%的黑猩猩是如此。在這個標準下，我們的近親黑猩猩，應該也有一些意識，而鸚鵡應該有跟人類一樣的意識。

　　這種功能與結構間明顯的不相配也出現在人類大腦。像大部分的身體一樣，大腦也是大部分結構對稱的，左邊是右邊的鏡像。但是十九世紀的發現與後來裂腦的研究，顯示功能上的不對稱似乎辜負了這種對稱性。艾可士爵士（Sir John Eccles）曾經主張只有左腦負責意識（Eccles, 1965）與特別自我意識（Popper and Eccles, 1977），而右腦像其他動物的大腦一樣，只是個計算器。也許有人可以從艾可士爵士的觀點上，嗅

到一點點笛卡兒式願望實現的味道。章威爾（Zangwill, 1976, p. 304）拋棄這樣的概念，因為它跟「一個孤注一擲的行動想要保留靈魂的存在與不可分割性」差不多，艾可士爵士（Eccles, 1981, p. 105）後來也承認將「自我意識限定在次要皮質」。

當然，我們可以歸到左腦的功能是語言本身，但這個也沒有不涉及笛卡兒式願望實現。笛卡兒（1985）將語言視為非物質影響的客觀指標之一，非物質的影響很獨特地使得人類有脫離機械控制的自由。一個現代新笛卡兒學派與第一流的語言學家瓊斯基（Noam Chomsky）拾起了這個想法：

> ……黑猩猩是非常聰明，且有各種感覺運動的建構（因果、表徵功能等等），但是少了一個東西：左腦用來負責語言的一小部分（引自 Piattelli-Palmarini, 1980, p. 182）。

有愈來愈多的證據指出，非人類動物大腦的系統性功能不對稱（評論文章請看 Bradshaw and Rogers, 1993），包括一些證據指出猴子口語溝通的功能特化於左腦（Peterson et al., 1978），一些大膽的人甚至挑戰「語言是人類特有」的這個觀點（例如 Savage-Rumbaugh and Lewin, 1994）。當然這不是否認對大部分人而言，語言是左腦優勢，只是表示笛卡兒式願望實現可能會誇大人類的獨特性。

功能不對稱與結構不對稱之間的差異並不是絕對的，因為大腦兩邊事實上並不是互為完美的鏡像。有一些系統的不對稱至少與左腦的語言優勢有微弱的相關。譬如蓋希文與李維斯基（Geschwind and Levitsky, 1968）曾報告，大部分的人的威尼基氏區（Wernicke's area）中的顳室區（temporal planum），左邊會大於右邊，這種不對稱即使在新生兒身上都很明顯（Witelson and Pallie, 1973）。這些與其他大腦結構的不對稱只出現在大約三分之二的人類大腦（LeMay, 1976），而左腦語言優勢的比

率則超過90%（Corballis, 1983）。不管如何，在整體結構不對稱的情形下，大腦解剖結構的不對稱看起來微不足道，也與解釋兩邊大腦功能互補相去甚遠。

<h1 style="text-align:center">對稱</h1>

在瘋狂地尋找大腦不對稱的事實中，我們容易忘掉一個我們與其他動物共有的顯著特徵——兩側對稱。這本身是演化上的適應。對自由活動的動物而言，這個世界的左與右本質上是沒有差異的。四肢是對稱性地放置，因此運動（不管我們走路、跑步、飛行或是游泳）可以直線地進行。我們的眼睛與耳朵也是對稱放置的，因為對我們重要的事，兩邊都有可能發生。掠奪者或被掠奪者可能潛伏在任一邊，只在身體一邊有感覺器官的動物很容易成為身體另一邊攻擊者的大餐。因為大腦與訊息的進出很重要，四肢與感覺器官的對稱支配大腦的對稱。雙側對稱的心理後果以較長篇幅在其他文章討論（Corballis and Beale, 1976）。

即使面對腦內語言表徵不對稱的證據，法國生理學家皮耶・馬西（Pierre Marie）仍對大腦的對稱性印象深刻，因此他認為每個半腦至少都有語言的潛能（Marie, 1922）。事實上，有充足的證據指出，如果在生命早期左邊大腦被切除或移除，右邊大腦可以取代，而幾乎不會喪失效率（Basser, 1962）。曾經有人主張，兒童期早期移除左半腦的人，之後會出現語法／句法缺損，據推測應該是左腦語言功能的本質與保護區受損的緣故（Dennis and Kohn, 1975; Dennis and Whitaker, 1976），但這個研究有研究方法上的爭議（Bishop, 1988）。此外，至少在一些兒童期切除左腦，而由右腦取代其語言功能的人身上，有很清楚的證據指出句法的功能被保留下來（Ogden, 1988; Vargha-Khadem et al., 1997）。

這些事實並不是表示，大自然所賦予我們的左腦是一個很獨特的配備，可以表現出特定的語言功能，而右腦則負責互補／補充的功能，我

必須重複這一點。皮質的不對稱性是種整體流動性的而不是一種固定的型態。看起來比較可能的是，我們被賦予兩個能夠做任何事的半腦，在發展的初期有個轉換的機制，讓平衡點傾向於具有語言表徵功能的左腦。這個轉換機制可能依賴基因控制的生長梯度（Corballis and Morgan, 1978）。特別的是，研究證據顯示，在二到四歲之間，左腦的發展出現突飛猛進的情形，或許這個時期正是將語法功能牢牢植入左腦半球的階段（Thatcher, Walker and Guidice, 1987）。但如果轉換機制出現問題，或如果左腦被切除了，可靠的右腦則會接續該功能。

　　另一點要提出的是，在這些例子中當右腦確實接收語言的功能時，會因此犧牲原本與其相關的空間功能（例如Ogden, 1989; Vargha-Khadem et al., 1997）。這些結果所意指的，並不是右腦本質上是特化成具有空間功能，而是任一個腦半球負擔了語言的功能的話，它會喪失一些做任何事的能力（Corballis, 1983, 1991; Corballis and Morgan, 1978; Le Doux, Wilson and Gazzaniga, 1977; Ogden, 1989）。

左手利者的困惑問題

　　這讓我們想起被誹謗的少數人，左手利者。在大部分的歷史與文化中，左邊的負面連結代表左手利者通常不被鼓勵，仍然有許多左手利者被迫轉換到右手書寫與飲食。美國精神病學家布勞（Blau, 1946）拒絕左手利者為「幼稚的負面主義」（infantile negativism）的想法。即使左手利者的性別認同被佛洛依德的同事兼好友佛來依斯（Fliess, 1923）懷疑：

　　　　當左手利者出現時，與異性有關的性格變得更明顯，這句
　　話不僅絕對正確，反過來說也是正確的。當一個女人像個男人
　　或是一個男人像個女人，我們發現重點在於身體的左側。當我
　　們知道這件事時，我們擁有了發現左手利者的權杖（diviner's

rod）。這種診斷是永遠正確的（Fliess，引自Fritsch, 1968, p. 133的翻譯）。

英國教育心理學家伯特爵士（Sir Cyril Burt），比布勞先將左手利者描述成任性倔強的或相當古怪的，並且回應佛來依斯的看法指出，「即使左手利者的女孩……常常會有強烈、自我意志的與幾乎男性化的性質。」他繼續破壞左手利者的形象如下：

> 他們斜視、他們結巴、他們拖著腳走且搖搖晃晃，他們失措的樣子像海豹躍出水面。在房裡笨拙的樣子，玩遊戲不靈活的樣子，他們做任何事都笨拙缺乏經驗（fumblers and bunglers）（Burt, 1937, p. 287）。

這些所謂笨拙缺乏經驗的人包括凱撒大帝（Alexander the Great, Julius Caesar）、卓別林（Charlie Chaplin）、查理曼大帝（Charlemagne）、西塞羅（Cicero，羅馬政治家）、福特總統（Gerald Ford）、女性網球選手拉佛（Rod Laver）、電影明星馬克思兄弟的哈波馬克思（Harpo Marx）、米開朗基羅（Michelangelo）、達文西（Leonardo da Vinci）、參議員麥卡錫（Paul McCartney）、網球員麥肯羅（John McEnroe）、網球選手娜拉提諾娃（Martina Navratilova）、雷根總統（Ronald Reagan）、偉大的棒球選手貝比魯斯（Babe Ruth）、搖滾巨星「披頭四」成員之一的史達（Ringo Starr）、羅馬帝國第二位皇帝提比爾斯（Emperor Tiberius）、杜魯門總統（Harry Truman）與柯林頓總統（Bill Clinton）。

許多對左手利者的偏見已經消失了，特別是在西方國家。但是在雙腦理論（dual-brain theory）裡，左手利者還是有一點笨拙，根據布洛卡（Broca, 1865）對左腦語言優勢的發現，他猜測，在左手利者這種情形

會反過來，語言優勢會出現在右腦，這變成有名的布洛卡規則（Broca's rule）。有人可能會信以為真地認為，左腦擁有一些功能可以歸到右手利者的右腦。但是布洛卡規則是錯的，研究結果已經顯示，大部分的左手利者，也許占了70%這麼多，是左腦語言優勢的。很確定的是，左手利者比起右手利者有比較高的比例是右腦語言優勢的，但是也有為數不少的人是語言雙腦表徵的（Milner, 1975）。這些研究的最佳解釋是大部分的左手利者屬於一個少數團體，這些人沒有表現出大部分右手利者會有的強烈側化影響，去控制利手與大腦皮質的不對稱。在這個少數團體中，也包括一些右手利者，利手、語言優勢與其他不對稱都是隨機的。有人曾主張，側化是否表現出來可能是依據一個單一基因（Annett, 1985, 1995; McManus, 1985）。

這顯示雙腦理論的一個問題，因為這個理論暗示，左手利者沒有一個將不同功能清楚區分到兩半球的大腦。掃視一下左手利者的名單，會發現他們並沒有創意或是藝術能力方面的不足。確實有一些理由去相信左手利者在數學與藝術技巧會稍微優於右手利者，與音樂及口語天份方面的稍微不如（例如Smith, Meyers and Kline, 1989）。一個歷史久遠但充滿爭論的說法是，左手利者會較有可能出現閱讀障礙與口吃（請看Corballis, 1983的評論），但是一個兩側較平衡的大腦也許會提供空間技巧多一點優點（Annett, 1985）。

擁有一個不對稱大腦的優點，也許都與複雜運動技巧的編排（programming）有關，譬如語言，而不是與心智能力區分成兩邊有關。如果像語言這般複雜的過程牽涉到兩邊大腦，它也許會傾向於半腦間的延遲與干擾（interhemispheric delays and interferences）可能會造成不流暢（例如Corballis, 1991; Passingham, 1982）。但是也有證據指出可以藉由修剪非優勢大腦，使另一個大腦變成優勢。安奈特（Annett, 1985, 1995）曾經主張這也是在基因之下的控制。這個基因有兩個對偶基因（alleles），一個被修剪、一個沒有。在相同接合子上面是兩套被修剪

過的對偶基因，右半腦可能就因此消弱，創造出空間能力上的困難來抵銷任何口語上的優點（註5）。相反地，這些沒有被修剪過基因的人，會有完整的右腦功能，有平等機會變成左手利或右手利，但可能會有語言障礙。最理想的狀況是相異接合子（heterozygotic），每一份的對偶基因都有一份，因此降低空間或語言異常的可能性。也許是因為這種相異接合子優勢，所以使得大部分的人都有兩種對偶基因，讓左手利的人保持一個比例至少五千年之久（Coren and Porac, 1977）。

因為還沒有找到那個基因，所以這只是一個理論，更別說是基因定序了。它使一大堆的證據看起來很合理，但是從雙腦理論的角度就不太合理。演化舞台上面演出的，並不是左右半腦功能相對的交易，而是對稱與不對稱的交易。一個對稱的大腦，會有空間定位與運動能力的優點，而不會有左右的偏向。不對稱的大腦則較容易計畫很複雜的動作，像言語。而我們絕大部分的人都擁有一個相異接合子的生理構成。

結論

我們的不對稱大腦，事實上是有其重要性的。但是我們的大腦也是高度對稱的，經過幾百萬年的演化後，讓左右之間的差異變得無足輕重。只有在人類建構的社會中，左右才有其重要性，像是閱讀、寫作、握手與開車等等，但是這也是我們自己不對稱的結果。我們大腦不對稱的原因最有可能的解釋是如果用對稱的神經網路，一些複雜的計算會沒有效率，因此最好在某一個半腦內完成。不對稱表徵的優點對計算特別有用，因為首先不會因為受到對稱力量的影響，也就是偵測與反應環境中與空間有關的事件所需要的線性運動與能力。口語語言符合這樣的標準，因為它是內在產生的，且表現在時間的向度，而非空間。

即便如此，大腦語言的表徵還是與結構的對稱性相違背，而且我們也看到每一個半球至少都有辦法去調適這種能力。語言的不對稱表徵也

有其缺點，譬如有一點偏向使用右耳或右視野處理單字，與將空間注意力與處理偏向到左邊空間。這些很小的偏向暗示，對稱性還是有其主要適應上的重要性。如果左半腦整個被語言功能占據，我們會是右邊怪獸最簡單的獵物。緊接在一九六〇年代左右腦區分的發展之後，現代神經心理學先驅與皮質不對稱的研究者米恩勒（Brenda Milner）警告過度強調大腦的不對稱性，會犧牲掉兩半腦之間其實有相當多的功能是重疊的（Milner, 1971），但是很少人注意到他的警告。

　　基於演化的本質，目前大腦的不對稱很有可能是修補我們曾經有的，而不是重新布置皮質的神經網路。讓左腦變成語言區第一選擇的臨門一腳，也許是在語法發展的關鍵期出現左腦生長衝刺的情形，或者是在右腦有神經修剪的情形之下減緩其發展，或者兩者都是。最不可能是在天擇的漸進過程中，重新布置了兩邊半腦的神經網路，因此一邊大腦特化成適合語言，另一邊則適合互補的空間、直覺與情感功能。這不是說在大腦裡面沒有任何一種不對稱以不同的功能表徵，而是問題變得比較簡單一點，兩個半腦以相對的思考方式，右腦的天份被抑制了。要了解大腦如何運作，我們必須同時考慮皮質與皮質下的區域，以及它們之間的邊緣系統，而不是簡單地把我們的心智能力分別放到左右半腦。

　　雙腦迷思造成任何傷害嗎？它只是可以完美地對比理性與直覺、整體思考與分析思考、情緒與邏輯，它可以主張將這些特性與兩個半腦相連接，但是並沒有造成傷害。主要的問題是與大腦有關的、可以被視為是科學證據的這些令人懷疑的實務。在被抑制的右腦中可能潛伏一些天份的想法是有利且令人感到安慰的。也許這和死後到另一個世界去的想法一樣，都是可加以利用的。那些沒有道德的科學家、治療家與教育家還有一些無知的人，提供一些釋放潛在能力的方法，宣稱可以因此發現體內的陌生人（the stranger within）（Joseph, 1992），不管是透過音樂、靜坐、電極，或是利用左邊鼻子呼吸一會兒（註6）。對那些利用我們的害怕與失望的人而言，總是有市場可以開發。

我的《昌勃斯簡明字典》（*Chambers Concise Dictionary*, 1989 paperback edition）把迷思定義成「一個遠古關於神明、英雄的傳統故事，特別是提供一些事實或現象的解釋」。除了遠古這個詞以外，這在科學上也是一個很好的定義，而對我們現代人而言的神明所指的是基因、介子與黑洞。當然，我們已經遠遠超過了建構理論所提出來的證據，我在這個章節裡所呈現的大腦不對稱證據，毫無疑問地也牽涉到一些迷思。當我們讓迷思躲過科學的檢視而變成教條，當教條成為江湖術士與假先知謀取利益的機會時，問題就會產生。這就是我認為與左右腦很有關係的問題。

附註

註 1 ▶ 這是一個完全虛假的標題，用來冒充擁有科學體面的印象。這個神經語言學課程（neurolinguistic programming）與神經學、語言學無關，甚至也與可敬的、真正的神經語言學無關。

註 2 ▶ 實際上，語言功能與左腦兩者有關的證據可以追溯到十七世紀，但是並未被當時的人注意到（Benton, 1984）。第一個指出兩者之間連結的並不是布洛卡，而是一個早期的法國醫生馬克‧岱克思（Marc Dax），一八三六年他在蒙皮立（Montpelier，譯註：美國佛蒙特州首府）一個醫學學會的年會上報告過。岱克思並未發表他的研究，他的觀察也被忽視，直到他的兒子嘎思岱夫（Gustav）受到布洛卡宣稱的激發，才整理發表這些研究結果（Dax, 1865）。

註 3 ▶ 對這邊提出的例子，我本人很感謝哈靈頓。她一九八五年出版的文章與一九八七年的書提供許多的資訊，且內容相當迷人（make fascinating reading）。

註 4 ▶ 我有些預感地提到這些內容，前一陣子我幫忙出版與編輯一本叫作《側化》（*Laterality*）的期刊。

註 5 ▶ 這些或許可以用來作為葛札尼嘉（1983）想法的證據，他認為右腦半球
　　　的認知功能遠遠不如黑猩猩，至少是傻傻的黑猩猩。

註 6 ▶ 我可以透露另一個秘密是依靠左腦增強左腦的功能，依靠右腦增強右腦
　　　功能。依靠牙齒則最好留給治療師。這些關係來自《超級學習2000》
　　　（Ostrander and Schroeder, 1994）。

3

能量與腦:事實與幻想

沙若非

(Fernando D. Saraví)

……我們只有一個大腦,在頭蓋骨內,沒有其他的頭蓋骨,在它的底下,從達爾文的看法,大腦是非常精巧的,不然的話,大腦不能分辨頭痛與痔瘡痛。

雖然過去幾百年來的研究，已經建立我們對中樞神經系統的了解（根據 Brazier 一九五九年的調查），而且目前的研究進展正以加速度的方式進行，但是關於腦如何運作以及腦的功能，一些古老以及大部分過時的概念仍然存在於我們四周。以下我會說明一些有趣的事，有人嘗試將一些來自哲學的概念，或是宗教的世界觀與現代的科學發現連結在一起，通常是透過這些人對科學語言的信條加以改變。透過這種作為，這些信條的擁護者借用物理學的觀點，將古老的想法完全改造，其中「能量」是他們最喜歡的名詞。

在這一章中，我首先檢驗與討論一些科學術語使用上與遭到誤用的幾個例子，以及這些例子如何透過轉換以支持非科學的概念。接著，我將作一個摘要，來說明對中樞神經系統功能相關生物能量，以及目前科學上的了解為何。最後，我會討論對此主題有哪些錯誤的概念。從現在開始讀者可以很清楚地了解，以下的討論將會針對科學證據，即便這些能量的概念具有一些宗教或是隱密的根源。

能量與「各種能量」

energy這個字來自希臘字*energeia*，基本的意思是「活動」，字根來源是*ergon*，代表的就是動作或工作，就像它希臘字的源頭一般，這個字在每天的使用中具有很多意義，包括：

1. (1)動態的性質（敘述的），(2)激發或是被激發的能力（智力的）
2. 精力充沛的使用或是力量：努力（投資時間與……）
3. 工作的能力
4. 可使用的力量（熱量或是電力）；同時還有產生這些力量的資源〔瑪利安—韋伯斯特大學生辭典（*Merriam-Webster's*

Collegiate Dictionary），1993〕

在物理學中，能量是一個基本的量，通常是同義反覆地定義為做工的能力（Harten, 1977, p. 32）。事實上，從物理學的角度，「能量」與「做工」這兩個名詞常常視為同義而交互使用。依照做工的形式，能量可以分為機械能、電能、化學能等等，物理學討論的便是能量以及其轉換的形式；能量轉換守恆原則（the law of conservation of energy）可以視為物理學的主要信條。這個問題稍後會再討論，在此先將注意力轉到與目前討論主題相關的較廣之概念。

大部分（如果不是全部的話）新世紀思維（New Age thinking，譬如心智控制、統整醫療、超自然的主張）的支持者相信，某些鬆散定義的「通用能量」（universal energy）是所有物理現象的根源，包括生命本身。因此這種能量可以解釋治療的力量、心智超越物質（mind-over-matter）、超自然的事蹟（paranormal feats）。

譬如在傳統的中藥中便將這種通用能量稱為「氣」，在人體內部接近體表的地方，利用經脈或經（meridian）的系統流動。針灸的目的即是透過在經脈的特定部位扎針，以導正氣的不平衡現象（Sussmann, 1978），可參考 Huston（1995）的評論。雖然有研究（De Vernejoul, Darras and Beguin, 1978）以放射性同位素（radioisotopic）技術宣稱證實了中國經脈系統的存在。很顯然的這種追蹤劑的再吸收與流動的技術，只是將靜脈與淋巴系統流動轉換成視覺化的影響，而不是顯示出針灸的經脈系統（Simon et al., 1988; Broch, 1991; Guiraud and Lile, 1993）。

在印度吠陀的傳統醫藥中，有一種相同概念的藥物 *Prana*，指的是「宇宙的生命力量」，它主要源自空氣（*prana* 在梵語中的意思是呼吸），這也是瑜伽練習中將呼吸訓練（或是 *pranayama*）作為主要訓練的原因。*prana* 被認為對於心智有一種與生俱來的吸引力（Yesudian and Haich, 1986, p. 53）。*prana* 或許是科學時代之前被用來指稱為氧氣的詞

彙。但有人告訴我們，*prana*在高海拔地區較多，這顯然又與氧氣的情形相反。在體內，*prana*會在身體中線形成七個能量的漩渦（稱為*chakras*），但是在體內找不到相對應的解剖結構，即便*prana*的現代擁護者將內分泌腺與*prana*的結構相連。但他們認為：身體要健康，就必須交換這七個漩渦間的生命能量，以保持能量的平衡。

順勢療法（homeopathy）的創立者哈尼曼（Samuel F. C. Hahnemann, 1755-1843）教導他的後進：「體內有個明智自主的生命能量，以無止盡的能量支配身體，並使身體保持絕妙的與和諧的運作」（Hahnemann, 1991, p. 91）。各種疾病的產生就是生命能量受到干擾的譴責。相似的概念可以在大部分不科學的健康系統中發現，包括脊椎按摩療法（chiropractice）、巴哈花療法（Bach's flower remedies）與心靈手術（psychic surgery）（Reisser, Reisser and Weldon, 1987; Saraví, 1993a; Zwicky et al., 1993）。

如前所述，逗留在體內的通用能量使人體成為一個「能量體」的想法，被當成傳說中超自然現象的解釋，譬如故意造成身體創傷（Hussein et al., 1994）、流行的心智控制技術（Murphy, 1985; Silva and Miele, 1985）、千里眼（clairvoyance）、心靈感應與意志力（Coxhead, 1980）。

除此之外，歐思尊得（Ostrander）與許若得（Schroeder）（1970, pp. 196-217）也將能量體的概念，以科學這種較為人尊敬的方式表達。他們指出蘇聯發展出一種方法可以顯現人類的光環（human aura）。一九三〇年代晚期，一個名叫克利安（Semyon Davidovich Kirlian）的工程師發現，將物體放在一個高頻率轉換的電場中會顯現出冷光的光環。如果這個物體與感光板接觸，便可以得到在物體周圍光環的圖像。對這個現象的意義有各種推測，也有許多科學上的應用被提出。此後，克利安光環便與針灸的經脈說法（Sussmann, 1978; pp. 246-250）、正常或經過改變的生理與心理狀態（Tagle, 1995）相連結。然而，克利安只是重新

發現李村柏格（Georg Lichtenberg）在一七七七年便得知的事實，這個
發現也早在一八五一年就被拍攝成照片（Broch, 1987, p. 69）。對於靈
媒以及蒙古大夫而言，很不幸的是，克利安照片中閃閃發亮的光環只不
過是高壓電場導致氣體離子化所產生的。換句話說，這個裝置只是顯示
外加能量產生的效果，而不是將能量視覺化（Broch, 1987, pp. 74-75;
Saraví, 1991）。光環的強度、顏色與特定型態會受到普通物理變項的影
響，例如接觸時間、樣本的溼度、施加的壓力與使用的感光紙（Watkins
and Bickel, 1986, 1989）。

文字遊戲

這些與超自然現象的神秘能量有何共通之處？我試著將它列出來：

與已知的物理現象沒有任何相關

在任何有關能量轉換的物理現象中，以下的力量，會有一個或兩個
以上發生作用：電磁力、地心引力、弱或強核力（nuclear force），最後
兩種力會在原子內的距離作用，因此與核子物理學有關。另一方面，與
整個地球地心引力的力場相比，在兩個很小物體間的地心引力，或是非
常遠距離間的地心引力，通常可以很放心的予以忽視（Culver and Ianna,
1984, pp. 103-121），因此剩下幾個電磁力是可能的作用力，但是目前沒
有人可以展現這些電磁力。相反地，不僅上述電磁力的存在性缺乏證
據，而且已經有某些證據反對有此種力量的存在，因此，現在你可以說
克利安的照片其實是假的。然而對於這些連存不存在都令人懷疑的現
象，支持異常能量的人們，還是繼續試著想像可能的解釋。在賈德納
（Gardner）關於超心理學與量子力學（quantum mechanics, QM）的章節
中指出：

它是一個悲傷的歷史，當麥斯威爾（Maxwell）的電磁場
理論還很新的時候，就開始流行如何用電磁力解釋psi。當相對
論還很新的時候，則流行用超空間（hyperspace）的力量穿越
空間的說法來解釋psi。今天物理學的最大神秘之處是微小層
次，這些psi的信仰者會轉向以量子力學，熱切地想用科學來鞏
固psi，就一點也不足為奇了（Gardner, 1985, pp.594-595）。

不能量化

既然用來解釋超自然的能量不能被確認，也就無法加以量化。當
然，這會與真實世界的物理現象產生強烈對比，在這些物理現象中，有
哪些力量是已知的，能量的交換也可以被測量出來。

常常有正或反兩種性質

即使能量的本質尚不清楚，也無法被測量，這些能量常被區分成
「正向」或是「負向」的。有時候，正向能量會被當作是好的，負向能
量會被當作是壞的。在其他例子中，特別是受到道教的影響，這些能量
常被視為是相對的（即「陰」與「陽」），而必須加以平衡。

從物理學的觀點來看，給能量正向或負向符號是完全沒有意義的。
當物理學家說負向能量時，指的是能量缺損，譬如，在地球表面的人
體，或是與原子核連在一起的電子，都有負的潛在能量，因為必須做工
（從外界給與能量），才能將人體或是電子分別從地心引力或是電子的
立場來釋放。因此，負向並非指稱不同形式的能量，而是其不存在性。

被認為具智力

最後一個共通之處是假設存在於人體內的通用能量，具有一些天
生、蟄伏（dormant）的智力，等待被釋放。在一篇主題為故意造成人體

傷害，富有想像力、異想天開的報告中，作者認為傷口立即的癒合是預期該發生的。胡山等人（Hussein et al., 1994）認為身體知道哪一個組織受到傷害，而且知道如何立即去治癒傷害，他們特別提到：

> 在提到的這兩點中，很漂亮地描述了智力與知識，在葛雷（Grad, 1991）關於他稱之為治療能量（healing energy）的報告中，他說：「它知道該做什麼。」也就是它本身帶有知識跟資訊，這在治療的過程中是非常明顯的。在治療的當下，治療者只是傳遞能量，或是刺激病人體內的治療能量，從那之後，能量知道自己該做什麼，不需要治療者的涉入（Hussein et al., 1994, p. 27）。

在一個開頭引用詩人威廉·布萊克（William Blake）《天堂與地獄的結合》（*The Marriage of Heaven and Hell*）的章節中，麥可·哈欽森（Michael Hutchinson）斷言：

> （科學家）所發現的是大腦超乎我們想像的不同與強大，給適當形式的刺激，人類的大腦可以很輕易表現奇蹟般的本領。換句話說，普通的大腦具有不平常或異常的力量，這種力量一點也不特別，但是我們大部分都讓它蟄伏未加以開發，最重要的是我們可以學習去啟動這些力量，就如同我們學習騎腳踏車或是彈鋼琴一樣簡單（Hutchinson, 1994, p. 21）。

除了我個人覺得非常失望之外，因為我騎腳踏車騎得非常差，甚至學不會彈鋼琴，上述的處方提出了一系列「擴展心智」技巧與高科技的裝備，以及營養建議（包括大量的食物補充品），這是很有趣的，我很懷疑消費者的大腦得到充實的程度，是否與廠商的銀行帳戶一樣。

　　總而言之，抱持新世紀思維的人與滿口莫名其妙心理學術語的人（psychobabbler），兩者與物理科學之間有遙遠的關係。對他們而言，這些字只是用來解釋一些現象，而其存在性則根本不確定，圖3.1描繪一個存有能量的人如何利用各種能量，然而，如同以下我們將看到的，他的腦應該還是偏好普通的食物。

大腦能量的利用

　　此時，在我們繼續去了解一些異想天開的提議，討論關於能影響腦功能的神奇能量之前，必須先釐清透過科學方法，目前對大腦能量新陳代謝的了解。在這一章節，我們主要討論大腦可以利用的能量來源，與需要能量以不斷進行的新陳代謝過程。

　　中樞神經系統經由血液系統供應其營養。一個七十五公斤的男性大約有一千五百克重的腦，平均的大腦血流量接近每分鐘七百毫升，平均氧氣消耗量大約每分鐘45毫升或是0.02莫耳（Madsen et al., 1993）。

　　當大腦從血液中吸取養分時，大腦組織是相當選擇性的。長期禁食造成酮消耗量的速率增加，在正常的情況下，幾乎所有的能量都是來自葡萄糖（Nehlig, 1993; Amiel, 1995）。在休息的狀態時，成人的大腦大約使用了所有人體葡萄糖消耗量的55%（Amiel, 1995）。

　　雖然葡萄糖是所有年紀人體中主要的新陳代謝能量，以大腦重量的每個單位來估計，新生兒的葡萄糖消耗量較低，兩歲時達到成人的水準，在三到八歲間超過成人的水準，然後隨著年齡成長慢慢降低到成人的水準。三到八歲間較高的葡萄糖攝取量被認為反映大腦發展時的額外需求（Nehlig, 1993; Clark et al., 1994; Nehlig, 1997）。有證據顯示，囓齒類與人類都會因大腦葡萄糖供應的增加使得學習與記憶過程的表現變好（請參考Gold, 1995的回顧）。

　　大部分吸收進體內的葡萄糖都會氧化成水跟二氧化碳，反應式為：

$$C_6H_{12}O_6 + 6O_2 \rightarrow 6CO_2 + 6\,H_2O + energy$$

所釋放的能量來自化學反應產品（二氧化碳與水）化學能的還原（與化學式左端的原料──葡萄糖相比）。

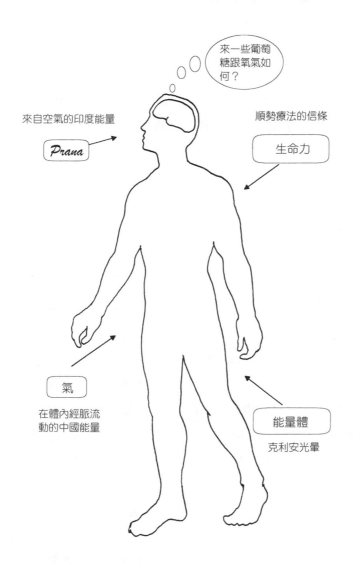

圖3.1　一個得到各種能量的人，他的大腦會懷疑每天吃的食物中發生什麼事了？

葡萄糖的氧化讓細胞產生腺甘三磷酸（adenosine triphosphate, ATP），ATP是細胞主要的能量，葡萄糖新陳代謝成二氧化碳跟水其實是有兩個連續過程的結果，分別是在細胞內的不同部位進行糖解（glycolysis）與氧化磷酸化（oxidative phosphorylation）過程，葡萄糖轉換成丙酮酸（pyruvate）；如果有氧氣的話，丙酮酸會被轉運進粒線體（細胞的「能量廠」），在粒線體內進行一系列複雜的反應，以產出大量的ATP。

持續的氧氣供應對大腦功能而言是非常重要的，因為腺甘三磷酸的儲存量相對於它水解速率是相當低的。假設一個固定的ATP消耗率，如果ATP的產生被停止了，其存量大概只能維持一分鐘。葡萄糖的供應也很重要，大腦葡萄糖（以肝醣形式）大概可以維持正常ATP的產生三分鐘（Bickler, 1992）。每一個小時，大腦消耗大約3.6克（20毫莫耳）與二千七百公撮（一百二十毫莫耳）的氧氣，大約有0.76莫耳的ATP產生，水解大約可以產生46.7千焦耳的能量。

大腦的重量大約占全部體重的2%，在基礎狀態下，大約需要20%的總能量消耗量（Owen, 1988）。這意味著每克腦皮質的能量需求量大約是整個人體平均值的十倍。雖然身體部位的能量消耗會依活動而波動，在大部分的狀況下，整個大腦的平均能量消耗保持相當穩定的狀態。有幾個比較重要的例外是深度睡眠時、全身麻醉時，以及癲癇症發作時（Erecinska and Silver, 1989）。在前者的狀態下，能量的消耗大約一半。在癲癇大發作時，腦中的神經電流活動會變成高強度、同步化（幸好只維持一小段時間），因此能量消耗會變成兩到四倍。

為什麼大腦需要能量？

如同體內其他器官一樣，大腦的能量需求可以視為基礎新陳代謝（也就是沒有神經活動時，維持細胞功能的最小能量數量）與激發新陳

代謝（activation metabolism）或是神經衝動傳導與突觸傳遞的總和（Astrup, 1982）。雖然很難精確估計基礎與激發新陳代謝對大腦能量需求的相對貢獻，激發新陳代謝大約占了整體能量消耗的75%。要注意的是，上述的比率會依不同的功能狀態有劇烈的變化。

　　神經元之間的溝通發生在兩個主要的過程。一個是神經衝動的傳遞，一個是突觸間的傳遞。與細胞外液比較，神經元內有較高的鉀離子濃度與較低的鈉離子濃度。在休息狀態，細胞膜內外會有電位差，細胞內液會比外液低六十至八十毫伏特。這種電化學梯度促使鈉離子進入細胞內，使鉀離子跑到細胞外。因為細胞膜是有漏洞的（leaky），鈉離子會（抵抗電化學梯度）從細胞質內吸出，鉀離子則被吸入細胞質內。這個工作經由鈉／鉀離子—ATP轉換媒（Na^+/K^+-ATPase），這是一種在細胞膜內的媒（酵素），經由ATP水解取得能量（圖3.2A）。沒有神經活動時，維持上述的過程大約占了基礎新陳代謝的一半（另一半可以歸因於鈣離子與氯離子的運輸過程，細胞內區隔的合成與經由軸突運輸物質）。

　　當神經元興奮時，鈉離子的通透性會突然升高，導致鈉離子進入細胞內的數量增加，因此降低細胞的電化學梯度。細胞膜內外的電位差降低到接近於零，然後電位差成相反狀態（即內部較高）。這種膜極性（membrane polarity）的改變是很短暫的，第一個原因是負責鈉離子進入細胞的離子孔道，其動力學是自我設限的，第二個原因是鉀離子的通透性也在鈉離子通透性改變後上升，使得鉀離子離開細胞內，加速休息時膜電位狀態的恢復。剛剛被激發過的細胞膜區域扮演其他仍在休息狀態膜區域的電流來源，因此這種被激發的過程可以重複下去（圖3.2B）。電流活動以波的形式傳遞，稱之為「動作電位」（action potential），傳遞的速率因神經纖維或是軸突的電子特性，與是否被神經髓鞘包覆決定。

　　當一個動作電位到達軸突的最遠處即突觸前末梢（presynaptic termi-

A

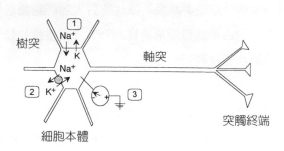

樹突

Na⁺ ... 此處用 LaTeX

B

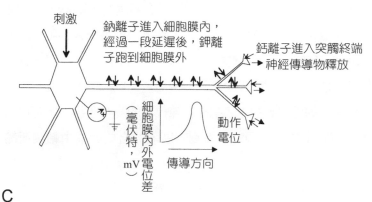

C

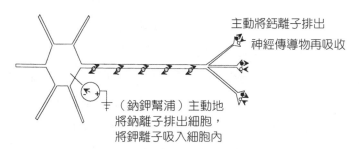

圖3.2 本圖說明一個神經元在(A)休息狀態，(B)神經衝動傳導時，(C)在恢復期的狀態。在(A)，(1)處指出鈉離子跟鉀離子從細胞內漏出（leak），(2)處指出在細胞本體（也稱為soma）鈉離子跟鉀離子以主動運輸（需耗能）的方式離開細胞內，即便這種現象在細胞的各個部位都會以不耗能的形式發生，(3)處指出了在休息狀態，細胞膜內外的電位差。(B)描述在軸突上面的神經傳導活動，即便細胞本體也處於去極化的狀態。(C)同樣地，恢復的過程也只是描述在軸突上面的情形。

nals），所造成的去極化（depolarization）使得鉀離子經由特定孔道進入，造成其電化學梯度的下降。接著，鉀離子觸動特定化學傳訊者或是神經傳導物（亦稱神經遞質）的釋放，這些神經傳導物是神經元合成儲存在神經末梢的。神經傳導物擴散過窄窄的細胞間隙（synaptic cleft），到達突觸後神經元細胞膜上的特定受體。這個動作會依據神經傳導物與受體的性質，造成興奮或是抑制的結果。若是前者，則首先發生的是神經傳導物—受體的交互作用導致突觸後神經元的去極化，增加了此神經元產生一個動作電位的可能性。若是抑制性的，則通常造成細胞膜的過極化（hyperpolarization，電化學梯度降到比休息電位更低的狀態）。

因為神經衝動的傳遞控制了已經存在的電化學梯度，且突觸間的傳遞已經合成好的神經傳導物，這些過程不需要ATP的消耗。但是當整個過程結束，必須去善後時，在這恢復的過程中則需要能量。

恢復的過程對中樞神經系統特別重要，因為其神經元之間是很緊密的。細胞間隙跟細胞外空間大約只占整個體積的15-20%（Rosenberg and Wolfson, 1991, p. 202）。在這種狀況下，重複的細胞激發會造成細胞外鉀離子的快速累積，如果累積過高，會徹底破壞進一步動作電位的產生（圖3.2C）。

消耗能量的細胞

神經元並不是唯一需要對抗過量離子或是神經化學變化的。已有證據顯示星狀細胞（astroglial 或是 astrocyte，它是細胞膠扮演各式各樣支持的工作，大約占所有腦細胞體積的50%）（Pope, 1978）與數量超過許多的神經元，在突觸傳導引起的恢復過程扮演很重要的角色。星狀細胞相當適合這項工作（圖3.3），它的延長部分會環繞血管，而且星狀細胞的細胞壁上面有特化的葡萄糖傳輸器，所以這些傳輸器是從血管吸收葡萄糖的主要部位。另外，星狀細胞跟它的延長部分包覆了神經元之間的

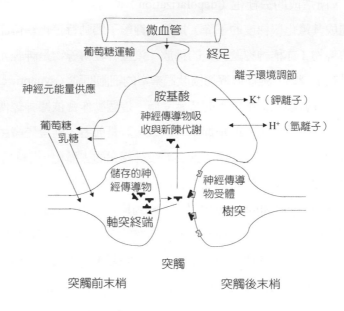

微血管

葡萄糖運輸　　　　　　終足

離子環境調節

神經元能量供應　　　　胺基酸

K⁺（鉀離子）

神經傳導物吸
收與新陳代謝

葡萄糖
乳糖

H⁺（氫離子）

儲存的神
經傳導物

神經傳導
物受體

樹突

軸突終端

突觸

突觸前末梢　　　　　　　突觸後末梢

圖3.3　以非常簡單的方式描繪星狀細胞在大腦小環境中所扮演的調節功能。請
見文中詳細的解說。

突觸連結，並且有神經傳導物的受體在其表面，還有一些特化的細胞膜神經傳導物與離子的傳播系統。

　　有研究顯示由神經激發所引起的新陳代謝增加，在神經細胞所在的區域並不明顯，而是主要發生在神經突觸密度高的地方（Collins, 1991; Magistretti and Pellerin, 1996; Sokoloff et al., 1996）。這種升高的新陳代謝活動部分發生在神經元，大部分則是因為星狀細胞葡萄糖消耗量增加的緣故。

　　當細胞外興奮性胺基酸濃度迅速提高可能造成傷害時，星狀細胞可以很有效地提供緩衝（Tardy, 1991; Schousboe, Westergaard and Hertz, 1993; Hansson and Rönnbäck, 1995）。大部分麩胺酸（glutamate）的吸收都是與鈉離子共同運輸的。這會造成星狀細胞外鈉離子濃度的提高，接著激發鈉／鉀—ATP媒（Sokoloff et al., 1996; Stanimirovic, Ball and

Durkin, 1997）。在星狀細胞，鈉／鉀—ATP媒主要的能量是解糖後產生的ATP，乳酸則是主要的最終產物，即便是在有氧的狀態下（Pellerin and Magistretti, 1996）。乳酸釋放到細胞外液，被神經元再吸收（先轉換成丙酮酸）並且當成粒線體的能量，最後產生ATP、二氧化碳與水為最終產物（Magistretti and Pellerin, 1996）。神經元無法使用血中的乳酸，因為乳酸的傳輸會被血腦障壁（blood-brain barrier）限制住。但是在腦中產生的乳酸可以被神經細胞使用（圖3.3）。確實在某些狀況下，神經細胞比較偏好乳酸（相對於葡萄糖）當作能量來源（Schurr et al., 1997）。

允許在健康人體上觀察 腦能量新陳代謝的新技術

過去二十年科技的進步讓研究者可以用非侵入的方式研究活體大腦能量的新陳代謝。核磁（magnetic resonance, MR）顯影的技術可以確認並量化高能量的磷複合物，譬如ATP與磷酸肌酸（phosphocreatine）（Henriksen, 1994; Van der Thillart and van Waarde, 1996），並且提供正常大腦與病理狀態時的有用資訊（如Younkin, 1993）。譬如近紅外線光譜測量氧氣輸送與細胞色素氧化媒（粒線體中與氧結合的觸媒）的氧化還原狀態（Benaron and Stevenson, 1994; Cooper et al., 1994）。兩種技術可以結合以增加我們對大腦能量新陳代謝的了解（Chance, 1994; Wyatt, 1994）。

正子電腦斷層掃描（positron emission tomography, PET）可以量化大腦局部血流量與葡萄糖消耗量（Phelps, Mazziotta and Huang, 1982; Friston et al., 1991; Mazziotta et al., 1991; Horwitz et al., 1995）。大腦局部血流量與局部氧和葡萄糖的消耗量有密切關係，即使這個關係會因特定的條件而變化（Kuschinsky, 1987; Bryan, 1990）。已經有大量針對高等神

經功能（回顧性文章請看Démonet, Wise and Frackowiak, 1993; Petersen and Fiez, 1993; Watson, 1996; Cabeza and Nyberg, 1997）與數種疾病，例如失智症（dementia）、精神分裂症與睡眠異常（Buchsbaum, 1995; Nordberg, 1996; Maquet, 1997）的研究。

最近，功能性的核磁顯影（functional MRI, fMRI）被利用來偵測局部血流量與氧氣的變化，且有很高的空間與時間解析度（Hinke et al., 1993; Kim et al., 1993; Ogawa et al., 1993; Shaywitz et al., 1995; McCarthy et al., 1996）。正子電腦斷層掃描與功能性核磁顯影兩項技術的結合，可以提供正常與異常狀態下大腦能量新陳代謝的新資訊（Apkarian, 1995; Fried et al., 1995; Friston et al., 1996; Liddle, 1996; Bakker and Pauwels, 1997）。

一個很有趣的發現是複雜作業的能量需求會因訓練而降低。海爾等人（Haier et al., 1992a）發現當實驗志願者（正常人）玩電腦遊戲的表現隨著練習而進步時，局部葡萄糖的消耗量也比之前降低。另外，同一組實驗參與者的資料顯示：大腦葡萄糖新陳代謝率與智力測驗的表現成負相關（Haier et al., 1988），而葡萄糖消耗量降低程度最大的是智力測驗分數較高的參與者（Haier et al., 1992b）。因此，從新陳代謝的角度來看，較聰明的人也比較有效率。

現在，我們可以總結目前已知大腦能量利用的事實：

1.對中樞神經系統而言，唯一可用的能量來源是化學能，也就是葡萄糖氧化產生ATP。

2.一些「家庭管理」的過程，譬如蛋白質跟磷酸脂質的合成與保持細胞膜的電位差需要能量，但是一大部分但不固定的能量消耗是用在恢復的過程，包括離子主動運輸與神經傳導物再吸收所需要的能量。

3.離子主動運輸占了大部分（50-70%）的大腦能量消耗。

4.因為儲存的能量很少，正常大腦功能運作需要藉由血液循環作用不斷提供化學能。

5. 如果能量來源停止，在幾秒內勢不可擋的離子與神經化學變化會使得神經功能停頓，接著是神經細胞的死亡，除非能量供應可以恢復。

6. 除了來自血液的營養，目前沒有發現其他的能量可以支持大腦功能的運作。

對能量與能量轉換的誤解

大眾對於大腦能力的討論大部分集中在一個主題：物質與能量在生理狀態下可以自由地轉換（如 Silva and Miele, 1985, p. 116; Pistarini, 1991）。為了支持他們的講法，這些「販賣psi現象的商人」（譯註：原文psimonger為psi與monger商人之組合字，意指以psi現象維生的商人）常常引用愛因斯坦的有名方程式：$E=mc^2$，其中c是光在真空中傳播的速度（約 3×10^8 公尺／秒）。他們設想將物質轉換成能量是在人體中正常地持續進行著，這代表了對於在活生生動物中能量轉換的完全誤解。譬如，氧化燃燒的過程沒有牽涉任何能力的轉換，但是以化學鍵結潛能的降低來產生能量，其能量多寡可以有很大的變化（Oyle，引自Reisser, Reisser and Weldon, 1987, p. 36）。

其中的不同是很巨大的。一莫耳的葡萄糖（一百八十克重）在燃燒的過程中產生大約3.1千焦耳的能量。如果同樣量的葡萄糖完全轉換成能量，大約可以釋放出 1.62×10^{13} 千焦耳。用一個大家比較熟悉的比喻來說，這些能量足夠提供一個中等大小的城市一整年的電力需求。另一方面，如果大腦利用這種轉換形式的能量，大約0.3百萬分之一公克葡萄糖，就足夠一生的能量需求。

另外一種錯誤的概念與能量轉換的可逆性（reversibility）有關。因為根據規則，如果生物能量的反應在遠離均衡的狀態下進行，這種反應實質上是不可逆的。譬如，以多種營養為來源的生物，無法利用二氧化碳跟水合成出葡萄糖〔自養生物（autotrophs）可以透過光合作用取得營

養，是因為它們可以利用來自太陽光的電磁能〕。然而，對上述大部分的「能量導師」而言，基本的生物能量學通常不是他們熟悉的主題。其中一個很受歡迎的作家寫到：

> 我們已經討論到像光與聲音這種刺激，如何當作大腦的能量。我們已經看到光與聲音可以藉由刺激大腦的電流活動，給與大腦強大的能量與治療效果。……但是有一種比較直接的方式將電子脈衝送進腦中：使用同樣律動的電子脈衝施與大腦細胞能量，如果光跟聲音可以藉由電子脈衝來給與大腦營養，那麼電子脈衝本身，以適當形式與適當強度，當然可以當作大腦最純淨的營養（Hutchinson, 1994, pp. 95-96）。

嘗試以電流刺激大腦已有一段很長的歷史，大約始於基督紀元（西元）開始的時候（Schechter, 1971; Stillings, 1983; Devinsky, 1993）。然而，現在我們必須限制自己思考以下兩個問題：首先，是否可能以電流刺激未受損傷的大腦？其次，電流刺激可否當作大腦的養分？

電磁能對活體的影響是許多研究關心的主題（譬如 Adey, 1981; Faber and Korn, 1989; Goodman, Greenebaum and Marron, 1995; Olivotto et al., 1996; Blank and Goodman, 1997），而已經發現它對發展中的神經細胞可以有提供營養的效果（請看Borgens, 1986的綜合論述），然而，電流很難視為大腦的養分。

大腦刺激的功效可能為真的講法是一些老庸醫的共同主題（Macklis, 1993）。譬如，世紀交替時，一個電磁刷的廣告將它說成「醫藥的替代品」、「體質虛弱者的娛樂」與「人類的好朋友」，並且宣稱透過每天使用，使用者將「沒有睡不著的晚上、大腦不再軟弱、沒有麻痺、沒有猝死」（Barker, 1994）。雖然幾年前一本科學期刊編輯宣稱：在生物醫學界使用電磁產品，將「不再充滿庸醫與妖術」（Szeto, 1983），以未

經證實的電流刺激的方法以增進大腦功能之說，還是在最近擴散開來，而典型的情形是這些設備都沒有經過嚴格地檢驗。例如一本阿根廷的流行雜誌，在它的科學專欄刊載一篇標題為「到大腦中心的旅行」的文章，談論關於利用一種微弱電流刺激的方法，以介紹「阿根廷的醫生發明一個系統，經由電流發送到大腦〔個體並不會感覺到，但大腦本身可以（摘自原文）〕，可以讓有行為、學習與運動困難的病患恢復」（Palomar, 1991）；但文章並沒有提供任何電流刺激的參數或電生理測量的細節。哈欽森（Hutchinson, 1994, pp. 95-101）也描述了一些腦骨刺激設備，據稱可以增加警覺程度與注意力集中程度、最佳化大腦功能、具有抗憂鬱的效果，最重要的是，可以達到人格轉型（據推測效果可以維持永久）。因此，維多利亞時代的電磁刷又回來了，如果它曾經離開我們的話。

在真實生活中，在頭殼上置放電極進行大腦電流刺激已被證實不是一種把戲。一位專家如此寫道：「電流刺激主要有三個限制，它可能很痛苦，在有限的侵入程度下，它很難刺激到深處的神經或是被骨頭蓋住的結構，譬如大腦，它實際上根本無法到達」（Barker, 1994, p.96）。雖然這些問題並非沒有辦法克服，但其他的替代方法（主要是透過磁力刺激）可能具有更多的麻煩（Rothwell et al., 1991; Barker, 1994; Devinsky, 1993）。然而以大腦電流刺激進行自我治療的擁護者，採用與順勢療法相同的規避技術問題之方法，意即降低「劑量」讓這些技術不具傷害性，雖然（與順勢療法相同）這種狀態下，這些方法也不會有任何好處。針對第二個問題，電流是否可以當作大腦的養分？這種問題當然不會在營養學的教科書裡面提到，也沒有出現在每天營養建議攝取量中，這些內容幾乎是很自然地被刪除，這似乎是一種不自主地省略。

即使（最好如此）商業化的電流刺激器可以到達神經細胞，電流也無法當成營養，因為目前沒有已知的機制可以將電流轉換成神經細胞或神經膠細胞可以使用的化學能，如ATP。確實，如果神經細胞可以被電

流刺激而產生動作電位,所造成的細胞膜離子流與神經傳導物釋放會導致新陳代謝能量消耗的增加,不管這些能量是來自血糖或是恢復過程中的氧氣。

能量與超自然的主張

訊息的傳遞需要一些能量交換,因此可以包括在我們目前的探討之中。就像祖史尼(Zusne, 1985)提到的,個體內的、從一個體到另一個體間,或是從個體到環境間的訊息傳遞,都可以從科學的或是非科學的角度來想像。第一種方式依賴已知的實驗資料,而非科學的(魔術的)了解方式,顯然不需要去解釋訊息傳遞實際上如何進行,不需要說明精確的機制,不需要顯示其中的因果關係,也不需要用實驗或臨床資料來佐證。簡而言之,這種過程就是被假設以某種未知的方式發生。

被視為理所當然的超自然現象,譬如心靈感應(telepathy)是一種特殊形式的知覺、心靈動力(psychokinesis),是心智—大腦直接對物質產生影響,都是以魔術的想法為支撐,以解釋這些現象為什麼會發生。當然,這沒有多少,如果有,實驗證據支持這些現象真實存在(Marks, 1986; Saraví, 1993b)。然而,我們這裡關心的問題是,有沒有他們這些貌似可信的機制,是不是來自於對中樞神經系統知識的想像?

在十九世紀的前半,穆勒(Johannes Müller, 1801-1858)提出他的「特定感覺能量」定律(law of "specific sensory energies")。用現代的詞彙來說,每一種感官的神經都會因為刺激特定的感官受體而攜帶一些資訊,而這些感官受體會對某一種形式的刺激比較敏感,對其他形式的刺激比較不敏感(Zimmerman, 1978; Martin, 1991)。典型的例子是眼睛。視網膜上面的錐狀細胞跟柱狀細胞對波長四百至七百的電磁輻射特別敏感。事實上,有實驗顯示柱狀細胞可以被單一光子所激發(Baylor, Lamb and Yau, 1979)。若使用機械能,譬如在眼睛上面打一拳,也可以

激發感光受體，但是需要比較多的能量。

　　每一種感官通道都有複雜但仍然可以辨認的路徑與聯繫，而且這種線路主要是由刺激相對應的感官受體引起的感覺經驗之本質來決定的。因此，特化成偵測化學的、電磁的或是機械的刺激感官受體會引起相對應的感覺。然而，如果跳過感官受體，譬如透過對傳入神經細胞的電刺激，來激發某一感官的通道仍然會引發相同的感覺，與對適當受體給與自然的刺激得到的感覺相同。

　　對所有主要的感官通道，關於受體結構與功能、傳入神經路徑、中樞的連結、皮質下與皮質處理過程，與整合不同感官訊息的連結皮質等等的知識都很確實，且不斷地增加中〔比較詳細的介紹，請看Kandel, Schwartz and Jessell（1991）第五部分，譯註：此書目前已有新版〕。另一方面，對一些推定為真的超自然現象，譬如心靈感應，沒有任何存在的資訊提到關於受體、路徑、中繼傳導的神經核或是負責處理的皮質區域，也沒有已知的路徑或是中心可以加以刺激，來引發心靈感應的感官經驗。只有訴諸於魔術的思考方式，才可以將心靈感應當成一種貌似真實的生物現象。

　　同樣的看法，也可以在「心智勝於物質」現象上使用。一九二四年，薛靈頓爵士（Sir Charles Sherrington）寫道：「移動一個物體是所有人類都會做的事；⋯⋯這件事唯一執行的是肌肉，不管是喃喃低語一個音節，或是砍伐森林」（載於Ghez, 1991, p. 548）。換句話說，就目前所知，只有正常地透過肌肉動作，不管是細微或是大的，大腦才能對環境施予自主的影響。

　　活生生的大腦的確發散出能量。大腦持續進行新陳代謝作用的結果是，大部分的能量以熱能的形式出現。前面提及的有氧新陳代謝，每消耗一莫耳的葡萄糖可以產生三十八莫耳的ATP。現在必須再加上這一點，生化機制的整體效率加上葡萄糖燃燒以產生ATP接近40%。所剩下的部分，占所有能量釋放的大部分，是熱能的釋放（Quintero Osso,

1992）。其他過程也產生熱，譬如離子與電子流動產生熱。然而，大部分位階降低的能量，熱能不太可能是攜帶訊息，除非當熱能在使用的狀態時透過很敏感的儀器，得到大腦活動二維的圖譜（Shevelev et al., 1993）。

從已知的氧氣消耗率，可以估計大腦的能量。當燃燒葡萄糖時，每公撮的氧氣大約產生20.2焦耳熱量，整個大腦平均使用量接近每分鐘四十五公撮，或是每秒0.75公撮。也就是0.75公撮／秒× 20.2焦耳／公撮 =15 瓦特。這大約是普通電燈產生能量的25%。除此之外，這個能量以熱能的方式釋放，並無法做工。

當然，也應該考慮腦內進行中的電子活動。當頭殼上置放電極，可以測得所謂的「腦電波圖」（electroencephalogram, EEG）。這種紀錄主要是跟主要皮質細胞（即錐體細胞pyramidal cells）的閾下激發有關（Harmony, 1990）。既然移動的電流會產生電場，電子活動也可以用電磁現象的變化來偵測（Reite and Zimmerman, 1978）。

然而，透過頭殼記錄電位變化大小會因來源的距離而降低，因此非常小，通常是微伏特的十分之幾（Brazier, 1977, p. 218）。造成的結果是，即便是例常利用標準儀器進行的EEG測量也會伴隨幾個干擾來源（Schröter, 1985）。即使腦骨跟頭皮對磁場而言是「透明的」，電磁現象的產生（主要來自於大腦皮質縫發生的突觸變化）也需要一個防磁的房間與一個特殊的超導量子介面（簡稱SQUID）（Hari and Lounasmaa, 1989; Renault and Garnero, 1996; Hari and Salmelin, 1997）。

因此，很難接受大腦可以對周遭環境發出一個帶有任何目的的影響。最近在生物工程方面的進展確實可以讓殘障人士透過腦波控制電腦（Lusted and Knapp, 1996），然而，即使這個目前仍非常保留的事實，也是透過很精巧的介面，特別製作去利用微弱的腦波訊號。

結論

　　大腦能量的運用是最近幾十年研究關心的焦點所在，也增進我們對正常與紊亂中樞神經系統功能的知識。然而，從活生生的身體到分子層次，不管是臨床或是實驗資料，沒有一個是支持大腦功能或超自然現象具有神奇能量的概念。當然，真正相信上述概念的人不會因為這些事實而退縮，但是那些認為保持一個開放的心智，並不是對科學事實裝聾作啞的人會因此而受益。

4

偽科學與大腦：嚮往的超級人類之調整藥物與補藥

貝爾斯坦

（Barry L. Beyerstein）

我在那裡平靜地看著我這一生快速地在我眼前經過……我忽然發現有人弄亂了帶子，而這捲帶子並不是我的人生。

每分鐘有一名傻瓜誕生。

巴南（Phineas T. Barnum）

每分鐘有一名尋覓者誕生。

貝瑞‧貝爾斯坦（Barry Beyerstein）

　　在現代社會中，科學是除了宗教以外，少數幾個具有良好名聲的領域。而藝術則可被視為是完全非科學的領域。科學是所有行業中最具一致性的，基於這點，便無法避免地吸引到許多扮演者。這些模仿者將正統科學的陷阱表露無遺，但是卻缺乏嚴謹的方法、可靠的發現及有效的洞察力（更別提他們所仰賴的技術來源）。像是邦吉（Bunge, 1984）這樣的評論家，就曾經打擊這些毫不掩飾「偽科學」的偽裝者，並且將他們一貫的手法描繪出來。他們通常會找出目前真科學領域中最流行的主題，並且將它們變成像是原始文章的延伸般，賣給廣大沒有科學素養的民眾（Pratkanis, 1995）。從他們開始，便引起大眾對於神經科學那些令人羨慕的成就產生想像，並且讓自己成為偽造者的目標。由於有效的應用大腦研究，可以增進顧客的認知能力、心情、工作表現與總財富，可以預期的是商人們開始販賣這些產品，並且宣稱這些產品可以「翻新」你的大腦，作為一種改善自己的方法。很不幸的是，除非有進一步的宣傳，否則這些產品很少能夠繼續生存（Beyerstein, 1990）。

　　偽科學家有時純粹是為了欺騙，但更常有的情況是他們因為被誤導而忠誠相信一些較偏頗的理論，這些理論的擁護者堅信能夠對於科學以及社會產生革命。很可悲的是，受害者多半的時候對於這些應該成為工作指南的正統研究並不熟悉。大略地檢視一下他們所宣稱的內容可以發現，同樣是神秘主義與超自然理論的老調，用現代的聲音重唱著過去時代已拋棄的科學論調。夠怪異的是，假科學的實踐者，對這些正統研究者的態度傾向於既嫉妒又不屑，而正統研究者對於假科學家所提出的零

碎看法以及無效用的新發明也表示輕蔑。這些偽科學家從一絲絲可盜用的真誠研究中，卑劣地複製出他們是正統角色楷模與榮耀的假象。同時他們又讚揚自己的排他性，但卻缺乏該有的證據證明他們的想法是獨創及創新的。他們所要的是，讓那些潛在的支持者掏出錢來。

這些偽科學家根本無法根據他們的定義來證明其想法是錯誤的。換句話說，他們沒有預測上的錯誤或是抓到概念，使他們的擁護者無法用特別的理由作一個令人滿意的解釋，或是用其他的方式扭曲，以保護他們古怪的信仰（Gardner, 1957, 1981; Radner and Radner, 1982; Sagan, 1996）。偽科學家被認為是與主流科學隔離、浮誇無法被重複驗證的結果，他們且近乎偏執地認為自己遭到心胸狹隘、自以為是的團體所迫害。這些自命為先驅的人所認為的是，他們應該被認同，但卻不為眾人所認同的理由，就是他們將自己鎖在不平衡的勢力中，並且與那些帶有偏見、排除異己的精英分子奮戰。這些人將自己視為是被那些洗腦過的團體排擠掉的人，指控大家不了解他們革命性發現的遠見，同時還指控別人，因為他們威脅到目前安適的現狀而壓制或竊取他們的研究突破。

這一群在科學上虛張聲勢的人們，大多是不知道自己有多無知的愚民，但是偶爾也有一些是有能力、甚至是著名的科學家，他們同樣都會提出一些沒有證據支持的看法，因而損害自己的名聲，甚至讓他們的同事們感到很苦惱。近期有兩個例子：鮑林（Linus Pauling）過度宣稱維他命C的效果（Barrett, 1995），以及班芬斯提（Jacques Benvineste）對順勢療法（homeopathy）的擁護（Gardner, 1989; Randi, 1989）。他們最近在科學社群中的「突破」都很難讓人接受（Park, 1997）。瑞德（Reed, 1988, Ch. 4）在他的討論中描述，偶爾會有一些聰明且知名的人士，表達這種以管窺天的奇怪看法，他稱這種現象為「對一個被高估重要性的觀點所產生的錯覺」。

偽科學家已經學到一個聚集財富與信仰者的有效方法，他們從一個受到尊敬的科學分支中不具爭議性的看法著手，用一種察覺不到的步伐

向不合理卻有利可圖的部分邁進。貝爾斯坦（Dale Beyerstein, 1992a）將這種計畫稱為「可靠的知識背負著沒有價值的東西」（nonsense piggy-backing on reliable knowledge），他引用了筆跡學（graphology）（也稱筆跡分析，handwriting analysis）的一個例子，來描述偽科學家最喜歡的策略（Beyerstein and Beyerstein, 1992）。雖然筆跡學的神奇相關性能夠媲美古老的占卜儀式（Beyerstein, 1992b），然而，它自稱是現代大腦研究與差異心理學（differential psychology）的分支以作為賣點（Beyerstein, 1992c）。筆跡學家從一些聽起來很合理的假設，聲稱他們具有有效測量個性與能力的方法。接著他們從正統研究中抽取一些真實但不相關的事實，然後將這些東西混合在一起，虛構成一個偽科學製造噱頭的網絡；如果不是因為它對於聲譽、關係及生活的破壞，否則還頗具趣味性（Beyerstein, 1996a）。

筆跡分析是本章主題一個最好的範例；大腦研究長期以來一直都是通俗心理學市場上偽科學的最愛。尋找一些東西加在他們極力推銷的東西上面，新世紀的商人用廉價的神秘主義重新包裝了那些陳舊的通俗心理學內容，並且用一些未被發現與神經科學間的關聯，為他們的商品添加上科學的榮光。我在第一章曾經描述了這種趨勢的開始，是在十九世紀自我成長救星出現之時，他們從積極思考乏味的陳腔濫調及快速發展的大腦研究結合中，看到了其中潛在的利益。他們的後輩與那些曾經滿懷希望的顧客，持續遊走在新世紀市場帝國的邊緣而生存，並且稱之為「人類潛能運動」（the human potential movement）。

這種盜用神經科學所帶來的利益歷久不衰，事實上這種趨勢可以從一些事實中看出，例如，市場上筆跡學的標語：「筆跡書寫即大腦書寫」（Handwriting is brainwriting），就是希望將顧客的注意力從他們完全無效的商品上轉移開來（例如Dean, 1992）。筆跡學家開始邀請有潛力的顧客去接受兩個沒有爭議的說辭：首先，書寫是由大腦控制的。其次則是人格與能力同樣與大腦功能有關。接著筆跡學家突發奇想地解

釋，因為書寫與人格的共同依賴性，因此，透過書寫一定能夠將防衛內心的裝扮卸下。為了回應這種邏輯上的花招，我也可以告訴大家，大腦同時也控制嘔吐的機制，所以根據同樣的說法，反胃的型態應該同時也是能力、性格與道德境界的指標（Beyerstein, 1992c）（註1）。

本章其餘的部分，我將仔細地評論一系列宣稱可以增進心智表現、據說還可以「重新調整」大腦迴路的產品。本章的篇幅不允許我將這種批判延伸到數量逐漸增多的自我成長研討會、書籍及課程等，他們都過分宣稱（雖然沒有任何支持）可以純粹運用行為來增進大腦功能。幸運的是，這些產品在其他地方已經受到批評了，其中最徹底執行的是國家研究委員會（National Research Council, NRC）的專家小組，這個機構是由美國政府所資助，專門負責研究各種快速增進表現產業（performance-enhancement industry）的宣稱是否具有可靠性，以提供給各個機關參考（Druckman and Swets, 1988; Druckman and Bjork, 1991）。我另外還要推薦羅森（Rosen, 1987）及甘布利爾（Gambrill, 1992）對類似宣稱的產品所進行的評估。國家研究委員會小組與其他自我改善產品的客觀評估者都有一致的結論；他們都同意向大眾兜售這些產品的人，均無法證明他們的產品中有任何能夠取代練習、注意細節及努力工作，以達到熟練的秘密捷徑（Beyerstein, 1990）。

大腦增進陣線在哲學上的矛盾

本章討論的大腦增強工具總是給我奇怪的印象，因為它們可以如此強力地吸引某一部分的群眾，使他們的核心信仰轉而認為大腦對於心智生活而言並非必須的。我所指的就是那些新世紀運動的心智擴展企業與其顧客。這些身心二元論者（註2）主要被導向一些脫離肉體的靈魂、轉世輪迴之說，並且相信「靈魂出竅」（out-of-body）經驗是意識獨立於大腦之外而存在的證明（Basil, 1988; Schultz, 1989）。新世紀教條的主

軸是：心智是靈魂的實體，脫離混亂並且不受到與過於制式化、不在乎是否合乎品味的自然環境之互動所限（Beyerstein, 1988b）。畢竟新世紀的人們是這個世代中持續偏好「心智超乎物質」的潮流帶領者（Melton, 1988; Webb, 1971）。

即使新世紀社群崇信身心二元論，令人好奇的是它仍然提供廣大消費群各種神奇的新儀器，而聰明的商人早就冀望藉由這些儀器來誇大心智或心靈的力量（Hammer, 1989; Beyerstein, 1990）。乍看之下，這種產品的販賣者或消費者都相信能夠透過大腦觸碰到心智，他們應該只是將大腦視為意識坐落的地方，既然如此，為什麼有人願意付一大筆錢按摩大腦皮質這個硬體，且希望藉此能夠增進心智的效能？顯然新世紀團體並不重視一致性與邏輯，事實上他們對於心智等同於大腦的認同，會使得他們對於心靈世界觀產生極大的懷疑，但這似乎並沒有對這些「後現代」水平思考的擁護者造成困擾。

相對於新世紀的身心二元論，絕大多數的神經科學家卻都是物質一元論者，他們相信心智的運作等同於大腦的狀態（Bunge, 1980; Churchland, 1984; Uttal, 1978）。根據他們的看法，大腦運作狀態（當然也包括心智的經驗）所遵守的自然法則，是和掌控其他宇宙萬物相同的法則。新世紀的愛好者保持對二元論的忠誠，這是因為他們必須將心智現象置於物理世界的因果結構之外，以便能夠更進一步推動其餘的事項（Beyerstein, 1987）。他們最終希望的是能夠恢復所謂的泛靈論（animism，又稱萬物有靈論）。他們一味地渴望有一個世界，在那裡所有的事情都是從一種看不見的超自然力量的奇想所導致，並且是根據道德標準而非客觀的自然法則。因此當持這些觀點的人仍然期待物質論的神經科學來支持他們心智的概念，這點是非常令人吃驚的（因為他們的概念在其他方面，都是堅決地反物質論的）。諷刺的是，那些費盡心力要將心智現象排除在物理法則範疇之外的人們，最後都成為了那些宣稱可以藉由操弄肉體的器官——大腦，增進心智能力的產品最熱切的消費者。

現在讓我們來檢驗一些所謂可以增進心智的產品。推銷商人宣稱這些產品來自正統的大腦研究——各式各樣的大腦增進產品在新世紀的啟蒙大堂中如此令人著迷。這些產品可以略分為三類：⑴被動式記錄腦波的儀器，藉此讓人們知道他們目前的狀態，並且教導被訓練的人如何隨心所欲地產生據稱的效果。⑵藉由輸入一連串的脈衝刺激，以直接改變大腦活動的設備。⑶則是所謂「聰明雞尾酒」（smart cocktails），指一些營養補充品，透過增加大腦化學物質合成材料的可得性，據說可以增進心智的功能。儘管商家很難說服消費報導的出版者相信這些都是合理的買賣行為，但是這些展品的銷售情況都很不錯。

大腦調整器 （brain tuners）

儘管大多數的人都是生活在工業社會電子化的環境之下，但仍然有許多人將「電能」視為某種神奇的力量。尤其是當他們知道電磁力不僅可以啟動他們喜愛的電器，還可以讓浩瀚宇宙遙遠處的任何東西來到他們的腦中，將電力視為神奇力量的情形就更加明顯。電子工程師們所探討的頻率、引力、電波與電場（field），在科學的質疑之下，並無法將之與震動、平面及共鳴區分開來，神秘主義者與相信奇蹟的人們亦是如此。對於電磁主義以及神經生理學有著過度崇敬的誤解。當他們將心智神奇力量與二十世紀科學的貢獻結合在一起時，使得新世紀的人們得以維持他們對心智神奇力量的信念。

儘管現代神經科學日益增進，調查卻顯示出，絕大部分的人仍然將意識視為邁入科學時代之前的一些心靈名詞（例如《自我》（Self）雜誌一九九七年十二月號所發表的大型調查結果所顯示）。假使這種認為民俗心理學與所有心智相關的事物有關的過時信念是成立的，那麼民眾對於意識的討論，勢必視二元論為理所當然的。換句話說，心智處理是在一種飄然的、非物質的空間中運作。那麼，那些宣稱可以利用小小的

電子機件來連接心靈與科學間鴻溝的人,不僅打包票保證永久保固,同時還擔保能夠立即奏效。終究是沒有其他產品能夠比這套好賣,它不僅能夠啟發心靈,還附帶了增加記憶力、動機、專注力與理解力等功能,何不減輕壓力、即刻放鬆、擁有完美的健康狀況並且額外增添更多的福氣呢?這些都透過小冊子大肆宣傳,並希望讓那些會購買這些產品,或是購買可以製造心智/心靈能量機器的消費者看到,加入大腦調整器的行列。

新世紀的企業家,絲毫不畏懼這些不一致的說法,宣稱一個物理性的商品(電能)能夠對於非物質的事物(例如超越個人的意識及萬能的心智力量)產生影響。他們隨隨便便地就可以將這些謬論擺在一旁,只是急切地想要抓住一般大眾對於電能及超自然心智力量的崇敬心態。最後造成的結果是,市場上出現了一大堆的硬體產品,這些產品都宣稱是通達更高意識層次的快速道路(來自於新世紀二元論者所假設的所有美好事物的潮流)。

利用量子力學的扭曲版本來支持神秘主義則是永遠的暢銷書。一段或許較不為人所知但卻很有趣的歷史是,他們傾向超自然卻追求神經科學。德國精神病學家博格(Hans Berger, 1873-1941)將早期研究中記錄動物大腦的電流活動記錄器,改裝成適用於人類的記錄器。因為他認為這些紀錄也許能夠透露出可以用來解釋心理現象的一個機制(Beyerstein, 1985)。博格看了自己所研發出來的儀器,便將它命名為腦波儀(ele-ktrencephalogram,註3)(Berger, 1929),把這個儀器視為調和他自己的精神信仰與科學之間的工具。讓博格的同事們感覺到沮喪的是,博格甚至在當他擔任傑納大學(University of Jena)校長時的就職演說中,也利用部分的時間談論如何使用腦波儀研究千里眼與心靈感應。博格在他後半人生的公開發表中,概要地描述了思想如何透過輻射的腦波傳遞出去的理論。不幸的是,這些變動的腦波(曾經被視為「博格律動」Berger rhythm)所遵守的是平方倒數法則(譯註:即強度與距離平方成反比),當

它穿透頭皮幾公分之後就已經變成非常微弱的訊號了。

　　腦波圖是從這些不成熟的理論開始發展，漸漸成為在研究以及臨床上有高產能的工具。在一九六〇年代反傳統文化的成員橫掃工業社會（Frankel, 1973），對腦波產生興趣，同時還推崇東方神秘哲學、迷幻藥、意識狀態的改變之時（Kamiya, 1969; Tart, 1969），腦波儀在這個時候被拉回到科學的領域中。再一次，腦波儀與其他電生理的儀器，成為建立科學與心靈學之間關係時大家偏愛使用的工具，這也是當年博格曾經熱切尋求的。當現今的新世紀先驅之間開始流傳著這些報告之時，一些熟練瑜伽技巧的人士，他們近乎超人般控制生理機能的看法就漸漸流行。

　　一些報告指出心靈掌控的高手能夠精確地控制自律神經的功能，雖然這些過度誇張的報告已經被證實是誇大不實的（Holmes, 1984, 1987; Druckman and Bjork, 1991）。確實有某些靜坐教派的大師，當他們靜坐時腦波中的阿爾發波（註4）有一些很有趣的變化（Bagchi and Wenger, 1957; Kasamatsu and Hirai, 1966; Fenwick, 1987）。然而，一些針對靜坐精熟者的研究指出，在靜坐的前半段，他們的阿爾發波傾向於增加波幅，但是慢慢增加一到三赫茲的頻率。當這個情形發生時，通常在後腦會有比較明顯的阿爾發波，之後在前腦也慢慢地明顯。這個結果看起來似乎也指出，不管這些靜坐者學習如何集中注意力多久的時間，當他們靜坐時，確實可以忽略一些會被一般未接受訓練的人所注意的干擾刺激，這使得他們可以維持腦中的阿爾發波。

　　同樣地，這些心智擴展的同好者，又犯了將相關指為因果的邏輯錯誤。他們熱切地擁抱一個前後文不相干的看法：當這些經過許多練習的靜坐者在靜坐時出現許多阿爾發波，這表示阿爾發波代表一個特別的意識狀態，這種狀態等同於這些靜坐者在那一刻所經驗到的狀態。心智擴展的愛好者很武斷地將他們所謂的這種獨特狀態提升為一種崇高的「阿爾發意識」，並開始宣稱阿爾發訓練是最佳的捷徑，能夠讓人像靜坐一

樣獲得令人稱讚的心理與生理上的好處（Beyerstein, 1985）。當時的廣告暗示這些好處可以利用阿爾發生物回饋（註5）快速且廉價地獲得。因此可免除乏味冗長的練習，以及費時的傳統心靈啟發所需的哲學指導。

　　事實上，像這樣的腦波變化是屬於非特定性的，因此並沒有辦法用來確認有任何特定的心智內容存在。早期的腦波——即靜坐研究者看到的腦波變化，是腦皮質覺醒程度的普遍指標。就生理而言，並不特定發生在靜坐時，而且事實上，昏昏欲睡狀態與他們所謂的意識心靈提升狀態下的腦波變化型態是一致的。在相同的情況之下，我們無法區辨靜坐時的腦波與昏昏欲睡時的腦波，也不能推論靜坐者的心智經驗是愉悅的，甚或在某方面來說是有益處的（Neher, 1990）。最起碼，經過練習的靜坐者在靜坐時與昏昏欲睡時的感覺是不同的。

　　當然這些提升阿爾發波的工業不會被這些學術上的爭論所影響。一瞬間，這些公司開始冒出，並販賣一些攜帶式的阿爾發波生物回饋儀，宣稱能夠在腦中出現阿爾發波時即刻通知使用者，因此他們能夠藉由操作制約學習的方式，將阿爾發波的出現最大化，藉此得到阿爾發意識的最大助益（註6）。我們暫時不管這種廉價儀器是否能夠在外界諸多的電磁雜訊中，穩定地測量到腦波的訊號。即使這個機器能夠做到讓人滿意的程度，許多經驗豐富的電生理學家卻對這種阿爾發波增強是否具有價值而產生懷疑（Beyerstein, 1985）。

　　當這種效果的質疑者看到過去心智擴展者類似的宣稱之後，提出了兩個警告。首先，電生理的相關研究結果使他們質疑，是否有任何特定心智成分肯定是僅在阿爾發波出現時才會產生？第二，有經驗的專家認為，這種增加阿爾發波的方式，並不太可能提高任何人在生理與心理上的助益。有關於這幾點的考量，汎偉克（Fenwick, 1987, p. 105）指出：

　　　　……腦波的韻律是內在大腦活動一種很「模糊」的指標，
　　它們是大量細胞同步化的結果，因此它們的出現反映出一種非

特定的調節過程。任何腦波的呈現都有許多的原因，許多不同的（意識）狀態都會產生相似的腦波圖形……因此從腦波的變化去推測特定的心智狀態是很冒險且隨便的。

　　這些新的阿爾發波擁護者在展示「阿爾發意識」時，除了沒有採用適當的控制組以外，質疑者還提出幾項腦波研究文獻中大家熟知的事實，來提醒這些推廣阿爾發波的業者一些根本上的問題（Beyerstein, 1985）。舉例來說，非人類的物種，應該是不會靜坐也不會有高層的意識層次，但是牠們同樣會產生阿爾發波。早在一八七五年，卡頓（Richard Caton）便已經在貓的身上展示這個事實。同樣地，任何合格的腦波學家，都知道大部分的人只要闔上眼睛就會產生阿爾發波，並不需要特別費神（註7）。但是大多數的靜坐迷並不願意承認，靜坐跟閉上眼睛坐在一個安靜的地方沒有什麼兩樣。

　　此外，很早以前便發現，在一般大眾之中有某一比率的人，他們在任何情境下所產生的阿爾發波都很少，甚至於完全不會產生（Golla, Hutton and Walter, 1943）。然而沒有人能夠解釋這些無法透過阿爾發制約產業產生令人滿意效果的人是怎麼一回事。即使是在人類潛能運動的推廣上，已經盡量避免對阿爾發意識做過度誇大的效果宣稱（例如他們普遍相信阿爾發波是通往狂喜狀態或是通靈能力的通道），或者僅僅宣稱阿爾發波是輕鬆無慮放鬆狀態的指標。當他們獲知罹患注意力缺失／過動症的兒童，儘管在沒有受過回饋訓練或心智不平靜的情況之下，仍然能夠產生大量的阿爾發波時，他們的說法便產生了很大的問題（Grünewald-Zuberbier, Grünewald and Rasche, 1975; Beyerstein, 1985）。汎偉克（Fenwick, 1987）曾經指出，阿爾發波常見於重度昏迷（接近於死亡）的病患身上，這也給了阿爾發波支持者一個最大的打擊。

　　抱著質疑態度的腦波學家們在一個重複驗證早期實驗的研究中，發現了另一個「阿爾發意識」所產生的問題。他們在實驗中加入了暗示以

及配合實驗者的控制方式，結果清楚地發現到，透過制約所產生的阿爾發波可以讓一個人進入快樂的境界，甚至是像洗熱水澡般的愉悅，這就像是在新世紀的萬神殿般，只是一廂情願的想法。然而，在有良好控制組的研究中，所顯示出的意義是，透過生物回饋能夠產生愉悅感的這個信念是一種強力的安慰劑（Plotkin and Rice, 1981）。在我們的實驗室以及其他地方，同樣都發現到，相信阿爾發波是靜坐愉悅感指標的人，不管他們的腦波實際上變化如何，都會表示有愉悅的經驗產生。我們發現，即便是對這些東西一無所知的實驗志願參與者，在受到阿爾發產業宣傳的影響（也就是阿爾發波是到達靜坐狂喜的捷徑）之下，通常也都會表示有愉悅的經驗產生。我們曾經轉變機器的設定，讓生物回饋儀實際上訓練的是抑制而非擴大阿爾發波的產生（Beyerstein, 1985），結果發現，接受抑制訓練的人對於生物回饋的感受與稱讚，和那些接受擴大阿爾發波訓練的人並沒有什麼不同。

　　另外一個對制約阿爾發波的打擊，來自於有研究者發現號稱經由生物回饋課程之後所產生的阿爾發波增加，有可能並非因為課程學習所產生的效果。有些人質疑這種阿爾發波增加是否真的是因為生物回饋儀器所造成的效果？這種運用操作制約加強阿爾發波的方式，是否只是反映出特定的注意力元素（在制約的初期傾向於壓制阿爾發波）會隨著時間慢慢地消退。像普羅金（Plotkin, 1979）這樣的質疑者認為，在睜眼生物回饋課程後阿爾發波典型的增加，只是反映了對外界刺激漸漸消退的注意力（這種注意力在剛開始嘗試生物回饋練習時，經常會阻斷阿爾發波的產生）。當人們閉上眼睛，不需要用心思就可以產生阿爾發波，睜開眼睛則會阻斷阿爾發波的產生，是因為他們無法（至少在一開始時）避免去注意投射到視網膜上面的視覺刺激。在阿爾發波大盛行的時候，人們通常會在安靜、昏暗單調的環境中使用生物回饋儀。一點都不意外的是，人們對這種單調環境的興趣會隨著訓練次數的增多而降低。當他們對周遭的事物愈來愈不注意時，相對地阿爾發波被阻斷的傾向就會降

低，看起來好像這些人都學會了擴大阿爾發波的竅門。然而，一些控制良好的研究已經強烈指出，閉眼時阿爾發波的明顯增加是個雜訊，因為這些情境中阿爾發波的基準線被實驗參與者的憂慮感、情境的新奇感與實驗早期階段中無法忽略一些刺激，而受到人工化的抑制。例如普羅金與萊斯（Plotkin and Rice, 1981）所做的結論中指出：「絕對沒有一個公開發表的研究指出，在阿爾發波訓練中常見的阿爾發波活動的增加是顯著高於訓練前的水準。」

對阿爾發波制約造成致命一擊的是，研究顯示，參與者在沒有感到很愉悅以及睜開眼睛的狀態下，仍然可以產生大量的阿爾發波。其中一個研究，是採用威脅實驗志願者如果沒有增加阿爾發波會被電擊的方式，發現仍有大量阿爾發波產生（Orne and Paskewitz, 1974）。我們能夠理解的是，在這種受到威脅的情境之下會產生焦慮與敵意，更別說是自律神經系統的活動會提高。但是，這些人仍然學會了控制眼球的運動與注意力，進而產生阿爾發波，同時避免電擊。雖然這種狀態與到達涅盤的極樂境界相去甚遠。

至於他們所宣稱的，培養「阿爾發意識」所獲得的較長久的益處，例如降低壓力、增加專注力等等。透過較仔細的研究顯示，增加阿爾發波的產生並不會有這類的效果產生（Plotkin, 1979; Plotkin and Rice, 1981; Beyerstein, 1985, 1990; Druckman and Bjork, 1991）。

曾經有一段時間，面臨衰退命運的阿爾發波生理回饋被另一種腦波——西達波（θ波，4-7 Hz）所拯救。同樣地，增進西達波會帶來助益的說法及類似的反對聲浪，都和阿爾發波有相同的結果（Beyerstein, 1990; Bruckman and Bjork, 1991）。

阿爾發波的真正意義仍是神經心理學爭論的主題之一，大部分的人都同意，預測阿爾發波出現的最好指標是覺醒的降低狀態，再加上主動視覺處理的降低（Perlini and Spanos, 1991）。如同穆荷蘭與皮普（Mulholland and Peper, 1971）所指出的，它主要是「視而不見」（looking not seeing）的過程，因為注意的狀態是一種阻斷阿爾發波產生的過程。就某種程度而言，某些靜坐的技巧能夠對注意力或視覺的過程產生影響，因此發現阿爾發波與靜坐有某種程度的相關就一點也不意外了。可惜的是，這些阿爾發波業者並沒有注意到，這種相關性並不代表製造出阿爾發波之後便能夠製造出靜坐的狀態，就像打開傘並不會讓老天下雨一樣。這種種的觀點同時指向一個問題，那就是，是否靜坐本身比起花同樣時間在那些心理及生理上覺醒狀態較低的活動有更多的益處？我們現在就來討論這個問題。

靜坐對你好嗎？

在所謂的「阿爾發意識」價值的爭辯當中，這些對手們往往忽略掉一個最基本的問題：阿爾發意識本身所想要模擬的心智狀態是否具有培養的價值？大家應該都同意，與靜坐過程有關的意識經驗中，有一些部分是獨特且具有價值的，這些價值遠超過任何人在放鬆並保持一個低覺醒狀態一段時間後所能獲得的。然而，靜坐支持者仍舊想知道的是，為什麼靜坐出現在這麼多的文化當中，並且能夠流傳這麼久？

所有宣稱經常練習某種靜坐對自己有益的種種看法，大致集中在兩類的主題上：一類是神秘的，另一類則是比較實際的。從比較實際的層面來看，教徒們總是認為要從靜坐中獲得啟蒙，並不是透過苦讀就能夠達到的，換句話說，透過了解、分析與邏輯上的領會是無法開竅的。相對地，它像是某種「靈光一現」的頓悟，只適合那些已經準備好的心智，特別是那些具備道德價值，並且清除腦袋裡日常生活上瑣事的心智，因為這些瑣事往往會破壞領悟存在的真正意義之能力（Russell, 1959）。神秘學派的哲學家認為，靜坐的目的在於培養一種容易接受、沒有內容限制的意識型態，成為通往我們所居住的世俗以外更深刻真實的路徑。當然，這種說法是假設一些不容置疑的知識在個體以外有某些

無形的根源，能夠注入一種完整、立即並且沒有爭論的領悟，得到一種
「所有的一切都是……」的領悟（這絕對是二元論的立場，請參考前面
一元論與二元論爭辯的討論）。當然還有一些形而上的假設使它們本身
不須接受實徵的檢驗。然而，似乎令人難以拒絕的是那些與靜坐有關的
主觀感覺，給與人們一種長久以來記憶中便有的舒適、希望與樂趣感受。
現代心理學與神經科學對於「為什麼這種意識狀態會有如此的感覺」已
經有了讓大家都能夠了解的解釋（Neher, 1990; Beyerstein, 1996a）。然
而大量解釋神秘現象的書籍仍舊將這類超覺靜坐的說法置於暢銷書單
中。在靜坐老師所推廣的特定練習之中，是否真的能夠獲得一些實際的
益處尚有爭論。在他們之中有許多虔誠的信奉者甚至指出，這是一個完
全失去靜坐真諦的問題。

　　一般通俗的靜坐會以宣稱有具體收穫的方式來招攬信徒，目標是針
對那些備感壓力，並且希望向上提升的歐洲人以及北美洲人（註8）。根
據宗教社會學家伍壯（Woodrum）的分析指出，超覺靜坐採用這種方
式，來降低宗教所扮演的角色，以擴大它的吸引力。伍壯（Woodrum,
1978）認為：

　　　　在超自然的神秘主義時期（1959-1965），「超覺靜坐」吸
　　引了少數與印度教稍微不同的救世取向之群眾。在反文化時期
　　（1965-1969），許多組織募集到期望世界改變與世俗極樂的青
　　年時，超覺靜坐便快速的成長。在世俗化、通俗信仰的時期
　　（1970迄今），超覺靜坐被當作是科學上有效的、對全世界有
　　所助益的技術被販售。現代大部分的超覺靜坐者都有較為實際
　　且功利的動機，也不須投入太多。然而，仍有一個隱藏的宗教
　　傾向存在於那些完全投入這項運動的成員們。

一些通俗化超覺靜坐的分支學派，仍舊認為靜坐比起簡單的放鬆還

要能夠讓人恢復年輕的生命力並且促進健康與心智（Forem, 1973）。一位哈佛的醫生，同時也是早期超覺靜坐醫學的支持者，並且促使超覺靜坐世俗化的過程：班森（Benson, 1975）主張他所認為的「放鬆反應」應該與靜坐的某些特殊方式有關聯；相對於休息放鬆的狀態，靜坐能夠產生大量更有助益的身體變化。班森與華萊士（Wallace，後來轉向為超覺靜坐組織工作）宣稱，靜坐讓大腦、自律神經系統與其他器官產生一個獨特的「低新陳代謝的狀態」，這種狀態與催眠放鬆時所產生的生理變化是不同的（Wallace and Benson, 1972）。

當個人的世界觀本質與科學上的爭論無法加以釐清的時候，那些過度熱切的研究者們往往會偏好支持自己的個人信仰，而非追求真理。有許多關於靜坐在生理上與心理上有益的錯誤理解之所以會產生，就是因為這些具有意識型態傾向的研究者們沒有使用適當的實驗控制組，例如，將那些不需要進行任何意識上的操弄便能夠讓心智及生理活動降低一段時間的人，選為靜坐者的控制組。當此類研究採用了適當的控制組時，結果便不支持靜坐這一方了。

客觀的研究者已經否定許多靜坐有益處的說法，這些說法主要是來自於超覺靜坐成員內部所做的研究。舉例來說，從生化層次來看，當超覺靜坐的人與適當的控制組做比較，結果發現「靜坐並沒有引發獨特的新陳代謝狀態，而從生化的角度來看，是處在一種休息狀態」。這實際上是和其他低覺醒的狀態相同（Michaels, Huber and McCann, 1976）。

每當研究者無法推銷靜坐時，他們便會去檢視各個推銷商的說法，然後再達成一個共識，認為每天離開城市的匆忙生活，花大約半小時靜坐一定會有某些好處的。然而，就像沒有理由相信阿爾發制約是達成放鬆狀態所必須或是划算的技術，也似乎並沒有非常有利的證據顯示，相對於花同樣的時間保持心理和生理上的沉靜，若是將靜坐視為運動的一部分，放鬆的效益會較大（Holmes, 1984, 1987; Blackmore, 1991; West, 1987）。回顧文獻上所說的，靜坐有心理治療上的幫助，德爾蒙與肯尼

（Delmonte and Kenny, 1985）同意靜坐可以讓人放鬆並且降低中度的焦慮，但是他們的結論是：「和其他放鬆狀態相比，並沒有強而有力的證據證明，靜坐與某種獨特的狀態有任何相關。」

這些將靜坐推廣成一種萬靈丹的人們，他們主要的問題在於：實踐者的自我選擇。被靜坐吸引並且持續靜坐的人，或許基本上在某些方面便有些不同——例如人格、信念結構、覺醒的基礎水準、興趣及渴望等等。即便是很有能力的研究者，也很難為這些靜坐的實驗參與者找到合適的、非靜坐的控制組，也因此難以將靜坐本身的效果與受試者變項的混淆效果加以區分出來。正因為如此，任何推銷靜坐技巧的商人，都不能夠將靜坐者所得到的效果歸咎到靜坐本身在心智上的訓練（West, 1987）。倘若不是因為有這種「額外添加的因素」，那又何必得付昂貴的學費？只要用借書證或是一位睿智的老伯伯，不就可以讓任何人免費學到靜坐的技巧。

高壓的行銷企業組織，例如超覺靜坐，已經幫助許多生活在現今步調快速社會中，因壓力而引起心理上與生理上不適的人們從焦慮之中脫身。支持超覺靜坐的研究結果，大部分都來自於超覺靜坐學派所擁有的馬哈里西國際大學（Maharishi International University）。他們的研究結果宣稱，超覺靜坐所使用的特殊心智練習能夠產生特殊的效果。除了放鬆、增進健康，以及提高心智的高超能力之外，自稱是科學的超覺靜坐組織同時還保證，經過訓練的人可以在空中漂浮、穿透牆壁、返老還童並且「展現出大象的力量」（Skolnick, 1991）。這個組織更保證，如果有1%的人們都能夠練習超覺靜坐，那麼，附近地區的犯罪率便會下降。關於超覺靜坐醫療效果的宣稱，根據一些沒有任何利害關係的外界評估者表示，超覺靜坐或是其他形式靜坐所宣稱的效果，並沒有比單純的休息有效，然而，休息顯然是廉價了許多（Randi, 1982; West, 1987; Black-more, 1991; Druckman and Bjork, 1991）。

其他的超覺靜坐觀察者還有更不看好的說法。柏辛格、卡里與蘇斯

（Persinger, Carrey and Suess, 1980, p. 7）都同意上面所提到的批評，他們在書中還下了一個結論認為：「超覺靜坐所宣稱的效果，既不獨特也沒什麼特別，說穿了就是暗示、安慰劑效果、簡單放鬆與神經質的信念及錯誤解釋的模糊情緒經驗所產生的結果。」這些作者進一步討論到，有一些依賴或不穩定的個體過度執迷於靜坐，這可能對他們的心理健康造成一些損害。書中也說明了這些可能受到傷害的人，將會面臨某些心理上及財務上的問題。最近幾年，超覺靜坐運動已經日漸發展並且設立馬哈里西主題公園，致力於販售阿輸吠陀（Ayurvedic，譯註：一種古代印度醫學，主要原料來自於吠陀）的傳統藥物。科學作家史柯尼克（Skolnick, 1991, 1992）曾經揭露馬哈里西的追隨者如何成功地誤導大眾，他們之所以加入超覺靜坐組織，是為了從《美國醫學學會期刊》（*Journal of the American Medical Association*, JAMA）與其他期刊上所發表的傳統醫學文章中，獲得一些客觀的評估。為了矯正這種誤導，《美國醫學學會期刊》的編輯隨後發表了一篇措辭強烈的文章，描述阿輸吠陀的醫藥性質尚未經過證實，因此，部分馬哈里西的支持者所做的某些欺騙作為，使得參與超覺課程的情況下降。

班森（Benson, 1996）在協助超覺靜坐嘗試遠離神秘主義的根源之後，他在最近幾年重返外顯的超自然主義這條路。班森主張「我們生來就是為了侍奉上帝的」，向上帝祈求從疾病中復原是會得到回應的。就像超覺靜坐早期所做的宣稱一樣，班森用來證明超自然對健康貢獻的證據，都受到廣泛的質疑。舉例來說，帖斯曼與帖斯曼（Tessman and Tessman）發現班森的結論過於誇大，大部分並沒有得到客觀研究的支持：

> 心智會對身體的許多方面上產生影響，這是不可否認的事實。在其中有許多嚴格的科學，也有誇大的講法、沒有控制好的研究、錯誤的統計、使人困惑的錯覺與軼事般的報告（Tess-

man and Tessman, 1997a）

　　帖斯曼與帖斯曼（1997b）進一步反駁班森的講法，他們發現班森之所以會主張放鬆反應對治療睡眠障礙、發育不良與長期疼痛有治療上的用處，應該是因為他錯誤解釋所引用的科學文獻所造成的。

　　在此重述本節的重點是：使用生物回饋儀制約腦波，以產生一個獨特有利的意識狀態，這是一種缺乏任何證據支持的說法。不管是在生理上或是在心理上，我們同樣沒有理由去相信，那些據稱與靜坐有關的主觀經驗能夠比簡單的休息對個體有更多的好處。接下來，我們將討論「大腦調整器」後續產生的一些說法──那些用大腦頻率與外界刺激同步會有好處來招徠人的講法。

大腦驅動器取代大腦調整器

　　被動訓練的大腦腦波，並沒有辦法達到任何目的，當這點愈來愈清楚的時候，自我成長工業開始轉為販賣腦波驅動這種比較主動的方法。遠古時代便已知道，感官系統受到不斷重複的刺激，會造成意識狀態的改變──在不同的情況之下，可以使用不同的方式達到這樣的效果。舉例來說，快速轉換光線明暗的變化、具有節奏的擊鼓聲、不斷地唱歌、跳舞、吟唱、搖擺或是呼吸（Beyerstein, 1988, 1996a）。這種利用不斷重複、規律的刺激來影響意識的方式，已經在歷史上不同的時期與世界上不同的地區分別被發現（Sargant, 1957, 1973; Neher, 1990）。眾多不同宗教與政治活動皆已發現，透過這樣的方式運作，可以吸引並維持住信奉的群眾。從蘇菲教派的旋轉舞，到美國復古教義派傳教者的「木屑痕跡」，以及從葛柏斯（Goebbels）博士的火炬大會到韓國統一教派麻木大腦的重複吟唱等皆是。它們所傳達出來的訊息以及社交儀式上都有很大的不同，但是，所用的技巧總是規律不變的。緊接著後來幾個世代

具有魅力的領導者再度發現，在儀式化的情境中，通常會透過睡眠剝奪及禁食的方式，引發生理上的疲勞與情緒上的緊張，在此時，他們所做的告誡就會產生很大的影響效果。這種神聖的觸動往往是附加在一些不斷重複的感官刺激上，強迫信徒們將訊息帶回家。毫無疑問地，這些方法的確影響這些信仰改變者的意識狀態，而且不管是內隱或是外顯的意識皆受到影響，以下的訊息是他們最常讀給信徒們聽的：「體會一下我們的儀式在你身上所產生的令人敬畏與驚奇的感受，如果我們擁有這樣的能力，這一定意味著我們傳授給你的『真理』特別受到更高深力量的喜愛。因此你必須聆聽與遵守。」

再一次地，現代的技術又促使了先人所發展的技術更臻完善——現在，只要在家中就可以完成了。科技很容易地就能夠在這些尋求啟蒙的人的眼睛與耳朵上給與感官刺激，並且在他們感受到超越狀態的經驗之後，仍然可以持續地保持這種狀態（並不是一種暫時性的大腦活動受到激發干擾的狀態）。這種儀器通常包含了由電路將各種頻率的閃光跟聲音透過面罩和耳機傳送到訓練者的眼睛跟耳朵中（Hammer, 1989; Beyerstein, 1990）。以下是美國德州奧斯丁的附屬品（FringeWare）組織的一段廣告詞：

> 大腦調整器（或大腦機器）使用有韻律的光線與聲音來改
> 變大腦活動。透過一種叫做「乘載」（entrainment）的過程，
> 機器把大腦的活動調整到與靜坐和狂喜時一樣的狀態。

雖然模仿的人有許多，但是一開始在這個市場上最強大的是生產「半同步」（Hemi-Sync）的門羅機構（Monroe Institute），以及「大腦促進器」（brain booster）的對稱公司（Zygon Corporation）。很快地，約翰－大衛學習機構（John-David Learning Institute）也加入市場，生產了很時髦且價格非常高的機器〔在這個假科學的混合物中加入了知覺閾

下訊息（註9），目的是要產生他們所謂的「不費力學習」（effortless learning）、「超智慧」（ultra intelligence）、「自我治療的心理神經學」（the psychoneurology of self-healing）與免疫系統的提升〕。競爭者在這個誇大的比賽中使用的王牌是，若使用者使用他們的機器將自己的身體能量與大地之母（Mother Earth，不管它是什麼）一致化，則可獲得大量的獎品。《普及機械學》（*Popular Mechanics*）與《農民年鑑》（*Farmer's Almanac*）的書末曾經是廣告商最喜歡用來吸引顧客的地方。在我早期對這些機器提出批評之前（Beyerstein, 1990），科普雜誌像是《今日心理學》（*Psychology Today*）或是《泛》（*Omni*）與《發現》（*Discover*）都是這些廠商最喜歡的媒體（註10）。今天的網際網路、各種新世紀的小報、電視上的「名人購物指引」（infomercials），以及數目愈來愈多的整體健康跟通靈展覽會，已經取代成為吸引顧客之最有利可圖的地方。這些地方販賣的儀器在短時間內的確影響使用者的主觀經驗，但是這種經驗在玩旋轉木馬或是長時間快速呼吸時，也具有相同的效果。同樣地，我們也要問，這種高價的「心智擴展」儀器對使用者到底有什麼好處，我們無法透過免費資源取得嗎？

在腦波儀發明後的不久便發現到，當刺激的呈現在某個範圍內的頻率時，就會自發性地使得大腦腦波與外來的刺激頻率產生同步化的現象。關於這種被稱作為「光驅動」或是「聽覺驅動」的現象，請參見貝爾斯坦（Beyerstein, 1990）的著作。當這種腦波韻律的變化發生時，個體通常會經歷到一種意識上的輕微變化，特別是當產生同步的頻率恰好在阿爾發波的範圍內時（Neher, 1961, 1962）。對於這種經驗的描述有許多種，但通常都會提到一些輕微的失去方向感的感覺（可能是有趣的，也可能是可怕的感覺，依據發生當時的社會情境與心理狀態而定）。譬如，參與者往往傾向於將他們的經驗描述為一種接近於眩暈、有點像是吃藥後亢奮的感覺，或是過度換氣後頭昏眼花的感覺。另外有一些人則報告體內有不尋常的感覺或像是有某種預感的模糊感覺。最近，在某種

研究的設置之下，將頭部放置在磁場裡，同樣也會驅使大腦活動，同樣產生先前被描述成超自然或是神秘力量介入的類似經驗（Johnson and Persinger, 1994; Blackmore, 1994）。

這種改變大腦腦波所產生的主觀效果，在文獻報告上正反兩面的效果皆有（Fedotchev et al., 1996， 註11）。所有的情境所造成的大腦變化，之所以被認定為可接受的效果，抑或被認定是一種干擾，端看經驗者本身的人格與預期，以及實驗時實驗者偏誤（demand characteristics，**譯註：因為實驗者有意無意的，外顯或是內隱的暗示，使得實驗參與者表現出實驗者希望的結果**）而定。在大腦生理變化引起的心智變化中，其伴隨的主觀效果能夠使經驗者覺得整個事件更具有意義。並且將經驗者對於該情境的希望、恐懼與期望，作為現象的解釋與修飾（Beyerstein, 1996a）。這個經驗會因此而被人們所接受或厭惡，這和相同劑量的同一化學藥物卻能夠造成很不相同的藥物經驗的道理一樣（Zinberg, 1984）。靜坐者及大腦驅動器的使用者同樣都會受到「心境與情境」（set and setting）效果的影響（註12），這種效果會強烈改變原始經驗的本質和解釋。

門羅（Robert Monroe），一個沒有明顯心理學與電生理學訓練的前任企業總裁，有兩個主張讓他的機器看起來比其他人的機器更有提升心靈的效果（他對於從事培養各種光驅動與聽覺驅動的腦波甚感滿意）。門羅的半同步錄音帶所聲稱的特別好處，應該來自於產生雙耳節奏與兩個半腦同步的能力。門羅的錄音帶給兩個耳朵聽不一樣的聲音，這個程序會產生一種虛幻的聽覺經驗，稱為「雙耳節奏」（binaural beats）。這些主觀的現象幾十年來引起心理學家及神經生理學家的興趣（Oster, 1973）。但是沒有任何一個有聲望的科學家曾經說過這些現象有實際的用途，更別說是門羅所主張的那些用途（Beyerstein, 1990）。然而，門羅宣稱雙耳節奏是達成兩個半腦同步化絕佳的路徑。門羅在聽過針對靜坐者所做的腦波「一致性分析」（coherence analysis）研究之後，便產生了利用此種方法的想法。對於這種腦波數學分析方法的評論，請參考

汎偉克（Fenwick, 1987）的相關研究。簡單地說，所謂的一致性是指，連接在腦殼不同部位的電極所蒐集到腦波變化的情形幾乎是相同的。因為早期針對經過訓練的靜坐者進行腦波研究，已經注意到這種同步性的增加趨勢。門羅採用與大腦增進器廠商同樣的錯誤邏輯假設：(1)靜坐以及像是某種神聖、極樂的狀態一定具有相同的現象；(2)進入這種狀態一定有某種好處；(3)利用某些啟動的刺激引發一致性的狀態，就足以進入第(1)點所提到的狀態以及第(2)點所說的好處。

　　然而，門羅在他誇大的促銷活動中，都無法提供任何值得信賴的證據說明兩半腦同步能有任何的好處，不管是就長期而言或是就短期來看。事實上，就像汎偉克（1987）與貝爾斯坦（1990）所指出的，在病患以及精神分裂症患者的身上同樣能夠看到一致性的增加，癲癇發作時以及所謂的戴爾他昏迷（delta coma），甚至是瀕死的大腦，也同樣可以看到一致性狀態增加的情形。汎偉克（1987）同時也提出警告，即便一些不了解腦波記錄方法複雜之處的人，也能夠輕易地製造出腦波一致的錯覺，但這只不過是不正確的記錄方法所造成的雜訊而已。

　　正如同先前所討論的阿爾發訓練公司的說法一樣，門羅提出不被支持的假設中認為，兩半腦同步可以引發一種獨特的心智狀態，因為它們被賦予顯著的神秘色彩，因此必定有它的好處。當有人想要找尋門羅模糊假設中的相關訊息時，結果卻發現所謂的證據只是來自於新世紀神秘思想底下一個平常隨便的比喻而已。就因為「平衡」、「和諧」與「同步」這幾個詞彙具有良好的寓意，而大腦測量的方式恰好完全能夠表現出這些特性。事實上，推銷者想說的只是這些產品對你一定有益，因為用來描述它們的形容詞有種溫暖且模糊的感覺。「你創造你自己的真實性」（You create your own reality），新世紀人如此說。

　　本章一開始即提到，「經典的假科學之所以會從實證科學中完全被區隔出來是很常見的現象」、「為了有最佳的表現，一個人的大腦不會想要以一致的方式活動」，然而，門羅機構中一些外行的、對大腦研究

懂一點皮毛的人，似乎對於這個事實並不以為意。即使他們的儀器能夠達到這種據稱有益處的同步化效果，然而他們並沒有解釋為什麼在訓練階段之間的空檔仍有這樣的效果？即使真的讓所有的表現都變好，但為什麼能夠讓所有的表現都變好？門羅關於節奏的說法，似乎對於「兩側大腦特化的功能」這個事實不以為意（Springer and Deutch, 1998）。然而，最佳的表現通常需要大腦兩側不同程度的激發，而不是全部激發。此外，門羅與他的跟隨者並沒有解釋，為什麼當大部分的同步情形都出現在睡覺和昏迷的時候（這個時候很難會有最佳表現），而我們還要增加半腦的同步？同樣地，如同假科學的模式，門羅跟他的公司對於大腦皮質同步的正統研究並沒有任何關注（例如Singer, 1993）。在一個微小且功能極度特化腦區中的節奏同步化，不論是在同一側腦半球或是相對的兩半球之間，看起來似乎都是讓大腦中功能特化的單位短暫地連結在一起的方式，用以完成複雜作業。讓整個大腦半球與另一邊一起同步化，似乎對於大腦的最佳表現更不利。

這些自修的大腦增進產業商人並沒有任何支持他們流行說法的理論、理由或是可信的資料。一般而言，這些大腦同步盒的商人擅長利用使用者滿意見證的方式作為宣傳的花招，卻往往缺乏良好的研究結果來支持。正如我先前在其他地方所說的，這些使用者的見證說辭，當然無法作為任何有力的證據（Beyerstein, 1997）。沒有人去質疑這些大腦機器所產生的顫動、轟隆隆的雜音（如果夠強的話），是否真的可以驅使腦波達到相同頻率，或者是這種改變腦波的方式是否真的能夠改變意識。缺乏證明這種效果並非是隨處都在的安慰劑效果所造成的。另一個「大腦調整器」公司「協力系統公司」（Synectic Systems Inc.）所維持的網站上面有一個「科學文章一覽表」，其中蒐集了一些見證、控制不良的單一個案報告、天真的神經學，還有一些同儕評論過的期刊文章，可是這些文章內容與行銷人員所做的宣稱根本無關。在網站上研究的列表中，我找不到一些像「控制組」、「安慰劑效果」、「暗示性」，或

是「實驗者偏誤」的辭彙。然而，網站上充滿了新世紀的術語、錯誤文法，以及一些將可靠的科學資料做成可笑的錯誤解釋。

大腦同步工業的品質可以用俄斯特（Ed Erst）的網頁作為一個很好的例子（http://www3.eu.spiritweb.org/Spirit/hemisync.html）。俄斯特是門羅節奏法的愛好者及改良者，他宣稱能夠更精確地調整刺激的頻率，比起「標準的」方法還要能夠產生更特定與令人讚嘆的效果。舉例來說，俄斯特聲稱在阿爾發波的範圍內（六至十三赫茲），使用七赫茲頻率驅動大腦可以幫你熟練「心智與靈魂的投射，以及利用心智力量彎曲物品」的技巧。俄斯特說這也是施行「通靈手術」（psychic surgery）的最佳情況。將驅動頻率移到7.5赫茲，則可以致力於「自我與目的之間的覺醒，導引靜坐，對藝術、發明、音樂等等的創意思考，尋求神靈指引方向」。根據俄斯特的看法，7.83赫茲對於尋找「地球共振」（earth resonance）的人最好，不管地球共振到底是什麼；8.0赫茲是回歸到生命過去的門路。頻率達10.5赫茲時，可以期望「治療身體、心智／身體的連接、過火」。俄斯特說，加快到「高貝它」（High Beta）的範圍（三十至五百赫茲），可以有更多驚奇的事發生：三十五赫茲能夠平衡一個人的能量窩流（chakras，譯註：也稱氣輪或是能量中心，指環繞在人體周圍的「氣」），六十三赫茲是心靈投射的共振頻率，八十三赫茲時「某些人能夠開天眼」。任何人都會在一〇五赫茲時產生晃蕩，對整個環境產生一種概觀的感覺，當頻率多增加三赫茲，就會產生「全知」（total knowing）的狀態。然而這是什麼？連俄斯特也沒有辦法解釋。像我這樣沒有耐心的人，一定會直接跳到最高頻率（一百二十至五百赫茲），這是所有通靈能力的所在，還包括一些相當有用的能力，例如「移動物體、改變物質與變形」。

心智機器領域的另一個玩家是「突破產品」（Breakthrough Products），從他們所宣稱的功能來看，沒有任何新東西（只是一般的超級智力、超強免疫系統、立即戒煙、憂鬱症治療、提高性能量與表現、降

低恐懼症、加速學習等等），但它確實開發了一個新的領域，吸引一些有心智擴展需要的人們。根據這個公司的講法，多年來聯邦調查局和中央情報局擁有這些神奇科技的獨家使用權，因為一些政府的掩飾手段而讓一般民眾沒有辦法得到這些科技。

在網際網路上搜尋一個晚上，便可以找到許多相同的東西。其中我最喜歡的是位於德州奧斯汀的附屬品公司（FringeWare Inc.），它很體貼地提供適合各種預算的產品。五百元美金的協力器（Synergizer）是「一個高科技可個人電腦程式化驅動的心智機器，包括一個插在電腦中的介面卡，以及最新的面罩與耳機」。對於預算較少的人，也有「做白日夢的人」（Daydreamer）產品，只要美金16.95元（不用郵資），而這個機器是：

> 一個低科技的機器，與水中呼吸器的面罩相似，在眼睛的部位有兩個循環孔。當你從嘴巴的位置處吹氣時，就有一個旋轉輪開始轉動，輪流蓋住其中一個位於眼睛部位的洞孔。如果你面對光線閉著眼睛這樣做時，會造成一種閃動的效果來改變你的意識。

使用這種低價的儀器，是否就能達到極樂的境界？

像這樣的機器強烈吸引著那些巡迴舉辦的勵志課程中的顧客，這一點也不令人感到意外，因為這類的小團體恰好是社會中自豪自己隸屬於最固執、最執迷於工作表現的一群。在現代的商業競爭環境中，極力找尋些許優勢的風氣，已經創造出一群自願不停受騙的人，接受某些供應商所提供的最新自助風潮（Beyerstein, 1990）。卡普蘭（Stuart Coupland）以前是我們實驗室的研究生，現在在渥太華大學醫學系帶領自己的電生理實驗室。最近當他的朋友在一個新世紀管理會議上買了一些錄音帶之後，他便針對門羅的**半腦同步**錄音帶做一個簡單的測試。在和作

者私下溝通後，卡普蘭描述了在他實驗室進行的一個評估研究：

> 我有一個同事選了一門心理學家開設的商業管理之創造力
> 的課程。訓練師推崇半腦同步錄音帶與同步激能器（Synchro-
> Energizer，一種可以增加西達波與兩半腦間一致的機器）的使
> 用。我找了幾個宣稱這兩個機器在他們的心理上都產生顯著益
> 處的人，然後進行量化的腦波測量以及大腦影像在一般的基準
> 狀態下與受到機器刺激時的狀態做比較。正如同你所猜測的，
> 兩種情況之間並沒有顯著的差異，兩個半腦之間的一致性也沒
> 有因為任何一種技術而增加。此外，我們所看到的是，在西達
> 波與阿爾發波這兩個頻率的範圍之內，反而是不對稱增加的現
> 象（販賣者所預期的效果應該是與刺激的頻率同步）。

這些滿意使用者真的從產品中得到了主觀的益處嗎？很顯然地，答案應該是安慰劑的效果所造成的。

用來作為本節最好的結尾方式，就是引用尼比（Dana Nibby）的一段話。尼比是個哲學系的學生，他設立一個網站真誠的試圖找出各種心智儀器所具有的任何補救功能（http://www.apocalypse.org/pub/u/x/mind.html，譯註：該網站已移除內容）。在他的電子「廣告」中，尼比寫到：

> 請注意！我已經不再維持這個網站了，我對心智機器的興
> 趣已經降到零。看起來沒有好的證據能夠支持心智機器所說的
> 那些令人迷惑的宣稱（可以讓你變得比較聰明之類的說法）。
> 當然，心智機器能夠讓你放鬆，但是其他一大堆（更便宜）的
> 機器也可以……然而，如果你對科學持有絲毫尊敬的話，心智
> 機器必定會辜負你的期望，……如果你想要讓某人變得比較聰
> 明的話，讓他們接觸文學、藝術等等……讓一個人變得比較聰

明的最好方式是透過閱讀與學習新的技術，把你用來買心智機
器的錢用在二手書店吧！──這是我的建議。

聰明藥與大腦補品

我在本章的前半段引用了戴爾所說的一種現象：一些沒有道理的東
西往往依附在可靠的知識上。我們還能夠在一些所謂的「聰明藥」
（smart drugs）或是「心智雞尾酒」的商業推銷中發現其他的例子。再
一次地，基礎科學──這些令人質疑的行銷主題所要利用的對象──是
堅實的。這些發現在神經科學領域上都有一些迷人的理論應用，在醫學
上也已經發現在某些範圍內的應用。它們是否能夠建立一個通往心智卓
越的可靠途徑，讓領悟力高的雅痞族能夠在一九九○年代互相殘殺的職
場上獲得一些競爭優勢，這點並非肯定。但是，可以確定的是，許多推
銷「聰明藥」所引用的研究，都是在動物身上所做的實驗結果。當老鼠
接受這些藥物之後，在跑迷津時便有中等程度的進步。而這個結果是如
何推論到職場上尋求晉升的優勢？又如何推論到在重要的考試中有好成
績？這個問題完全沒有答案。換句話說，也許是有一個能夠被測量得到
的改變，但就實用的角度而言，這是一種「真實但微小」的效果，如同
詩人史坦（Gertrude Stein）曾經提醒我們的是：「差異並非代表顯著的
差異，除非它能夠造成顯著差異的結果（a difference isn't a difference un-
less it makes a difference）」。

掌管意識的器官是一個化學作用的機器，可以確定的是，大腦運作
的效率受到是否能夠取得基本的營養所影響，透過這些基本營養素的結
合，製造大腦結構性與功能性的化學作用（註13）。一些受到敬重的科
學家，像是渥特曼（Wurtman, 1988），已經說明了食物對於情緒與覺醒
可能產生的效果。這些市場上大量促銷的大腦補藥，應該都是根據渥特

曼的研究產生的。但問題是，這些「聰明藥」是否真的可以讓遍布北美、歐洲及日本的流行購物商店裡數量眾多的主顧客們，產生實際的認知優勢？這些商店所服務的顧客與先前所討論的「大腦加速器」相同。這些產品都取了一些動聽而易記的名字，像是「高效」（Blast）、「記憶加速」（Memory Boost）與「靈光」（Rise and Shine），這些飲料據說含有一些據稱能夠藉由改變大腦效率來提升智力的成分，通常含有一些胺基酸、果醣、維他命和咖啡因的混合物。神經系統許多主要的神經傳導物都是來自胺基酸，像是tyrosine（譯註：**製造多巴胺與正腎上腺素的原料**）或tryptamine（譯註：**製造血清素的原料**）都必須來自食物。所以食物可以加速大腦運作的想法並非荒謬──只是它仍然需要科學證據的支持。雖然這些新世紀萬能藥與相關科學研究之間的連結是非常薄弱的，但數以千萬的北美人每年仍舊花費相當數量的金錢在這些未經證實的液體上（Erlich, 1992）。當銷售商受到質疑時，滿意消費者的證詞就會被拿來作為主要的證據支持。這些證據的弱點我們在先前已經討論過了。簡單地說，它並沒有對於期望或是安慰劑效果做控制，這些效果可以很輕易地捏造出看起來很有益處的樣子（Beyerstein, 1997）。

　　「聰明藥」這個詞是心理藥物學家泛稱一群相當歧異的「心智藥物」〔nootropics，來自於 noos（心智）以及 tropein（有關）這兩個字〕。雖然個別的心智藥物在化學上與大腦內作用的型態及位置有很大的差異。然而，至少都受到一些令人敬重的研究者認為最起碼在某些因神經疾病而損傷心智能力的人身上，可以增強心智某些層面的表現。這個領域的正統研究已經找出一些化學藥物，藉由改變覺醒、注意力、認知及記憶機制的化學作用，選擇性地影響中樞神經系統的整合功能（Nicholson, 1990; Mondadori, 1994）。這一方面研究最多的包括piracetam（神經傳導物GABA的衍生物）、賀爾蒙，例如血管收縮素（vasopressin）、腦血管擴張藥物、像是迷幻藥LSD類的藥物hydergene，以及抗組織胺藥物chlorphenoxamine。

由於前面所提到的這些藥物具有相當危險的副作用，因此在歐洲、加拿大及美國都受到政府機構所管制，通常不會以前面所說的「聰明雞尾酒」形式在賣場上販售。有一些著迷於聰明藥的人們，在這些受到司法管轄的區域內，曾經企圖逃脫管制，利用郵件從海外得到藥物，建立這些藥物的黑市。

一些促進神經傳導物乙醯膽胺（acetylcholine）產生效果的物質，已經受到廣泛地研究，現在大家都知道這個神經傳導物在大腦記憶機制所扮演的重要角色。其他傳說中的增強物，最好還是將它們視為食物補充品，含有許多神經傳導物的前驅物，能夠促進大腦合成一些參與高等認知功能的神經傳導物（註14）。

其原先的目的是用來減輕像阿茲海默症、柯沙柯夫症候群或是中風所造成的失智症症狀。認為藉由增強腦皮質血流，或是其他抵抗腦皮質氧氣剝奪的方法，或是藉由影響大腦能量的新陳代謝，抑或是加強大腦突觸間訊息傳遞的化學作用，能夠用來促進喪失的功能恢復。在動物實驗上，已經發現這些藥物可以增強學習與記憶作業上的許多表現。在非常謹慎的標準之下，發現它們對於記憶困難的病患的確有所幫助（Mondadori, 1994）。

這些研究主要是在動物實驗與失智症患者身上所施行的，是否可以將研究結果類推到一般人的日常生活中記憶與推理能力的加強，仍然是個問題。陸陸續續地已經有報告指出，某些劑量的心智藥物，例如piracetam，會影響正常人大腦活動的指標（Wackermann et al., 1993）。但是，對於一般的、無疾病的人們而言，這類藥物是否有效仍無斷論。衛克曼（Wackermann）與他的同事所做的這個研究純粹是基於學術上的興趣，但是他們很快地便聲明，他們的研究資料與那些促進心智表現產業之間的相關性實在令人質疑。在此例中更是如此，因為對該藥物的反應所記錄下來的腦波是一種，在其他情境下，應該被解釋成警覺性降低以及表現降低的情況。

　　理性的民眾可以在這個非常技術性的領域中，找到一篇由英國神經科學家羅斯（Steven Rose）最近所發表的較嚴謹的評論文章。羅斯將他對於聰明藥相關文獻的評論做了摘要整理，羅斯（Rose, 1993）的結論是：

　　　　這並不是一個令人振奮的經驗。在雜誌、書籍或是一些媒體，熱中聰明藥的人引用一大堆令人印象深刻的科學論文來支持他們的宣稱。我檢驗了超過一百篇關於這類以及標準實驗文獻的研究報告，其中有些是利用動物，有些是用失智症患者，有些則是使用健康的人作為實驗對象。這些研究的結果大部分都被那些擁護聰明藥的人錯誤引用，或是只挑選一些實驗控制不良的研究結果，亦或是研究者本身過度推論解釋其結果。

　　此外，羅斯還注意到一個令人擔憂的趨勢，也是一種傾向偽科學的訊號，也就是，當研究者的宣稱愈具戲劇化，就愈有可能被發表在未經同僚審閱的期刊中，或是沒有經過審稿的會議紀錄上（通常都是信徒們自己所召開的會議）。

　　雖然在心智藥物的文獻上所呈現的結果往往是複雜且爭論不斷的，然而，狄恩與摩根賽勒（Dean and Morganthaler, 1990）卻保證，只要購買他們《聰明藥物與營養品》（*Smart Drugs and Nutrients*）一書的消費者，便能夠藉由他們所建議的營養補充品，來「增加能量、集中力與警覺性」。相對於營養補充品，這兩位作者所討論的大多數藥物，都是屬於處方用藥。然而，從我的觀點來看，這兩位作者不負責任地建議一些方式，幫助讀者對付那些不相信能夠增加智力分數的人。這本書的封面便告訴它的目標讀者，人們可以「在學校、考試或工作上表現更好」，「增強問題解決的能力」，「將記憶力最佳化」。這本書很適當地整理了許多動物研究與臨床測試（許多藥物對失智症病患的效果），但是並

沒有針對一般人心智能力增強做一個能夠說服人的連結。廠商必須說明這些經過同儕審閱過的臨床研究，與消費者日常生活需求間的相連性，然而，它們之間的相連性卻顯示出一種混亂的趨勢。支持它們的主要證據出現在一些冷門的科學刊物，像是《皮爾森與蕭的生命延伸通訊》（*Durk Pearson and Sandy Shaw's Life Extension Newsletter*）。狄恩與摩根賽勒的書上遍布對各種大眾心理學作者的讚美，讓人很好奇這些作者通常會如何評估他們的證據，在整本書中，甚至在全球資訊網中的許多網站，都推銷著狄恩和摩根賽勒的觀點。本章先前所提到過的假科學家常有的共謀思想（conspiratorial thinking）所提出的一種誇大宣稱，就像是在說故事一樣。譬如，從熱中於聰明藥的人，特別是健康食品業者的口中聽說來的，然後便輕易附和他們的說辭。而醫學界、科學領域及美國食品藥物管理局（FDA）對於這方面的研究並不輕易放行——通常先撤銷許可直到安全性與效果有比較完整的結論才予以核准。

目前的階段，有許多著名的實驗室在心智藥物研究領域中領先，這個領域的研究，未來將會有更多的價值。然而，無庸置疑的是這種所謂的「聰明雞尾酒」，在此時似乎仍是尚未成熟的階段。根據我個人對這個領域相關研究的評估，我們必須同意羅斯（Rose, 1993）所下的結論：「無論如何，目前很清楚的是，主流科學的文獻並未證實聰明藥對於健康成人能夠發揮任何療效或是『促進記憶』的價值。」

結論

自我提升以及更深層自我了解的需求，是我們最高貴的兩種渴望。不幸的是，這種可佩的特性有時候會和其他某些人類特質一起出現——這些特質包含：我們傾向希望性的思考、自我妄想及緊抓著快速解決的方法，然後便直接跳到與我們想法一致且令我們心裡感到舒服的結論。這是當我們面對一些驚奇事物時，往往會產生的方式之一。想要達到真

實的洞察並且對於各種有價值的領域熟練，就必須付出時間、辛苦與無趣的代價——並且讓努力達到該境界的人獲益增加——只要任何人能夠承諾一個捷徑，便會吸引一大群跟隨者，不論這些人是否應得。在我曾經調查過的領域中，很明顯地顯示出這個現象。他們的目標看起來是如此地光鮮亮麗，讓一些會說：「這很好，但是你們有任何證據證明這確實可行嗎？」的人們印象深刻。我在處理本章中曾經批評過的產品時，發現了一些別有企圖的騙子。大部分我遇到的商人，都會由衷地相信他們提供的產品具有良好的評價，許多人甚至認為自己是偉大的人道捐助者（很遺憾地，他們的假設只是一種誤解）。然而，這群人所帶給我的印象是，他們相當不了解自己的假設有多麼地天真，甚至缺乏親自測試產品有效性的知識。另一方面，他們的顧客同樣傾向於不了解自己有多容易被說服。

在我對這些新世紀自助產品的廣泛論談之中，我喜歡應用在我所謂的「車庫拍賣測試」（the garage sale test）上，保證會有令人驚奇的效果產生，並且實際可行，不太會在購買後變得一文不值。我個人對於這些書籍、課程手冊與一些小器具，都是在週六早晨到住家附近的草坪迷宮遊玩時，用非常省錢的方式蒐集到的。但是聰明的消費者會漸漸地體認到，至少會短暫地體認到，那些從車庫大拍賣、跳蚤市場、清倉大拍賣中所匯集而來的東西，並不是「白吃的午餐」。這種體認很快地就被遺忘掉了，因為希望永遠都會再次出現。我猜想未來會有更有趣的特價商品出現。

誠如我們所看到的，在新世紀沒有新鮮貨。例如先前所提到的，新世紀的中心信仰至少可以追溯到蘇格拉底希臘時期之前的神秘教派（Frankel, 1973）。新世紀信仰者對於真理的評斷標準是情緒化的，並非講求實徵的；也就是說，如果他覺得是好的，那麼它就一定是真理。這是造成這類產品大受歡迎的主要原因。新世紀運動與它的始祖之間的差別在於它選用了一些聽起來較有現代感的術語，重新闡述遠古的許多

教條。這個運動主要結合古老神秘信仰以及現代科技外貌，是非常吸引人的一種行銷網。這些心智拓展的同行們，非常有效地利用我們在學校或是工作上想要超越他人、但卻又不想實實在在努力與學習的渴望。一方面在愈來愈競爭的現代工作環境中，引誘我們想要走捷徑的渴望；一方面又襲擊我們那種需要幫助的焦慮感。從另一方面來看，它讓我們對可能不存在的過去產生懷舊之情，同時也談論許多關於現代社會缺乏精神意義而產生的不安感。新世紀運動協助填補這種空缺感，並且提供了一個天堂，讓偽科學宣稱他們駕馭了現代的科技，將被錯分開來的精神及物質世界加以重新整合。推銷這些產品的人顯然忘了美國法官霍姆斯（譯註：Oliver Wendell Holmes, 1809-1894，同時也是醫師與作家）曾經提出的告誡：「當動機過高的時候，人們應該更加的小心謹慎」（men should be most on their guard when motives are of the highest order）。

附註

註 1 ▶ 為什麼筆跡學（graphology）似乎在生活非正式的證明當中可以行得通，但在嚴格控制的試驗當中卻都是失敗，對詳細解釋有興趣的讀者，請看 Dean et al.（1992），或 Beyerstein（1996b）。

註 2 ▶ 身心二元論（dualism）是哲學上的一種看法，認為整個宇宙由兩種基本上不同的成分組成，一個是物質的，另一個是心靈的或心智的。根據二元論者的看法，大腦由物質所組成，並且遵守物理與化學的法則，心智則是像乙太的（ethereal）、無形的，並不遵照物質的法則。對二元論者而言，心智實質上等於宗教上的靈魂。另一方面，一元論者（像我自己），視心智事件與大腦的功能狀態為等同與不可區分。

註 3 ▶ 英文上稱之為 electroencephalogram 或簡稱為 EEG，這是一種敏感的電壓變化記錄器，可以透過貼在頭皮的電極（偶爾將針頭刺入頭皮下），測量一大群大腦細胞總和的韻律性放電。

註 4 ▶ 阿爾發波（alpha waves）是腦波每秒六至十三次的韻律活動，在後腦的視
　　　覺區最明顯。

註 5 ▶ 生物回饋的基本前提是利用電子感應器來顯示一個人生理功能的狀態，
　　　正常狀況下這些生理狀態是無法自主控制的。如果可以達成這種控制，
　　　對抵消壓力、幫助放鬆，甚至改善一些醫療狀況都是相對有幫助的。生
　　　物回饋社群的早期預測認為，可以很快讓糖尿病患者學習釋放胰島素、
　　　癲癇患者抑制發作、高血壓患者學習降低血壓，但這些預測已經變成這
　　　些最殘酷儀器、控制組與結果可重複性的犧牲品（Simkins, 1982）。其他
　　　的例子中，利用生物回饋以學習修改一些生理功能，在實驗室中已有中
　　　等程度的成功，但已被證明很難承受外在世界的混亂。

註 6 ▶ 操作制約，也被稱為「史金納式制約」（Skinnerian conditioning），以其
　　　最有名的闡明者為名，實質上是試誤學習（trial-and-error learning）。亦
　　　即，一個候選行為會再發生的機率，會因為它在環境中試驗時，引起好
　　　或壞的結果而改變。行為會因得到所欲求的目標（物）而被酬賞，當未
　　　來機會來臨時，會較可能發生。因為造成挫折或痛苦而被懲罰的，其可
　　　能性就會降低。毫無疑問地，牽涉骨骼神經系統（skeletal nervous sys-
　　　tem）的自主控制是透過此方式學得的。還有爭議的是，自律神經系統
　　　（autonomic nervous system）控制的身體功能是否可透過相同的方式學
　　　習。雖然有成功達成的例子，但批評者仍認為這些自律神經功能的控制，
　　　是透過骨骼神經系統的自主控制達成的。

註 7 ▶ 阿爾發制約（alpha conditioning）應該是在人們睜眼時教導其在EEG產生
　　　阿爾發波，這是大部分的人沒有辦法同時做到的。因為他們沒有辦法不
　　　去注意從張開的眼睛中不斷進入的刺激。不管訓練過的靜坐者達到何種
　　　程度，許多人看起來都是學到避免注意一連串刺激的能力，藉此保持阿
　　　爾發波的產生。

註 8 ▶ 超覺靜坐是目前為止根據這個取向，最成功的行銷組織（Forem, 1973）。
　　　這一節的批判，雖然大部分通常是特別針對超覺靜坐，但也針對其他形

式的靜坐。根據印度老師（Indian swami）Maharishi Maheshi Yogi 的教導，超覺靜坐是半通俗化的自助方案，嘗試藉由降低神秘感與採用看起來較科學的態度去吸引較廣泛的大眾（Woodrum, 1978）。超覺靜坐甚至發展自己的政黨，「自然法則黨」（The Natural Law Party），參加歐洲與北美的選舉。雖然超覺靜坐自稱是科學組織，但大部分客觀觀察對他們的宣稱仍保持高度的懷疑。事實上，一個組織對科學真正的熟練程度有線索可循，對「我們只使用10%大腦」這個迷思而言，這個組織持續是推動者之一（請看第一章我對這個古老謬誤的批判）。

註 9 ▶ 閾下刺激（subliminal messages）可由視覺或聽覺方式呈現，但是很短暫或微弱，無法被知覺到。然而，這個宣稱是他們仍然可以重新組織潛意識而改掉壞習慣、建立新技巧、增進健康與促進安康（well-being）、動機、社交技巧等等。廣泛被廣告的是利用閾下刺激的錄音帶來增大陰莖或乳房，但是我個人偏好的是一個強力推銷的閾下刺激影帶，它宣稱可以治好眼盲。當然沒有任何的科學證據可以證明這些產品具有像廣告中的功效（Greenwald et al., 1991）。

註10 ▶ 通俗科學雜誌有項任務是幫助販售這些自我成長的偽科學，當《科學》（Science）雜誌的編輯採取與他們相對的立場時，《發現》（Discover）雜誌的編輯賀夫曼（Paul Hoffman）寫信給《科學》的編輯（一九九〇年二月）：「看到你們在十二月一日那一期的雜誌攻擊《發現》，我覺得很傷心……是的，那是我們刊登的廣告，通常是在雜誌的書末，推銷一些通常編輯不會認可的產品與服務。對出版界的人而言，這樣子做的理由是很明顯的，它是經濟上的必須。」這個必須性使得《發現》雜誌廣告科學論派（scientology）與發橫財的書籍，與柴剛（Zygon）的大腦增進書籍，「大腦超強增進器／閾下大腦書寫系統」（brain Supercharger/ Subliminal Mindscripting System）只要49.95美元，「打敗壓力，增進你的大腦功能，釋放可怕的創意與直覺」，如果這還不夠，柴剛自吹自擂地說這個器材「可以讓肥胖的人變瘦，辦公室職員變成天才」。

註11 ► 可能罹病的人口中（據估計大約每萬人中有一人），這種閃爍刺激（flickering stimulation）的方式是引發癲癇非常理想的方式，雖然從大腦補藥宣傳品中學不到這個事實。門羅機構有一次曾經建議使用它的半腦同步儀器來「治療」癲癇（Beyerstein, 1990）。如同我寫的，新的故事不斷出現，描寫日本兒童癲癇的流行。這是一個流行的電視卡通角色從眼睛中放射出閃光，所引起的癲癇發作。當兒童看完由任天堂遊戲「神奇寶貝」（Pocket Monsters）所衍生的系列卡通「神奇寶貝」（Pokemon，譯註：Pokemon 為 Pocket Monsters 的縮寫）其中一集後，超過七百名的兒童產生癲癇，被送往醫院急診治療（Smillie and Strauss, 1997）（譯註：根據當時的新聞報導，部分觀看該集的成人也出現癲癇症狀，被送往急診治療，因為在日本引起軒然大波，此集在台灣並未播出）。在這些發病的兒童中，有一百二十個需要住院一天以上（Cartoon sparks convulsions, 1997）。回到一九七〇年代，當閃光燈在舞廳流行時，也出現一些「迪斯可癲癇」（disco epilepsy）。我很高興看到當我在一九九〇年的評論文章中，警告大腦調整器可能會造成的潛在危險後，至少有一些在網路上販賣此類儀器的網站，已經開始提到對可能有癲癇的患者，這種儀器可能不適合他們，雖然這是一個小小的進展。參觀門羅機構的網站後，雖然預測性令人沮喪，利用相同的時間間隔，這台半腦同步儀器應該可以緩解愛滋病。

註12 ► 趨向（set）指的是使用者的信仰、價值觀、期望與傾向。配置（setting）指的是各種使用（usage）發生的文化、社會、心理與物理環境。

註13 ► 研究已經顯示，如果出生前或兒童期早期，當大腦正在進行最快的成長時有營養不良的狀況，會傷害到心智能力（Winick, 1976）。事後藉由飲食補充品的治療方式，可以大大地舒緩這種傷害，但是無法完整消除早期營養不良對智力缺損的影響。然而對健康成人相似的營養剝奪，只產生可以忽視的效果。所以這個問題是：「在這些生化基石上面增加一些已經平衡的飲食，會不會對正常人增加一點好處？」對罹患大腦退化性

疾病的病患而言，研究已經顯示，特定的營養補充品或取自草藥的藥物，可以減輕一些症狀或延緩疾病的進程（LeBars et al., 1997）。然而，應該也要記住，在這些例子上看到的進步也是相當中等的，而且也是出現在已經因嚴重腦部疾病而衰弱的人。這個研究中的失智病人服用銀杏萃取物六個月到一年，結果發現27%的病人至少在一個心智測驗分數上增加四分，相對於服用安慰劑的14%。很明顯地，接受銀杏萃取物處理的病人絕大部分都是沒有緩解的。而在正常人身上產生非常輕度的效果仍在爭論之中。文獻上的少數研究已經被批評為研究方法不佳，或無法被其他科學家重複。

註14▶所有大腦內的通訊，都是透過神經化學物質，稱之為神經傳導物與神經賀爾蒙的釋放、接收與反應來達成（Bradford, 1986）。藉由調節所有細胞的細胞膜內外的電位，與影響細胞內各種新陳代謝的過程，這些傳訊物質負責我們感覺、思考或執行的每件事。大腦內大約有二十種此類神經傳導物質已經被確認，但是研究者認為應該有大概一百種或更多的神經傳導物質（Rosenzweig, Leiman and Breedlove, 1996, p. 167）。現代生物心理學將神經疾病中許多心智異常，歸因於一個或多種神經傳導物質的過多或缺乏。譬如，阿滋海莫氏症的記憶缺失，大部分歸因於含有神經傳導物乙醯膽胺（acetylcholine）的活動降低。帕金森氏症的動作缺失則是因為一些神經傳導路徑中多巴胺（dopamine）的缺乏，而另一方面過量的多巴胺則造成精神分裂症的某些症狀。同樣地，一些形式的憂鬱症由大腦中血清素（serotonin）、正腎上腺素（noradrenaline）與多巴胺交互作用所調節的一些神經傳導路徑活動量降低有關。現代藥理治療學的目標，朝向藉由使用一些模擬或阻斷內生性神經傳導物質的藥物，來重置神經傳導路經的平衡與溝通。這些牽涉特定生理功能的分子，可由觸酶組合食物中的原料產生。因此一個很合理的推測是，如果異常是由某一神經傳導物質的缺乏，那麼在飲食中提供其前驅物（precursor），最終可以轉換成所缺乏的神經傳導物質，因此改善症狀。譬如，如果在乙醯

膽胺缺乏的狀況下，增加攝取它的前驅物膽鹼（choline）可以得到症狀的改善。同樣地，如果缺乏血清素，在食物中攝取色基胺酸（tryptophan）將會有所幫助。或者如果缺乏多巴胺，大量補充其前驅物tyrosine會有效果。然而，這種觀點有些問題，使得這種簡單解決方法比其當初所認為的可行性降低。其中之一是，這些前驅物的口服劑量足以在大腦產生夠高濃度，以許多種方式影響到此一目標神經傳導物的合成。整個來說，以食物來影響大腦功能的想法是合理的，已經有一些證據支持這種看法（Wurtman, 1988），但是目前商業上的應用被認為是高度冒險的，且遠離被證實的科學範圍。消費者也要注意到，這些取自植物的補充品是購買自草藥商（herbalists，譯註：原文指草藥的收集者、栽培者與經營者）商與健康食品商店，它們的有效成分濃度（active ingredients）可能會有很大的變異。也有一些被污染的例子，造成很嚴重的疾病。草藥商低估了可能的毒性與副作用，因為這個東西是「天然的」，但並不保證它就是安全的。番木鱉鹼（strychnine）與莨菪（belladonna），這種致命的劇毒，也是來自完全天然的植物。

生與死之間
的模糊地帶

生理學家雷蒙・穆迪（Raymond Moody）因首度提出瀕死經驗（near-death experience, NDE）一詞而聞名。所謂的瀕死經驗是指人們從幾乎喪命的意外中復活後所感受到的一種知覺和經驗。布萊克摩爾（Blackmore, 1993）以及其他的質疑者，例如薛謀（Shermer, 1997）雙方的辯論環繞在瀕死經驗是「來世假說」（afterlife hypothesis）還是「臨終的大腦假說」（dying brain hypothesis）。然而，猶如往常般，這兩種說法都太過於簡化。事實上，這兩個假說並非是完全互斥的，或許更適切的問題是「神秘的大腦狀態是如何被超自然應驗？」（Marshall, 1997）。根據哲學上的意義來看，這已經不是一個新鮮的議題，而且早已吸引了許多對此感興趣的思想家及科學家等。柏拉圖（1993）在《理想國》中述說Pamphylia亞美尼亞之子士兵Er的故事。Er在參加了一次戰役返家之後，描述他的瀕死經驗。他在「死亡」後的第十二天活了過來，躺在火葬柴堆中。「他在復活之後，告訴其他人他在遠方所看見的景象。他說他的靈魂離開了他的軀體，並且和一大群同伴一起遊走，直到抵達某一個屬於鬼魂的居所。那裡有通往凡間的兩個緊鄰的通道，然而在上方的另一邊則有通往天堂的兩個通道」（614, c）。

榮格（Jung）在他的自傳中（1971, pp. 320-324）描述自己在一九四四年心臟病發時的瀕死經驗。在這之中他「沐浴在榮譽的藍光中」並且目睹了「所有在人世間所經歷的事物以一種千變萬化的幻景顯現」。這個事件或許比死後復活還能夠告訴我們許多關於心理分析的關鍵想法。然而榮格並不是唯一的。根據蓋洛普民意調查顯示，有大約八百萬的美國人宣稱他們有過瀕死的經驗（Gordon, 1996），這或許是受到好萊塢製片商用在電影上的素材所影響〔皮特斯（Petries）的「復活」（Resurrection），1980；蘇麥薛（Shumacher）的Flatliners, 1990〕。

事實上每一本描述見到死而復活現象的書籍，都能夠成為暢銷書（Ebbern, Mulligan and Beyerstein, 1996）。原因很簡單：瀕死經驗似乎證明了人類具有靈魂，而且在死後依然存在（Dash, 1997）。如同瓦特・

史考特男爵所說的：「當在恐懼中出現曙光時，希望更加明亮」（hope is brighter when it dawns from fears）。

媒體為了描述腦傷的嚴重程度，通常會交替著使用幾個意義非常不同的專有名詞。首先，昏迷（coma）的定義是指處在一種無意識的狀態之下，通常都是短暫的（Plum and Posner, 1980）。其次是閉鎖症候群（locked-in syndrome），除了眼球的運動以外，所有其他的運動能力皆喪失，但是仍有覺醒與知覺。第三個是腦死，或稱為不可恢復的昏迷（irreversible coma）（Pallis and Harley, 1996）。第四個是植物人狀態，病人能夠不需依靠呼吸器而自己呼吸，但是對於周遭環境並沒有任何的反應，會一直持續維持植物人的狀態，復原是不太可能發生的（Zeman, 1997）。這或許會造成一些混淆，有一些傳奇性的故事，例如由於一些不太可能發生的刺激而從深度昏迷的狀態中復甦。雷尼（De Renzi）告訴我們關於媒體大亨，也是義大利右派反對黨領袖、AC米蘭（AC Milan）足球隊的總裁波拉斯科尼先生（Berlusconi）所做的事蹟：他寄給一位因為機車意外而陷入深度昏迷的青少年一卷錄音帶，裡頭是他自己的聲音和米蘭隊運動員們呼喚這位年輕人醒過來的聲音，結果卻奇蹟般地將這位少年喚醒。為了避免讀者會因為義大利新聞記者不實報導的壞名聲而不相信這個事件，我將焦點轉移到出現在一九九七年一月十一日星期六，英國電視台的頭條新聞：「陷入昏迷的男孩因為Wallace和Gromit而清醒。」故事是這樣的，十三歲的愛德華在溜滑板時被車子撞傷，之後兩個星期都陷入昏迷的狀態。醫生相信愛德華已經無法康復，然而某天，他的弟弟播放了一卷錄影帶，內容是愛德華所喜歡的動畫英雄。所有人都感到非常詫異，因為愛德華竟坐在床上，盯著影片看。

5

瀕死經驗以及狂喜：人類大腦組織的產物？

波辛格

（Michael A. Persinger）

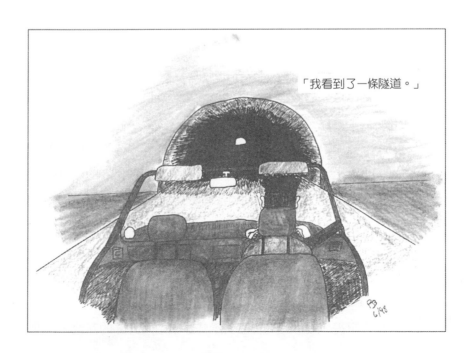

「我看到了一條隧道。」

序論

　　心智一詞，廣泛地包含「對自我的意識」以及「靈魂」兩種意義。
人類歷史中最為久遠的一種想法認為，大腦組織結構退化的前後，心智
會短暫地維持。心智和上帝的連續不滅或是來世的觀念，都能夠降低因
為希望自我不會消失而產生的焦慮，因此又更增強了這種信念的突顯性
（Persinger, 1985）。那些有過瀕死經驗的人會因為他們個人的解釋而影
響並且反映出這種信念的本質和內容。

瀕死經驗的定義

　　瀕死經驗一般用來表示一種事後回憶出來的主觀現象。這個現象發
生在當一個人幾乎達到神經生理上的極限、死亡的可能性很大的時候。
雖然我們會預期如果人類心智是以獨立的實體存在，人類的瀕死經驗便
有跨時間以及跨文化的相似性，他們的共同主題便會由一個因素所產
生，但直到最近才巧妙地避開單純個人經驗的自我參照。各種瀕死經驗
中的相似性是可以預測的，因為數以千萬計的大腦整體結構型態以及電
神經結構，都將人類的延續限定在一致而非不一致的狀態（Persinger,
1987）。事實上，有數百種不同的藥方，只要用差不多的劑量就能夠引
發不同時間、不同文化下的人產生特定的經驗。這點更強調瀕死經驗相
似性的力量。

瀕死經驗在現象上的型態

　　一個人記得一段瀕死的經驗表示其顳葉中間底部的部位，特別是海

馬回和杏仁核（圖5.1），是處在一個有限的範圍之內運作。倘若因創傷而產生瀕死經驗的結果太過激烈，並且超出海馬回最適的活動範圍，最後只會留下失憶的情況，不會有任何瀕死經驗的表徵保留下來。瀕死經驗比較可能是在大腦的生理狀態接近完整的情況之下發生，並不是在不完整的情況之下發生（Persinger, 1974）。

人類的記憶有許多種類，每一種都會在大腦不同的區域內產生顯著的活動量（Grafton, 1995; Ungerleider, 1995）。要能夠報告出瀕死的經驗，就必須要有自傳式的記憶（autobiographical memory）（Fink et al., 1996）、某方面的情節式記憶（episodic memory）以及自覺意識（autonoetic awareness）（Wheeler, Stuss and Tulving, 1997）。一個人對於時間、空間的「記憶」，是一種重新建構的歷程，經過統整（受到情境線索的影響很深）並且透過話語的調節將過去的經驗在神經系統的表徵加以整合。最後，產生出這種符合語言以及文化期許的建構式「記憶」經驗。一些受到個人文化以及歷史增強影響很深的特定信念，就會在這些瀕死經驗的細節中反映出來。

舉例來說，有一個病人在一次雪車的意外當中右腦顳葉部位受到創傷，隨後他說出他的瀕死經驗如下：

> 我突然間坐在一輛白色轎車內，行駛在一條狹窄的道路上……在我周遭的事物都是白色的……一種亮光、炫目亮眼的光芒。我可以看到司機頭部的背影，但是我無法看到他的面孔。我可以感覺到我們正在往前通過這條窄道……我無法透過車窗看到任何東西，只能往前。突然出現了紅燈，車子停下來，車門被打開。當我的祖母探進頭來對我說：「你回去，你的時候還未到。」我便覺得我應該下車。之後我就在醫院裡了。

這位病患是一個修車技工及零件專家，他的祖母大約在六個月前去

世，祖母是他個人在情感上最大的聯繫者，並且是與他個人死亡有強烈
連結的人。

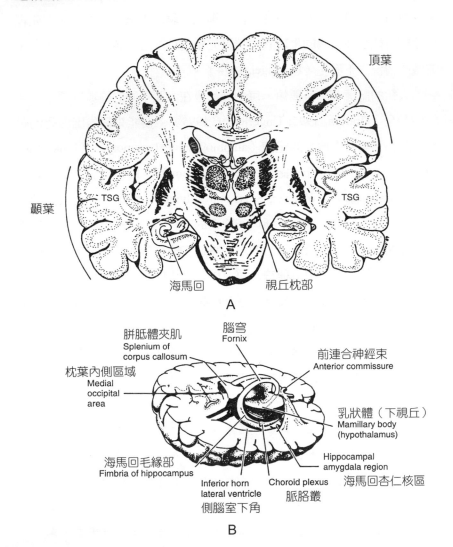

圖5.1　人類大腦的解剖圖。(A)冠狀切面（從大腦自左至右橫切）將主要的結構
顯示出來。TSG是指顳葉上迴（temporal superior gyrus）。(B)水平方
向（部分三度空間圖，從後側中間枕葉區域到前側）。
（譯註：上述解剖部位之中文翻譯，並非一定是通行的譯法，其他人可能有不同的譯
法，在台灣生心學界，通常以英文原名相互溝通，請讀者視中文譯名為參考。）

與瀕死經驗有關的神經處理和神經機制

　　無論任何時間，經驗是受到大腦內新陳代謝活動最大的部位所決定的。瀕死經驗的主要內容與透過在神經元聚集之處提高短暫電流所造成的經驗內容相一致（Blackmore, 1993）。這些神經元（圖5.1）大多都位於：⑴枕葉表面中間部位〔從大腦深處稱為視丘枕部（pulvinar）的神經元所傳來的訊息〕，這個部位包含了來自周邊或是來自於視網膜黃斑邊緣視覺區；⑵上頂葉皮質區；⑶顳葉皮質區中間腹側，與人臉表徵有關的部位；⑷海馬回—杏仁核結構，這裡被認為是自傳式情節記憶凝固以及「意義」或情緒上顯著事件的通道。

　　這些區域大多數的血液供給（主要來源為氧氣和葡萄糖）是由後大腦動脈（posterior cerebral arteries, PCAs）的分支及細分支所負責。它們是由脊椎基底動脈分支出來，兩條主要的動脈輸入之一通往大腦。有一條動脈通往左大腦皮質，一條通往右大腦皮質。我們可以預期即使在某一個大腦半球內的血流量有些微的差異，尤其是右大腦半球，因為右腦在統計上有顯著的較大流量，都會主導瀕死經驗中一般性的內容（空間移動以及與空間參照相關的經驗）。大腦動脈分支的局部性缺血（ischaemia）可以是由於某些形式的心臟功能受損所造成的，也可以是受到性別或遺傳因素所影響（Bogousslavsky and Caplan, 1993）。

　　頭顱受到機械性的衝擊或是血管不足（由於心血管疾病所造成），常常會阻斷大腦動脈分支的正常功能運作，因此，這兩種情況通常都會在瀕死經驗之前發生。抑制性的神經元間是大多數大腦皮質層和邊緣系統內的神經元，特別容易因為組織缺氧（hypoxia）而受損，並且在受到它們的干擾之後釋放出經驗，這是被鄰近的結構到意識所處理的結果。只要海馬回組織內的電流活動能夠保存經驗的表徵直到更長久的凝固作用發生，這個經驗就能夠被「記住」。

還有其他的刺激能夠使這個神經矩陣產生活動，而且不需要任何直接面臨真實的接近死亡的情況。這些刺激包括：⑴新陳代謝性的組織缺氧（因為飢餓、胰島素亢進甚或是高海拔），都能夠選擇性地干擾海馬回的活動；⑵特定的手術麻醉，它的機制包含了局部組織缺氧使得意識降低；⑶α_2受體促進劑的注射，例如K他命或一些迷幻劑都能夠直接影響神經元或造成供給這些神經元的血管痙攣；⑷應用電磁場複雜序列與透過組織缺氧造成邊緣神經元群激發的共振型態；⑸引發組織缺氧、血糖過低（飢餓）或內生性鴉片類的釋放（侵入性的輸入或冥想）。

這些神經叢一連串特定的激發被認為是瀕死經驗短暫發生的基質。由於新陳代謝的改變是來自於創傷，通常會在腦中產生一連串非常相似的情況，因此，被「開啟」之瀕死經驗的「平均值」就會非常相似。

由大腦動脈負責供給血液的大腦組織周圍，會在極度缺氧的情況下被激發活動，因顯著減少的神經訊號使得它們不再被抑制。在這個環狀或半遮掩的區域也就是杏仁核與海馬回，是活動最頻繁的區域（圖5.1）。部分的依核、頂葉皮質區以及顳葉上迴各自調節身體意象以及前庭視覺的感官知覺。因為從大腦動脈所分支出來的後脈絡動脈（負責供給中腦與視覺和聽覺有關的區域）與前脈絡動脈（負責供給海馬回及杏仁核）相連在一起，前庭將血液從前面偷走或轉送到後面系統，會減少海馬回區域的組織缺氧。

然而，藉著短暫過度活動的區域，能夠將瀕死經驗切成片段並有非常特定的形式。不同反應閾神經元群的連續抑制並不會表現在瀕死經驗上。片段的瀕死經驗在組織缺氧慢慢發生時可能經驗到的主題元素只有一個。舉例來說，一名四十歲的男性慣用左手及雙語者在酒後駕駛雪車，撞上碎冰並從雪車上被拋出去，頭部撞到突出地面的石頭，陷入昏迷狀態。當他在清醒的時候，聽到一個聲音說：「不要再喝酒了，混蛋！」經歷這個事件之後，他便戒了酒，並且對酒精的味道產生噁心的感覺。

瀕死經驗一般常見的情況

由機械性外力造成的腦傷（最常發生的原因），在第一個階段中微血管功能損害或是受體（神經傳導物）結合體改變都會造成搖擺、旋轉、頭昏眼花以及身處外太空或是被外力拉扯的前庭經驗。例如一位大腦右側頂葉受傷的二十一歲女性（隨後在右前側島狀前額眼窩區域產生電流激發），回憶起她「自己」突然從上往下看到自己的身體接著心跳監測器，她並沒有感覺到漂浮在空中的感覺，但是卻有一種「穩定的震動感」。

在歷經瀕死經驗的過程中，會隨著從上往下墜落的刺激不同而有不同的極樂感覺。突如其來的外力撞擊或是前庭功能損傷都足以造成立即性的「墜落感」（在四肢末梢的低滲透壓），但維持著意識的清醒（一種後大腦動脈血流阻礙的分類指標）能夠使內生性的嗎啡釋放出來，並且能夠讓專門負責愉悅、極樂感的杏仁核體神經元受體激發。由於杏仁核與有特別意義的經驗有關，適當的激發同樣能夠產生如臨深淵的感覺。

額外的輕微血流阻礙以及增強在視丘尾狀核結構內的神經元電流活動，或是增加中腦導水管灰質內的神經元電流活動，同樣都會導致喪失痛覺、失去重力、漂浮等極樂感經驗的特徵。

最嚴重的組織缺氧（例如溺水）會損傷到海馬回體（由於不尋常的血液供應情況以及某種神經化學物質），進而增加了這些結構無法被抑制的可能性。個體將會被他或她個人所有經歷的影像所淹沒；這一連串的神經活動激發會形成個人的「生平回顧」。視丘中背側或來自杏仁核的主要輸入被阻斷，則與主觀時間扭曲有關。將會「感覺到」個人的一生在瞬間發生。

當大腦枕葉中間皮質部內的神經元受到足夠的血流供給（隨後解除

了抑制功能）而產生瞬間激發，以及神經元間的抑制開始失去時，視野的周邊部分相對於視野的中間部分會變得較活躍（皮質神經元是接受腦動脈支流的血液供給）。因此視野周邊的視覺受到增進，隧道的經驗也因此產生。

大腦顳葉上層的神經元跟著激發就會產生一種放射性坡道的經驗（Duffy and Wurtz, 1997），當一個人因為傾斜而造成前庭運動的經驗，通常會被形容像是一條「通道」、「光箭」、「狹窄的山谷」、「漩渦」甚至是「高速公路」或「道路」。

這道「亮光」並不是（也不應該是）所有人的瀕死經驗中都會發生的，而是與一種被預期與枕部（pulvinar）或是通往大腦枕葉通道的激發有關。這個在視丘內相關的神經核各自受到後大腦動脈分支的供給。從中央小窩到枕部以及大腦枕葉與中樞區域相連的極柱之間的強烈連結，這便造成管道或隧道終端的亮光環形經驗的原因。

然而，瀕死經驗同時也呈現出清楚的新皮質區與語言及經驗有關的議題。有過瀕死經驗的人報告出各種不同「眼前所感覺到的經驗」，後來都被認為是因為死亡、靈魂、外星人或上帝的關係所造成。舉例來說，先前所提到的那位二十一歲女子報告說：「全身震動著」（但並沒有隧道的經驗），她同樣描述道：「感覺到上帝出現，我知道祂非常的巨大，具有非常大的力量以及廣闊，是一般人無法想像的。」

靈魂出竅的經驗

與身體分離以及伴隨著「另一種意識」感的夢境狀態同時出現，儘管都被認為與靈魂、上帝或「分身」有關，但是這些現象與患有主要出現在四肢複雜的局部癲癇的病患，與他們突然發作的階段非常有關（Bancaud et al., 1994）。一個非常相似的經驗是來自於透過外科手術在病患的大腦顳葉外側、海馬回體以及杏仁核部位，利用電刺激誘發，使

他們產生出一種「自然」的經驗（Gloor et al., 1982, 1993）。事實上，所有在瀕死經驗中主要提到的重點——從隧道的經驗到極樂的感覺——都在癲癇患者的大腦中以電刺激的方式產生出來。

在瀕死經驗的情境中，與身體分離通常被描述成一種靈魂出竅的經驗（out-of-body experience, OOBE）。儘管靈魂出竅的經驗可以不在典型的瀕死經驗中出現，或是沒有明顯的大腦或身體受傷的情況之下產生，但是所經驗到的主要形式卻是差不多的。這些靈魂出竅的主要差別之間並沒有關聯，也和瀕死經驗沒有關係，這點在後面關於死亡的看法中則強調是一種自我不死（immortality）的推論以及宗教上的諷刺。在一、兩秒鐘之間領悟到死亡將至，左腦前額葉皮質區連續的激發，顳葉皮質區兩側、海馬回體以及杏仁核會將這個經驗根據當下的認知情境轉譯登錄（例如，登錄為瀕死的經驗）。

只要上述所提到的這些經驗是在大腦顳葉和頂葉深處的部分發生（外橫紋區域，the extrastriate regions），在某種程度上即與夢境類似，一旦病患「恢復意識」之後，就能夠透過右腦前額葉皮質區的運作將此經驗重新建構出來（在幾秒鐘之內）。就如同在作夢的時候一樣，在這短暫的狀態之下，由於主要視覺區以及前額葉區的不連續激發，患者大腦內部會充滿著與情緒有關的經驗產生。在這段期間大腦前額葉並沒有做到與真實狀況比對的工作，使得這個經驗感覺像是和清醒的時候一樣的真實，如此一來也就不容懷疑地被接受了。

這種自我獨立於身體而存在的感覺可能主要來自於哲學上心身二元論（mind-body dualism）的基礎信念。在作夢的時候，一般人可以從外面「看見」自己的身體，同時也能夠從自己的身體裡意識到這樣的情景。有一些證據顯示出這種分離以及經驗到歷歷在感的能力，必定是受到大腦左右半球內微組織（microstructure）和神經電位（neuroelectrical）對於經驗的編碼（coding）所造成的。

近來，我根據上面所提到的大腦半球失衡（hemispheric imbalance）

提出了一個假設，我稱它為向量半球性（vectorial hemisphericity）（Persinger, 1993a）。根據這個假設，對自我的知覺基本上是一種語言的處理（在實驗上透過適當的神經電磁型態應該便能夠提取出來），有些微但卻在統計上具有顯著代表性地位於左大腦半球中。右大腦半球與左大腦半球同樣自我知覺的假設被提出。當右大腦半球受到同樣的刺激時，結果使得電位型態硬是插入左大腦半球的意識，這個病患就會經驗到眼前有鬼神出現的感覺（Cook and Persinger, 1997），所刺激的邊緣系統影響其不愉快或愉快的經驗，就會讓患者相對地產生魔鬼和神祇不同的經驗。然而，當左大腦半球的活動被完整保存，並且與同等的右大腦半球一起呈現時，此時患者有自我的知覺，但卻沒有分離或靈魂出竅的經驗產生。

儘管我們認為這個假設有實驗數據支持，並且有一般的趨勢顯示這個實驗結果是能夠再重新複製的，但是仍然有一些混淆的變項存在，例如，右腦前額葉中不同區域特定的模組角色。它們藉由神經電位的型態影響「形式」（format）或語言結構（linguistic structure），使得意識在另一種狀態下保持完整。目前我們的實驗結果和預測左腦半球的激發運作與右腦半球不活動同時發生是一致的。緊接在後的一段期間內有明顯的警訊產生（右大腦半球開始激發），這使得靈魂出竅經驗發生的機率增加。當右大腦半球的活動補償回來之後，個體的生理狀態回復到正常，眼前有鬼神的感覺以及聽覺的經驗就很容易被個體報告出來。在典型的瀕死經驗中眼前有鬼神的感覺會在整個歷程的最後發生，通常和短暫的聽覺事件有關，這往往被解釋為經驗到「一個訊息」、「一個指示」或「特別的訊息」。一旦正常的神經電位活動和左右半腦所需的交互抑制的功能回復之後，所感受到的主觀經驗就是一種「重回到身體內」的感覺（Persinger, 1995）。

關於瀕死經驗常見的問題

瀕死經驗通常都被報告是一個愉快的經驗嗎？

　　以最有可能的神經傳導物質來看，瀕死經驗應該是與個人有很深的淵源與意義的。然而，這些經驗並非都是愉悅的。在一股大多數人只報告瀕死經驗中正向部分的熱潮（Persinger, 1974）之前，大約有7%有過瀕死經驗的人描述他們的情緒是負向的、不舒服的或像地獄般的（Eadie, 1992）。這些人所報告的細節都與他們的情緒表現一致。

　　倘若考量杏仁核的功能組織，這種說法就非常符合預期。事實上，杏仁核以及一些負責調節酬賞和懲罰功能相關的神經群，在負責主觀愉悅經驗（狂喜和極度興奮的經驗）的組織內被整合，在這些區域的周圍環繞著抑制性負向或不愉快的經驗。如同許多哺乳類動物，包括人類在內（Grossman, 1967），在大腦內與正向經驗相關的邊緣系統區域引起些微的電流，就會產生接近的行為。然而，當這些電流的幅度增加，以及它們所造成的結果（使得更多更多的神經群集結在一起）遍布了整個周圍的抑制區域，負向的經驗便在此刻產生。這些都可以從非人類的動物的迴避行為中觀察得到，這些迴避的行為通常被視為是人類的「恐懼」或「情感上的痛苦」。

　　如果神經元不穩定的電活動開始接近一個足夠產生負向經驗的值時，有可能會在海馬回—杏仁核組織內造成記憶固化（consolidation）的阻斷或扭曲。結果使得這一小部分報告出地獄般瀕死經驗的人（7%）幾乎沒有任何的記憶，因為這些記憶存在於破碎的神經電活動型態中，並且在海馬回運作的表徵已經被破壞。

為什麼年幼的兒童也會有瀕死的經驗？

在幼童身上發生的瀕死經驗內容和成人並沒有什麼差異。然而，調節瀕死經驗的大腦結構要隨著時間，待語言能力足夠與成人溝通之後功能才能完整。大多數的人左腦半球神經電位的完整性和語言有非常大的關聯，大約五歲左右接近完整，相對地同樣的神經電位活動在右腦半球則須到十歲左右才接近完整。四歲左右就有清楚的自知記憶（autonoetic memory）（譯註：指了解自我的一些性質之記憶）（Wheeler, Stuss and Tulving, 1997）。因此，幼兒大腦的「純真」就成了支持瀕死經驗的真實性並非新陳代謝的活動，和這些結構的原始功能所造成的。因為有許多兒童的瀕死經驗都被視為幾乎死亡，信念以及父母和醫生無意間的指示對於細節的影響非常大，因此，幼兒的瀕死經驗並不能過分強調。

為什麼人們在瀕死經驗之後「改變」了？

在把瀕死經驗視為一個正向結果的現象之後，通常會認為行為上的改變是一種人格的改變。倘若將這個瀕死經驗解釋為真實存在的，並且認為「死亡之後還有另一個世界的存在」或是「自我可以獨立存在於身體之外」，對於面臨死亡的焦慮因此降低，並將個人的死亡視為意料中的事。想想從對死亡的焦慮到自我意識感對我們的重要性，任何顯著的經驗──不論是真的或假的──能夠減輕焦慮就能夠將我們對未來的觀點從負極改變到正極。

然而，許多引發瀕死經驗的刺激同時也能夠造成某些神經元因過度激發而死亡，大約有50%的大腦皮質神經元在組織缺氧的閾值內存活下來。在輕微的阻塞或組織缺氧的期間就會立即產生壞疽或迅速的apoptosis（計畫性的細胞死亡）。有一小部分的神經元會在大多數無法作客觀檢查也無法透過多數正常、健康人的主觀經驗加以區分的結構中喪失，因為這些神經元在任何與行為或經驗有關的神經元網絡中是多餘

的。舉例來說，在帕金森氏症患者的外顯症狀變得更加明顯之前，中腦負責調節動作的區域，至少有50%的神經元必須喪失。

一小部分的神經元喪失，特別是在海馬回，會促使神經元的可塑性以及激發神經突觸（Houser, 1992），這在神經元之間會產生原本沒有的新連結。假若我們接受結構會支配功能的說法，那麼就能夠非常清楚地了解到這些獨立的個體會有不同的經驗並且表現得像是完全不同的個人。他們可能也知覺到環境刺激間的關係，而這些關係是正常的大腦或是他們在事件發生之前的大腦所無法察覺的。神經元電位的激發、誘發以及進一步在突觸組織另作連結的最大可能性，是由於這種間歇性的陣發活動會激勵不同個體在幾十年中產生漸進式的「演化」（evolution）。

使用相同的生化方法侵入而產生瀕死經驗，最常發生的一個特徵是大腦顳葉的不穩定性（lability）或是邊緣系統的敏感性（sensitivity），這個特徵也和癲癇症患者的檢查所做出來的推論一樣（Roberts et al., 1992）。呈現出這些狀況的個體都是正常人，並沒有任何精神病學的症狀，他們在音樂、藝術、詩詞、創作及創造性的科學領域上都有優越的表現。這些個體有較敏銳的洞察力解決問題，並且會報告較多的經驗，例如：(1)在沉睡之前聽到別人叫他們的名字；(2)發覺一股不知從哪來的強烈氣味；(3)發覺到有一種廣大意識出現的感覺。這些正常的個體中有許多人持續地有一些輕微的大腦受創或組織缺氧一段時間的情況發生，這些在神經學上的檢查中都會遺漏掉。

到我們這裡作臨床神經心理診斷的頭部受傷患者（大多數是車禍意外造成），其中大約有10%報告其有過瀕死的經驗。在與瀕死經驗有關的輕微腦傷之後，這些個體就更容易報告出更多的神學或心靈玄學的經驗。對於玄學現象的信念通常會因此而增強，還可能因此取代了傳統宗教的歸屬。這些人擴大性的影響往往更讓刺激間的關聯增加，特別是一些奇怪的或新鮮的刺激，這些刺激對其他人而言並沒有什麼關聯性。

這些臨床上的一小群人，和臨床上其他一大群人一樣，都會隨著主

觀經驗的增加（這顯示出邊緣系統的活動增加）而持續有輕微的創傷出現，同時也更可能使其成為強烈的「哲學現象」（或是宗教），並且感到自己就像是被挑選改變他們的信仰或經驗（Bear, 1979）。這樣的現象和那些最後發展成臨床上可以加以診斷，主要集中在大腦顳葉皮質內的邊緣系統癲癇症（limbic epilepsy）或者是複雜的部分癲癇症（complex partial epilepsy）患者類似，但前者的強度較弱（Persinger and Makarec, 1993）。

超自然（paranormal）的效力是否證實了瀕死經驗字面上的解釋？

有一些實徵上以及實驗上的資料顯示出神的看法或是有強烈情感因素的神祇經驗事件，都可以透過一些目前仍不清楚的機制加以分辨。最常做的一些實驗，例如，有作夢情況的實驗（Ullman, Krippner and Vaughn, 1989），或者是其他激發顳葉皮質不穩定、訊號型態來自於右腦半球（Puthoff and Targ, 1976）等的刺激程序，都能夠產生些微的效果，而且這些效果都能夠再複製實驗而得到。認知的方式（cognitive styles），特別是那些與顳葉、邊緣系統活動有關的，與永久經驗相連結的部分，更增加了正確性（Bem and Honorton, 1994; Radin, 1997）。

在許多瀕死經驗的報告中，她或他所感受到的經驗就像是從肉體離開，到了另一個世界或是空間（表5.1）。一些關於在遠處發生的事件或人物，或是後來才發生的事件，都能夠被「感受到」。在與靈魂出竅有關的實驗中，個體或許真的看到了自己與身體分離並且察覺到目標刺激，例如藏在書櫃最上層的一串數字。然而，個體正確察覺到的目標刺激未必準確或合理。同樣會產生與身體分離經驗（顯然是錯覺）的神經認知歷程，會是導致訊息獲取的一個原因。靈魂出竅是由於得到了正確的訊息這樣的結論，就像是說：「獲得精確的時間訊息，是因為從日晷上的陰影角度來看，而日晷上陰影的角度則是因為太陽繞著地球轉。」當所歸納出來的原因或解釋是錯誤的時候，細節是可以被更正的。

表5.1 一般報告在靈魂出竅經驗發生之前、開始以及最後的情況。

（資料來自於五十位個案的報告）（Persinger, 1974）

1. 發生之前的情況
    (a)正常睡眠，14%
    (b)麻醉狀態，18%
    (c)過度疲勞，24%
    (d)危急／接近死亡，34%
    (e)沒有不尋常的事發生，10%
2. 開始感覺到的情況
    (a)震顫或奇怪的感覺，10%
    (b)「虛無不存在感」，8%
    (c)「旋轉」，在空中飄移，16%
    (d)聽到美妙的樂音或「名字」，8%
    (e)麻痺或痛苦，12%
    (f)想著靈魂出竅，8%
3. 離開身體
    (a)當「意識往下看」時，看到自己的軀體，44%
    (b)並沒有注意到「自己的軀體」，46%
4. 發現自己在「另一個世界」的經驗，66%
    （同一個地方，但是和身體分開，33%）
    (a)另一個地方，但是在人世間，33%
    (b)另一個地方，但不在人世間，67%
5. 假如不是在人世間
    (a)一個黑暗的地獄深淵或山谷，27%
    (b)一道明亮的光線從遙遠黑暗處出現，45%
    (c)顏色鮮豔的草地景色，27%
6. 眼前有鬼神出現的感覺，80%
    (a)有一些聲音，認為是天使、上帝或已故的人說：「回去吧！」，73%
    (b)看見死去的人（和經驗有關），24%
7. 在經驗結束之前的情況
    (a)有聲音說：「回去吧！」，36%
    (b)沒有任何明顯的指示，52%
    (c)恐懼，8%
    (d)一股強大的力量，4%

實驗上瀕死經驗的模擬

　　光是一個理論不會有很多的成果，除非它能夠產生一些假設，能夠讓我們設計出許多方法及測量，內部一致地並且能夠有系統地、正確地預測現象。在過去的十五年間，我們一直運用人類經驗中微弱的、複雜的磁場來分辨跨大腦皮質間的效果。我們的立場是要強調神經電位型態和產生瀕死經驗的大腦區域都是隔離絕緣的，並非試圖否定會支持它們的效力。很明顯地，這兩個議題並非互斥。我們的檢驗程序將會在以下作簡短的描述。

　　一個正常的個體在一間黑暗、有音樂的房間內，坐在舒服的椅子上，這個人的眼睛戴上了不透光的眼罩。使用裝有螺線管的小盒子讓一連串複雜的電磁場在大腦內起作用，用魔鬼貼布將小盒子沿著頭皮貼著，或是使用內裝有一串螺線管的頭盔，讓患者戴在頭上。這個程序的基本原理是，突然間移除掉視覺或聽覺上的訊息可以讓測量到的幾百萬個神經細胞，在這個環境上的一般例行性檢查中，重新回到被複雜電磁場所誘發的微弱神經細胞活動中。因此，在這些實驗上所引起的神經活動型態中微弱的經驗關聯，就能被誇大成「意識」的覺知，並且能夠更進一步地被報告為一種經驗（Persinger, Richards and Koren, 1994; Persinger and Richards, 1995）。電磁場的強度在0.1到1個微特斯拉（microTesla；相當於一至十的千分之一高斯）。我們的假定是：在內生神經網路中能量放大的條件之下（推測共振，stochastic resonance），和生物性有較多關係的，是電腦所產生出來型態的複雜性以及所帶給我們的資訊，而不是它的強度。因此，增加的電壓，從數位到類比的轉換，能包含二百到一萬的數列碼（或數線），其圖表能夠從非常簡化的波型圖到複雜的口語聲波圖。

　　我們先前已經假設，如同艾得門（Edelman, 1989）、克里克（Crick

and Koch, 1990）及埃克爾斯（Eccles, 1992）的假設一樣，意識現象和自我覺知存在於微弱電神經交互作用的窄帶中，而這些微弱的電神經交互作用存在於自整個大腦皮質所產生的區域內。當我們同時以大腦電子掃描器的技術來測量時，這種頻率窄帶的「連結」或「凝聚」因子將近四十赫茲。如同利那斯和理萊貝理（Llinas and Ribary, 1993）所報告的，假使讓清醒意識和「作夢狀態」的經驗每二十至二十五毫秒就被重新創造一次，不知不覺地就在大腦區域中產生干擾型態的複雜磁場，這或許與較傳統的刺激一樣能夠有效造成瀕死經驗。因此，應該被釐清且了解的是：(1)使用電磁場產生的圖素，其精確的期間；(2)那些一系列圖素的特定時間安排；(3)這些影響「連結因子」的圖素組之間的時間，可能也會讓警覺的狀態產生，包括了瀕死經驗。

　　表5.2表示在這些實驗中報告典型相關經驗的自願者百分比。這些項目是包含在一個有說明的問卷中，在實驗的最後由參與者完成（大約花費十五到三十分鐘）。這只是其中的一個程序，藉此可以監控自己的經驗。由於這個監控經驗的方法受限於潛在的失憶症以及因為受到項目語法的影響而重新建構經驗的偏誤，因此其他的測量方法同時也在我們的實驗中使用。所有的受試者都被告知這項實驗需要盡可能放鬆，並且可能會暴露在微弱的磁場之下，其強度比吹風機還小。實驗通常在雙盲（double-blind）的程序下進行：除了受試者不知道所要檢定的主要假設以外，實驗者本身也不知道（通常是研究生或大學生）。

　　如同表5.2所看到的項目，在一系列不同實驗中大約25%的實驗參與者報告他們離開身體的前、後，和眼前出現鬼神感覺的經驗所做出來的結果。整個大腦半球的磁場（來自於左半腦或右半腦各個方向的神經群共振）都強烈地受到特定型態的經驗所影響。在右腦或兩個腦半球上運用複雜、振動磁場，大約有70%的受試者會被誘發出一種「眼前出現鬼神的感覺」。但是相同的磁場型態若用於左腦半球上，則很少引發這種經驗。當這種眼前出現鬼神的經驗發生之後，實驗參與者所報告出來的

表5.2 九十一名自願的實驗參與者（一九九五年所做的測驗）在大腦顳葉頂葉部位，運用複雜微弱磁場，同時在邊緣系統給與刺激，在這個期間實驗參與者報告特定經驗的百分比（並非以次數做分級）。

說明問卷項目	回答「是」所占的比率
1. 我有頭暈或奇怪的感覺	73%
2. 我感覺某個人出現	24%
3. 有刺痛的感覺	70%
4. 有視知覺產生	55%
5. 我的身體有一種愉悅的晃動感	54%
6. 我感覺到好像離開了自己的身體	26%
7. 我聽到一個內在的聲音呼喊我的名字	3%
8. 我經歷到生氣的感覺	18%
9. 我經歷到難過的感覺	43%
10. 不是來自於我的經驗	15%
11. 我聽到一種滴答聲	31%
12. 有一種奇怪的味道	10%
13. 我感覺到恐怖或害怕	35%
14. 在我的嘴裡有一種奇怪的味道	11%
15. 我覺得我好像在另一個地方	41%
16. 我感覺到兒時的想法	51%
17. 相同的想法一直出現	69%
18. 我感覺自己在旋轉	27%
19. 夢中的影像出現	31%

情感和相關的經驗，都會對他個人以及情緒上有很深的重要意義（即使是在實驗室的情境之下也是如此）。

　　針對這些項目上的反應做因素分析（每一個項目可能的得分為：零分：從未有過，一分：至少有過一次，二分：有過好幾次的經驗），大約有兩百名實驗參與者顯示出有共同的變異來源，也就是受到個人「顳葉敏感性」所影響的這個變異。如同在複雜的類似部分癲癇徵兆的指標項目上的得分（Persinger and Makarec, 1993），以及性別上所做的推測一樣。反之，在頭暈、某人出現眼前、靈魂出竅及「在另一個地方」的

經驗項目上出現正的因素負荷量值，特別是那些右手利的女性、右手利的男性，在報告有人出現在眼前，確信親身的經驗並非出自於自己的想法以及身處另一個地方的這些項目上都出現很高的分數。

要求實驗參與者在實驗的進行中將過程用口頭報告出來，以便有記敘過程的文字來提供分析。然而，在磁場運作的情況下，進行這種反思的行為，會使得大腦皮質活動的區域轉移。這項口頭報告反思的程序，有利也有弊。在一個自由記敘細節的例子中，實驗參與者接受一個微特斯拉脈衝波的刺激，含有兩百個連續點持續三毫秒的像素，並且以每三千毫秒呈現一次，共二十分鐘，如表5.3所示。

在接受刺激的期間會出現一些頭暈、一股拉力、隧道般知覺的振動、旋轉及飛翔、隧道盡頭的亮光（閃光燈）、祥和的森林景觀、出現「兩側」這個詞、卡通人物的經驗。因為這些經驗的產生是在實驗的情境下所引發，而非在死亡危險關頭中所產生的，其詳細內容會是符合預期的，並且更加的通俗。

表5.4是一個在右半腦尾端接受刺激的女性所記敘的內容（去除掉解釋性的或是非口語的聲音，例如，嗯……）。所用的是五百像素，持續一毫秒，每三百三十毫秒呈現一次的刺激。頭暈和離開身體的經驗首先被實驗參與者報告出來。預期中的而且是最常被報告的恐懼感（與右腦半球的刺激有關）以及亮光的經驗隨後出現。常常被認為是兒時記憶的如同夢境般的經驗跟著也出現。右腦半球的刺激，就像這個例子一樣，最早和左腦側化所出現的眼前有鬼神出現以及身體的感覺（抽動、觸摸）有關。與眼前所出現影像產生「互動」關係，例如，「當我想到它，它就移動」的這種主觀經驗，支持了現象反應「想法」的解釋。最後，「有人說了些什麼」、和一群朋友在一起，以及不在場的經驗，都被報告出來。

綜合勞倫系大學（Laurentian University）神經科學研究小組（Cook and Persinger, 1997; Healey, Persinger and Koren, 1996; Persinger, 1996;

表5.3 一個男性實驗參與者特定立即的經驗報告，他所接受的是在兩邊的顳葉—頂葉—枕葉交界處二十分鐘的刺激。

時　　間	經　　驗
0:30	我的頭感覺到疼痛
0:56	我感覺像是我在跳動……奇怪的振動
1:00	我的腿被往下拉
2:38	有一些模糊的影像……河裡的水……馬……只是看到一條蛇的影像
9:00	我看到一個梯子……一條繩子……是黑色的，而且我正要走進去
9:20	許多光源在旋轉著……光線分開來……中間部分是暗的，邊緣是亮的
9:25	我正在飛……
9:30	有東西像漩渦一樣往上跑，像一個倒反的龍捲風
9:40	我快速的旋轉著
10:00	我看到一道光……盡頭有一道閃光照著我
10:10	我覺得有東西在我的左手邊……有東西在那裡……某個人的陰影在我的右手邊
10:30	我看到樹……一個棉花田……看到草原……
10:55	有東西繞著我轉……「兩側」這個詞一直出現……有一隻手在控制桿上往前往後移動著
11:30	我看到卡通……像是華德迪斯耐的角色

表5.4 一名接受右大腦半球十五分鐘刺激的女性的記述。每個經驗的發生大約在二十秒到一分鐘之間。

1. 我感到頭暈……像是在旋轉
2. 我的腳……感覺不對……它們感覺起來很小……不在這裡
3. 我覺得我並不在這裡……不在我自己的身體裡……我感覺不到它
4. 那裡有一些亮光……綠色的……紫色的……我看見在我前面有一條通道……暗暗的……柔軟的通道
5. 我有一種害怕的感覺……朝著我的頭而來。我感覺我向前直視著，並非在地板上
6. 我看見我的母親……她正在……（難以理解的）
7. 到處都有白色的亮光……我正在這白色光芒中漂浮……看起來就像是要將我吞噬掉般
8. 影像……許多影像……像是一場夢……非常奇怪
9. 我感到有什麼人……當我說了一些話他就離開了……我很溫暖……我的左邊在抽動著
10. 當我想著它，它就從左邊移動到右邊……我覺得靠近他……
11. 有人正在對我說些什麼……我不在那兒……和我的朋友們……我看見他們
12. 我很放鬆……有個三角形在那兒……那個愚蠢的三角形一直在轉

Persinger, Richards and Koren, 1994; Tiller and Persinger, 1994）的研究結果顯示出，所有與自然瀕死經驗有關的主要內容，都在我們的實驗設定下發生。一些短暫發展的特定經驗，實驗情況比自然情況下的瀕死經驗較不完整，並且在細節上也比較依據情境上的脈絡（實驗室的情況）。即使是最微小的諷刺或期望都能夠對細節產生影響（因此採用雙盲法）。然而，我們的標準和方法都抑制著我們不要讓實驗參與者呈現在一連串趨近生理上極限的刺激型態中。

結論

瀕死經驗的主要內容與歷史的觀點以及跨文化的觀點一樣。這些「常見的現象」和已經知道受到大腦皮質後側動脈所影響的區域，擴大並且短暫的電流活動有關之經驗型態非常類似。儘管短暫的血流不順是刺激的主要來源，影響與這些結構有關的神經網路以及神經電磁型態的其他刺激，在這些更極端的生理狀態下產生出來，同樣也會受到個人文化信念和個體增強史的影響。

對複雜的部分癲癇患者做顳葉或中間底部結構（海馬回—杏仁核）的手術刺激，或是針對非瀕死正常人的大腦半球所做的微弱複雜磁波，並未引發瀕死經驗，這並不是由於單一的因素所造成。因為道德的限制，我們無法使用足夠的力量來引發一系列如同真實瀕死事件中變化性挑戰的刺激；實驗的刺激受到更多的限制，細節就受到情境的影響。一個瀕死事件的經驗要被記住的話，必須在海馬回體進行經驗記憶的固化作用期間不會誘發電位的中斷。

在科學發展以前，用「物質」燃素的概念來解釋為什麼東西會燃燒，心智可能是這個概念的神經認知等同物。隨著化學測量與概念的演進，量化的資料已經可以被分析成每個人自我中心知覺都認可的單一看法。燃素的概念已經不需要了。紙還是會燃燒，但是其中的機制與過程

已經不再神秘與隱含非物質的層面。人們還是可以經驗到心智這個實體的現象，但是，像燃素一樣，已經不再是唯一的解釋。

誌謝

感謝提樂（Sandra Tiller）、歐康諾（Rodney O'Connor）、李察司（Pauline Richards）、庫克（Charles Cook）、可仁（Stanley Koren）（電子技師與設計工程師幫我建造所有的儀器）與馬卡瑞克博士（Dr. Katherine Makarec）對這十年間研究的貢獻。

6

拉澤羅斯症候群

德藍吉

（Ennio De Renzi）

相信我……我真的看到了一條充滿光芒的隧道。

柯漢殯葬社
拉澤羅斯
西元三〇年

在本章，我將探討兩個一般大眾常持有的想法，認為只要抱著希望，就能夠讓病患從嚴重的昏迷狀態清醒，甚至是起死回生。首先是顯然已經死亡的人卻能復活，其次則是對於一個陷入昏迷的病患而言，可以從親友或配偶的一些激烈情緒反應中得到幫助。

乍見來世

死亡的問題一直都是產生迷思的主要原因，在嘗試尋找另一種令人苦惱的看法中拼湊而成。這種看法認為我們在這個世界中建立出來的所有環節，都將會突然地停止，而所有的生命也會消失無蹤。對於這種化為烏有的恐怖想法（horror vacui），人類給了一個從宗教的信念發展而來的傳統解答，主要集中在上帝對來世的承諾。宗教信仰大多以信念為基礎，而非實徵上的證據。信徒們總是覺得需要用更多實體的現象，將論證令人信服的程度加強，例如用來證明神祇或超自然力量顯靈的一些奇蹟事件。不幸的是，奇蹟變得愈來愈稀少，而且有點老套了。這可能是因為他們與現代文化中的理性取向不一致所造成的。因此，他們改用提出具有來世證據，而且不會違反自然法則的報告。回到假設來世是可能存在的情況，儘管是非常稀少，生理上的現象同樣也能夠提供我們一個獨特的機會去發現死後所發生的一切。自然事實有與目前生物學的知識一致與內在一致性這兩個條件，對這個現象的解釋是在自然事實合法的架構下。為了讓這一點清楚一點，比較死後復生跟奇蹟來進行評估會很有啟發性。

很少人會懷疑拉澤羅斯的復活是據稱由耶穌基督完成的最大奇蹟，而且它也是最能抵抗自然法則解釋的。在約翰福音（gospel of John）當中的描述是很清楚且直接的。

當耶穌跑到拉澤羅斯的墳墓，他要求將入口前面的石頭移走。「但是，耶穌基督，」死者的妹妹瑪莎說：「他已經躺在這裡四天了，會有

臭味。」接著耶穌說：「我有跟你說過，只要你相信，你就會看見上帝的光輝嗎？」所以他們移開了石頭，耶穌檢視之後跟上帝說話，當他跟上帝說完話之後，他大聲地說：「拉澤羅斯出來！」死者就出來了，他的手腳綁著亞麻布的絲帶，布料包裹著他的臉。耶穌跟他們說：「脫掉這些死亡的衣物，讓他出來。」死而復生並不是件短暫的事，因為像約翰福音裡面說的，當幾天後耶穌回到伯利恆，「因為耶穌的榮耀，所以舉辦了一個餐會，瑪莎侍候著大家，拉澤羅斯跟一些人依靠在桌邊。」

　　這個故事可以當作耶穌超能力的證明，也可以用來質疑福音所證明的歷史的真實性。譬如，這種不尋常的奇蹟也出現在馬可福音（gospel of Mark）、馬太福音（gospel of Matthew）與路克福音（gospel of Luke）（註1），但是信仰這些歷史的人不能做的一件事，就是用自然的角度提供一個解釋，或是辯解。譬如，拉澤羅斯的死亡其實是外觀上的（意識的歇斯底里喪失、中毒引起的短暫昏迷，或是意外中毒），而且待在墳墓裡的四天其實沒有影響到他的生命。這件事離可以接受外觀死亡的時間太久遠了。

　　這就必須要感謝拉澤羅斯復生的描述是內在一致的，如果有人相信約翰福音是可信的，只是一個奇蹟──自然的法則在此是不適用的──可以讓死掉四天的人恢復生命。

　　與拉澤羅斯的復生比較，其他一些據稱死後復生的例子就有很多相互矛盾之處。他們的基本假設是，死後靈魂離開身體，開始進行死後之旅，這些經驗可以被記錄下來，並且告訴其他人。這些報告並不是由復生的病患本身撰寫，通常是由復生後訪問他的人所撰寫。他們的報告內容通常很典型，這種特徵常常被認為並不是病患想像的結果，而是反應了事件發生的真實順序。這些人會感覺到他們走過長長的一段路，然後聽到一些聲音。接著他們開始感覺到已經離開自己的身體，可以從體外看自己的身體，已去世的朋友親戚的靈魂圍繞在旁邊歡迎他。此時會有一道很亮的光出現，然後跟病患有心智上的接觸，問他是否已經準備好

要死亡了，然後開始評斷他的一生。接著病患看到自己的一生從頭出現一次，並且經驗到一種幸福感，直到他們突然被拉回真實的世界。

暫時，我們會假設這些報告是來自病患敘述的真實報告，而沒有受到訪談者期待的影響。但是從這些解釋我們可以做什麼推論？一個假設是這些病患真的死掉了，他們的靈魂離開身體，真的到達死後的世界，雖然之後死亡的過程受到阻斷，他們的靈魂又回到身體。但是隨著生物證據指出死亡是一種不可逆的過程，一旦開始就不能停止或是倒轉，這種說法因此隨之崩潰。因此病患死而復生唯一可能的解釋是，生死之間的界線尚未跨越，靈魂尚未離開身體，也可以辯解說，「靈魂可以買張回程票」，這種說法聽起來很奇怪，也不能跟所相信的死後世界之神聖性相符合。另一個可行的假設是，病患仍然是活的，處在一種所謂「外觀死亡」（apparent death）的狀況。這個名詞形容的人是瀕臨死亡，但是事實上還是活的，而且在某種情況下，可以復原他們身體的一些重要功能。嚴格地說，「細微的生命（跡象）」（minimal life）這個詞會比較適合，因此死亡的過程尚未開始。有很多軼事方面的證據可以支持外觀死亡會發生的事實，且一些比較倒楣的人會因此被埋葬了。在過去，許多人晚上夢魘的內容都是自己仍是個活人時被埋葬掉，然後在墳墓中醒來，卻沒有任何可能性可以跟外界接觸。醫生當然也了解不僅是病患，同時他們自己也可能不適時地被診斷為死亡，而遭受到可怕的後果。這是因為有名的解剖學家維沙里斯（Vesalius）所犯的一個大錯的後果。當時他在西班牙菲利浦二世的宮廷上解剖一位西班牙的紳士，結果令他有說不出的恐懼的是，這個人的心臟仍在跳動。這個紳士的命運並沒有傳述下來，但是維沙里斯的命運則很恐怖。他被帶到調查庭後，被判了死刑，雖然後來他得到了減刑而被放逐到聖地（巴勒斯坦），維沙里斯的命運因這件事而著名。在這次的旅程當中，載他的船被暴風雨打沉，維沙里斯奮力地游到一個遙遠的希臘島嶼，幾天後他便死掉了。

現在因為醫生診斷能力的進步，且法律規定屍體必須停放二十四至

四十八小時才可以埋葬或是火葬，因此沒有聽過外觀死亡這種例子。但是這個名詞還是用來指稱病患的心臟或是呼吸活動暫時中斷幾分鐘，但是如果立即給與急救，這些功能都可以恢復。我們可以辯稱一些被報告為復生的病患屬於這個類別。在外觀死亡的狀態下，可以窺見來生嗎？我們必須注意避免被不精確的字詞使用影響而掉入陷阱。如果生命功能降低，但是沒有完全消除，病患事實上沒有死亡，死後世界的門如何保持微開，讓一些光線透出來？此外，即便是為了論證的緣故，勉強接受他們的情況可以讓他們看到門後的情況，他們也不能探索這種可能性，因為在外觀死亡的情況下，血液循環系統與呼吸系統降到非常低的情況，因此會造成所謂的大腦缺氧（cerebral anoxia），也就是大腦氧氣的攝取嚴重地降低。這種狀況下如果超過幾分鐘，則沒有辦法進行意識的整合，因為大腦負責記憶功能的區域會受損，因此病患沒有辦法感覺並記錄他們在死後世界的經驗，或是復生之後提取這些經驗。

簡單地說，這些病患並沒有死亡，因此沒有機會知道死後的世界是怎麼樣。即便假設外觀死亡等於真正的死亡，病患也沒有辦法記住他們的經驗，更別提回憶這些經驗。他們所宣稱的回憶只是他們虛構式記憶的重建，或是其他人認為死後世界應該如何的故事。

從昏迷甦醒

昏迷是神經系統停止運作最令人訝異的表現。除非病患在幾分鐘內恢復，就像癲癇發作或是昏厥一樣，否則這是一種嚴重腦部疾病的徵兆。失去意識的病患對外界的刺激完全沒有反應，對自己跟外界環境沒有覺察的能力。對一個臨時（不專業）的觀察者而言，昏迷在表面上看來有一點像睡眠，但是兩者差異之處很容易察覺，因為在睡覺的人很容易因為知覺刺激被喚醒，但是昏迷的人沒有辦法對任何刺激產生反應。因此昏迷的社會後果跟死亡差不多，因為兩者都將病患與人類任何形式

的溝通隔離開來。

可以了解的是，這種戲劇化的情況對親戚與朋友有很深的影響，他們會把這種無法維持溝通的情形知覺成他或是她心靈存在的終止。因此他們很自然地會相信熟悉與任意使用的刺激，會引起病患的興趣與激起情緒反應，會幫助病患恢復與環境接觸的能力。這個想法從病患因為聽了喜歡的歌曲，或是喜愛的人傳來的訊息而甦醒，得到表面上的支持。很明顯地，大部分的狀況中都比較喜歡透過聽覺的管道進行這件事，因為大家會假設這對閉上眼睛的病患是較可行的。一份義大利的報紙整理了過去幾年經由新聞發表的案例，在一個成功利用這種方式嘗試從昏迷中喚醒病患的故事中，一個九歲的小女孩因為小手術的麻醉而陷入昏迷，然而因為聽到媽媽與最喜歡玩偶的聲音，她從昏迷狀態中恢復。一個已經昏迷兩個月的十一歲小男孩，聽到他最喜歡的歌手唱的歌之後，恢復了意識狀態並且唱了幾個音。一個三十歲的男人，看完足球賽從球場回家的路上，因為車禍受到腦傷而失去意識，當他聽到最喜歡隊伍的歌曲與球迷的歡呼後，從昏迷中恢復。最近一個例子，因為政治方面的意涵，有許多媒體報導過，一位AC米蘭足球隊的支持者，因為球隊總裁鼓勵的話語，從多年的植物人狀態甦醒。極重要的一點是，這個球隊的總裁波拉史考尼（Silvio Berlusconi）剛好是反對黨的領導者，與幾個私人電視台的經營者。不令人意外的是，他沒有錯過跟病患一起出現的許多機會，隱含的訊息是如果他有這種魔術般的力量，例如治好信任他的人，他們也可以期待他可以有效地管理公共事務與恢復罹病的義大利經濟（註2）。

每個人都會對好消息感到欣喜，特別是那些增強我們已經相信的機制的信心的好消息。這對一個根深柢固的想法，疾病的發展也對心理因素的影響很敏感，也是對的。一般而言，不能否認確實有幾個證據支持這樣的假設，這也讓探討心理事件與身體疾病關係的身心醫學旺盛地發展。因此，人們很少懷疑因為幾首歌與充滿感情的訊息，可以有效地打

破昏迷所構築在病患與環境間的藩籬。音樂跟歌曲不會造成傷害，因此沒有人反對在病床邊使用這些工具。但是這些程序的理由與證據，是否可以提供支持來滿足最小的要求，以推薦大家去使用，則是相當不同的事。

也許首先應該說的是，傳播媒體沒有提供足夠的資訊，讓我們去產生一個對其可信度的判斷。有許多重要的事實被遺漏，譬如昏迷的嚴重程度、接受處理後的恢復程度與效果持久程度。更重要的是，我們很少被告知目擊甦醒事件這些人的專業能力，他們是否與這件事的結果有任何牽連。為了了解這些因素的潛在影響，可考慮一下雙盲測試所設下的嚴格標準，這已經變成測試新藥藥效的黃金標準。在這個例子中，參與測試的醫生一定不能知道病患服用的是藥物或是安慰劑，因為過去已經常常發現，知道病患接受哪種處理會影響觀察者的判斷，不管他或她是否有意願如此做（請看第十三章）。

如果認為我們對意識機制的了解與這個機制的干擾，與有意義的訊息會影響昏迷的後果這個假設相互矛盾，那麼嚴格遵守方法上的限制就更重要了。意識來自兩個大腦結構的整合活動，一個是網狀結構，在腦的深層，一個是腦皮質，包覆在大腦的表面。它們的活動對知覺訊息的處理很重要，從視網膜、內耳、皮膚、肌肉等等周邊受器蒐集到的刺激，透過傳導路徑傳到皮質的分析器，接著上傳到腦幹的白質、白質與視丘（大腦半球深層的結構）連接，最後終止於感覺特定（sensory-specific）的皮質。在這裡會發生兩階段的歷程。第一階段，物品的物理特徵會被分析，然後構成整體的認知。第二階段，這些知覺的產品與先前經驗中相同物品的記憶相互比較，整個歷程牽涉分散、階層組織的區域，產生的結果就是刺激的再認知。但是有第二個系統參與皮質活動的調節，增加皮質神經對來臨刺激的反應準備程度。這牽涉到上傳訊息的網狀結構與它的投射。網狀結構是個神經元的網路，從後端的延腦（caudal medulla）延伸到中腦（mesencephalon），中腦接受兩側感覺訊息的

輸入。中腦的上半部分與視丘的神經元（稱為非特定視丘神經核），與接收特定感官訊息（譬如視覺、聽覺、體感覺）通道的神經核是不同的。接著這些神經元投射到整個皮質（圖6.1），因此皮質接受兩種類型的輸入，一種是感覺通道，一種是源自網狀結構的不特定系統之訊息。目前已經發現後者是腦皮質活動同步化的來源，在維持警覺性與意識狀態的微調扮演很重要的角色。在某種程度來講，可以認為它牽涉監視皮質神經元的狀態。在生理正常的狀態下，醒著的時候，網狀結構是活動的，睡覺的時候是被壓抑的。病理上的壓制活動會讓皮質無法對任何的刺激產生反應，這就是昏迷。

因此昏迷可以因為兩個不同結構的受損而產生。可以是瀰漫性皮質損傷，干擾知覺輸入的處理，讓意識像是空白的黑板，沒有任何的記錄；也可以是網狀結構的受損，干擾了維持皮質活動的輸入訊息。導致網狀皮質受損的原因可能是直接的腦傷、腦半球受傷膨大產生的壓迫，或是藥物的鎮定效果與毒物對神經元細胞新陳代謝的效果。

如同其他的生物事件，昏迷也不是一個全有或全無的現象，不同的

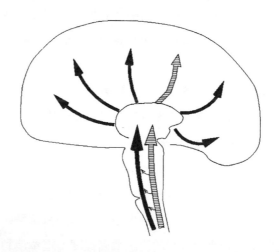

圖6.1 大腦側面觀的概圖。傳遞體感覺的路徑（虛線的箭頭）由腦幹上傳訊息，與視丘的神經元連接，然後投射到頂葉。腦幹投射到兩側的網狀結構（黑箭頭），與不特定的視丘神經核連接，然後投射到整個皮質。

嚴重程度可以由進展與回歸來判斷。意識模糊（clouding of consciousness）與止痛（obtundation）定義了警覺受損程度的增加，由病患回答一些基本問題時的延遲與不正確，與獨處時傾向入睡可以看出。更深一層，只能由強烈的知覺或疼痛的刺激來引起反應（稱之為恍惚，stupor），或是完全沒有反應（稱之為昏迷，coma），病患躺著並閉起眼睛。瞳孔與眼睛的動作與呼吸異常是更深一層昏迷的敏感指標，必須很小心的監測，因為這代表大腦活動漸漸惡化。當延腦受損，像呼吸與血液循環的生命功能會失效，昏迷變成是不可逆的，除非利用一些人工的機具。這個狀態稱之為腦死（brain death），強調病患到達一個無法恢復的狀態，至此意識沒有辦法再恢復，即便是周邊的器官還有功能。在幾天內血液循環系統會瓦解，病患會死亡。腦死的定義最近被認為是有極大的重要性，因此有非常嚴格的規則，因為它定義了器官移植可以成功進行的間隔。

從昏迷恢復也要經過幾個不同的階段，與昏迷加深的過程相同，但是方向相反。特別重要的是持續的植物人狀態（persistent vegetative state），病患看起來是醒著，眼睛睜開，朝著未預期的刺激移動，有正常的睡眠與覺醒韻律，但是無法回答問題，也沒有顯示任何心智活動的跡象，不管是口語的或是臉部表情的。植物人狀態病理上的關聯被認為是瀰漫性的半球受損，而腦幹是相對完好的。植物人的狀態可能是暫時的狀態，病患可以經由此狀態從昏迷中恢復，但是如果持續超過兩週，從意識活動與生命的恢復角度來看，會是一個不好的結果。只有在匆匆一瞥時，這個狀態會被誤以為是閉鎖症候群（locked-in syndrome），意識是完好的，但是意識內容的溝通因為口腔與四肢的癱瘓而無法進行。

昏迷預後的主要決定因素是潛在疾病的本質與進展（譯註：**預後指預期病情後續的發展**）。無法手術的腫瘤本質上會傾向愈來愈大，因此與功能愈來愈差有關。相反地，血管與創傷疾病，會在早期的幾天內達到嚴重程度的高原期，但是如果撐過這個重要的時期就會慢慢改善。其他影

響昏迷結果的重要因素，包括損害的程度和受損結構與負責生命功能區域的距離遠近。例如侵入腦幹的損傷，因為腦幹這個小小的地方控制呼吸、循環等等的生命功能，相較於在腦半球同樣大小的損害，它預示了較不好的後果。在疾病的早期，解剖上傷害的效果會因為一些擴大失去功能範圍的短暫現象而惡化，譬如水腫（oedema）、（受傷緩衝區）血液供應不足（penumbra，原意為半影）與皮質功能喪失（diaschisis，也稱為聯繫斷絕）。水腫的原因是血漿從微血管壁漏出去，周圍組織的腫脹延伸到受傷區域以外，可能造成大腦疝氣（brain hernia），也就是擴張的腦半球侵入其他區域。當往下的疝氣發生時，預期後果會特別嚴重，因為它會造成腦幹的壓迫直接干擾負責意識的結構之活動。血液供應不足是表示血管梗塞周邊的血液供應量漸漸降低。到這種程度，能量的新陳代謝降低，但是沒有被完全破壞，雖然功能上受損，但是仍有搶救的可能性。皮質功能喪失指的是因為連接區域的功能受損，造成該區域功能的喪失，缺乏從受傷區域的輸入，造成未連接區域新陳代謝的降低。在疾病的早期，所有這些現象的最終結果是臨床上看到的嚴重程度遠遠超過從解剖位置預估的傷害程度。隨著時間這些傷害的範圍會變小，因此有比較好的預後。另一個正向的因素是補償機制的發展，將受傷神經元原先負責的功能轉移到健康的組織，但是它們參與較多的是神經與認知缺損的回歸，而不是意識的恢復，因為負責意識的腦結構很難被補償。

　　昏迷的特徵，特別是嚴重程度與維持的時間，已經被證實可以有效地預期後果。一些研究都同意，當意識的喪失是短暫時，原則上是會恢復的。在一個研究中，昏迷超過六小時者，一半的病患在之後的六個月內死亡，35%的病患以植物人的狀態存活。另一個研究，病患在意外發生一個月後仍處於植物人狀態的，沒有人可以恢復到生理或是心理的獨立性。跟所有的生物現象一樣，有規則就有例外。兩個病患分別在植物人狀態八個月跟三年後，開始對刺激有反應。從那時候開始，他們持續

進步，最後可以閱讀報紙、看電視且立即與正確地回應問題。這些報告提醒我們，功能延遲恢復的單一例子會發生，即便大部分的專家都同意，在疾病六個月後沒有希望會有改善。以這個為背景的是，必須評估刺激技術的效果。一些作者把大量知覺訊息的轟炸，當成是幫助病患從昏迷中甦醒的工具。根據這個技術防止病患的知覺剝奪，促進對外界刺激的反應與監測認知狀態。這個程序潛在的哲學是聯想到醫生會建議按摩與被動運動，以防止健康的四肢肌肉因為不活動而萎縮，而在昏迷的病患身上，這類刺激應該會改善罹病組織的功能。這些程序根據的理由仍然是被質疑的。病患不反應並不是因為懶惰或是惡意，而是反應了警覺生物機制的受損，因此這一點必須被重視。神經學家盧力亞（Luria）警告不應增加已經在受損新陳代謝狀態細胞的激發，休息應該對細胞的恢復較有利。有些推測認為引發細胞的活化，將這些活化組合起來足夠保證功能的恢復；但如果思考一下調節神經反應的激發與抑制型態之間複雜的反應，就可以了解這是一種過度簡化的推測。

除了這些理論上的考慮，重點是支持「知覺轟炸」（sensory bombardment）的人，從來沒有提供證據支持這種改善昏迷的進展會超過自然的恢復。這是我們評估各種治療提案時的共同問題，也就是需要表現出，以年齡、病因、症狀嚴重程度等等配對後，被治療的那一群人的復原情況會比控制組要好。如果沒有這種結果的比較，任何因治療而改善的宣稱都是信念的問題，必須以懷疑的角度加以評估。令人遺憾的是，沒有系統性的研究比較接受處理與未接受處理的病患在疾病進展的差異，因此無法確認知覺刺激是否會造成顯著的改善。現存的證據頂多是偶然的、有限例子的，且缺乏細節。

更有問題的想法是，透過對病患有情感價值的訊息會對意識的恢復特別有用。因為這些訊息有潛力可以抓住病患的注意力，與鼓勵他們對環境反應。這個想法合理嗎？讓我們考慮一下柏魯史考尼鼓勵的話語應該會引發神經認知事件（neurocognitive events）的順序，一開始，聽覺

皮質會先處理聽覺的特徵，然後將處理後的結果傳到維尼基氏區（Wernicke's area），在這裡解碼語言的訊息，為了有意義並且有情感的價值，這些資訊必須激發負責提取一般跟個人記憶的神經結構（包括波拉史考尼是誰，AC米蘭足球隊代表什麼意義等等）。雖然簡單，但這樣一個表現需要持續的注意力，與牽涉整個連結皮質的合作與互動。很難了解昏迷的病患如何完成這項工作，他們的皮質不是直接受損，就是因為損傷而無法激發，甚至對最強的知覺或是疼痛刺激都沒有反應。對不再是昏迷狀態，而是恢復到恍惚或是植物人狀態的，這些處理也沒有效果，因為他們也不能集中注意力，或是讓自己從事長時間的心智活動。另一點要考慮的是，重複的訊息會喪失它的新奇性並且導致習慣化，也就是沒有反應，即使正常人也是如此。希望藉由這類方式讓病患的警覺性能夠有持續性的進步，就好像輕輕鎖上門，而希望吵醒城堡裡面房間內正在睡覺的人一樣。

對刺激技術質疑性的評估，並不意味著我們必須被動地等待昏迷自發性的恢復，而不採取積極性的治療。除了疾病本質所需要的特定醫療之外，在昏迷的早期，我們必須保持病人的呼吸道通暢，輔助呼吸與血液循環，調解心跳速率與對抗感染。水腫是個雖然短暫但有害的因素，有時可以利用高滲透藥物（hyperosmolar agents）或是類固醇來治療。簡單地說，治療的目標應該是朝向潛在的疾病，而不是昏迷本身。只有當病患恢復的程度到達可以跟我們合作的程度，才可以進行恢復認知技巧的工作。此時，恢復技術就可以利用具有引發病患興趣與激發注意力資源優點的刺激。

註釋

註1 ▶ 路克（VII, 41-56）的確報告一個死後復生的奇蹟，但那是不同的人，且較不令人印象深刻。一位猶太教的管理者傑魯斯（Jairus）懇求耶穌到他

家去，因為他十二歲的小女兒快死掉了。耶穌同意了，但是必須慢一點去拜訪他，因為一個已經流血十二年的婦女懇求他的幫忙。當耶穌正在幫這個婦女的忙時，一個男人來通知傑魯斯的女兒已經死掉了。當耶穌到傑魯斯的家中看到他的女兒時，耶穌說：「她沒死，只是在睡覺」，然後執起她的手，「我的子女啊！起來！她的靈魂回來且立刻站起來」，很清楚的是，這樣的復生場景也無法排除對這小女孩是否真正死亡的懷疑。

註 2 ▶ 一些不相干的人辯稱，因為眾所皆知柏魯史考尼一開始發言就會滔滔不絕，要讓他停止的唯一方式就是從昏迷中恢復。雖然必須對這些事情保持開放的心胸，但我不認為對昏迷的病人而言這是可能的情形。

第三部分

關於記憶與創造性思考的迷思

這是你如何制約他們的方式——你哭，然後他們餵你。

伊莉莎白·洛夫特思（Elizabeth Loftus）因為報告一系列的實驗，證明目擊者證詞的謬誤而聞名於世（Loftus, 1996）。這些實驗中的參與者都在絕對正常的環境中接受測試，而且他們都認為記得一些根本沒有看過的東西。這些證據中最有關的實驗應該是，她痛切地（cogently）以實驗說明，在詢問時加入一些細微的訊息是可能很戲劇性地改變目擊者的記憶。也許我們應該被要求去「說謊話、整個捏造的故事，以及什麼都別做只要捏造故事」。這些捏造的記憶絕不是稀少的，在我們的日常生活中常常經驗到這件事。沙崗（Sagan, 1996, p. 132）提醒我們美國前總統隆納德·雷根（Ronald Reagan）的故事。雷根在整個二次世界大戰期間都待在好萊塢，但是他卻在總統競選活動中「很生動地描述他自己在解決納粹集中營受難者的角色」，其中有許多情節來自他與唐·艾美西（Don Ameche）主演、由哈沙威（H. Hathaway）導演的黑白片「機翼與一個祈禱者」（*Wing and a Prayer*），這部片肯定對年輕時的雷根有些影響。

最近發表的幾個研究指出，使用標準的實驗程序可以很穩定地引出錯誤的記憶，不管實驗參與者是健康的正常人（例如Payne et al., 1996）或是失憶症的病人（Schacter, Verfaellie and Pradere, 1996; Schacter, Verfaellie and Anes, 1997）。的確，馬奎斯（García Márquez, 1994, p. xiii）提醒我們「真實的記憶看起來像幻影，而假的記憶看起來如此真實，所以取代了真實記憶」的情形是常常發生的。

當然錯誤記憶症候群並不是與記憶有關的唯一迷思。只要想一想有多少次你在很嚴肅的教科書中，看到作者以很決斷的口氣說明，有研究發現未訓練過的扁蟲（flatworms，又稱蛭或條蟲）可以藉由吃掉訓練過的扁蟲學會某項作業（即訓練過扁蟲學會的作業），這個部分的第二章即針對這個主題，討論關於不須花費氣力學習的一些細節。

最後，基胡利（Ken Gilhooly）會帶領我們了解創造力的領域。

7

躺下來跟我說說你的童年

蓋瑞（Maryanne Garry）

法藍（Susan Frame）

洛夫特思（Elizabeth F. Loftus）

現在……讓我跟你講一下你童年的一些回憶。

序論

　　現在的時代應該是個人娛樂技術的時代，也是一開口就有真實、互動世界的時代。任天堂（Nintendo）是生活必需品，虛擬實境是海平面上的海市蜃樓（looming），而星際爭霸戰（*Star Trek*）的全像艙（holodeck）給我們一扇窗去了解離我們不遠的未來世界的可能景象。小時候有沒有一直想要成為一個職業美式足球員、一個Jedi Knight（星際大戰中的角色），或是一個搖滾歌星？依據你接觸哪一種科技，你可以啟動你的任天堂、戴上你的護目鏡與資料手套（譯註：**在虛擬實境的遊戲中，這意味著戴上3D立體眼鏡，與可以模擬真實觸感的手套**）、選定麥可喬丹開始遊戲（give Michael Jordan a go）。當個人娛樂科技進步，這種假經驗的一定會對我們所謂的「心智遊戲」（mind games）造成曲解。但是最近幾年，我們已經目睹因為一些善意的專業人士從事他們自己的心智遊戲時所造成的災害。今天，許多家庭被指控施予小孩子最恐怖、持續的性侵害，這些小孩子將這些記憶壓抑著，在許多年後才回憶起。最近我們已經了解想要創造出看起來很真確的記憶，只需要一些小小的想像力。

自傳式記憶

　　我們可以記住一生中的哪些事？這種記憶就是認知心理學家所謂的「自傳式記憶」（autobiographical memory）。為什麼我們會記住一生中的事件？這完全是另一個問題。認知心理學家奈塞（Neisser, 1984）主張記憶並不是藉由擷取事件中持續與穩定的部分（譬如人或關係），以忠實地記錄生命中的事件，也不是人類經驗核心中的保持一個使其合理化的過程。

大部分的成年人無法回憶三歲前的特定記憶，這種缺陷稱為「兒童期失憶症」（childhood amnesia）。雖然有一個研究（Usher and Neisser, 1993）暗示，即便在三歲以前，仍然可以記住一些關於較年輕手足的誕生或住醫院的資訊。這個較新的發現可以當成另外的解釋方式（Loftus, 1993）。如同奈塞（Neisser, 1993）所指出的，年紀小的兒童對時間沒有概念，他們不會坐在沙池旁邊相互交換過去的故事，或者討論當他們退休的時候，社會安全制度是否會繼續下去。一個關於兒童期失憶症的功能性解釋是：兒童期早期的事件不會被記住，是因為從兒童的角度來看，這些事件所具有的意義與之後幾年的不同。我們會記得一個事件的重點，而不是詳情，而且我們無法回到過去以得到當初我們感受到的事件更多的細節。

當然在這一章我們不是討論成人回憶兒童期在沙池旁邊的交談，或是他們弟妹出生的情景。對某些臨床醫生而言，一個「特別顯著的事件」可以引發很強烈的記憶，儲存在潛意識可以觸及的黑暗地帶。但是如果壓抑是可能的話，認知心理學家會質疑是否真的有特殊保留記憶細節的機制。確實，如果潛意識特別聰明的話。雖然我們已經看到研究上有很大的進展，我們也目睹政治上的偏向漸漸轉向心理學的社群。政治上的時程表已經取代研究計畫，而且太多人「扭轉詮釋」結論而非根據結果做推論。關於壓抑記憶的爭論已經在純淨有秩序的學術研究世界造成一團混亂。最近一個相當莊重的學術會議，在一個心理健康專業人員參加的討論會中，這些專業人員以活生生的方式放映案主的恢復記憶（recovering memory），他們也用被虐待兒童的照片裝飾壁報，而且加害者看起來令人迷惑地像個好人（「而且這個加害者就住在這些女孩子附近街道的角落，一個很好、白人上層中產階級居住的鄰近區域」）。

但是整個事情愈來愈糟，愈來愈超乎尋常。心理學家哈蒙德（Cory Hammond）曾說，譬如人們會懷疑那些有撒旦侵害之類記憶的人是天真、未經世事的或是不理智的。然後用一種實在怪誕、麥卡錫式的曲

解。他透露：

> 他們自己本身是教徒，而且我可以確信有些人在那個位置
> 上……有些人是醫生，有些人是心理健康的專家，有些人在這
> 個教派內，有些人正在培養跨代的教徒……（一九九一年三月
> 二日在亞特蘭大派克伍德醫院的催眠工作坊）

最近，哈蒙德（Hammond, 1997）在一個會議上發表演說，並且利
用一個臨床的動員（call-to-arms）詳述他的警告：

> 在結尾時，我想說我是一個學術界人士、我是一個醫生、
> 我是一個教授。但是你知道，對那些錯誤記憶運動的醫生來
> 講，目前已經是言論開放期（open season）。我想現在也會有
> 某個人要求學術界人士跟研究人員有一個言論開放期。特別是
> 在美國跟加拿大，以學術支持極端的錯誤記憶論點變得愈來愈
> 極端，因此我認為對醫生而言，目前是開始對研究人員與期刊
> 編輯（其中的大部分）科學上的不當實行給與道德指控的時
> 機。我會指出不要有錯誤實行的範圍──當他們過度類化、過
> 度陳述與選擇性地回顧評論一些研究。現在是給與道德指控、
> 帶他們到美國心理學會、國家級的學會與任何組織的道德委員
> 會的時機，讓他們有機會去解釋自己的行為、一些過度類化與
> 他們說過的太極端的事情。錯誤記憶的極端分子不能支配臨床
> 催眠的方向。

然後他以下面這段話結束他的演講：

> 你知道，這星期我已經聽到一個學術機構做出一個我認為

很極端的聲明：所有使用催眠的醫生都必須將每一次的診療過
程錄影並存檔與控制偏誤（bias），然後我們應該去要求所有
的研究者錄影記錄所有的實驗過程，每一個案主的每一個催眠
前後的過程，然後保存七年以證明在實驗室內發生的是無法控
制的偏誤。謝謝。

然後，赫曼跟哈維（Herman and Harvey, 1993）懷疑是否有針對醫生的「社會反彈」（social backlash）？

心理學：不正常的家庭

雖然心理學家在文獻中爭論，他們常常可以在共同的理論基礎上發現一大片修補之處。心理學家意見不一之處，常常是在案主所恢復的記憶之本質與真確性，壓抑記憶磨損之處便傾向於這個不一致的地方盤旋。但是心理學家也處理在知識的一些分支之中，沒有共同知識基礎的事實。特別是針對這些創傷記憶的主題，我們彼此有不同的觀點與信仰系統，有時會使得彼此之間的討論像在峽谷之中相互喊叫。整體來說，對於了解記憶，認知心理學家與臨床醫生有一個根本上不同的取向（或稱進路approach），在某些時候，我們甚至不講相同的語言（譯註：意即無法相互溝通）。

以「壓抑」這個概念為例，在文獻上是否有任何「壓抑」的證據完全依據如何定義。「壓抑」所代表的意思可以列在很長的延伸線上。爾德利（Erdelyi, 1990）從佛洛依德在一八九五年開始使用壓抑這個字眼，到他使用各種同義字去形容被意識拒絕的想法，進行一個歷史回顧。在爾德利的分析中，佛洛依德並不認為壓抑是一個不可避免的潛意識過程，而且這個概念似乎仍維持它的模糊性。最近，克魯斯（Crews, 1995）發表的一篇詛咒（與詼諧）的分析，探討佛洛依德與其對現代的

影響。克魯斯並不矯柔做作地辯說，現今的恢復記憶充其量不過是心理
學的蛇油（snake oil，譯註：原意為江湖醫生的萬用藥，意即以此解釋各種現
象）；而且當年一個極端自我中心學派導師利用扭曲其結果來擴展其生
涯，今日佛洛依德學派仍在從事同樣的工作（Miller, 1995）。

然而，佛洛依德對「壓抑」實際上的想法如何並不重要，比較重要
的是現今我們要如何使用這個詞。在現代的文獻中，壓抑包括的範圍從
忘記經驗的任一部分到數十年內的任一時刻從察覺狀態中排除創傷事件
的記憶。在一個極端的定義中，佛萊利克森（Fredrickson, 1992, p. 15）
宣稱人們通常會將「被虐待的恐懼情節、生命中的幾年，或是整個童
年」的記憶封鎖住。因為操作型定義有極大的變異性，因此實際上一個
關於壓抑的研究很難等同於另一個研究。

如果醫生接受同樣不精確的診斷與治療程序，我們的醫藥會多麼地
糟糕。如果達夫（Dave）跟他的醫生約了時間，討論他的昏睡跟頭昏眼
花症狀，他的醫生經過幾個測試後說：「哈潑先生，我想這跟你的大腦
有關，雖然我不曉得問題在那邊，或是在多深的地方，根據我的經驗它
是一個專業的預感。現在，我很確信你問題的根本原因，然後我想進行
腦部手術，往下挖開你的腦子一點點，然後看看我是否能夠找到問題所
在的地方。」還有一些醫生似乎不曉得壓抑的診斷標準是快速且寬鬆
的，反而為壓抑的普遍性加以辯護，看起來就像是以指數比例增加的恢
復記憶案例證實了這個概念。

恢復記憶的正確性

如果擁有兒童期受虐恢復記憶的案主將過去受虐與現在的不正常產
生連結，這就會持續在他們的生命中變成一件事。不幸的是，最近恢復
的記憶變成刑法與民法的基礎。一些驚嚇的婦女（也有一些男士）因為
剛剛回想起被虐待的記憶而停止治療。有時候，他們提出傷害賠償的控

告，而非刑法的控告，因為刑事犯罪的控告比較難成立（Davis, 1991）。一些法庭已經拒絕根據壓抑記憶的主張，因為一些原告所宣稱他們一直記得被虐待的事情，只是在治療之中被強化所造成的。即使人們沒有提出控告，他們仍然相信且常常指責其他人在很久以前做過一些可怕的壞事。現在我們已經產生一些家庭工業，包括恢復性侵害記憶人們的支持團體，或是家庭成員遭到指控的支持團體、專業於恢復記憶的律師。被告的父母、律師、法官與陪審團從醫生跟研究者之中找尋解釋，但是我們最想知道的是，這些記憶是真實的嗎？

問題之一是，並不是所有的醫生都認為辯論真實性是一個很重要的議題。以布里利（John Briere）這個令人尊敬的研究醫生為例，布里利（Briere, 1992）曾經處理過許多在兒童時期遭受猥褻的成人，他對於兒童期創傷恢復記憶（recovered childhood trauma memories）的看法如下：「在我臨床的印象中，這些記憶相當正確」（Ritter, 1991, p. A10）。公平地說，布里利已經從他早期的看法撤退。最近他描述恢復記憶療法就好像一種心理的脂肪抽除術，並說：「它是一個壞點子、壞療法，我不推薦它」（Ritter, 1998）。一些醫生確實企圖去鞏固創傷記憶，其中最常被引用的一個研究是赫曼與夏宙（Herman and Schatzow, 1987）所做的。他們宣稱治療團體中75%的女性可以從其他來源得到被性侵害的證實。然而，這種證實並不是獨立做的，而且所發表的研究報告中，並未說明那些被認為具有嚴重記憶缺失的人可否找到證實的證據。此外，判斷是否證實的標準並未在報告中公布。赫曼跟夏宙並未實際檢驗這些證據，而只是相信這些女性對證據的描述，所以我們並不真正了解所謂的「證實」對這個研究的目的有何意義。最後，赫曼跟夏宙在報告中所描述的一些細節，根本不是真正的案例。那些案例是組合而成的，是一種強調印象的資料呈現。那些案例等同於心理上的完美汽油（psychological equivalent of an ideal gas）（譯註：指可以滿足研究者的各種目的）。

琳達‧威廉斯一九九四年關於壓抑的研究是另一個常被引用為證據

的研究。她訪談十七年前遭受性侵害後，曾經被送到醫院進行檢查與處理的女性。那時，這些女性大概是在嬰兒與十二歲之間。威廉斯指出訪談時，有38%的成年女性沒有回憶到被侵害時的主要情節，或是她們選擇不要報告出來。這個研究比較有趣的部分是，這個結果對醫生社群中進入神話地位的現象有何影響。幾年前，甚至在這個研究發表在一本被推薦的科學期刊之前，這個結果被引用、錯誤引用與誤傳。威廉斯本身相當小心與直接地陳述她的結果，只是指出部分被性侵害的女性沒有回憶兒童期被侵害的經驗，但是其他人沒有如此小心。譬如衛理（Wylie, 1993）說，琳達·威廉斯研究中有38%的女性「報告說她們沒有被性侵害」（pp. 42-43）。特爾（Terr, 1994）更偏差地說，威廉斯的研究既不是顯示壓抑，也不是顯示出防衛性的遺忘。但是威廉斯的研究到底說明了什麼？壓抑？失憶？防衛性遺忘？並不需要用花俏的衣服去裝飾一個共通的現象，也許最簡單的答案是最好的——她們就是不記得。

謬誤記憶的創造

認知心理學家辯論兒童期性侵害謬誤記憶的創造（the creation of false memories），與爭辯壓抑與恢復記憶這種不穩固概念的理論基礎一樣多。我們的看法是進行實驗探討這些主題。科學方法令人尊敬的傳統是我們如何著手處理一個問題。我們當然不能模擬兒童虐待，或者暗示他們正在壓抑記憶，然而，我們可以討論一些創傷的情境。最後，我們可以創造記憶。

至少從一九七〇年代中期開始，便有研究者藉由接觸事件後的誤導資訊，以調查謬誤記憶。現在，幾乎二十年後，數以百計的研究支持高度的記憶扭曲會發生。人們會記住曾看見不存在的小物體、大物體，甚至是大鬍鬚的男人（Loftus and Ketcham, 1991）。新的資訊常常會變成一個人記憶的一部分，導致記憶的扭曲。了解我們為什麼會看見一些不

曾出現的東西，對了解一些人為什麼記得曾經歷一些不曾做的事是很重要的。然而，常有批評認為實驗室研究中的記憶扭曲通常是很瑣碎的細節（Darton, 1991; Herman and Harvey, 1993）。這些研究沒有提出一些相關證據證明，你可以修補真實創傷世界的記憶，或是你可以植入根本沒發生事件的創傷記憶。

更常被提到的是，特殊創傷記憶機制的擁護者相信這些事件事實上是烙印於大腦的。譬如，「創傷記憶造成持久的視覺影像……烙印上視覺印象」（Terr, 1988, p. 103），「記憶銘印是難以去除的，它們無法去除」（Kantor, 1980, p. 1963）。但是有無數理由相信沒有特別記憶類別的存在。反而是，記憶是可塑的，即使面對生命中最創傷的經驗。歌手兼詞曲創作者傑克森‧布朗（Jackson Browne）曾寫到：「當未來在那邊等待任何人去改變，你仍然知道，看起來有時候去改變過去會比較簡單。」

個案報告通常提供相當戲劇化的證據，證明創傷事件是實際被經驗的，而記憶是徹底的被改變。

讓我們看看兩個這種例子。第一個例子來自羅伯‧卡羅（Robert Caro）以林頓‧強森（Lyndon Johnson）為主題的書（Caro, 1990）。卡羅描述了林頓‧強森如何解釋在二次世界大戰中的作為，而且以愈來愈有自信的口吻；卡羅指出隨著時間演進，「細節總是愈來愈多、愈來愈活潑生動」（Caro, 1990, p. 48）。現在，有親戚曾參與過戰爭的，會知道戰爭故事是一個荒誕不經的故事（fish story），會隨著時間愈變愈大。整個故事都是謊言，可是說的人相信，而且一再地重複，甚至裝飾這個謊言，即便這個謊言已經被察覺了。「但是最明顯的是林頓‧強森對自己戰爭故事的態度：他變得相信它是真的」（Caro, 1990, p. 51）。例如當強森很明白地因為政治的理由得到銀星勳章，他公開地說他從不佩帶它，因為這不是他該得的。在拒絕領獎的信中，他說他服務軍旅的時間很短暫，所做的比不上其他人，所犧牲的也比不上其他人。但是他

從未寄出這封信，他只是把信存檔。最後，強森在公開儀式中接受銀星勳章。在不只一次的機會，每一次他的表現都像是第一次接受這個榮譽，但是事情不是到這裡就結束了。他開始在衣服的翻領上面佩帶比較小的獎章，且開始在他的言語中提到它。然後，很令人訝異的是，強森開始相信他應得的不只是一個銀星勳章，並且開始抱怨「他只得到銀星勳章」（Caro, 1990, p. 52）。

有些人可能會因為強森也許不相信自己所說的，而質疑這個例子的價值，因此認為卡羅所描寫的並不是自傳式記憶的扭曲。但是沒有事情是比政客的全然謊言更有趣。第二個例子描寫沒有任何明顯理由說謊而產生的謬誤記憶，它與政治漫畫家蓋瑞・楚度（Garry Trudeau）和他被徵兵到越南的經驗有關。

在柯林頓總統不一致的徵兵冒險故事引發新聞界一陣騷動後不久，楚度寫了兩封信到紐約時報的讀者投書。在第一封信中，他描述他回憶在徵兵抽籤時抽到比較小的號碼（Trudeau, 1992a）。他描述他原先學生緩徵的狀態，抽籤那天晚上幾個小時來自朋友與家庭安慰的話語，與他採取獲得第二次緩徵的步驟。他應徵國民警衛隊（national guard），與當地的兵役單位面談（「為了這個，我剪了一個令人難忘的髮型」）。他最後回家，他的醫生父親診斷出其潰瘍的證據，並把片子寄給新罕布夏州的醫生，然後得到一個永久緩徵。信的最後，楚度寫道：「這個解釋並沒有參考現有的紀錄。」

第二封信，楚度找了一些外在的證據來堅定他徵兵時的記憶，他指明這些是「超過二十年，以不變的語言解釋過」（Trudeau, 1990b）。檢驗他的紀錄與親戚面談後，楚度非常驚訝。他發現他原始的學生緩徵身分持續一年，而不是三年。在抽籤的那一天晚上，他並沒有跟任何朋友或是親戚談話。事實上，他認為他是跑出去喝啤酒了。楚度也記錯（差距幾個月）他應徵國民警衛隊的日期，與他應徵幾個單位的名稱。他從沒有剪了那一個髮型。最後，楚度不是新罕布夏州的居民，而且根據法

律，讓那裡的醫生檢驗是不合規定的。他說：「我一定認識一個肯把地址借我使用的當地居民。」

　　軼事的本身相當有趣，但是對個人創傷的記憶，科學家喜歡比較嚴格、實際去調查顯示錯誤的證據。譬如，有研究檢驗人們對一九八六年太空梭「挑戰者號」爆炸新聞的回憶（Neisser and Harsch, 1992），這些實驗參與者都在爆炸當天早上接受測驗，幾乎三年整之後再接受另一次測驗。大部分的參與者都認為他的記憶很「生動」，但是沒有一個人完全答對，超過三分之一的人錯得很離譜。譬如有一個參與者，當她的好朋友以這個新聞打斷電話談話時，實際上正在電話中討論業務。三年後她記得在教室中聽到這個消息，第一個念頭是這個消息是個玩笑，稍後她走到會客室看新聞，對這個災難開始有反應。

　　這些軼事跟實驗例子暗示創傷事件的謬誤記憶可以被創造出來，親身體驗創傷事件的細節可以隨著時間而改變。利用這種看起來像是自然發生的現象，下一步很合邏輯的，便是在心理學實驗室中模擬這種製造記憶的過程。

實驗室中的虛構記憶

　　可以單憑暗示就創造出謬誤的創傷記憶嗎？最近的科學證據顯示這是可以的。洛夫特思與皮克瑞爾（Loftus and Pickrell, 1995）描述如何利用親近的親人當作正確與錯誤暗示的來源，以創造謬誤的兒童期記憶。參與者要求回憶親人描述過的事件，其中三個事件是正確的，一個是錯誤的。錯誤的一個永遠是參與者五歲時在購物中心或是其他公共場合走失，由一個老婦人找到並幫忙後，跟家人重聚。他們在小冊子中讀到所暗示的事件，寫下他們所記得的部分，並且面談兩次，面談之間隔為一或兩週。大約四分之一（29%）的參與者記得錯誤暗示事件的部分。底下是其中一個例子，一個婦女相信她曾經在希爾斯岱爾（Hillsdale）購

物中心走失。在第二次的面談中,她說:

> 我模糊地、模糊地,我指這件事非常模糊,記得一個女士
> 幫忙我跟提姆(Tim)與我媽媽做某些事,但是我不記得哭泣
> 這件事。我指的是我可以記住數百次哭泣……我只能記得其中
> 的一點點。我記得與一位女士在一起。我記得去購物,我不認
> 為,我不記得太陽眼鏡那一部分。

在她聽取完實驗的設計細節後(debrief,譯註:指故意欺騙她的那一部分),她仍然有點堅持其中的記憶,「我完全記得在更衣室外面走動,而且我媽媽不在她說會出現的那個地方,你知道我的意思嗎?」

洛夫特思與皮克瑞爾(Loftus and Pickrell, 1995)正確地指出,這個研究不但說明謬誤自傳式記憶在人群中的普遍性,更是說明謬誤輕微創傷記憶可以被創造出來的證據。海門、哈思本與畢林思(Hyman, Husband and Billings, 1995)證明更不尋常的事件也有相似的結果。在他們三次面談程序的最後,25%的參與者記得兒童期時,在婚禮接待處附近奔跑,不小心將一碗潘趣酒(punchbowl)灑在新娘父母身上。

派岱克、芬格與賀巨(Pezdek, Finger and Hodge, 1997)質疑洛夫特思與皮克瑞爾(Loftus and Pickrell, 1995)的結果,類化到具兒童期性侵害恢復記憶的成人之適當性(p. 441)。在他們的觀點中,在購物中心走失是一個相當可信的事件。另一方面,兒童期性侵害則不是。他們的假設是,可信度高的事件應該比較容易植入謬誤記憶。為了支持其看法,他們執行了兩個實驗,操弄不同的可信度與腳本知識(script knowledge)。第一個實驗中,讓就讀高中的天主教與猶太教徒閱讀一些據稱是在他們八歲時發生的事件,其中有真的也有假的。其中一個假事件是天主教儀式(聖餐Communion),另一個是猶太教儀式(Shabbot)。派岱克等人預測猶太教的參與者比較不會記住聖餐儀式,天主教的參與者

比較不會記住參與猶太教儀式的祈禱者。結果大約22%的人「回憶」起一個假事件，數字與洛夫特思與皮克瑞爾的結果一致。不令人訝異的是，派岱克等人的參與者更可能記住較可信的事件，相較於不可信的事件。

　　我們如何讓這些結果有意義？派岱克、芬格與賀巨（Pezdek, Finger and Hodge, 1997）讓我們相信參與者無法讓較不可信的事件產生夠多的資訊，使它看起來真實。因此他們不能「錯誤地」記起某事件。有沒有其他原因讓他們不會錯誤地記住？一個思考的實驗可以幫助我們了解這一點。

　　假設我們針對一群紐西蘭高中生跟另一群美國高中生進行研究，暗示他們一些據稱是在八歲時發生的真與假的事件。兩群人的假事件都與聖誕節的慶祝有關。一個假的事件描述北半球冬天的儀式：做雪人，另一個假事件描述南半球夏天的儀式：在沙灘上烤肉。現在假設25%的美國人錯誤回憶他們在做雪人的鼻子時，被胡蘿蔔打中眼睛，因此他們必須到醫院去。同時，在紐西蘭，25%的參與者錯誤回憶在沙灘上丟飛盤，將火紅的烤肉弄翻到腳上。兩組都沒有人錯誤地回憶另一半球的事件。這結果不會令人訝異，美國的參與者可以拒絕聖誕節到海灘嬉鬧遊玩的點子，相同地，紐西蘭的參與者也不會考慮做雪人的想法。謬誤的記憶可以精確地產生，是因為它們不是完全錯誤。它們是由一些真實的事情與一些假的事情合在一起組成一個假事件。它們不是從我們生活習性中虛構，然後加以編造而成的。所以我們的紐西蘭參與者找不到任何關於白色聖誕想法的事實，更別提做一個雪人。換句話說，派岱克、芬格與賀巨（Pezdek, Finger and Hodge, 1997）只是成功地證明很難要人把蘋果記成橘子。

　　在第二個實驗，他們使用洛夫特思與皮克瑞爾（Loftus and Pickrell, 1995）的程序，嘗試去引發兩個事件的錯誤記憶：比較可信的「在購物中心走失」與比較不可信的「痛苦的侵入性措施——肛門灌腸（rectal enema）」。派岱克、芬格與賀巨（Pezdek, Finger and Hodge, 1997）解釋他們採用肛門灌腸的原因是，確保「像性侵害，因為施予肛門灌腸是

很丟臉困窘的，且牽涉身體私秘部位的不舒服」（p. 439）。十八個參與者中有三個記得曾經走失，但是沒有人記得灌腸這件事。藉由比喻，派岱克、芬格與賀巨主張，他們的結果支持「性侵害的錯誤記憶很難被植入」的想法，因為性侵害是較不可信的、丟臉、困窘與不舒服的。但是讓我們更詳細地看這個比喻。

是不是兒童期性侵害都是難以置信的？克理菲斯卡（Krivacska, 1993）指出兒童性侵害防治計畫於一九八〇年代中期在北美地區如雨後春筍般地出現。二到三歲的小朋友就已經學會區辨「好的觸摸」（good touch）跟「壞的觸摸」（bad touch）。同時，父母在牛奶紙盒上看到走失兒童的照片，整個家庭可以一起看談話秀，或是聽兒童期性侵害以各種方式呈現。在數十年對兒童期性侵害的忽視後，我們終於開始處理它的可怕是很好的。但在同時，我們是否有過大的轉向，以至於我們把每一個在公園的叔叔都當成兒童性猥褻者、每一個男老師都是性侵害的加害者？這種現象可能不過是特夫斯基與坎尼門（Tverskey and Kahneman, 1973）「認知可得性」（cognitive availability）的表現，因為我們討論兒童期性侵害，我們思考兒童期性侵害，並且質疑兒童期性侵害，我們覺得這件事更可能發生，我們認為兒童期性侵害更具可信度。

兒童期性侵害很丟臉、令人困窘與不舒服嗎？一些研究兒童期性侵害的兒童心理學家說，因為性的舉動常常感覺不錯，因此他們必須處理兒童自慰或是吸引其他兒童努力去嘗試或者重複那種不錯的感覺（Isherwood，個人通訊）。此外，當兒童成熟且開始從不同的角度了解侵害這件事時，羞恥與困窘會出現。因此它的可怕之處在於，兒童期性侵害可能不是身體上不舒服的感覺。

總結來說，派岱克、芬格與賀巨（Pezdek, Finger and Hodge, 1997）之研究結果的類化程度，只是相同於灌腸與兒童期性侵害之間的相似程度。但是這兩個事件間並不需要有並行性，它們彼此之間沒有共同的特徵。也許派岱克、芬格與賀巨的結果告訴我們，錯誤記憶的植入效果並不

是很好。

　　比較新近的研究中，我們已經發展出一個比較不費力的程序，利用想像的力量來增加兒童期特定事件實際發生的信心（Garry et al., 1996; Garry, Manning and Loftus, 1997）。基本上是利用三階段、前測／後測的設計。

　　第一階段為前測，我們測量參與者對十歲之前發生一些兒童期事件的信心程度。這個「生活事件問卷」（Life Events Inventory）要求參與者評定某一個事件（或是很相近的事件）在十歲前有無發生的確定程度（譬如，「用手打破窗戶」，或是「剪掉玩伴的頭髮而惹上麻煩」，以一代表很肯定沒有發生過，以八代表很肯定有發生過）。他們在八點量表上圈起適當的數字代表其反應。第二階段，我們要求參與者將其中部分的事件，想像成看起來是不相干的作業。譬如，目標事件是在一個房子中玩耍並且打破一個窗戶；對這個事件，參與者被指示要——

　　　想像放學後，你在這間房子內玩耍。你聽到外面有奇怪的聲音，所以你跑到窗邊看是什麼東西發出那個聲音，在你跑步的過程中，你的腳被某個東西絆住，然後失足跌倒。當你要跌倒的時候，你伸手出去想抓住某個東西，你的手穿過了窗戶玻璃，窗戶玻璃割破你的手，因此流了一些血。

　　有時候參與者寫下他們的想像，有時候他們只是想像。在第三個階段（在一個不相干的作業之後，或是一個星期後），我們蒐集新的信心程度，圖7.1顯示典型的結果：我們發現當受試者想像這個事件是十歲前實際發生過的，他們一致性地變得比較有信心。

　　在更新的研究中，我們要求參與者去想像發生在其他人身上的事件。他們仍然對發生在自己身上的事件變得比較有信心，而不認為是發生在其他人身上的。這種增加的自信心——我們稱之為想像膨脹（im-

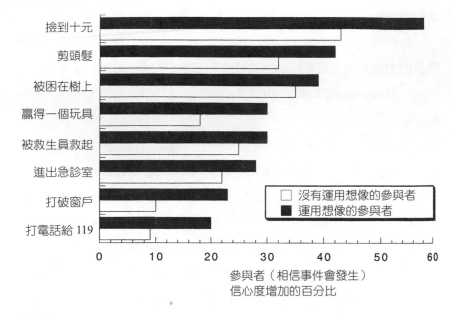

撿到十元	
剪頭髮	
被困在樹上	
贏得一個玩具	
被救生員救起	
進出急診室	
打破窗戶	
打電話給 119	

□ 沒有運用想像的參與者
■ 運用想像的參與者

0　10　20　30　40　50　60

參與者（相信事件會發生）
信心度增加的百分比

圖7.1 不同事件的想像膨脹。

agination inflation）──發生在當參與者可以很確認其他主角，甚至當他們無法確認時。

　　譬如底下的內容是要求參與者想像其他人，因為剪掉玩伴頭髮而惹上麻煩時，他寫下：

　　　　佩姬小姐、荷賽小姐與荷賽太太在同一個遊戲團體中。在那裡你告訴大家長大後想要做什麼，佩姬小姐說，她想要成為一個髮型師，所以在大家的面前剪下荷賽小姐的馬尾。荷賽太太──荷賽小姐的媽媽很生氣。她叫來了髮型監督（hair police），這個監督立刻幫荷賽小姐接髮，而佩姬小姐被指控不當使用剪刀與意圖讓人困窘。

　　以另外一種方式說，這個較新的研究暗示，即使你想像佩姬小姐因

為剪掉荷賽小姐的頭髮而惹上麻煩，你仍然會比較有自信相信，你曾經因為剪掉其他人頭髮而惹上麻煩。簡而言之，我們的參與者很容易被一些最無害的程序引導，變得對想像實際發生過的事件比較有自信。

但是，當然一個簡單的、只進行一次的想像，或是想像／寫下的作業，其效果比不上延伸、重複而精巧的練習（我們會想像發生在案主跟醫生之間）。一般公認人類交談大部分的訊息都是非口語的，一瞥、手勢、臉部表情都可以當作有效訊息的來源。除了書寫或口語的字面內容外，為了探究在一個比較逼真場合中產生的效果，漢布魯克與塞西（Hembrooke and Ceci, 1997）想到的是，當他們創造一個長期支持系統，在其中參與者有復發生理疼痛的歷史，可以嘗試去記住以痛覺表現的兒童期事件。

像洛夫特思與皮克瑞（Loftus and Pickrell, 1995）與蓋瑞等人（Garry et al., 1996），漢布魯克與塞西（Hembrooke and Ceci, 1997）研究錯誤的兒童期記憶，但是捨棄暗示參與者有一個特定創傷事件的發生（確實，他們甚至沒有提到特定的兒童期事件）。參與者被要求記住一些特定種類的情節（episode），依據自己的獨特經驗與想像，為了幫助記憶，參與者利用各種技巧，譬如想像、記錄簿（journaling）與自我暗示。參與者也參加滿是實驗同謀的「支持團體」（譯註：實驗同謀，confederate，指的是實驗人員為了實驗目的假扮成實驗參與者）。六週後，五個（達半數）參與者都發展出七個記憶，只有兩個得到自己父母的證實，剩下的五個記憶中，有四個是因為參與者被引導後，相信他們目前的頭痛可以回溯至一些早期頭部受過的傷（更特定一點，是頭部左邊）。第五個記憶──成人長期腎功能失調，是因為兒童期艱苦的大小便訓練（toilet training）。

漢布魯克與塞西指出，當其他研究已經成功植入一整個特定事件時，他們研究的重要貢獻是：

參與者實際上是自行發展出整個記憶，從開始到結束，所

有的細節都是參與者想像、歷史與過去經驗的結果，只是由整體的暗示所激發。

結論

回到原先的主題：質疑壓抑與恢復記憶的認知心理學家想要一些證據，我們所得到的是「鴨子測試」（duck test），為了回應雷根至布希時期，將新稅委婉地稱之為「歲入增進物」（revenue enhancers），這個測試從那時開始流行。批評者指控：「如果牠看起來像一隻鴨，而且叫起來也像一隻鴨，那牠就是鴨。」他們堅持任何名字的稅一樣難看。不幸的是，死亡跟稅賦是生命中唯二確定之事。我們無法將記憶加到上述確定之事的表中，也不能同樣使用證明的規範。大量記得太多的婦女（她們的治療師造成的）仍然會宣稱：「如果它感覺像真的記憶，聽起來像真的記憶，那麼它就是真的記憶。」

說一個東西是鴨子，跟不遲疑地說恢復記憶是正確的有一點不同：鴨子可以被檢驗。目前，我們沒有好方法去分辨記憶是否是真的，除非我們有堅實的資料。這當然是我們在實驗室進行實驗的理由，所以我們有外在的工具確認記憶，而且心理學家必須形成「記憶從何而來」的假設，去著手處理記憶真確性的主題。

那「壓抑」這個不穩固的名詞指的是什麼？「壓抑」，我們指的是一種用防護衣整個包覆住並埋掉的經驗，直到過了一段時間，當治療師與案主一起將石頭搬開。或者在另一個端點，它只是意味「我忘了？」喜劇演員史蒂夫・馬丁（Steve Martin）明顯走在時代的前端，當他幾年前建議，為犯罪事實辯解一定會成功的方式就是，只要跟法官說：「我忘了謀殺是可判死刑的犯罪。」或「我忘了繳稅。」由某種定義而言，防衛是壓抑合法的例子，為何不？將各種遺忘現象概念化的方式之一是，不要將它想成「延遲發現」（delayed discovery）。幾乎在二十年

前，史蒂夫‧馬丁插科打諢的內容是令人無法容忍的笑話，但在一九九〇年代，當生活仿效藝術，就只有悲傷。

今天，我們已經有一個簡單、低科技的方法，可以創造出錯誤但看起來真實的記憶。我們正逐漸迷炫於虛擬實境的欺騙，與承諾今天的 Game Boy 與星際爭霸戰（*Star Trek*）情節是離我們不遠的未來世界的一瞥，只要每個家庭都有一個全像艙（holodeck）。在未來，三度空間、互動，令人迷惑不解、真實的虛擬世界，可以隨傳隨到。如果我們的籃球迷發現與麥可喬丹一對一打球，覺得有點膽怯。沒關係，可以按下「停止」鍵，在全像艙沒有人會受傷，但是過度想像可能會有害身心。

致謝

感謝伊利諾大學芝加哥分校的李歐納‧紐曼（Leonard Newman）介紹關於羅伯‧卡羅的書。

8

只有重複是沒有用的嗎？

羅吉（Robert H. Logie）

德拉撒拉（Sergio Della Sala）

各位先生、各位女士，首先我有幾點規定宣布。首先，我說過的，絕對不會再重複。各位先生、各位女士，首先我有幾點規定宣布。首先，我說過的，絕對不會再重複。各位先生、各位女士，首先我有幾點規定宣布。首先，我說過的，絕對不會再重複。

譯注：在本章當中，作者進行一個小實驗，採用一些拉丁文，為了讓中文讀者也能參與，在本章當中，原作者採用拉丁文的部分，仍會在括號中列出來，文字出現包括拉丁文原文、拉丁文縮寫、英文翻譯與中文翻譯，有些時候這些內容全部出現，出現的順序是拉丁文原文─拉丁文縮寫─英文翻譯─中文翻譯，例如 id est─i.e.─that is─也就是，有些時候只出現拉丁文原文，譬如 id est，有些時候只出現拉丁文縮寫。這種安排無可避免地會對閱讀產生干擾，尚請讀者見諒。

根據希臘神話記載，寧默新尼（Mnemosyne）是所有繆斯（muse，也就是藝術）（*id est*—i.e.—that is—也就是）的母親，她也把她的名字給記憶術（mnemonics）跟記憶，用以表彰從學習與從記憶中提取而來的人類藝術與技巧。記憶會習得並保持像騎腳踏車、閱讀跟讀樂譜的技巧，同樣也會習得並保持一生中的知識與經驗。知識也許是事實，也許是幻想。很有趣的是，記憶這個名字是來自希臘神話的描述，而記憶的本質與功能，恰可以用來打擊神話中關於這些記憶的迷思。在人類的許多經驗中，對記憶有許多誤解。這些誤解會產生，一大部分是因為我們認為自己可以洞見心智如何運作（註1）。這讓記憶的研究變得很困難——研究者有自己對記憶的誤解，研究上技巧就得去區分個人的印象與一部分是完整調查後的發現。許多很普遍的看法，有些是真的，有些是假的，而科學大部分是機率的，也就是（*id est*）它可能是真的，也可能是假的，完全根據有哪些系統性的證據。此外，科學依機率達成的結論常常不符合直覺的看法，讓科學變得難以接受。然而，一旦科學從普遍的迷思中脫身，科學的事實常常跟人類的直覺一樣複雜。這不是說直覺不能用來形成問題，只是個人的經驗跟觀察不應該當作是事實，但是可以當作利用科學方法調查的開始。如此做，我們比較可以避開個人的偏誤、錯誤的信仰與偏見，或是內省錯覺的影響。從第七章的內容，很清楚的一件事是，我們會只因為記憶的內容就被說服事件的實情為何。當然還有其他關於記憶的迷思，本章會討論其中一些。譬如，重複是否會讓我們學到東西？「對」，同時也「不對」。睡覺的時候有辦法學習嗎？很確定這答案是「不對」。我們可以沒有感覺到學習就學到一些東西嗎？答案是「對」，某些時候的答案是對的，但是這不會幫助我們學習新語言或是科學的方法。

記憶避開重複的事件

搜尋你腦中的記憶，並且嘗試搜尋一個日常生活中的物品，譬如印章、銅板、你很熟悉的人體骨骼模型、你最喜歡的廣播頻道的頻率。儘管曾經看過這些東西千百遍，很少人可以回憶到這麼細節的地步。譬如（*exempli gratia*—e.g.—for example—譬如），有多少英國的讀者可以想出五便士的硬幣有多少邊？或是女王朝那個方向（答案在圖8.1）？有多少美國讀者可以回憶一分硬幣的銅板中合眾為一（*E Pluribus Unum*—Unity from a Multitude—合眾為一）的方向（圖8.2）？

有一個普遍的迷思是重複導致學習，但是系統性的研究顯示根本並非如此。一九七九年兩個美國的研究者要美國民眾畫出他們記憶中的一分錢硬幣，或是請他們指出幾個圖當中哪個是正確地畫出「合眾為一」（*E Pluribus Unum*）的圖（Nickerson and Adams, 1979）。很令人驚訝的是，很少人可以正確回答，這顯示即便是使用過千百遍，在記憶中也不一定是正確的。一個最普遍的錯誤是硬幣中美國總統林肯凝視的方向（Rubin and Kontis, 1983）——林肯的頭朝右（圖8.3），同樣的混淆也出現在英國硬幣中女王凝視的方向（*exempli gratia* Jones, 1990; Richardson, 1992）。

這種記憶的失敗並不是特別在硬幣上面才發生。一九八〇年貝克理恩（Debra Bekerian）與拜德利（Alan Baddeley）研究廣播頻率的記憶。這個研究是在英國國家廣播電台（BBC）改變廣播頻率的時候進行的。在改變前的幾個月，電台使用大量的廣告活動，包括串場音樂（jingle）與重複地廣播告知聽眾新的頻率。貝克理恩與拜德利招募一大堆志願者，這些人都是長時間待在家裡，並且聽他們喜歡的電台節目。根據英國國家廣播電台給的資料，這些志願者在頻率改變之前已經聽過千百次廣播中提到的新頻率。貝克理恩與拜德利發現，這些志願者對什麼時候

圖8.1　英國五十便士硬幣的兩種形狀，哪一種是正確的？

圖8.2　美國一分錢硬幣正確的合眾為一（*E Pluribus Enum*）位置。

圖8.3　美國一分錢硬幣，哪一個是林肯正確的凝視方向？

要改變頻率都有很合理的想法，但是十個人裡面不超過三個有線索知道新頻率到底是多少。同樣地，重複地接觸，即便是千百次，很清楚地也沒有學到內容。

最後，墨頓（Morton, 1967）報告一些關於記憶的實驗，其中撥電話的細節是那時英國很普遍的。這種圓盤式的電話上面有字母跟數字，超過二百個實驗志願者被詢問某個字母的位置，沒有一個人可以成功完成，包括那些常常用字母撥電話有經驗的使用者。

人們的記憶如此差，一個可能的解釋是沒有注意到硬幣的細節，或是忽略重複冗長的廣播訊息。只要注意到顏色或是形狀，就可以區分不同形狀的硬幣。同樣地，只要知道那天廣播頻率會改變，或是試誤性地調整頻率，或是參考報紙就可以知道新的廣播頻率。少數人，除了蒐集貨幣的人或是對廣播狂熱的人，才會去詳細檢驗這些細節。

為了測試這個想法，在我們自己進行的一個實驗中，尋求美國新教聖公會成員的協助，這些成員都會定期參加禮拜的儀式，所有的成員都會背誦儀式手冊上面的儀式進行方式。其中一個比較特別的是以英語複誦 *Credo*（*Credo*—I believe—我相信）（註2），在大部分的儀式中這個字會重複一次，常常參加儀式的人每週至少會複誦 *Credo* 一次，所以老一點的成員在他們的一生中會重複唸千百次。比較普遍的例子是從儀式簿唸 *Credo*，而不是從記憶裡面複誦 *Credo*，然後在儀式中一起唸 *Credo*，所以一個人忘掉某個字可以經由旁人的提醒而回憶，或是反之亦然。另一個例子是硬幣上面的合眾為一（*E Pluribus Unum*）。在星期天早上的禮拜儀式中，唸尼西亞信條（Nicene Creed）是經常進行的，我們請十位儀式中的成員從記憶中回憶尼西亞信條的第二句。這種回憶不是在教堂裡面進行。這些成員的年齡從四十四到五十九歲（九位男性與一位女性），根據參與者自己的估計，重複唸尼西亞信條的次數從五百次到一千二百次。沒有一個人，包括兩位神職人員（教士或是牧師）可以逐字（*verbatim*—word for word—逐字地）回憶出第二句，有六個人

可以回憶出第一句的前幾個字,有兩個人可以回憶到後半段的文字,但最多就是這樣了。另外有一個人可以回憶出第二句的幾個字,但是字的順序不對。另一個無法以英文回憶超過前四個字,但是可以以拉丁文回憶第二句的幾個字,因為他是唱詩班的成員,常在另一段的儀式中唱到這一段。這段的要點(*in nuce*—in essence or summarizing—總結要點)是:重複,即便是千百次,也不保證之後可以回憶出來。

制約記憶

是不是有任何的情境使重複可以產生學習?例如(*exempli gratia*)訓練動物的技巧,也就是所謂的制約——一種也會影響人類的學習形式。發現所謂古典制約的俄國生理學家伊凡‧巴夫洛夫(Ivan Pavlov)研究狗的消化系統,他注意到每次狗看到或是聞到肉塊,就會開始分泌口水。在其中幾次,呈現肉塊之前狗會先聽到一聲鈴聲,最後,只聽到鈴聲(沒有出現肉塊)也會讓狗流口水(註3)。相同的效果也在人類身上出現,譬如恐懼反應。經驗過恐懼經驗的人,再次看到同一物體時會出現恐懼反應。譬如(*exempli gratia*)看到槍擊案的目擊者,看到玩具槍時會出現恐懼的反應,而玩具槍只是小孩子的玩具。很幸運的是,只有少數人會有這類極端的經驗,不愉悅或是驚嚇的經驗也會導致恐懼反應延續到成人期與整個一生。這可以是許多恐懼症形成的原因,譬如怕蛇、尖銳的物品與皮下注射的針頭。同樣地(*idem*—likewise or similarly—同樣地),之前在快樂或是興奮經驗中出現過的物品,再次出現時也會引發愉悅的經驗。後面的事實可以用來治療恐懼症,譬如在快樂的經驗、放鬆、舒緩的音樂、喜歡的食物等等(*et cetera*—etc.—and other things—等等)中慢慢的引入所恐懼的物品。在恐懼蛇的例子中,放鬆的環境會先伴隨著一些與蛇有關的字出現,譬如滑溜的、爬蟲類、有鱗片的、黏黏的、蟒蛇、喀喀聲、毒、毒蛇等等(*et cetera*)。接著會有

蛇的圖片，然後是蛇放在玻璃瓶裡面，最後蛇會放在恐懼症患者的手上。要注意的是每個人的反應會有很大的差別。對某些人，蛇的出現會引發興奮、興趣，也許是開始進行毒蛇的研究。這裡至少有兩點很重要。第一個是這個反應是自動的——通常，我們不會有意識引發恐懼的反應，譬如手掌流汗、呼吸加快跟心跳不規則。第二個學習需不需要意識層次的努力，這種自動學習是不是經過重複產生的？我們可以用第一點來討論第二點。也就是（*id est*），這種學習並不能讓你學習到語言或是心理學的知識（Chomsky, 1959; Green, 1975; Skinner, 1957）。這是事件或是物品跟一個自律神經反應的連結，這種過程我們沒有辦法進行意識的控制。不需要意識控制的經驗可以造成學習，但是這種學習是很特別的一種，也就是由先前不相關的事件或是物品引發自動化行為型態（automatic behaviour pattern）。其中一個觀點，大腦會自動偵測因果關係（contingency），當一個燈光、鈴聲、玩具槍或是蜘蛛出現，大腦會自動期待有某些不愉快的經驗將出現。相對地，冰淇淋的出現、支票或是假期指南，會引起我們預期一些愉快經驗的來臨。同樣地，這些情緒反應或是情緒狀態，來自一個自動化形式的學習，引起恐懼、害羞、快樂或是狂喜的狀態，而意識並沒有決定這是不是一種合適的情緒反應。

心理學領域裡面指稱的連結、制約的學習現象，不只可以應用到看起來不合理的恐懼或是單純的快樂。在西方工業國家的日常生活中，我們不斷接受到產品廣告，或是政治廣告在欺騙輕信的大眾。這種欺騙不只依賴天真的觀眾，也依賴人類學習共同發生時，環境特徵之間連結的一些基本特徵，譬如瀑布的新鮮感與某一種特定牌子的牙膏一起出現，美女跟昂貴汽車一起出現，或是一種健康的生活型態跟某一種牌子的早餐麥片的連結（Gorn, 1982; Stuart, Shimp and Engle, 1987）。

科學拆去睡眠中學習的面具

另一種被討論過的直覺學習形式，是所謂的閾下學習，或是睡眠時神秘的學習能力。關於這幾點，英國心理協會（British Psychological Society, 1992）製作一個報告，得到一個很確定的結論是，閾下刺激對學習或是行為的效果是可以忽略的。「沒有任何證據指出人可以在睡眠時學習。學習唯一可以發生的情境是睡覺的人被訊息所喚醒時。」有一份「睡眠學習」（hypnopaedia，有時稱為兒童睡眠，請參考第十章）的完整報告，收錄在魯賓（Rubin, 1968）所編著的書。這種研究有幾個報告主要來自前蘇聯，想要了解睡眠學習的實行，請看布利茲寧契柯（Bliznitchenko, 1968）的評論文章。然而，當這些研究針對參與者在重要的學習階段是否真正睡著了，採用適當的實驗控制與測量後，想要重複這些研究的嘗試大部分都失敗了。西蒙與艾蒙斯（Simon and Emmons, 1955）針對當時被當作睡眠學習證據的主要研究結果有很重要的評論。在評論的十個研究中，五個是大學或是碩士論文的水準，兩個是與作者的個人通訊，只有三個是正式發表、有足夠的細節可讓人評估的研究。沒有一個正式發表的研究很適當地測量睡眠，其中一個甚至沒有睡眠如何測量的指標（LeShan, 1942），其他的例子只依賴觀察來決定參與者是否「在晚上無法休息」（restless during the night）（Leuba and Bateman, 1952），或是由參與者報告他們晚上是否曾經醒來（Fox and Robbins, 1952）。

即便在前半個世紀前（Simon and Emmons, 1955）與最近（Aarons, 1977; Eich, 1990），這些報告出睡眠學習的研究都有嚴重實驗方法上的問題。美國人類表現提升技術委員會（the USA Committee on Techniques for the Enhancement of Human Performance）並沒有排除人類可以在睡眠中學習的可能性（Druckman and Swets, 1988），即便沒有強烈的證據支持這種看法。但是，後來控制比較好的研究幾乎都否定前面的結果，譬

如（*exempli gratia*）伍德等人（Wood et al., 1992）（*et alia*—et al.—and others—等人）檢驗睡眠時配對字詞（譬如烏龜—兔子）的學習，其中一個詞至少有兩種合理的拼字（譬如 hare 跟 hair），其中一個字比另一個字更常見（譬如 hair 較 hare 常見）。這些實驗的參與者在睡眠或是醒著其中一種情境進行這些配對字詞的學習，每對字詞重複五次。兩分鐘後這些參與者進行第一次測試（睡眠的參與者被叫醒），測試他們回憶這些字詞的能力。他們會看到一些字，其中一些字是在之前學習的情境中看過的，一些是沒有看過的。參與者要做的就是確認哪些字是出現過的，最後他們要拼出那些曾經出現過的字。伍德等人發現沒有證據顯示睡眠那一組的人有學習的發生，當要求他們拼字時，他們比較可能會拼出較普遍的字〔譬如（e.g.）前述的 hair〕，而不是正確的字（譬如前述的 hare）。另一群控制組在醒著時學習，證據顯示他們的確學習到了，特別是要他們拼出單字時。在這個實驗中，睡眠是根據已被大家接受的標準，這標準主要是根據左右腦電極讀取到的腦波與眼睛旁邊電極與下巴兩側的電極。

　　人類表現提升委員會一九九四年的報告（Druckman and Bjork, 1994）與他們早期的報告結論相反，最近的研究結果指出排除在睡眠中學習的可能性。很吸引人的一點是，早期的研究報告常常參考一本許洛爾（Sherower）一九四八年寫的一本書《大腦電話公司》（*Cerebrophone, Inc.*），書內描寫一種睡眠學習的工具。但是許洛爾的書是一本科幻小說，不是科學證據的報告。在睡眠學習簡短的歷史中，史亞都斯科（Svyadoshch, 1968）指出睡眠學習成功的主要宣稱（Kulikov, 1964）是赫胥黎（Aldous Huxley, 1932）的科幻小說《美麗新世界》（*Brave New World*）所報告的一種現象（註4）。確實，扎巴羅發、朱柯哈與派措夫（Zabalova, Zukhar and Petrov, 1964）用一個據稱的實驗證實睡眠時可以用耳機學習，來確認他們對睡眠學習效果的信念。不幸的是，這個「實驗」引用自另一個科幻小說《Ralph 124C41》，由葛恩史貝克

（Hugo Gernsback）在一九一一年寫成的，在這本小說中，他描寫人類在二六六〇年具有這種能力。也許我們到那個時候可以有這樣的能力，但是這個時候是很奇怪的，科幻小說的推測如何被納入大腦如何運作的觀點裡面。以意念移動物品在目前的科學上是不可能的（Krauss, 1997），但是有多少人經由「星際爭霸戰」（*Star Trek*）的劇情會相信這種說法。

它可以嗎？

一個明顯的矛盾是麻醉時的學習。譬如（*exempli gratia*）利文森（Levinson, 1965）報告一個令人困擾的實驗，牽涉到病患麻醉後進行手術。在手術途中，一個假的危機發生，麻醉醫師突然大叫：「手術中止，病患的情況不對，他的嘴唇發紫，我要給他一點氧氣。」雖然所有的病患都處於臨床上很適合的麻醉狀態，但是一個月後，在催眠狀態下，一些病患可以幾乎是逐字的（*verbatim*）回憶麻醉醫師所說的話，其他的一些人則可以回憶一些字。這種程序可能無法通過實驗的道德準則，但是在那個時候醫學相關人員會認為是可以的，因為病患是在麻醉狀態下，因此（*igitur*—therefore—因此）沒有意識，他或她不會知覺到發生在手術房裡面的事。安崔德（Andrade, 1995）提供這項研究完整的評論，目前已經清楚雖然病患在誘導催眠的狀態，但是在手術時他們有時候可能可以覺察到一些事情，但是在手術後忘掉這個經驗。根據催眠的形式與劑量，看起來是可以誘導出幾種催眠狀態。一個病患可能不能動，但是有意識與痛覺，也可能不能動、沒有痛覺，但是可以聽到跟了解發生的事件。此外，他們可能忘掉這個經驗，但是在間接的測試中顯示他們知道一些手術進行時的事。這不像聽起來那樣奇怪，因為我們可以提取許多事實，而無法記起發生的時間或是地點。

一個用來當範例的實驗很清楚地顯示，在麻醉狀態下學習的確會發

喔！一點也不糟……
我聽到一個鈴聲，我流口水，
然後他們就會餵我……你呢？

他們把我放到一個玻璃箱裡面，我爬出來，我害怕有恐懼症，他們就獎賞我。

生。許溫德（Schwender et al., 1993）研究三組參與者，每一組都給與不同形式的麻醉，然後用電極測量腦波。腦波顯示三組人有不同的腦波型態，因此有不同的意識狀態。在麻醉狀態下，兩組人聽了《魯賓遜漂流記》主角 Robinson Crusoe 故事的一部分，手術後三到五天，每個病患對「星期五」（Friday）這個字做自由聯想（說出腦中出現的第一個字）。在腦波狀態最接近清醒狀態的十個病患當中，有五個反應出 Robinson Crusoe 這個字。但是在腦波被麻醉劑壓制的那一組中，十個當中只有一個反應出 Robinson Crusoe。第三組的十五個病患並沒有聽這個錄音帶，因此沒有人有 Robinson Crusoe 的反應。在我們實驗室一個非正式的實驗中，十個同事被要求對星期五做出自由聯想，在我們清醒的狀態下，沒有人最近讀過《魯賓遜漂流記》，但是只有一個人反應出相關訊息「他是一個男人的名字」（譯註：星期五是魯賓遜漂流記故事中的另一角色）。因此我們會期待，沒有讀過或是聽過這個故事，機率上應該會有十分之一的人會有這樣的反應。你可以自己嘗試這個實驗，只是不需要讓你的

朋友在失去意識的狀態。這個實驗主要的訊息是，人類在麻醉狀態下可以學習的唯一證據是，看起來在學習的時候是有意識的，因此麻醉的深度是很重要的。當麻醉的深度被系統化的調整時，會直接影響到提取出現於麻醉狀態時訊息的機率。一個相關的操弄是在相對較深的麻醉時，給一個微弱的電擊，這個操弄造成電擊後出現的訊息有較高的提取成功率。上述所有的看法都指出意識上的覺醒對學習而言是必須的。

我們渴望看不到的東西嗎？

有一個相關的宣稱是，人們聽有重複暗示內容的錄音帶，可以幫助他們戒除抽煙、停止酗酒、創意思考、增加自信心或是交朋友。這些錄音帶是完全沒有效果的。即便睡眠時播放缺乏這些內容的錄音帶，也會有完全相同的結果。也就是，如果你戒煙或是交了一些新朋友，不是因為錄音帶裡面的內容，而是因為你有動機去戒煙或是變得比較有群居性，而這一點並不值得讓你去買這些錄音帶。一個眾所皆知的例子是一個廣告顧問菲卡瑞（James Vicary）所報告的例子（Pratkanis, 1996）。這個實驗是當螢幕上很快地閃動一些訊息，譬如「吃爆米花」或是「喝可口可樂」，而人們沒有辦法注意到這些訊息的出現時，之後爆米花跟可口可樂的銷售量會上升。但是這個看法後來變成是一種愚弄。菲卡瑞事實上沒有蒐集到任何的證據，後來完全沒有辦法展示這種效果。同樣地，宣稱使用閾下訊息，可以說服人們接受一些特定的政治觀點或是想法（Cousins, 1957），開始吸毒或是自殺，這些宣稱後來都被證實是錯的（Moore, 1982, 1995; Pratkanis, 1996; Rogers, 1993）。

經由閾下訊息可以幫助促進記憶的宣稱，確實讓使用者「報告」說他們的記憶變得比較好（譯註：這裡指的是使用者的主觀感受）。有一個非常吸引人的實驗，給了參與者一捲錄音帶，上面的標籤指出錄音帶的功能是促進記憶，但事實上錄音帶是用來增加自尊的。這些錄音帶讓一些人

相信他們的記憶力已經變好了，但是測試的時候發現他們的記憶力並沒有變好（British Psychological Soceity, 1992）（這些研究是由Pratkanis, Eskenazi and Greenwald, 1990 與 Greenwald et al., 1991進行的）。相似的（*idem*）發現來自使用自助錄音帶來減肥的結果，以自助錄音帶的閾下訊息進行節食的人，並沒有比正常節食的人減掉更多的體重（Merikle and Skanes, 1992）。

有了承諾跟金錢上的投資，單單相信買的錄音帶會有效，就可以改變信念或是習慣。這是所謂的「安慰劑」效果。相同的情形也出現在當人們生病時，給他們一顆相信會有治療效果的藥丸，也會有一些治療的效果，即便這些藥丸事實上只是一些澱粉或是糖（詳情請參閱第十三章）。也就是說，出現在大眾媒體的宣稱，反映的常常是這個宣稱是否吸引人，而不是科學上的可信度，因此有許多關於記憶的迷思。很令人悲傷的是，科學看起來無法打破這些看法，原因是科學的訊息看起來常常是很無聊、不吸引人的，因此（*igitur*）比較不被接受。但是從證據來看，這些錄音帶沒有發揮廣告中的效果：如果你想買錄音帶，你最好買一些莫札特的鋼琴協奏曲（譯註：**此處作者指的是前幾年媒體大肆報導的「莫札特效果」，事實上這也是過度誇大的宣傳，在科學研究報告內並沒有所宣傳的效果**）。

眼睛所忽略的而大腦接收到的

知道證據顯示閾下訊息對行為沒有效果是很重要的。這不表示大腦沒有在潛意識的層次處理資訊。人類大腦消耗許多能量在我們不曉得的活動上面，譬如控制身體的其他器官，例如（*exempli gratia*）消化器官，或是情緒反應，包括心跳與流汗。此外，大腦還可以潛意識地處理認知活動，譬如罹患盲視（blindsight）或是「半空間忽略」（hemi-spatial neglect）以及正常的認知活動中也發現同樣的情形。盲視是因為大

腦負責將所看的東西合理化的區域受損所致（Weiskrantz, 1996）。罹患
這個疾病的人實際上是眼盲的，即使他們的眼睛是健康的。但是，在他
們眼前顯示動作、燈光、圖片或是物品，他們常常可以「猜出」所呈現
的東西，而不曉得自己是正確的。譬如，當呈現一個小物品時，這類的
病患會否認他們可以看到東西，但是他們可以將手指彎曲成適合抓取這
東西的形狀。當呈現一條垂直線或是水平線時，他們可以「猜出」直線
的方向，而沒有感覺到直線的存在。這類研究的結論是，眼睛與大腦之
間有兩條以上的神經路徑，且其中一條不依賴枕葉的主要視覺皮質，這
是盲視病人主要受損的區域。另一條路徑沒有引發意識層次的覺醒，但
是允許一些視覺資訊的處理，這些處理就足夠讓病患可以合理的猜測
（Stoerig and Cowey, 1997）。

　　半空間忽略是一種腦傷後的狀況，對於出現在身體某邊（通常是左
邊）的物品或是人，病患沒有辦法偵測或是產生反應。典型的情形是因
為大腦右頂葉（大概是右邊朝腦後方一半的地方）的損傷。當要求這些
病患描述一下房間的擺設，這類病患會忽略身體左邊的訊息。跟盲視的
病患一樣，這類病患的問題並不是眼睛，而跟盲視不同的是，大腦與視
覺有關的區域都是完好的〔也就是（id est）並非視覺區域受損造成
的〕。但是，即便病患沒有察覺到出現在身體左邊的訊息，有證據顯示
他們可以「內隱」地處理被忽略那一邊的一些訊息。譬如（exempli grati-
a），馬修跟哈利根（Marshall and Halligan, 1988）向病患呈現一些兩個
房子的素描，一個房子在另一個房子上面。兩個房子是相同的，除了某
一間房子從左邊或右邊出現火焰，病患要決定兩間房子是否相同。當火
焰在右邊時，病患可以察覺到不同，但是火焰在左邊時，病患沒有辦法
察覺到不同，因此認為兩間房子是相同的。但是要病患選擇想住哪一間
房子時，他會傾向選擇沒有火焰的那一間，但是說不出為什麼要如此選
擇。有幾個其他的例子，同樣也報告出半空間忽略病患處理非意識層次
視覺訊息的例子。雖然科學家還在爭辯這個現象的解釋，但是他們大都

同意內隱的處理程序是完全有可能的。

假定已經發現這類的病患有內隱或是非意識的處理，我們在正常人身上可以發現這些證據嗎？有一些證據指出以閾下刺激方式呈現字詞或是圖片，可以造成非意識的處理，即便閾下刺激沒有影響到行為。在我們的實驗室（*exempli gratia* Ellis, Della Sala and Logie, 1996），以閾下刺激的方式（小於三十毫秒）對正常人呈現圖片。實驗志願者的確報告他們看到一閃而過的光線，但是看不清楚呈現的內容。每個圖呈現的是一句眾所皆知的諺語，譬如（*exempli gratia*）圖裡面可以畫一個兩個頭的人。在以閾下刺激呈現圖片後，我們呈現六句諺語，只有一句與先前的諺語有關，也就是（*id est*）「兩頭的人優於一個頭的人」。實驗志願者必須猜測那句諺語與先前的圖有關。雖然他們沒有知覺到圖片，但是在許多情境下，他們可以猜出正確的諺語。也就是說，圖片雖然對意識層次的處理而言太快了，但仍足以引發大腦一些相關訊息的處理，這個效果雖然很小，但已經足夠偏移他們對正確反應的猜測。激發儲存知識的普通原則是從我們的記憶中提取，但是意識層次的提取需要記憶的激發超過一些閾值才會發生。總結來說（*in nuce*），閾下刺激的呈現，會對大腦接觸相關訊息的效率有細微的效果，但是沒有證據顯示這個效果會影響正常健康成人的外顯行為。

學習是如何發生的？如果重複接觸、睡眠時呈現或是閾下訊息都不會產生學習，那麼哪些方式會產生學習？其他促進記憶的技巧可能會有幫助。但是，這些方式常常都是需要大量的心智努力來學習這些技巧，一旦這些技巧學會了，應用這些技巧，記憶的表現的確會增進。重點是這種進步來自大量的努力學習或是應用，這種技巧並不會提供「增進記憶的懶人招數」。學習記憶增進方法的方式之一，是從報紙廣告中投資大量的金錢去購買一些增進記憶的課程。但是另一個接觸記憶術比較經濟的方法是，買一些記憶術總結的書，譬如拜德利（Baddeley, 1993），或是例如布瞻（*exempli gratia* Tony Buzan, 1991）由英國國家廣播電台

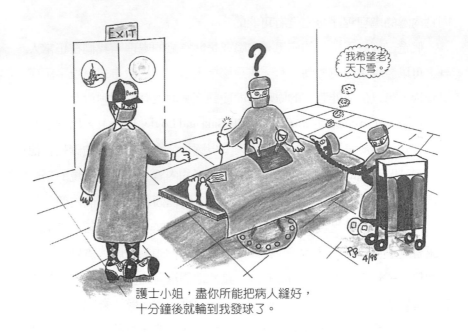

護士小姐，盡你所能把病人縫好，
十分鐘後就輪到我發球了。

發行的書。如果應用得宜，許多這些技巧的確會促進記憶，雖然不必期待成為記憶術的專家。大學學生可以藉由記憶術幫助學習，但是這無法取代理解跟智能上的努力，這些技巧也沒有辦法治療記憶缺失底下的大腦疾病。

結論

最後，很值得一提的是，在這章之中讀者也參與的兩個實驗。在告知這些實驗的本質之前，我們先蒐集實驗結果。很了解拉丁文的讀者不必參與。如同你察覺到的，有許多日常生活中的英語是來自拉丁文，但是使用這些表示方式的人通常不曉得它們的原始形式。如果不回頭查，你可以寫下這些字（e.g., etc., i.e. 和 et al.）完整的拉丁文嗎？現在你可以記得哪些拉丁文是出現在這一章中（沒有全部都出現過），它們的英文翻譯是什麼？

- *a fortiori*
- *concerti*
- *credo*
- *curriculum vitae*
- *de facto*
- *et alia*
- *e pluribus unum*
- *et cetera*
- *exempli gratia*
- *honoris causa*
- *idem*
- *id est*
- *igitur*
- *in nuce*
- *vade mecum*
- *verbatim*

在所有拉丁文的表達當中，你的注意力會被吸引到翻譯文字上面，這些表達也在本章中重複出現。拉丁文的表達出現在英語文本中，有些表達以不尋常的方式（完整的）出現，這兩者都會吸引你的注意力。因此（*igitur*），除非在閱讀本章之前，你已經了解這些表達跟它們的意義，任何成功地回憶這些表達與英文翻譯，都是因為遇到這些表達的時候，在意識層次重複嘗試想要去了解它的意義，不只是因為它們重複出現而已。這些拉丁文在文章中出現的頻率不一，「例如」出現十次（*exempli gratia*），「逐字地」（*verbatim*）出現兩次。這些拉丁文的英文翻譯出現的頻率也不一，但是每次你讀到這些字的時候，都會想一下「為什麼要包括拉丁文？」這產生一個分開的學習經驗。同樣地（*idem*），重複嘗試去學習導致較好的記憶，而重複接觸但沒有嘗試去

學習則沒有這種效果。

在這一章我們已經顯示出這種情形，並且也嘗試用實驗的方式指出，單純重複不會產生學習（*repetita non iuvant*—sheer repetition is not useful—單純的重複是沒有用的），有意識地重複才會有成功的學習。我們希望能夠破除一些普遍的迷思，說服你評估證據的價值，這是科學方法的關鍵特徵。迷思可以讓我們的語言跟文化更多采多姿。重點是使用它們是用來當成一種比喻，並不是大腦如何運作的真實反應。

因此我想說的，並不是人在迷思中如何思考，而是迷思在
人腦中如何運作，而不會覺察到事實的存在（Lévi-Strauss,
1970）。

註釋

註 1 ▶ 我們使用量詞「大部分」，因為科學上有幾個發現是基於機率方面才被視為事實的，*exempli gratia* 現在已經不再懷疑地球不是圓的（Cohen, 1994），或思考在腦中發生（Della Sala and Logie, 1998）。

註 2 ▶ 尼西亞信條的前兩句是："We believe in one God, the Father, the almighty, maker of Heaven and Earth, of all that is , seen and unseen. We believe in one Lord, Jesus Christ, the only Son of God, eternally begotten of the Father, God from God, light from light, true God from true God, begotten, not made, of one substance with the Father."

註 3 ▶ 另一個對狗的看法是普羅帝（Giorgio Prodi）的小說《巴夫洛夫的狗》（*Il Cane di Pavlov*, Pavlov's Dog），在小說中，狗注意到每次狗流口水，巴夫洛夫就會笑，顯示原先狗流口水對科學家而言是未制約刺激，現在已經變成制約刺激，引發科學家的制約反應。

註 4 ► 在《美麗新世界》的第二章，赫胥黎描寫了新巴夫洛夫制約的房間，孵卵與制約的總裁在這裡實驗睡眠學習（hypnopaedia），但是即便在科幻小說中，睡眠學習也無法當作智能教育的工具。

9

創意思考：
迷思與錯誤概念

姬胡利（K. J. Gilhooly）

序論

遠古時代，人們相當敬畏物理與生物的世界，因此發明了許多各式各樣的迷思來解釋世界與其居民的創造。即便已經有超相對論（hyper-relativism）的看法，現在社會中大部分的人們接受科學提供宇宙、地球與其生物源起較有力的了解（比起古老的迷思）。然而牽涉到想法的心智範圍，仍然有些人會抗拒這樣子的看法：一個新想法的創造，可以用科學的解釋，或甚至這個想法必須被解釋。任何覺得創意思考不應該被解釋的讀者（例如，因為這種解釋會從最後剩下的基礎打擊人類），可以停止閱讀此章。

就像對遠古時代的物質創造（physical creation）有很廣泛的迷思，今天對心智創造力也有許多迷思或誤解（Weisberg, 1986），我的信仰是心理學會用較有根據的解釋來取代這些對心智創造的迷思。

一些目前散布得相當廣的迷思是：(1)創造力是一種神秘的東西，沒有辦法解釋，(2)創造力很依賴內在有沒有這種天分，相反地，(3)用一些特別的技巧，任何人都可以很快變得有創造力，亦即有創造力的捷徑（fast tracks），譬如用「腦力激盪」（brainstorming）（Osborn, 1953），或「水平思考」（lateral thinking）（De Bono, 1976, 1983）。

在這一章我想呈現一個反駁創造力迷思的證據，這個證據指出創造力不僅牽涉日常生活的心智歷程，因此創造力是可解釋的。而且雖然這些內在因素可能扮演中度的角色，但訓練、練習、獲得更多的知識與動機仍是重要的。另外，在重要的日常生活創意活動中，特殊技巧的價值可能很有限。

在提出這些結果的概要之前，讓我們先釐清要討論的主要概念。

定義

　　首先，讓我們思考一下「創意的」（creative）與其相關字「創造力」（creativity）的意義。也許從「創意作品」（creative products）來定義會比較簡單。「創意作品」不管是詩、科學理論、畫作或是技術上的進展，都是新奇的（novel）且被認為是在某方面有價值或有用的。一個產品是否新奇，相對而言是很容易決定的，雖然有一些判斷的成分參與其中，因為相較於其他作品，有一些作品很明顯是延伸自之前的發展，而有一些作品則不是如此。也可以辯稱主觀的新奇指的是什麼是重要的，這想法是否對某些人而言是新的，而不是從歷史的角度來看是新的（從來都沒有人想過）。

　　新奇程度的客觀測量在實驗室情境中是可能的，因為同樣的作業可以在很多人身上實行（譬如如何改善喇叭鎖？），所提出解答的新奇程度也可以藉由計算頻率來評估，然而在真實生活中，只有創造題目的人，才會持續使用一個自我設定（self-set）的題目〔譬如，一個作者會去處理如何表徵石器時代人類意識的流動，像在《繼承者》（*The Inheritors*）（Golding, 1955）〕，因此產生的頻率並不一定可行。這個討論也指出一點，實驗室研究使用小尺度、外部設定的題目，通常可以在大約二十分鐘內解出，而實際生活中的創造力通常牽涉大尺度、自我設定、長時間（幾個月到幾年，而非幾分鐘）的問題。很清楚地，與實驗室內問題有關的解題歷程，可能與實際生活的問題不同。雖說如此，日常生活中有時仍會遇到創意思考小尺度的問題（譬如一捲卡帶在我車內音響中卡住了，我想用小鉗子把卡帶拿出來，但是我口袋裡面沒有小鉗子。而我有兩把很平、很薄的汽車鑰匙，我想可以一手握住一支鑰匙，把它們當成小鉗子，一個向上推、一個向下壓住卡帶的邊緣，把卡帶拉出來，這種方式是汽車鑰匙新奇的使用方式。毫無疑問地，你可以從自

己的經驗中想出其他的例子）。

當我們討論作品的品質，主觀判斷隱隱約約仍大於判斷新奇與否。科學與技術領域的標準，比藝術領域的標準清楚。一個理論可以看起來「行得通」，如果它可包含較多的現象，而比之前的理論沒有使用較多的假設（譬如愛因斯坦的理論相較於牛頓的理論）。一個新的機器可以看起來可作用，只要它滿足當初設計的功能（譬如第一個電話機）。而聲名狼籍的是，對藝術品評價的一致性通常較低，不管是當時或是歷史上的評價都是。對藝術的評語，也許在一開始都是負面的，不管是風格不符合當時的潮流（太前衛），或是在另一個極端，太傳統。之後的世代較可能去欣賞此段發展的大膽，像是被前人描述為瘋狂的創作，譬如超現實主義（Surrealism）、立體派（Cubism）與印象派（Expression-ism）。

這也暗示「新奇」或「不平常」的判斷，與當時潮流（在藝術方面）或典範（在科學方面）契合的程度有關。高度創意的作品常常可作為一個信號與擴大成為一個新風格與新典範（Boden, 1990）。在一個已知風格或典範之後進行的工作，比起當初定義風格的作品，通常會被認為是較沒有創造力的。

上述的評論應該用來說明一個「創意作品」的意思為何。什麼是「創意過程」（creative process），而一個人天生有創意指的是什麼？雖然這是一個開始，並不能提供許多創意過程為什麼可以產生創意作品的訊息。不管是什麼細節，指的應該是心理學家堅持的信仰是，創意的過程與較不高等的思考形式擁有相似的成分構成，且沒有超自然的「精靈」（daemons）或「靈光一閃」（divine sparks）參與其中。創意作品被假設是容量有限的認知系統，以許多小小的步驟來達成。因此有工作記憶的正常限制與長期記憶不完美的提取。

現在回到「創意」，這是一個描述個體的特徵，他們顯示出一個可以產生新奇作品的長期傾向，這些作品同時也是有影響力的（Albert,

1975）。除了少數一些極端的例外（譬如達文西），大部分的創意都在一個特定的領域或專業，展現它們有價值的特徵——但在那個專業之中，它們因為結合了生產力與作品的高品質而著稱（以其衝擊力與影響力為指標）。當然在日常生活中，一些人被認為有創意牽涉到一些社會化的過程，也純粹在一個人的認知過程中。想被大眾所熟知，一個有創意的人或代理人，必須以行為「促銷」他們的作品，並且說服控制媒體的人，這個作品必須讓廣大的觀眾知道（Stein, 1974）。因為有較廣泛的呈現，在更進一步社會化的過程中，一方面會導致較普遍的接受與影響，另一方面會得到冷漠或拒絕的反應。因為創意可以對其他人施展個人影響力，而提出創意是一種領導的形式，西蒙頓（Simonton, 1988）也有相似的看法。就像一個領導者必須有跟隨者，才可以被視為一個領導者一樣，一個創意者必須有許多欣賞者與跟隨者，才可以被視為一個有效的創意者。曾經有人（Czikszentmihalyi, 1975; Gardner, 1994）辯稱，我們應該問「創意在哪裡？」而不是「創意是什麼？」創意浮現，被提出來，是從一個人、他或她的工作領域、博學的同僚與裁判，這些聽眾三方面的交互作用中產生。雖然完整地解釋創意的過程必須包括社會情境，身為一個心理學家，我集中在個體內的認知歷程，這是任何創意作品很重要的成分。

在本章的其餘部分，我將討論創意歷程研究中一些主要的發現，並且考慮它們與一些廣泛流傳的迷思與誤解間的關係。首先，我會討論一下個別差異。在認知、人格與個人史方面，被認為有創意的人與他人有何不同？第二，我們將會考慮藝術家與科學家本身，如何看待創意歷程與創意思考的階段模式（stage model）？第三，我們將會討論刺激構想產生的特定捷徑取向，並且去評估這些方法。第四，我們會考慮一些創意認知的理論。最後，會對這些內容進行整理。

創意個體的研究

　　也許高度創意的人跟沒有創意的人，差別在於人格與個人史的特徵。如果有這種差異存在，且對創意重要的話，那麼當它們沒有辦法改變人格或個人史的特徵，一些增加創意的成功捷徑或許有一些效果。有許多針對有創意的人進行的研究——譬如Roe（1952）針對科學家，MacKinnon（1962）針對建築師，與Barron（1955）針對作家與藝術家，都是希望能夠了解這些不普通的人有哪些共通的背景或人格特徵。

　　在一個最早期的研究中，羅（Roe, 1952）研究了六十四個在他們領域專門委員會內被認為特別有創意的美國科學家，這六十四個人大概平均分配到物理學家、生物學家與社會科學家。每個人都接受長時間的訪談、投射人格測驗與傳統的智力測驗。在這些調查的基礎上，一九五〇年代，羅給這些卓越美國科學家一個複合的描繪：他是中產階級新教徒家庭的第一個兒子，父親是專業人士，兒童期可能常常生病或是很早就失去其中一個父母，他有很高的智商且很小就很熱切地閱讀。他覺得「孤獨」和與同學不同，他通常決定自己的生涯是一個專業的科學家，結果他常在學生計畫中牽涉個人的研究。他努力工作且持續下去，常常一週工作七天且很少休假。

　　心理學家卡特爾（Cattell）與其同僚也蒐集到相似的證據。在測試任何一個目前存活的科學家之前，卡特爾（1959）審視了許多有名有創意科學家的個人史，且注意到他們似乎內向且穩定。雖然內向，他們通常獨立且自給自足（self-sufficient）。他們傾向於莊重與克制，且在個人關係上較具支配性。

　　卡特爾與曲達爾（Cattell and Drevdahl, 1955）選擇了幾群在物理學、生物學與心理學上有創意的研究者，請他們完成一個已建立的人格測驗（十六項人格因素測驗，譯註：即Cattell's 16PF量表），與普通人比

較，有創意的研究者比較內向、聰明、支配與克制。他們在情感上也比較敏感與激進。這些發現與個人史的研究結果和羅（Roe）的調查一致。

　　密措夫（Mitroff, 1974）的研究也令人感到興趣，他研究一些在分析阿波羅登月計畫帶回來的月球岩石樣本的科學家。密措夫注意到一種強烈的傾向，一種常被稱作收斂（convergent）的思考風格（Hudson, 1966）。任何開放問題放到這些科學家面前，會很快被轉換成一個較窄的、定義較緊密的問題。這種傾向與哈德森的一項發現吻合，他發現小學二年級的學童若在收斂答案（一個答案）的測驗中表現較分散答案（多個可能答案）的測驗中好，傾向專精於科學領域，若是相反的型態，則傾向專精於藝術方面的領域。他也注意到這些月球科學家有強烈的「男性化」（masculine）特徵，他們相信努力工作、專心致力（dedication）與奮鬥（striving），且不會不認同無情的風格（touch of ruthlessness）。有趣的是，密措夫發現在他的訪談證據中有強烈的攻擊傾向，在討論其他科學家與敵對團體時，犧牲他人以得到榮耀的慾望與害怕敵人採用過度攻擊的策略（如偷研究的構想）是很明顯的。攻擊性在他們推銷自己的研究構想時也很明顯。就像一個科學家所評論的：「如果你想要任何人相信你的假設，你必須在數量上取勝。你必須用堅強的資料不斷迎頭痛擊，直到他們目瞪口呆地相信你」（Mitroff, 1974, p. 144）。

　　密措夫暗示，科學家在情緒表達上有點片面。他發現他們在表達軟性情緒（soft emotions）時很不自然，相對於強烈或攻擊的情緒。這個看法指的是科學是一個攻擊性的活動，同時也表達在佛洛伊德的自我描述（self-description）中。他寫到：「我不是一個屬於科學的人，不是一個觀察者，不是一個實驗者，也不是一個思想家。我只不過從氣質上是一個征服者（conquistador）——一個冒險家……有好奇心、大膽，與屬於這一行的韌性」（Jones, 1961, p. 227）。

　　一個使用 Cattell's 16PF 測驗、以藝術家與作家為對象的研究（Drevdahl and Cattell, 1958），得到與科學家（Cattell and Drevdahl,

1955）極相似的結果。藝術家比起科學家有較高的情緒感受性與內在緊張，此外兩群人的結果都差不多。

較近的研究已經指出藝術創意的「黑暗面」，這一點反映在有創意的藝術家具有較高的躁鬱症與憂鬱症較高的發生率（Jamison, 1995; Andreasen, 1987; Ludwig, 1992）。傑米森（譯註：《躁鬱之心》作者，天下文化出版）報告了針對被認為有創意的作家與藝術家的研究，發現其憂鬱症八到十倍、躁鬱症十到二十倍、與自殺十八倍高於普通人。雖然這種相關不應該被過度解釋——不是所有的藝術家與作家都有這些症狀，也不是所有罹患躁鬱症／憂鬱症的人都是很有創意的——但仍然有個統計上的相關。這些情緒疾患對藝術行業有所幫助嗎？躁症與其輕微形式的輕躁症（hypomania），確實有些特徵看起來很像有助於創意思考。確實，輕躁症的診斷標準之一是「敏銳有創意的思考，與生產力的增加」。輕躁症的病患比平常人傾向於在談話中使用押韻、其他聲音的連結與不平常的字眼。

輕躁症患者產生同義字及字詞聯想時也比正常人快，這種情況似乎與思考速度加快，與使用不普遍的連結與想法的傾向有關，這種傾向對一些不常見結合想法的方式很有用。在躁期，病患常會很有自信與活力，這可以促進創意活動產生結果，以及向質疑的接受者促銷其產品。雖然在病理上的鬱期，有一些外顯的小小進步，可以理解的是因為相較於其他時期，這一時期的經驗可以提供比較大範圍與正常時期對比經驗。

由不同領域達成創意成就的年齡之研究結果，浮現幾點有趣的事實。李曼（1953）蒐集的資料顯示，在許多領域最有貢獻的時期是在三十到四十歲，在一些領域平均年齡較年輕，例如，化學是二十五到三十歲，在一些領域則老一點，例如心理學、哲學、小說創作與建築，雖然可以看到這些年齡趨勢，必須注意的是在所有的領域，好的成果出現在很大的年齡範圍之中，從高峰產量中衰退是緩慢的，作品產能也傾向保

持在一開始的水準之上，即便是在生命晚年。

從上述的研究看起來，似乎有很多證據支持有些人格特質（例如，內向、強勢、攻擊性）與創造力有關，躁鬱與藝術上的創造力也有關聯。當然，由因果關係的角度，這些人格特質與創造力之間的連結是模糊的，因為有結果指出進行創造力活動也會改變人格。就像平常所做的，假設因果路徑（causal path）是從人格到創意產生（creative production），而不是反過來的，這些結果並未預言（bode）有捷徑方法可以促進創意的產生。人格因素不會因為捷徑方法裡面一個簡單的訓練就改變。另外，個人史的證據證明在所有領域中，必須先建立相當程度的背景知識，才能達到最高的創意。在比較正式（formal）的領域，譬如數學，至少需要十年的知識訓練（Ericsson and Charness, 1994），在比較沒有結構的知識領域，需要更多年才能達到足夠熟練的程度，因此這個看法不利於（count against）捷徑取向。

關於內在天分對創意很重要的想法，必須注意的是複雜的領域知識，是創意工作的必需品（prerequisite）。很顯然地，它不是天生的。可以辯解的是，取得知識的能力（至少是智力的一部分）也許有天生的成分，也有證據指出高創意的人，通常會有比平常人高的智商，但未必高到極端（Eysenck, 1994）。雖然基因對測量到的智商所貢獻的程度有多大，引發一場很熱烈的辯論（如Howe, 1996），很清楚的是環境因素會引導（govern）接觸到適當的學習經驗與機會，且其重要性是不容懷疑的（Gardner, 1994）。譬如，特定內在認知天分〔相對於較廣的人格特徵，或一般智商（general intelligence）〕的證據，與音樂與藝術上的優異表現（譬如絕對音高absolute pitch）的相關是相當微弱的，而練習與動機所扮演主要角色的證據，則是相當強的（Howe, Davidson and Sloboda, 1998; Ericsson, Krampe and Tesch-Rohmer, 1993）。

然而，捷徑取向的支持者可以宣稱，有些重要認知歷程可以特別訓練，之後便能在創意工作上發揮很好的效果。如果在他們的工作領域有

需要的背景知識，我們如何發現這些歷程？一個普遍的答案是，請那些被認為有創意的人告訴我們，他們是如何做到的？雖然這些解釋會被視為可懷疑的，因為這些解釋通常是事件發生很久之後才蒐集的（Ericsson and Simon, 1993）。即便如此，這些證據仍然是令人好奇的，而一些共通的型態也很快就出現了。

下一節我們會檢視這些個人報告。

創意問題解決，階段與醞釀：個人的解釋

許多科學家與藝術家已經提供解決複雜問題經驗的解釋（譬如Ghiselin, 1952; Koestler, 1964; Vernon, 1970; Gardner, 1994）。把這些解釋當成證據令人有興趣，是因為這些解釋之中也許會包含在困難作業時創意歷程的共同特徵。結果確實出現相當一致的型態，這些型態被當作是創意思考與較例行性（routine）問題解決階段各種分析的基礎。

很值得注意的是一些有名的思想家，已經說明他們如何解決問題或創意地思考。譬如哲學家羅素（Bertrand Russell）曾經被要求在書中說明如何清楚地思考。他的回答是他沒有辦法幫忙，因為對他而言，思考是像消化一樣的本能，他說他只是在相關資訊之間填空，在他的工作間四處做做，做一些其他事情後，因為時間跟好運，他發現他的作品已經完成了！也許羅素太謙虛了！他簡短的檢視概括地符合那些嘗試回答得比較詳細的報告。可以看一下以下的二個報告：一個是龐卡赫（Henri Poincaré），一個是赫姆霍茲（Herman Helmholtz）。

龐卡赫的解釋

龐卡赫是十九世紀有名的法國數學家，他報告說（Poincaré, 1908），他曾經為了證明一個定理花了很長的一段時間，卻沒有任何結果。一天晚上，他睡覺前喝黑咖啡時，幾個看起來可能解決問題的構想

結合在一起；在他上床睡覺之前，這幾個構想又以其他的形式結合在一起。隔天早上，他很清楚地看到如何解決問題，二個小時後，他完成了證明的細節。解決了當初的問題後，引發了更進一步的問題。龐卡赫指出，這些問題的解決都是在他沒有很專注在問題時，譬如在公車上、在街上或沙灘上散步時。

赫姆霍茲的解釋

十九世紀的科學家赫姆霍茲，在物理學、神經學及心理學都有貢獻，他自願在一八九六年七十大壽的晚宴上演講說明他問題解決的過程（Woodworth and Schlosberg, 1954, p. 838）。

> 在我的經驗之中，快樂的想法（happy thoughts）從來沒有在一個疲倦的大腦裡面出現，也未曾在書桌上面出現。首先總是需要我應該看過問題的每個面，到整個問題的角度與複雜性「在我的大腦裡面」這種程度，而且不透過書寫，就可以自由地思考這個問題。如果沒有先前長期的苦工，要將問題了解到這個程度，通常是不可能的。然後，當先前苦工的疲勞已經消失了，一定會有一個小時完全的生理上的生氣勃勃與舒適感（physical freshness and quiet well being），在好的構想出現前，通常是在我早晨醒來時出現，就像哥德（Goethe）常常引用的詩句，或是高斯（Gauss）曾經說過的，但是它們特別喜歡在我在太陽下散步於山丘上的林子裡出現。

在龐卡赫、赫姆霍茲與其他人報告的基礎上，華拉斯（Wallas, 1926）在他非常有影響力的書《思考的藝術》（The Art of Thought）中，提出創意問題解決的四階段分析。

準備（preparation）

在這個階段中，解決問題的人熟悉問題，且有意識地、努力有系統地針對問題。在這個階段通常是沒有收穫的。雖然這個階段本身不會引導到答案，但是大家廣泛地相信這個階段非常重要，會影響下一階段得到有用想法的可能性。許多人的證詞都指出，如果沒有先前做的苦工，靈感不會出現，或像多產的愛迪生曾說過的「沒有流汗，沒有靈感」（No inspiration without perspiration）。

醞釀（incubation）

這是將問題擺一邊的時期，在這個時期對問題不使用有意識的努力。龐卡赫與其他人曾假設在這個時期有潛意識的工作在進行，另一方面，或許這只是必要的休息期，會讓之後意識的努力更有效率一點，比起沒有這一段休息的狀況。

靈感（illumination or inspiration）

這是豐富多產的構想（fruitful idea）或赫姆霍茲所稱的「快樂的想法」出現的時機，這靈感通常不是問題的完整解答，但是指出了也許是完整解答的方向。

確認（verification）

這個階段很像準備，因為必須投入意識工作來發展與測試先前得到的靈感。

上述的四個階段可以在赫姆霍茲或龐卡赫與其他人的報告中看出來。

華拉斯的階段分析，暗示可以藉由一段醞釀期的休息，而促進靈感的產生，這是不痛苦的方法。然而，個人的解釋暗示，在醞釀期之前，

相當程度的準備與具備大量關於問題的知識會比較有效率。因此階段分析提供一個被動秘訣的希望，也就是醞釀有幫助。我確信，大部分的人在他們的經驗中，會覺得醞釀是一個真實的現象。然而，在實驗室中並不容易證明醞釀是一個可靠的現象。

　　莫瑞與丹尼（Murray and Denny, 1969）研究了醞釀機會對高低解題技巧實驗參與者　（由前測區分）的效果。參與者都拿到壽格士德（Saugstad）所設計的一個相當複雜的問題，參與者有釘子（nail）、鉗子（pliers）、一段繩子、滑輪（pulley）、幾條橡皮筋、一些報紙。距參與者八呎遠的地方是一個可移動的平台，上面有玻璃，內有一些鐵球，在玻璃旁邊是個圓鐵柱，參與者要找出方法將鐵球從玻璃移到圓鐵柱，且與玻璃或鐵柱的距離不得短於八呎。實驗解答包含兩個階段，第一是將釘子弄彎作成一個鉤子，將鉤子接到繩子上，把鉤子丟到平台上面，鉤住平台將平台拉回來將鐵球移開。第二階段是利用捲曲的報紙做一個長的、中空的管子，利用橡皮筋把管子連成像望遠鏡的樣子，利用這些管子將鐵球送到鐵筒之中。

　　控制組的參與者有連續的二十分鐘可解題。實驗組的參與者一開始有五分鐘解題，然後有五分鐘做不相干的紙筆作業，接著做十五分鐘的解題。

　　結果顯示是否有醞釀期或解題能力高低都沒有影響解出答案的頻率，但兩者有顯著的交互作用，因為解題能力高的會因為醞釀的機會而受到阻礙，解題能力較低的會因為醞釀機會而有所幫助。莫瑞與丹尼對這些結果的解釋是，建議解題技巧較差的人很快鎖定解題的某一種取向，因為醞釀期會讓不適當的方法變弱；而解題技巧高的人，會系統性地測試各種可能的解題策略，而不會很快鎖定某種方法，因此這種有次序的過程，會被醞釀期的機會所干擾。

　　莫瑞與丹尼建議，當問題對解題者非常困難時，醞釀期才會最有效──就像他們研究中低解題技巧的人解決管子與球的問題。有名的科學

家與藝術家解決主要的問題與研究計畫時，據推測應該也是如此。

然而，在實驗室中很難得到醞釀的效果。多明諾司基與珍瑞克（Dominowski and Jenrick, 1972）進行一個莫瑞與丹尼研究的追蹤研究（follow-up study），使用一個牽涉物體操弄的問題，但是沒有發現醞釀期的效果。然而，福格西與基爾福（Fulgosi and Guilford, 1968）研究在一個分散作業中，參與者必須想出很熟悉物品的許多不尋常的用途。他們發現二十分鐘醞釀期對解答的數量有效果，但是對解答的品質並沒有效果。很明顯的是仍需要許多研究來了解這個問題，譬如變化問題的形式、準備時間與醞釀期的時間長短。歐頓與強生（Olton and Johnson, 1976）檢驗了西洋棋專家解決西洋棋問題醞釀期可能有的效果。因為這些是實際的題目且參與者比較熟悉的（不像先前研究中使用不熟悉的難題）。然而，有醞釀期機會的西洋棋專家，並沒有比持續工作的人有任何好處。

即便假設醞釀期對幫助創造力有直覺的吸引力，令人訝異的是實驗室研究還沒有找到可靠的程序可以產生醞釀期的效果。實驗室內的問題解決作業採用相對較短的時間，與需要低程度的知識，可能是個相關因素。有創意的人所報告日常生活的例子，通常牽涉大尺度的問題，有相當程度的複雜性，是一個人長期工作關注的焦點，醞釀期的方法可能只適用長期熟悉的問題領域。

主動的捷逕法

就像大部分的人都想變成更有錢、更健康、更吸引人、更苗條，最好可以不用花任何努力或金錢。所以大部分的人如果想要變得更有創意，最理想的方式，是透過一些快速無痛的方法。如果有需要或需求，市場就會提供（據稱如此）藥方，就像有許多販賣的各種方案（scheme），承諾可以快速增加物質上與財物上的安康（well-being），也有一些方案

承諾可以很容易地快速增加創意。

讓我們看一下這些宣稱可以得到較大創意的快速方法，與純粹「醞釀期」方法的比較，並且評估這些方法有多可信。捷徑方法，譬如「腦力激盪」（brainstorming）（Osborn, 1953）與「水平思考」（lateral thinking）（De Bono, 1983）提供很普遍的方法，宣稱可以在各個領域的創意工作上產生很大的助益，但只需要一些努力。很不幸的是，一些持久的看法辯稱，在一個特定領域要累積專業知識，沒有任何方法可以取代勞力付出的方法。而創意的成果，大部分來自大量耗時試誤（trial-and-error）的搜尋（Weisberg, 1986）。

已有許多刺激創意思考構想產生階段的提議被提出來，也許最有名的、被研究最多的是「腦力激盪」的方法。

腦力激盪

在一九四〇到一九五〇年間，一個務實的商人奧斯朋（Alex Osborn）發展了一套建議的方法稱之為「腦力激盪」法，主要是用於團體解決問題之用，與增加構想產生的工具。這個方法可以改成個人使用。在奧斯朋（1953）的《應用想像》（*Applied Imagination*）一書中描述，腦力激盪已經被無數的組織採用，且在實驗內大量研究過。

奧斯朋採用的標準觀點是，認為問題的解決與創意思考包括：(1)問題形成，(2)發現構想，與(3)評估構想與找尋近似的解決答案。腦力激盪的目標在促進中間的「發現構想」階段，且它可以整理成二大主要原則與四個規則。

　原則

1.判斷的延遲（deferment of judgement）。

2.數量帶來質量（quantity breeds quality）。

　規則

1.排除批評（criticism is ruled out）。

2.沒有禁忌（freewheeling is welcomed）。

3.多多益善（quantity is wanted）。

4.尋求結合與改善（combination and improvement are sought）。

「判斷的延遲」原則，意指對構想的評估延後，等構想產生一段時間之後才進行。未經訓練的思考者會在構想出現的時候就去評估它。奧斯朋建議應該抑制這樣的行為，因為這會導致太早放棄某些構想，雖然這些構想本身沒有用，但它可能會引發可能的解答。「數量帶來質量」原則指的是，愈多的構想產生，有用想法的絕對數目就愈多，即使它的比例很低。上面列的規則提醒腦力激盪的人不要去批評自己或他人的構想，而是先去自由聯想已經產生的構想，去幫助品質的改善，去結合與改善已經產生的建議。

這個方法原先是讓團體使用的，但可改成供個人使用的。這裡有幾個問題產生，譬如這個方法是否導致更好的生產力？不管是對⑴團體或是對⑵個人。團體腦力激盪是否得到更好的結果，比起個人腦力激盪，產生數個想法後再整合？

許多支持研究的假設是，比起相同的團體使用傳統的方法，團體腦力激盪產生較多的構想。腦力激盪的指導語強烈地影響產生構想的數量，雖然在平均品質的效果上不明顯，但能得到較高品質的構想（就像數量效果所期望的）。一個研究的例子是米寶、巴恩斯，與利茲（Meadow, Parnes and Reese, 1959）所做的，他們比較腦力激盪指導語與強調構想品質的指導語二者效果的差異，參與者盡量想⑴掃帚（broom）與⑵衣架（coathanger）的用途。產生的構想分別被獨立評判其獨特性（與正常使用方法差異的程度）與價值（社會、經濟或美學）。好的構想是指在獨特性與價值都得到很好的評價。結果顯示，比起使用傳統指導語的團體，使用腦力激盪指導語的團體產生好的構想明顯較多。個別使用腦力激盪的實驗結果也與此相似（Parnes and Meadow, 1963）。

在個人與團體腦力激盪看起來都比較有效的情況下，一個問題產生

了：是不是團體腦力激盪的結果，會比個人腦力激盪再整合的結果好？可以主張團體腦力激盪會受惠於相互激發的好處，另一方面也可以主張，參與者會因為害怕潛在的批評而抑制構想產生，即便不允許有外在的批評。也許很令人意外的是，幾個研究（Taylor, Berry and Block, 1958; Dunnette, Campbell and Jaastad, 1963; Bouchard and Hare, 1970; Dillon, Graham and Aidells, 1972）都指出團體參與的腦力激盪相對於個人腦力激盪會抑制創意思考。也就是說，更有效率的結果來自幾個人使用腦力激盪個別地工作，而不是幾個人構成小組工作。為什麼會如此？也許是個體害怕潛在的批評，即便沒有開放的批評，結果抑制了較古怪構想的公開產生。另一個原因是，在團體內工作的個體比起幾個單獨工作的個體，在思考上會傾向於產生相同的一套內容或相同的方向，因此產生較少不同的反應。個體單獨工作可能發展出幾套想法，但這幾套可能會彼此不同。

檢核表與型態上的綜合

腦力激盪的方法並未很明顯地說明實際上如何產生構想，除了鼓勵使用自由聯想外。華倫與戴維斯（Warren and Davis, 1969）比較三個適合個體使用的特定方法。參與者的作業是產生構想去改變或改善一個特定的物品，譬如喇叭鎖。一組參與者給一些普通刺激構想產生的短檢核表（譬如加點東西、少掉一些東西、換顏色、換材料），第二組給一個長檢核表，內涵分成九大類共七十三刺激構想產生的問題〔擴大（加什麼？時間、頻率、強度），改變（意義、顏色、運動）？〕，第三組則教導一種型態綜合（morphological synthesis）的技巧（Zwicky, 1969）。這個技巧需要解題者針對問題中物品的某個方面（或稱某個軸）列出一些構想，再針對物品的另一方面列出構想。整合兩個方面的構想形成一個矩陣可以發現一些新奇的構想。譬如，如果問題是發明新的交通工具，這個問題可以先針對能量來源這一方面產生一些構想，再針對傳輸

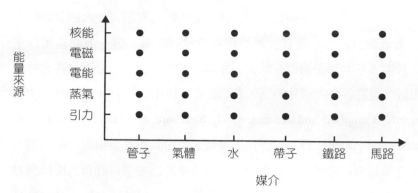

圖9.1 新交通工具的型態綜合。

媒介產生另一些構想。請看圖9.1新交通工具可能的型態綜合。

　　圖9.1矩陣中的每一點代表能量來源與媒介的一些組合，一些是熟悉的，一些是不可能的，但其他的可能是新且有用的。很明顯地，組合的數目隨著每個向度構想的數目快速增加。如果使用兩個以上的向度，產生的組合數目會更多。

　　第四組則是控制組，沒有特別給與解題的方法。在四組之中，短檢核表與型態綜合這兩組產生最多數目的構想，與最多高品質的構想。也許令人訝異的是長檢核表組並沒有比控制組好。當時間也列入考慮時，型態綜合組所產生的最多構想與最高比例的生產，讓這個方法變成是最有效率的方法。

水平思考

　　迪波諾（De Bono, 1983，譯註：先前De Bono被譯為波諾）將水平思考當作有效創意的工具加以推廣他的看法，也發展了教材來教導水平思考的技巧。水平思考牽涉重新表徵或重新建構問題，相對地，正常（垂直）思考則在一個既定的問題表徵內工作。垂直思考代表邏輯的、次序的、可預測的與受限於習慣的，而水平思考的特徵則是剛好相反。迪波諾發明了一套教材稱之為**CoRT**課程（以迪波諾的Cognitive Research Trust命名）。這些教材的目的是增加個體水平思考的技巧。這套課程包含六個單元，每個單元由十個三十五分鐘的課程構成。迪波諾略述六個單元（De Bono, 1983）如下：CoRT1，廣度（breadth），強調從不同的方式思考問題；CoRT2，組織（organization），目標是有效控制注意力；CoRT3，交互作用（interaction），聚焦在問題的證據與論點；CoRT4，創意（creativity），提供產生不尋常構想的策略；CoRT5，訊息與感覺（information and feeling），考慮與思考有關的情感因素；CoRT6，行動（action），提供處理問題的架構。迪波諾建議應該先教導CoRT1，之後其他單元可以用任何次序教導。廣泛地說，CoRT課程牽涉到算符（operator）的使用，希望當學生有需要的時候可以提取並應用這些算符。樣本算符是「考慮所有的因素」（consider all factors），簡稱CAF，與「正向的、負向的與有趣的觀點」（positive, negative and interesting points），簡稱PNI。

迪波諾（De Bono, 1976）的研究指出，接受CoRT課程的學生產生較多構想，這的確暗示一個「數量」效果，平均品質是否提升則不清楚。測試的題目與訓練教材中的練習題目類似，因此訓練轉移的程度也不清楚。愛德華與包道夫（Edwards and Baldauf, 1983）使用CoRT1來實行一個教學研究，結果發現發散思考（divergent thinking）數量與品質的各種指標都提升了。他們同時也研究了CoRT1訓練對高中物理學表現的學習轉移效果，結果沒有發現任何轉移的效果。

在委內瑞拉教育部的主辦下，一個大範圍CoRT課程的研究提供較強烈的支持證據（Herrnstein et al., 1986）。許多組兒童接受某一版本的CoRT課程一到三年，相似背景的控制組則未接受課程。前測與後測使用與訓練相似的發散思考題目，結果發現實驗組在數量與品質的測量上均較控制組表現得好。

雖然其中一些結果，特別是在委內瑞拉實行的那些研究，相當支持CoRT課程，但不相似的作業能否有轉移效果與是否有長期的好處，這

些問題仍待回答。

捷徑法的總評

雖然醞釀期的效果仍不確定，但腦力激盪、型態綜合、短檢核表與水平思考都顯示一些助益的效果，至少在小尺度的問題與相當人工化分散思考的問題上。與傳統方法比較，腦力激盪的好處主要是透過「數量」效果，即增加方案的數目，使得好方案的數目也增加（成本是許多不好的方案）。型態綜合同樣也是利用數量效果。水平思考在訓練材料以外，沒有顯示可信服的轉移效果。所有例子中所使用的作業都是小尺度的，且沒有使用到大量某一領域的知識。大體來講，這些方法在大尺度日常生活創意的問題解決情境，在藝術、科學或技術方面是否有用，都尚未被證實。

理論取向

在這一節，我想說明認知心理學其他領域所建立的理論取向之架構中，解釋創意歷程的一些嘗試。這裡所討論的理論取向主要是連結的、皮亞傑的，與訊息處理理論，它們可以用來指稱創意的確可以用日常生活的認知歷程來解釋。

西蒙頓的機會結構理論（Simonton's chance-configuration theory）

西蒙頓（Simonton, 1988）的理論建築在坎貝爾（Campbell, 1960）早期創意歷程的盲變異與選擇保留模式（blind-variation and selective-retention model of creative processes）之基礎上。坎貝爾的模式牽涉底下三個基本命題。

1. 新奇問題的解答需要一些產生觀念構成變異（ideational vari-

ation）的工具。這個歷程是「盲」的（blind），因為解決問題的人在沒有測試之前，不曉得這個構想是否有幫助。

2.觀念變異與一個固定的選擇歷程（selection process）有關，這個歷程可以保持進步與避免沒有進展。

3.選擇的變異必須被保持。

坎貝爾的構想產生、選擇與保留模式很明顯類比於達爾文的演化理論。西蒙頓在這個基礎上建立機會結構理論，引進了三個概念：⑴心智成分的機會排列（the chance permutation of mental elements），⑵穩定結構的形成，與⑶這些結構的接受與溝通。

西蒙頓認為創意歷程利用心智成分運作，這些心智成分是單一的構想，可以自由地與其他成分結合。基本的機制是這些成分的機會排列（chance permutation）。使用「排列」這個名詞（而不使用結合combination這個名詞）在於強調這些成分結合的次序。相同的成分（譬如音樂的音符）會因為不同的次序而有不同的效果。一旦機會排列產生，一些選擇就必須被引進。大部分的機會排列是不穩定的，因為這些成分並未協調一致。少數幾個產生相關的整體則是穩定的，西蒙頓稱之為結構。穩定的結構會被保留，且變成新的組塊（chunk），組塊可以單一成分的形式發揮功能，因此可進入新的排列中。階層式地組合這些結構對認知效率是特別有用的整合模式，因此在很多領域都很普遍。

一些看起來有用的結構，在創意歷程結束前必須藉由溝通結構進一步發展。初步的機會結構是個起點，譬如一個素描、一個摘要、一個未成熟的想法，都一定是最後可公開展示成品的基礎，譬如一幅圖、一段交響樂、一篇科學文章等等。最後，成品必須滿足觀眾的需要。

從一些特定領域、年齡與創意的關聯性與數量品質關係中，創意者與創意生產力分布的資料中，西蒙頓得到機會結構理論的支持證據。在許多領域中創意的生產是，少數的幾名創意者負責了大部分的創意產品。丹尼斯（Dennis, 1955）發現在許多學科中，前10%的創意者負責了

50%的生產，而後50%的則只貢獻大約15%。因此每個貢獻者產品數目的分配是高度偏態的（Lotka, 1926）。西蒙頓辯稱，即使機會排列的心智成分是常態分配的，看起來似乎如此，可能的機會排列的數目（e的n次方）仍是高度偏態的分配。因此，有多一點成分的貢獻者會產生多得不成比例的結構數目，因此觀察到的生產分配與機會結構理論的看法一致。

李曼（Lehman, 1953）關於年齡與產量關係的報告已經得到最近一些研究的支持（Simonton, 1984）。所有領域生產力的主要型態都是一開始隨著年齡增加達到一個顛峰，接著慢慢降低（速度低於當初增加的速度），生產力開始、達到顛峰與降低的速率依領域變化。最後，特別的生產力與早熟、長壽和高生產力有關。西蒙頓（Simonton, 1988）辯稱典型的年齡—生產力曲線反映兩個歷程的運作，即機會結構（觀念構成）的產生與機會結構細緻化（elaboration）進入創意溝通（溝通結構）。觀念構成發生的速率與未結合的自由心智成分多寡有關，細緻化的速率與等待進入溝通狀態的觀念數量有關。西蒙頓顯示，改變這兩種速率可以產生典型的年齡—生產力曲線圖。在較有秩序（formal）的學門，譬如數學，觀念構成與細緻化的速率較高，因此很早達到顛峰，但在沒有秩序的學門，譬如歷史，觀念構成與細緻化的速率較低，因此較晚達到顛峰，且較慢降低。整體生產力由一個人在某一領域心智成分可以產生的可能機會結構數目來決定。在西蒙頓的模式中，理論上可能的結合數目愈多，這個人愈早可以產生貢獻（早熟），且有較高的生產力。生命愈長（長壽），整體貢獻愈多。

看起來數量與品質之間有一致的關係，因為一個人貢獻的產品愈多，普遍來講就有愈多的高品質產品。在一個創造者的一生中，主要與次要作品的品質比例傾向於恆定的（Simonton, 1977）。「成功的固定機率」原則（the constant-probability-of-success rule）來自坎貝爾的盲變異模式與西蒙頓的機會結構理論。創意名聲的穩定性部分來自多個高品質

產品的存在可以支持名聲，即便作品的評價隨著時間變動。同樣地，高度創意的人常常有些末期的產品是評價比較不好的。像歐頓（W. H. Auden）說的：「主要的詩人會比次要的詩人多寫一些壞詩。」只是因為主要詩人寫的詩比較多（Bennett, 1980）。

大體來講，西蒙頓的理論與生產力的相當大範圍的歷史資料一致，且可以在藝術與科學的許多領域應用。然而，像達爾文原始的演化理論，需要詳述變異與保留的工具以完成機會結構理論。

葛魯勃的演化系統取向（Gruber's evolving-systems approach）

葛魯勃（Gruber, 1980）不辭辛勞地從構想的演化系統來分析達爾文演化理論的發展。為了了解構想的演化，葛魯勃曾經依賴皮亞傑的理論，它主要關心兒童概念的發展（譬如質量守恆）。然而，葛魯勃指出，這個取向同樣可以應用在成人概念的發展。葛魯勃指向投入長時間發展新的構想。對「創造的行動」（acts of creation）與「洞見的時刻」（moments of insight）的強調也許會誤導，將注意力轉移到洞見的時刻內含的長期生長般的歷程。他分析達爾文的筆記本指出，在生物與地理現象的關係上，達爾文構想系統（system of ideas）一系列的變化。起初，強勢的概念是創造時，大自然的世界與物種生存棲息地是固定的。然而，從地理證據不斷指出一個變動的自然世界，這導致觀念的衝突。物種如何在創造時固定，而仍可以適應變動的環境？達爾文的第一個理論──單細胞理論（the monad theory），指出簡單的生物形式（單細胞生物）由非生命物質產生，然後演化以適應環境。這個理論很快就被放棄了，達爾文開始尋找物種可以改變的其他方式。雜交（hybridization）看起來有可能，因此達爾文開始研究植物與動物的繁殖，這讓他增加人工選擇（artificial selection）的知識。得到物種特徵的傳遞是另一個解答，這使得達爾文研究動物與人類的心智歷程與行為。雖然這個取向沒

有產生遺傳變異想要的答案，它產生了許多證據可以影響最後的理論。心智歷程的研究無可避免地產生唯物論的議題，這在當時是有點嫌疑與危險的想法，而且達爾文表達了被指控為唯物論者的害怕。經過許多年的先前研究與經驗後，達爾文在一八三八年九月二十八日讀到馬爾薩斯的《人口論》（*Essay on Population*），這似乎讓他了解到，天擇可以讓後代的變異比起前一代更適合環境。眾所皆知天擇的想法是個保留的力量，排除虛弱跟不適應的變異。但天擇的正向意義是，有利於最適應的變異，這是達爾文所沒有強調的洞見。

達爾文對這個理論不是很滿意，因為它沒有解釋變異，而是把變異與遺傳當成不可解釋的假設。需要再經過二十年的工作，與華萊士（Wallace）獨立產生的概念「天擇造成的演化」的刺激，達爾文最後發表他的演化理論。

葛魯勃強調達爾文構想系統改變的緩慢性，他用皮亞傑的同化（assimilaton）與調適（accommodation）來解釋這個改變的過程。同化牽涉將新的資訊納入既有的概念結構，而調適牽涉新資訊帶來概念結構的改變。葛魯勃辯稱，看起來與過去產生重大斷層的改變，也可以看成是無數小改變的累積。這個取向將「洞見的時刻」放置到長期的情境下，暗示高等創意的小小了解（little understanding of high-order creativity）是來自實驗室研究中的小尺度的問題解決。

葛魯勃與其同事（例如Gruber and Davis, 1988）將他們的演化系統利用到幾個有創意的人身上進行個案研究，除了達爾文之外，還包括幾個領域，包含科學家富蘭克林（Benjamin Franklin）、心理學家詹姆士（William James）、哲學家洛克（John Locke）、小說家理察森（Dorothy Richardson）與詩人華茲華斯（William Wordsworth）。大體來說，這些研究支持一個觀點：日常生活中的創意需要很久的一段時間（幾月、幾年甚至幾十年），整個工作散布在很長的一段時間，需要相當的努力花在組織上面。必須設定子目標還有子一子目標，與把它整個整合

起來。延遲、離題、錯誤的延伸擴散主題。一開始的草圖、粗略的草稿與早期的筆記，在塑造與指引最後的計畫上扮演重要的角色。譬如畢卡索（Picasso）的名畫Guernica，從素描、不斷修飾與轉換，一個月後才轉換成最後的作品（Arnheim, 1962）。創意的人常常有相關計畫的網絡（network），在某個時間點，一些是活躍的、一些是潛伏的，這些相關計畫相互影響，且一個計畫提供另一個計畫有用的類比，而且彼此是相連的主題。譬如達爾文從事地理學、動物學、心理學與植物學的計畫，所有領域相連的主題是「漸變論」（gradualism）——自然不會跳躍式的改變（nature makes no jumps）。葛魯勃與戴維斯也主張，多種計畫讓創意的個體可持續的工作，即便其中一個計畫受阻，另一個計畫也可以取代，直到偶然的刺激提供原先計畫的解決之道。最後，從事某個領域的內在動機是很重要的，是創意個體保持高活動水準的原因之一。

波頓：不適合（improbabilist）與不可能（impossibilist）創意

波頓（Boden, 1990, 1994）曾經主張有兩類的創意，她將其命名為improbabilist與impossibilist。這些可以區分成心理的／個人的創意與歷史的創意，improbabilist創意牽涉參與新的有價值的產品，在一個既定規則的系統中，已經有既定的可能性概念空間（conceptual space）。impossibilist創意牽涉概念空間的轉換，因此新的構想在原先的概念空間是不可能的。心理的／個人的創意，對個人而言是新的構想，雖然可能已經被其他人提出過。波頓指出，歷史創意是心理的／個人創意的子集合。因此她關心impossibilist心理的／個人的創意，為了轉換概念空間，波頓主張一個人必須有空間地圖並去探索空間。她指出，在發展上的證據說明兒童在低階技巧使用「表徵的再描述」（representational redescriptions）時，會變得愈來愈有彈性（Karmiloff-Smith, 1993）。起初，兒童發展畫人的基模，這些基模是相當死板的，四歲兒童不會畫只有一隻腳

的人，因為這是在基模（或概念空間）之外的。他們在拷貝超出基模的圖時也有困難。在十歲之前，大部分兒童可以扭曲、重複或刪除部分且大量轉變原先的基模。這些轉換是依照固定的次序。小孩子通常可以先畫出手臂的大小或形狀，之後才可以多加一條手臂，之後才能在手臂上面加翅膀。

在音樂史與數學史上可以得到較大尺度的例子。西方文藝復興的音樂牽涉音調和諧的探索，不和諧的音樂（atonal music），譬如schoenberg，代表顯著轉換原先和諧的音調空間到不和諧的音調空間。這種轉換基本上捨棄了一段音樂一開始必須有本調（home key），最後也要回到本調的要求。schoenberg拋棄了限制，加入了新的成分，譬如在半音音階（chromatic scale）加入完全音符（every note）。一個拋棄限制的相似例子是從歐幾里得幾何到非歐幾里得幾何（即丟棄歐幾里得第五定理）。

哪種認知系統可以支持impossibilist創意？波頓主張一個混合序列—平行系統（a hybrid serial-parallel system）。從這個觀點，長期的知識儲存在相連網絡中，可以丟棄不平常的連結、混合與類比。而序列的部分持續在問題空間中搜尋。「網絡」的看法暗示對作業的反應可以透過聯絡與類比產生新的問題空間。這裡的看法回應了傳統觀點：潛意識（網絡）是靈感的來源，而意識（序列系統）執行較例行的準備及確認二項工作（Wallas, 1926）。

結論

大體來說，相對於傳統的迷思，這裡的資料與理論指出：(1)日常生活大尺度的創意是可解釋的（explicable），因為長時間認知系統會給與目標導向的引導；(2)對提供一個開始點與創意工作的內容而言，知識取得是一個關鍵歷程；(3)天生的認知天分並未扮演主要的角色；最後，(4)

在日常生活大尺度的創意問題解決中，捷徑方法的用途有限，相對於大量的試誤搜尋而言。

第四部分

爭議性的主題：
複製、老化與催
眠

快樂、孤僻、打噴嚏、害羞
不安、昏昏欲睡、遲鈍
對今天而言，不老化的大腦……

一九九六年七月一個溫暖的夜晚（Kolata, 1997），當桃莉（Dolly）（譯註：已於二○○三年三月安樂死）──歷史上第二有名的綿羊誕生時，媒體被複製正確與否的爭辯所襲擊，這個爭議不像是所謂的實現主義（preformationism），亦即每個精子裡面有個具體而微的小人（minuscule homunculus）（Eisenberg, 1976）這個想法曾經讓羅馬哲學家塞尼加（Seneca）與亞里斯多德相當興奮。

媒體上面的爭辯並不關心技術細節，或是複製方法的可能結果，譬如在癌症研究上的應用。相反地，其關注人類複製的議題，特別集中在一個可怕的想法：複製邪惡人類（希特勒會重生嗎？），因此將整個爭辯降低到科幻小說的劇本。

任何事情都評論的媒體道德家坐在白色的大扶手椅上，讓我們試圖去了解為什麼複製永遠不可能是另一個完全相同的自己（Changeux, 1983; Pennisi, 1997）。

以下的兩章討論相同爭議性的主題：老年人表現的分析與催眠。

10

複製人類大腦的迷思

博魯奇
（Giovanni Berlucchi）

譯註：我被複製了 I've been cloned
與我被開玩笑了 I've been
clowned 兩者發音相似，取
其雙關。

複製與美麗新世界

最近科學家透過媒體宣布一個消息，科學家已經利用成羊的乳腺細胞神經核，替換卵母細胞神經的方法，而成功產生存活、明顯健康的綿羊。這件事引起很熱烈的討論，主要是關於可能利用這個技術在複製人類的一些恐怖的想像。生物與心理的個別性是人類天性的部分，且大部分人類的價值是這一個概念的必然結果：經過時空演變，每個人是獨特的。男人、女人與小孩都是顯著且可區隔的，不只是因為身體的特徵，也因為他們大腦獨特組織所決定的心智特異性。大部分群眾為什麼對人類複製如此反感的幾個理由之中，最明確的是因為這種基因操弄可能會干擾生物與心理的多樣性，因此影響個體的特殊性與自治。在赫胥黎的小說《美麗新世界》（Huxley, 1932）中，可以見到這種假設性嚇人場景的幻想期望。這本小說的主題是描述科學獨裁，其中一個安全無比的基因控制系統，特別設計用來製造標準的人類，把人類本質的混亂多樣性降低到可以管理的一致性。赫胥黎所描寫的中倫敦孵卵所（Central London Hatchery）與訓練中心（Conditioning Centre）中，人類的卵子在體外受精與培育，接著每個卵子重複地生長、分裂，最後發展成在基因上96%相同的胚胎，最終變成許多表現形式完全相同的成年人，目的在於構成一個同質沒有變異的社會。每個社會所認為合宜的行為，是經由結合基因與胚胎處理的過程、嬰兒訓練的過程、兒童睡眠（hypnopaedia，譯註：hypno意指睡眠，paedia意指兒童科，故譯）與化學方式引起的逸樂感覺（以用來代替控制他人一生的滿足感）所達成的。簡而言之，社會穩定的達成是由同質性很高的人類、沒有痛苦與剝奪的意識經驗達成的生理滿足狀態，但同時也沒有自由、美與創意，最終也沒有自己的獨特存在。

大自然的複製

當然從無法追憶的年代到今天，大自然也會產生基因完全相同的人類，雖然沒有被記錄在赫胥黎的寓言之中，但通常出現在微不足道的同卵雙胞胎，甚至是較少見的同卵三胞胎、四胞胎，最多同卵五胞胎。如果反對全人複製的可能性有道德上的爭議（確實有很多），他們不應該利用（包括這種）技術，因為可能完全消滅的人類特性。我們所知道大自然產生的同基因產品，沒有一個考驗了個體多樣性與獨特性。更精確地說，同卵雙胞胎的研究提供很多的資訊來拆穿這個迷思：因為有相同基因顯然會造成相同身體，也造成相同大腦，同理，應該也造成相同的心智。當然，同卵雙胞胎不僅外表看起來相像，思考與感覺也會相像。即使在不同的家庭中被撫養，他們也無疑的在許多心理特質上相似，相似到選擇相同職業、選擇生髮水、牙膏或香煙的偏好，與做出特別的古怪姿勢（Bouchard, 1997）。

一個出現在許多演化心理學的軼事是，在不同家庭養大的女性同卵雙胞胎，她們都習慣倒退著走入海中，並且只到膝蓋的高度（如Pinker, 1997）。但不管是一起或分開撫養的同卵雙胞胎，在心理上的差異與其相同的部分同樣重要。十九世紀泰國的男性同卵雙胞胎，在母親肚子裡面就是連體嬰，後來在巴南馬戲團（Barnum circus）表演，這是暹羅雙胞胎的由來。雖然他們兩個被迫連在一起，但卻有相當不同的命運，因為一個變成孤僻且酗酒、一個變成心情愉快且滴酒不沾（Gould, 1997）。一九三〇年代早期出生在加拿大，基因相同的迪奧尼五胞胎，生活的相像程度，與五個不相干的女生同時在那個社會環境中被養育差不多（Lewontin, 1997）。較多量化、較少軼事角度的證據指出，基因相同的同卵雙胞胎，在各種人格特質上的一致性大約是50%，而共享母親子宮但只有一半基因相同的異卵雙胞胎則為25%，也共享一半基因的兄

弟姊妹之間則為11%，隨機選擇的個體則為0%。同卵雙胞胎在智力測驗上的一致性則更高，到達70%，相對於異卵雙胞胎的40%（Bouchard, 1997; McClearn et al., 1997）。因此基因對心智的強烈影響是不用懷疑的，但是更有趣的一點是同卵雙胞胎之間，30%至50%非基因的心理變異（psychological variation）很難視為環境真正的效果。確實，在分開扶養的同卵雙胞胎的認知與人格測量上的一致性，只稍微低於一起撫養的同卵雙胞胎（Bouchard, 1997）。

個體多樣性的生物因素：基因與環境之間

那麼到底是什麼造成同卵雙胞胎之間，那些不能由家庭環境解釋的心理變異？他們心智歷程之間的相同與差異，由哪些神經機制造成？其中一個解釋，歸因於同卵雙胞胎之間非基因的心理差異，因為即便居住在一起的狀況下，他們仍有獨特的個人經驗，譬如說被狗追，或是從教師或父母處偶爾得到酬賞或是處罰（Gazzaniga, 1992; Pinker, 1997），但似乎沒有辦法得到支持這個解釋的客觀證據。另一種解釋的方法，必須追溯到海伯（Hebb, 1966）原始的推測：出生前子宮環境的各種生理變化會影響胚胎的生長、胎兒大腦與行為的發展。雙胞胎的情形，像子宮內位置的因素、母親血液與胎兒血液的交換、在分娩時大腦創傷的程度，可以解釋雖然有完全相同的基因，但仍有心智與大腦皮質的差異。但我認為現在有大量的證據，說明每個同卵雙胞胎的大腦皮質與心智的獨特性，比較是由於相當細微但是很有影響力的新生因素（epigenetic factors），而不是上述子宮內的環境因素。章吉斯（Changeux, 1983）幾年前曾經很清晰地辯解，神經系統的複雜性在出生時就已經完備了，實際上不可能讓基因上完全相同的個體能夠有相同的大腦皮質組織，一直到人類幾萬個神經突觸的程度。他利用馬卡諾、拉普瑞斯提與利文索（Macagno, Lopresti and Levinthal, 1973）在甲殼綱動物水蚤（Daphnia magnia）的實驗，與利文索、馬卡諾與利文索（Levinthal, Macagno and Levinthal, 1976）用魚 Poecilia formosa 進行的實驗，顯示這些神經系統相對簡單的物種身上，單性生殖產生基因相同的動物，在相對神經位置上突觸前終端的分支，仍有可以辨別的細節差異，雖然這種差異不是在神經元數目與主要神經元的連接。考慮到神經系統的發展，必須記住的是除了在身體其他部分的細胞分化、遷徙與聚集過程以外，神經軸突與樹突有次序的生長、突觸連接高度組織與選擇性的組成，這些過程的複雜程度遠遠超過非神經器官產生所牽涉的過程。這種複雜性大大地延伸了神經系統特徵的界線，並不是嚴格的基因決定論，因此會有或多或少的表現型變異。各種類型的分子（生長因子、賀爾蒙、神經傳導物、netrins、semaphorins、黏著分子等）不管是在細胞外，或是固定在細胞膜上，對指引生長中的軸突與樹突，沿著適當的路徑到達適當的目標，以產生它們在突觸間功能是很重要的（Levitan and Kaczmarek, 1997）。在人類大腦中，幾億個神經元之間突觸連接數目的劇增，使得神經發展中的非基因變異性的界線有無以限度的範圍。說得更特定一點，人類新生兒的大腦會因突觸連接型態而有幾個不同功能的特徵，但都在大腦組織共同、種族特定的一般方案之中，這是智人在至少十萬年前出現後就沒有改變的。對基因不同的個體，大腦的不同部分是由基因決定的，對基因相同的雙胞胎，基因無法解釋個體整個神經相互連接型態的無數細節，上述的講法對兩類個體都是對的。大腦組成的主要變化，在出生後的確會因為經驗而改變，而因為環境所發生的改變當然是另一個故事了。這裡所要傳達的訊息是，如果可能把新生兒帶回到子宮內受精卵的狀態，它的非神經器官發展會幾乎完全相同，而大腦發展至少會有一些細節有足夠大的改變，而引發也許輕微但毫無疑問顯著不同的心智活動與行為控制的神經機制。

同卵雙胞胎大腦在巨觀層次上的不同

　　非侵入性的核磁共振顯影技術，使得活體檢驗與比較同卵雙胞胎的大腦變得可能。歐本海默（Oppenheim et al., 1989）報告了在胼胝體外觀上五對同卵雙胞胎的相似程度遠遠高於不相關的個體，但雙胞胎之間在型態上的細微差異還是可以觀察得到。九對慣用右手的同卵雙胞胎之中，Steinmetz等人（1995）發現左邊的顳葉（planum temporale）大於右邊的，這是人類重要的典型不對稱性，但是只有四對雙胞胎這種差異性是一致的。一個比較例外的例子是一對雙胞胎出現相反的差異，右邊的反而大於左邊的。另一組十對同卵雙胞胎中，他們的優勢手是不一致的，顳葉的配對內變異性（intrapair variability）還比較明顯，因為大部分左手利的人都沒有不對稱性或是相反的對稱性（Steinmetz et al., 1995）。在最近一個大腦顯影的研究中，巴特里、瓊斯、溫伯格（Bartley, Jones and Weinberger, 1997）找了十對同卵雙胞胎與九對性別配對（sex-matched）異卵雙胞胎，來分析他們大腦型態的各種層面，同卵雙胞胎大腦體積配對內的一致性高達94%，異卵雙胞胎則是34%。這個結果暗示，大腦體積大小跟身體大小一樣，都是在基因嚴格控制之下。相對地，大腦皮質整體外觀遺傳性的統計證據，顯示他是低遺傳性且定義不佳的，因為同卵雙胞胎的腦回（gyri）與腦溝（sulci）（譯註：腦回指大腦皮質突起的部分，腦溝指這些腦回之間凹下的部分）有明顯不完美的一致性，即使他們的一致性顯著高於異卵雙胞胎。總而言之，似乎看他們的大腦比看他們的臉，更容易去區辨同卵雙胞胎。根據范艾森（Van Essen, 1997）的看法，大腦皮質皺摺的特徵，可由白質的軸突的張力狀態之非隨機運動（non-random action of tension）來解釋，因此暗示其反應了基底神經迴路的相連性與分布（topology），延伸到個體的心智與行為特徵，依據大腦組織的獨特特性，同卵雙胞胎大腦的皮質結構，可以合理

地假設為他們心理組成差異的主要因素。當然也可以很合理的辯稱，同卵雙胞胎任何可以觀察得到的大腦型態差異，都可能是因為出生後環境的差異。這種可能性看起來極低，因為一些巨觀的大腦特徵，譬如planum temporale的左右不對稱性（Chi, Dooling and Gilles, 1977），與皮質整體皺摺型態（Armstrong et al., 1995）是在出生前決定的。因為將同卵雙胞胎的皮質型態的差異歸因於出生後的環境影響，巴特里、瓊斯與溫伯格（Bartley, Jones and Weinberger, 1997）錯誤解釋阿姆斯壯（Armstrong et al., 1995）關於人類皮質腦回化（gyrification）的個體發生學（ontogeny）。相對於他們的看法，在出生與成人之間皮質皺摺程度並未加倍，而是保持相同，即便大腦體積已經增加三倍（Armstrong et al., 1995）。

大腦：一個社會建構

從兩方面大腦可以成為一個社會建構（Eisenberg, 1995），第一是因為大腦與社會環境共同塑造大腦的解剖—功能組織，另一方面在任何一個歷史時期，對大腦的信仰與想法反映當時的文化。目前流行的大腦看法是，基因預先安排的神經系統的某個結構，神經系統在個體的一生中部分保持不變，部分因為個人經驗與跟環境的互動被改變與調整。在這個看法中，沒有認可這些機會事件（chance event）對產生一個獨特大腦的貢獻。在每一個神經系統出生前，都以其獨特的方式與環境互動，基因的操弄可以讓大腦及與其相關的心智被複製的想法是十分荒謬的，不僅因為重製一個人存在的細微變換無常（detailed vicissitudes）之可能性極低，也因為在大腦迴路形成過程中，機會事件的不可控制性。如果可以複製一個達文西的神經核基因材料，如果也可能重製他生長與生活的環境，那就會過度樂觀去期望他可以變成博學與藝術的天才，期望他可以畫出La Gioconda也是很荒謬的。就我們目前的知識，他可能不會像

達文西一樣變成左手利的人，因為左手利是缺乏某一個基因而產生的表現型隨機出現，因為此基因會將發展導向右手利（Corballis, 1997），缺乏此右手偏誤（right bias）基因的個體，可以發展出左手利或右手利，這可解釋為什麼同卵雙胞胎在手利這一方面會不一致（Steinmetz et al., 1995）。長久以來，我們已經確認天擇造成的生物演化取決於個體生物組成的獨特性，與所產生後代的變異。我建議可以開始承認，不同個體大腦非基因天生的變異性可以幫助物種的文化演化，藉由機會產生的天才心智（exceptionally gifted minds）的腦皮質雛形（cerebral primordia），在一個適當環境下被撫養與發展。

11

年紀一大，頭腦也就跟著不管用了嗎？

瑞彼特

（Pat Rabbitt）

我從來沒有發現你有這麼老，直到你對於我所提出的所有問題，都回答我：「因為這是我說的！」

老人家給人不太好的感覺，就是有一種陰沉的刻板印象；就像法國格言大師拉羅士佛寇（La Rochefoucauld）所說的：「老年人就像一個暴君，總是不准這樣不准那樣的，生活在痛苦之中，把所有年輕時的樂趣都拒絕於外。……很少部分的人能夠在剛步入老年衰退期的時候，身體和心智都沒有任何退化的跡象。」我們之中很少人能夠到了晚年還期望擁有許多的樂趣或成就。我們最好的方式就是抱著莞爾的心情，認同喜劇演員馬克思（Groucho Marx）所說的：「漸漸地變老是你該做的事，而且還要你能夠有那個命才行。」不過，幸好我們還有許多的反例存在。

邱吉爾（Churchill）在七十歲的時候還能夠宣布：軍事、工業及外交上的努力，在他過去五年內傑出的協調之下，已經圓滿達成。同樣是在七十五歲的時候，尼可拉斯‧霍奇斯摩爾（Nicholas Hawkesmoor）完成西敏寺塔（towers of Westminster Abbey）的設計，約翰‧奈許（John Nash）設計出卡爾頓宮（Carlton House Terrace），蒙泰維爾迪（Monteverdi）則完成了其最具影響力以及被認為最為大膽的歌劇作品「波佩阿的加冕」（L'incoronazione di Poppea）。美國汽車工業之父亨利‧福特（Henry Ford），雖然沒有關於他在什麼年紀有什麼特殊成就的紀錄，但是根據目擊證人指出，在亨利‧福特七十五歲的時候，還能夠倒立著跳進大門。羅傑布魯克‧泰尼（Roger Brook Taney）法官，在八十歲的時候審判歷史上有名的史考特（Dred Scott）案，並且繼續擔任美國聯邦最高法院的審判長，直到他八十七歲逝世為止。迪爾林爵士（Lord Dearing）在八十歲出版了一本名著《法律的訓練》（The Discipline of the Law）時，仍舊主管著勞斯萊斯公司（Master of the Rolls）。葛萊得史東（Gladstone）在八十五歲的時候從首相的職位退休，並開始翻譯賀瑞斯（Horace）抒情詩的工作。米羅（Joan Miro）則同時忙著芝加哥市雕塑委員會、巴塞隆納的壁畫，跟華盛頓特區國立畫廊的掛毯。波希姆（Karl Boehm）持續當薩爾茲堡藝術節（Salzburg，奧地利中部一省，每年七、八月舉行）的明星指揮家，也是維也納愛樂的總指揮。在九十

歲的時候，威爾‧杜朗跟艾利爾‧杜朗（Will and Ariel Durant）出版了第十一版也是最後一版的世界史：《文明的故事》（*The Story of Civilisation*）。歐基菲（Georgia O'Keefe）持續產生傑出的畫作，史塔克歐斯基（Leopold Stockowski）開始記錄最後二十個影像集。布萊恩（Havergal Brian）開始寫七首協奏曲的第一首，總共花了六年的時間。九十歲運動員的世界百米紀錄是19.9秒，二百米的世界紀錄是49.2秒，都是由麥米琳（Duncan McLean）所保持的，而他六十歲才開始從事跑步。八百米的紀錄是由威利士（Robert Willis）保持的8分54.2秒，日本人五十嵐泰史（Teischi Igarishi）在九十歲才開始連續六年都登上12,385呎的富士山。

　　這些傑出的成就只是統計上的異常，無法告訴我們大部分人類的潛力嗎？如果認知能力的消退是老年時無法避免的，它最快何時會開始？它會進展得多快？老年人是不是可以保留一些認知能力？是不是所有的心智能力都是同時變化？或是有一些會一起變化？變化的速率呢？最後，也是最有趣的一點是，我們可以減緩這種認知能力的變化嗎？

老年時仍有顯著的成就有多普遍？是不是在某些領域老年時比較容易有所成就？

　　第一個回答這些問題的系統性調查是由李曼（Lehmann, 1953）進行的，他統計了奧林匹克運動員跟專業運動選手最高成就的年紀，也統計了一些名人達成最大成就時的年紀，以及有最多專業貢獻的年紀。李曼對奧林匹克運動會贏家的統計，已經被舒茲與柯諾（Schultz and Curnow, 1988）更新，他們分析了從一八八六年第一次的現代奧運到一九八○年的奧運，他們發現大部分長距離的游泳（例如一百、四百與一千五百米的自由式），冠軍得主的年紀落入一個非常小的範圍，從19.94到21.42歲。徑賽冠軍得主的年紀則隨著長度變化，一百米是22.85歲，一千五百

米則是28.4歲。長距離的賽跑（五千米、一萬米與馬拉松）紀錄保持人的年紀從27.2到27.85歲。因為舒茲與柯諾的分析超過一百年，我們也可以問：巔峰表現的年齡是不是因為訓練方法的發展跟現代奧林匹克運動會對運動員要求的增加，而在紀錄上面有顯著的變化？比較一八八六至一九三六年與一九四八至一九八〇年這兩段時期內紀錄的平均，他們發現即使在這些時期之間紀錄有明顯的進步，奧林匹克各種距離游泳金牌得主的平均年齡只降低大約十二個月。三個長距離賽跑中的兩個，冠軍得主的平均年齡增加約三年，短跑跟中距離的平均年齡則保持不變。

艾利克森（Ericssen, 1990）進行一個更廣的分析，他針對七個國家短跑、中距離跟長距離選手的最佳表現之年齡進行分析。結果發現有一個穩定的成長，從百米與四百米的二十三歲到一千五百米的二十五歲，以及五千米與一萬米的二十六歲以下。這個結果證實了賴柴特勒、楊格曼與傅立泰格（Letzelter, Jungermann and Frietag, 1986）早期的分析，他們分析了蛙式、仰式、蝶式與自由式每年參賽選手的平均年齡與最佳成績，從二十歲到七十歲。他們發現四式游泳的平均成績與年齡幾乎有著線性的增加。也可以解釋游泳選手這種平均時間的線性增加會發生，是因為其中一些人有很顯著的衰退，而另外一些人則幾乎沒有變化。艾利克森（Ericcsen, 1990）藉由畫出個別運動員連續幾年間的最佳表現來探討這個問題，他發現五千米與一萬米的跑者在二十七歲達到顛峰，然後慢慢地衰退直到三十八歲（像Pavlo Nurmi）；鏈球的巔峰是二十六歲，之後保持接近巔峰狀態到接近五十五歲（像Karl Hein）；標槍的巔峰是二十八歲，之後也保持巔峰到接近三十歲（像Matti Jarvinen）。看起來表現隨著年齡下降確實是很普遍跟規則的，艾利克森的分析指出一個重點是，雖然這些偉大的運動員確實在達到顛峰後表現出一些衰退，在他們生命的晚年還是可以有一些相當傑出的表現。即便是在中年，一些運動員還是表現出較高程度的水準。這個發現是前面以傳記為主的統計所忽略的重點。雖然有天分的個體，他們的最佳表現發生在生命的早期，

但看起來他們可以繼續維持這樣的表現，超出大部分中年人與老人可以達到的程度。有許多理由去期望對這些有天分的人是真實的，對其他大部分沒有天分的人也會是真實的，亦即體能表現達到中等程度的成功，然後持續優於平庸。

李曼（1953, 1954, 1957）也是整個生命期認知發展程度研究的先鋒。許多後來的研究確認他的發現，在像數學、物理跟化學這些學科，特別需要智力與發現複雜抽象問題新奇解法的能力，傑出的人通常在二十與三十幾歲中期就達到顛峰。相對地，歷史學家跟小說家，需要許多年去掌握大量的資訊，或是得到豐富的人生經驗，常常在他們五十幾歲或是晚一點時發表最佳的作品。對圖畫藝術家、建築師、作曲家跟演奏家而言，看起來沒有年齡的上限。雖然李曼分析手邊所有的資料，但是他的結論並沒有說明整個故事。第一個限制是他認為只有一個黃金時期，是這些有天份的個體認為他們的表現是生命時期之中最好的，也只有一個時期這些人的生產是最多的。這種限制消除了其他一些只是稍微差一點點，但是對普通人而言，仍是相當令人印象深刻的表現。李曼分析的許多人都是十八與十九世紀的人，他們當時的平均壽命遠短於現在。結果他的資料被許多早早就結束的生命所誤導。這也許是史登（Stern, 1978）利用許多引用率的指標，發現不管是最傑出成就產生的年齡，或是最多產量發生的年齡，都無法發現數學家在很早的年齡就達到顛峰的原因。他的結論認為傑出數學家在四十五至四十九歲之後，任何產量的改變可以解釋成因為在這個時候他們開始負責一些行政跟家庭的責任。這種無法在一些認知能力老化的可能原因中，將生涯結構的需求排除在外的困難，也曾經被丹尼斯所強調（Dennis, 1956, 1958b, 1966）。譬如，直到十九世紀相當晚期，一些相當傑出的年輕學者放棄他們的二十與三十歲的學術生涯，為了追求較有利可圖的、也許是較有名望的專業，這種情形是相當普遍的。大部分的科學家動機來源都不完全是純粹智力上的好奇心，因此大部分的科學家，當他們年輕時，都被

強烈吸引去產生大量的、優秀的獨創研究，以得到認可。除了中年時承擔行政工作的干擾外，有成就的人會降低對進一步成就的渴望。不同分析者得到不同的結論，常常反映一個事實是，自傳性的資料常在目前的生涯結構中與其他不同的時期混合在一起，而且老一點的科學家的相關資料也不存在了。

從自傳性資料得到的結論是暫時的，即便我們認為像傑出西洋棋選手的錦標賽紀錄這種相當「單純」的案例，因為這些比賽是他們收入的主要來源，常常會迫使自己在錦標賽中保持競爭力愈久愈好。艾羅（Elo, 1965）對錦標賽紀錄的經典分析指出，確實有早一點的巔峰（二十至四十歲），接著便是緩慢但是無可避免的衰退，而年齡並不是唯一的因素。譬如，阿利克漢（Alekhine），在艾羅紀錄中最聰明的西洋棋選手之一，也因為酗酒維持的時間與強度而著名，當然酒癮後來也讓他死亡。這種悲慘的例子強調了一個問題，當他們的生活展開時，人們不僅是變老，不但累積了許多疾病的問題，也累積了許多「負向的生活事件」。因為李曼與其他人採用的十八與十九世紀的傳記，以現代的標準而言，不僅是相當短，也是相當不健康。它們並沒有提供有用的資料，讓我們可以推斷目前或是未來的期望。臨床治療與預防醫學的最近發展，不僅大大增加平均壽命，也保證人們在後半段大部分的人生中保持相當健康的狀態。在往後幾十年中，我們之中大部分的人，很有可能會保持我們高峰時期的狀態，直到健康的晚年。

這一點指出認知老年學（cognitive gerontology）的中心問題：是不是心智能力的改變，主要或者完全是隨著生命的增長而累積，而且穩定地增加各種疾病的發生率，或者是否我們觀察到的改變，是因為我們比較不了解的歷程，是一種我們稱之為「正常」或是「通常」的老化。

病因學模式的有限案例
與認知能力老化的時間歷程

像神經科學的其他領域，在認知老年學的問題是，使用不完整的資料去找到方法指引我們選擇功能歷程的一些模式。中樞神經系統發展的變化方式是一個很有用的起點，因為所有的心智能力依靠它的功能整合。幾乎所有組成我們身體的細胞只能存活五至七年，如果它們沒有在死亡之前複製，會變成我們生命的主要限制。另一方面，如果它們可以成功且精確地複製與取代自己，不考慮意外的話，我們應該會有效地永垂不朽。但我們並非如此，因為細胞的複製與取代有個限制，以發現者海福利克（Hayflick）命名，我們的身體只能有七到十五次的成功細胞複製。因為在大約七年的循環內，我們身體大部分的組織會整個換新。我們像其他的動物一樣，有物質的連續性，基因所主導的動態型態是在一種持續改變物質的狀態下，而不是像卵石或書本一樣有固定不變的安排。不像其他的細胞，我們的神經細胞並不複製，因此天生的神經細胞必須服務我們直到老年。因為我們的神經細胞在一生中持續死亡，也因為這種損耗的速率會在老年加速，我們可以悲觀地推論，因為腦中功能單位的數目在一生中穩定地降低了，心智運作的能力也會相對地衰弱（以下的說法聽起來會舒服一點，雖然我們會覺得這種安排沒有達到最佳狀態，相較於我們的身體七年就死亡跟更新整個中樞神經系統，這種方式可能會比較方便一點。這種方式可能會比較能夠保持最佳可能運作能力，但是在過程中，可能會持續消去我們先前學到的所有資訊跟有效的技巧）。也很重要的一點是，神經元數目跟它的「運算能力」應該存有一些粗略的關係，這種關係不太可能是很直接的。雖然整個大腦的體積小於兩公升，平均而言，它包括超過十的十二次方的神經元。這種天文數字必然有令人印象深刻的功能重複，反映出的事實就是在嬰兒期有

最快速跟最多的神經元死亡,而我們有最顯著跟最快速認知能力的增長。我們可以懷疑這種現象的發生,是因為嬰兒的大腦正在進行自我設計(self-programming)神經元,那些無法迅速整合進功能組合的神經元就會迅速死亡。兒童期與青少年時期認知能力快速的增進,伴隨的是仍可以偵測到的神經死亡速率,這種速率持續到中年,在六十、七十與八十歲時加速,因此想要活到七十歲的人,平均會損失他們年輕時大腦皮質重量的10%(女性的表現要較男性好一點)。

這種大腦組織的整體損失看起來在額葉跟顳葉最顯著,常常也伴隨神經傳導物系統的枯竭,特別是乙醯膽胺系統與多巴胺系統(Haug et al., 1983; Mittenberg et al., 1989; Petit, 1982; Veroff, 1980; West, 1986; Whelihan and Lesher, 1985)。這顯示老化會影響大腦所有的功能系統,也因此額葉與顳葉所負責的所有心智能力與技巧會特別容易受影響。這種改變的時程與程度,個體之間變異的範圍仍不了解,仍有其他老化的生理因素,因此很難了解「自然」或「通常」與「病理性」改變之間的差別。很明顯的是隨著老化,有些情況出現的次數會增加,例如,動脈硬化、呼吸系統的異常,像肺氣腫、心血管的問題,影響到大腦氧氣與營養的供應,也因此加速了改變(Rabbit, Bent and McInnes, 1997)。這種情況的發生率已經知道跟職業、社經優勢與生活型態的選擇有關,因此我們會認為社經劣勢的群體有比較短的平均壽命,一定也會加速認知老化的速率。排除環境的因素,很清楚的原因是個體在基本、基因決定的生理與神經變化速率上有很大的不同,因此影響認知老化的速率。

根據神經生理的證據推測,我們一定都會衰退,而由基因遺傳、「生物生命事件」(biological life events)與社經情況之間複雜的交互作用來決定不同的衰退速率。如果我們認為大腦質量與認知功能之間有很直接的關係,那一定非常令人沮喪。然而,就像我們已經看到的,在每個個體的生命中,在嬰兒期這種關係是反過來的(譯註:亦即腦的質量愈小,認知功能愈高)。可以推測這種情形是因為神經系統的「自我設計」,

以用來將原先的大量重複轉換成更高的效率。同樣可以合理延伸推論到中年與老年時期，在持續不斷學習認知技巧後，神經重複比例降低得比較慢。因此有個很可行的推測是，終生學習也會產生的神經「自我設計」會伴隨神經重複漸進性的降低。

　　各種動物物種之間的比較，確實顯示出平均大腦質量與「智力」之間的正相關（Jerison, 1982），但是這種趨勢仍有一些很驚人的意外，像神經集結的密度與神經連結的程度，看起來也是很重要的因素。如果我們比較同樣年齡的人類，就沒有大腦大小與認知能力之間一對一關係的證據。不同種族的大腦體積，或是不同個體的大腦體積，直接決定相對應不同認知能力的不同這種看法，已經被認為是一種基於不小心錯誤解釋，或甚至是故意誤解證據而產生的「神經迷思」（請看Gould, 1981; Howe, 1997）。最近對於大腦體積與認知能力個體間差異的看法，特別指出女性傾向有較小的大腦體積，因為這個理由，也較男人有較差的認知能力（Lynn，在史皮爾曼研討會Spearman symposium, 1995的主題演講）。這種看法是基於一些很差的證據跟不好的邏輯觀，看起來會被一些好奇跟討厭的言論所討伐。

　　很確定的是大腦的整合一定會影響認知表現，大腦整合的喪失也確實可以解釋許多認知老化的現象。然而，同樣很清楚的是，在健康個體身上，這種關係不會是很直接也不會是很簡單的。也很清楚的是，因為任何存在的關係都會受到基因、生理、心理與社經變項的強烈調控，因此它們只能對極端複雜、仍隱密的交互作用做出微弱與部分的描述。

　　把一些描述一生中認知改變過程的模式拿來對比一番，對這個問題的了解也會有所幫助。因為沒有任何一種行為是被剛受精的卵子或是屍體所引發，因此，雖然有一些相對的看法，宣稱在受精時與死亡後都沒有認知能力是很明智的。這個看法限制了圖11.1一生中認知能力改變的剖面圖。大部分中年人會很快樂地接受圖11.1(A)的含意，也就是在一開始快速並達到頂端的上升後，認知能力維持在高原期，緩慢地下降，直

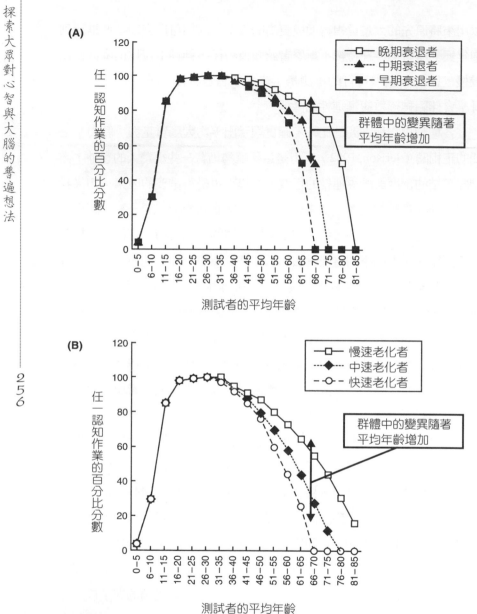

圖11.1 (A)顯示終點掉落模式的虛擬資料。(B)顯示持續衰退模式的虛擬資料。

到死亡前才快速地下降。這種模式稱為認知能力老化的「終點掉落」（terminal-drop）模式（Kleemeir, 1962）。另一個例子是，在嬰兒期與青少年期上升到頂端後，所有的認知能力都一開始緩慢、但是漸漸加速的衰退。這種「持續衰退」（continuous-decline）的模式在圖11.1(B)說明。

當我們蒐集不同年齡大樣本人群認知測驗表現的資料時，在所觀察到的現象以外，這些描述提供一些很有趣的預測。持續衰退模式很簡單就納入「個體的認知能力會達到不同的早期巔峰，也會從巔峰以不同的速率下降」的看法。這一點引發一個問題，個體達到顛峰的程度是否決定之後衰退的速率，這個問題以下會詳細討論。每個個體一生中特異的認知剖面，由基因遺傳與生命中健康狀態、教育與經驗兩項因素共同決定。因此，認知老化的變化情形，在個體之間會有很大的不同，因此特別是如果一開始的巔峰與後來衰退速率間有個非常強烈跟直接的關係，這種變異程度會在愈老的群體中愈大。終點掉落模式也預測，當群體老化時，平均能力會衰退，最佳與最差能力之間的差異會增加。就像日常生活所觀察到的，這是因為個體能力在幾週或是幾個月間，快速由極佳衰退到無法自理生活的例子相當稀少。造成死亡的一些疾病，通常會在幾年之間慢慢降低個體的能力，因此，當取樣年齡愈來愈大的個體，仍保持在高原期表現的個體數目會穩定地降低，因此經驗到終點掉落現象的個體數目會相對地增加。因此兩種模式都預期，當群體老化，平均能力就會衰退，但是群體之間的變異會增加。

從瓊斯與康拉德（Jones and Conrad, 1933）開始，許多大型的橫斷研究（cross-sectional studies）都發現，在智力測驗上二十幾歲組與三十幾歲組有一些與年齡有關的衰退，但是這種早期的改變是很輕微的，且只有慢慢加速到六十五至七十五歲才變得顯著。當群體年齡增加，表現的變異程度也增加的發現，也由實驗室資料整合性分析（meta-analyses）的結果所支持，例如摩斯（Morse, 1983）。我們的實驗室蒐集二千

六百個泰茵河新城（Newcastle-upon-Tyne）地區五十至八十六歲居民的資料也發現這種情形。在所有心智能力測驗中，表現最佳的人顯示出較少的衰退，表現最佳與最差個體之間的差異，與個體之間的差異，都隨著年齡穩定地增加。

像所有目前有的橫斷研究資料，這些資料都是說明性質而非決定性的，因為取樣的年齡愈老，愈少的人適合研究目的的需要，或是愈少的人願意參加研究。因為年齡愈老，愈來愈多仍有能力的人沒有被調查到，因此資料會傾向根據一些精英份子（Lachman, Lachman and Taylor, 1982）。橫斷研究比較的另一個問題是，我們不曉得最老那一群中表現最佳的人，是否還是維持在表現的高原期，或是他們已經從更高的巔峰慢慢在衰退。這一點引發更進一步的問題是，一開始有較高能力表現的個體，衰退的速率是相同於或是低於當初成就較低的個體。

看起來直接解決這些問題的方式，就是利用縱貫研究（longitudinal studies），讓同一個個體在許多年之中重複接受測試。不幸的是，縱貫研究也有選擇性蒐集樣本的問題，實驗參與者在研究之中逐漸死亡，也增加這種研究方式的困難，因為只有最適合、最有能力、最有動機的個體，才會願意參與這種非常長期、冗長乏味的研究（Lachman, Lachman and Taylor, 1982; Rabbitt et al., 1994）。根據這些理由，可以很公平地說，沒有一種大樣本的縱貫研究的分析，可以清楚地回答這些問題，像「是不是不同能力程度的成人會以不同的速率衰退」，或是「持續衰退跟終點掉落哪一種模式是描述老化較好的模式」。然而，嘉菲克（Jarvik, 1983）嚴密有深刻見解的單一樣本研究，已經顯示特別幸運的個體會有相當低的認知能力改變，直到他們在八十歲左右死亡時。

嘉菲克與他的同僚已經研究了超過六千四百名曼徹斯特（Manchester）與泰茵河新城地區的居民，年齡在五十至八十六歲之間，第一次篩選是在一九八二至一九八五年之間。在之後十五年的測量之中，隨著年齡增加，大部分認知能力測驗的平均分數有可測量到的下降。然而，很

重要的發現是，這些改變確實是非常輕微的，遠遠低於之前較小型、較短期研究的預期。就像我們所預期的，在我們的研究當中發現，相較於較年輕的實驗參與者，較老的實驗參與者衰退現象較顯著也較快速。像嘉菲克對特別個體的研究一樣，我們也發現一些幸運的個體當他們從六十五歲左右到七十歲，甚至到八十歲左右，也只有很小或是沒有認知能力的改變。關鍵的問題是什麼因素讓這些人比他們同齡的人幸運？當我們縱貫研究的資料被完整分析後，會告訴我們一開始的能力是否會決定衰退的速率跟後續改變的程度，也可以確認其他因素會減慢或是加速衰退。此時，橫斷研究的比較結果只提供這些問題先見之明的答案。一個明顯的問題是認知改變的速率，是否由社經優勢所決定。富裕的人享受較長的教育，都是進行一些勞心的工作，有較好的飲食及生活狀況，較不會接觸工業毒物及意外，可以有較好的醫療及較多保健的資訊。因為目前這些已知因素都會強烈影響平均壽命，因此很合理的推測是，它們也會影響死前認知改變的速率，為了測試這個想法，我們根據「英國女皇陛下普通職業狀態分類」（HM Registrar General's taxonomy of occupational status）將這些樣本分類（Office of Population Censuses and Surveys, 1980），圖11.2顯示了這幾組人在海姆（Heim, 1970） AH4(1)智力測驗的分數，樣本來自泰茵河新城地區年齡五十至八十五歲共二千五百名居民。

如同預期的，在所有的社經地位中，平均分數都隨著年齡上升而稍微下降，但是達到顯著的程度。不令人意外的是，社經地位較劣勢的人接受較差與較短的教育，也有較少的機會從事一生的智力活動，因此相對的，在AH4(1)的分數也較低。然而，平均分數下降的速率，在不同社經地位組是相同的。因此，這些資料並沒有提供認知測驗分數的衰退速率隨社經地位而不同的證據。

其他研究，像是老化的柏林縱貫研究（the Berlin longitudinal study）〔由貝爾茲（Margaret Baltes）博士主持，個人通訊〕，也發現相似的

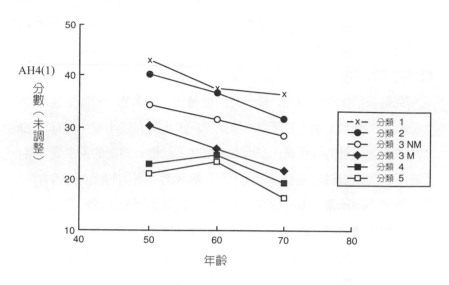

圖11.2 不同年齡與社經階層的AH4(1)分數。

結果。因為所有流行病學的研究，都同意死亡率與疾病的發生都隨著社經劣勢而急速增加，這些發現也許反映了樣本選擇上的強烈偏誤，而不是自然正義的運作方式。特別是在年齡最老的那一組，只有仍然維持整體健康程度的個體，才有運動能力與智力可以參加，或是持續參加費力的縱貫研究。大部分社經劣勢的族群，會有較高的罹患疾病的危險，也因此降低認知能力，但是這些都沒有在選擇樣本的研究中出現。此外，像曼徹斯特與新城地區資料的分析所指出的，社經地位較劣勢的族群有較高的中斷比率（Rabbitt et al., 1994），而且那些因為疾病或是缺乏動機而中斷的人，在一開始的分數就顯著低於那些持續參加的。

很清晰的是因為這些樣本選擇上的偏誤，讓我們無法估計社經地位的優勢影響認知改變的速率，但是這些資料允許我們了解最高成就的水準是否會影響後續改變的量。根據整體健康與動機程度，分類在「精英」的一組，心智能力看起來是以相同的速率降低，不會因為年輕時最佳表現達到的水準而有所差異。當經由選擇樣本將健康程度與動機控制成一樣，沒有證據顯示年輕時的心智成就、後續的教育、或是從事的職

業，會影響老年時認知能力變化的速率。第二點是，在這些非典型的健康與有動機的人之中，雖然在不同年齡組之間有統計上的顯著差異，但是這些效果不太可能影響人們日常生活中的能力。

不管個體年輕時的能力水準，以及不管後續在智能方面的經驗為何，他們的認知能力都會以相同的速率衰退，這種推測仍需要縱貫研究分析結果的確認。然而，另一個解決這個問題的取向是，利用目前已經相當確知的發現：不是所有的認知能力都會隨著年齡變化。已經有許多研究重複畢仁（Birren, 1956, 1974）及畢仁與威廉斯（Birren and Williams, 1980）所發現的結果，當需要快速解答問題的智力測驗中的平均表現隨著年齡逐漸降低時，字彙測驗的分數保持穩定，甚至會上升，直到八十歲或是超過八十歲。這些發現被洪恩與他的研究同仁（Horn, 1982; Horn and Cattell, 1967）解釋為「流動」的心智能力，像是解決新奇的問題，心智的速度。學習速率與短期記憶大小隨著年齡衰退時，經由長時間學習得到的資訊、技巧與程序構成的複雜組成，會在老年時持續使用，而變成「結晶」狀，因此較不受老化的影響，或是較不受到其他疾病，或是其他會降低大腦與中樞神經系統效率的情況或衝擊之影響。「流動」與「結晶」能力的差別是我們的主題，隨後會詳細加以討論。目前我們所討論的資料與畢仁（1956, 1974）與洪恩（1982）早期的發現一致，在字彙再認測驗的分數，像是魏氏智力測驗（WAIS）與Mill Hill測驗並不會隨著年齡變化，因此提供了個體年輕時能力水準是否會影響後續老年時衰退速率的測試工具。

從曼徹斯特與新城研究中得到的資料顯示，個體在五十幾歲與七十幾歲、八十幾歲的差異，在於流動智力、記憶與學習和訊息處理能力的平均表現，而不是在魏氏智力測驗或是Mill Hill測驗中的字彙測驗。目前已經很確定的是，青少年與青年人樣本中，Mill Hill字彙測驗的分數與AH4(1)普通流動能力有很強的相關（r=0.75或更高）。在我們的樣本中，因為Mill Hill測驗分數在五十與八十歲之間不會隨著年齡而改變，

因此可以假設所有年齡的個體,目前有相似Mill Hill分數的人,當他們年輕時,在AH4(1)也會有相似的分數。我們可以從實驗志願者中挑選出目前是五十幾歲、六十幾歲與七十幾歲,但是在Mill Hill測驗中有相同分數的,再依據Mill Hill 測驗分數將這些人分成「高」、「中」、「低」三組。圖11.3顯示這些分組在AH4(1)的得分。

圖11.3 顯示的是,AH4(1)智力測驗分數隨著年齡有一致、但很輕微的衰退。在高、中、低三組,這種衰退的速率是相同的。這個比較沒有提供證據證明在年輕時的心智成就,會影響之後老化時的衰退速率。相似的分析發現高、中、低三組在所有的記憶與訊息處理速度測驗中的衰退速率也相同。

這在結果解釋上會有問題。其中一個問題是,我們比較不同年齡平均分數的衰退,是以絕對差異的角度,而非相對差異的角度,如同圖11.3所顯示的。根據智力測驗未調整的分數,或是學習字彙的數目,或是記

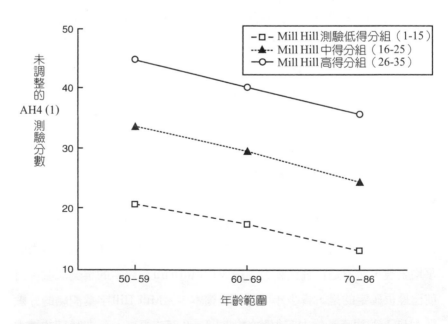

圖 11.3 以 Mill Hill 字彙測驗分組後,不同年齡(50-59, 60-69, 70-86)分組在 AH4(1)智力測驗平均分數的改變。

憶測試中記住字彙的數目，或是下決定時增加的幾個毫秒時間。根據這些分數絕對程度的差異做比較，也許不是探討這個問題最有意義的方式。譬如，如果圖11.3以一開始分數的比率來顯示改變的大小重新畫出圖，以年輕時表現為基準，高分的那一組會有較輕微的衰退，但是在低分的那組就會有很顯著的改變。這個程序辯解的根據是，在智力測驗上絕對分數小小的降低，並不意味著在日常生活能力上有任何顯著的變化。相對地，那些在中年時日常生活能力就已經在邊緣程度的，即使是很輕微的衰退，都意味著他們需要依賴他人可能性的增加。計算認知能力與年齡之間相對的改變，不管是根據想探討的問題，採用絕對或是相對的角度，都有其理論上良好的論證。第二個解釋上的問題是，只有我們確定測量的指標是在等距量表上，採用絕對程度的比較才有意義。如同智力測驗的分數一樣，當我們有很好的理由相信，在高分與低分兩端分數的差異，比起中間分數相同的差異，較沒有意義，也較沒有相等的差異時，那麼絕對或是比例上的比較都無法清楚地回答這些問題。

　　一個解決改變量與顯著程度問題比較有用的方式是，與其他造成個體能力差異非常有力的效果比較起來，年齡的效果有多大。年齡是否會以相同的程度影響所有的心智能力？年齡是否會影響某些認知能力多於其他能力？我們可以降低改變最有效的方式是什麼？

老化的效果與其他影響心智能力
個別差異的效果之比較為何

　　也許問這個問題最有意義的方式是，比較年齡與各種測驗分數間的排序相關（rank-order correlations）。表11.1列出了二千五百名新城地區實驗志願參與者各種認知測驗分數與年齡（五十至九十歲）的相關。在所有的測量中，除了Mill Hill測驗與魏氏智力測驗外，分數與年齡的相關都是負的，且達到統計上的顯著。這個結果只是確認在五十到九十

歲，字彙再認的能力沒有受到影響，而相對地，「流動」能力的所有測量，譬如智力測驗、記憶測試與訊息處理速度的分數都有一點衰退。相關係數的平方代表在個別分數的變異中有多少比例可以用年齡的效果來解釋。也就是說，如果我們把所有會造成測驗分數個別差異的原因所造成的效果當成100%，測驗分數與年齡間相關的平方，可用以估計有多少的變異可以歸因於五十至九十歲之間年齡的差異。表11.1顯示，即使可歸因於年齡的個別差異達到顯著的程度，這個比率也相當小，從小於8%（立即回憶一個三十個字詞的列表）到18%（AH4(2)智力測驗未調整的分數）。即便設計良好與證實過效度的測驗也是人類能力測量有爭議的測量工具（Gould, 1981; Howe, 1997）。然而，這些工具仍是我們擁有的人類日常生活能力最佳的實用指標。從表11.1，我們注意到在測驗分數上與年齡相關的個別差異並沒有超過20%。

相關分析也讓我們可以去比較年齡與其他改變認知能力的因素其效

表 11.1 各種認知能力測驗上，年齡與分數的相關，與年齡可以解釋全部變異的比率。

測驗名稱	相關係數(R)	年齡可以解釋變異量的比率
AH4(1)智力測驗	0.42	17.6
AH4(2)智力測驗	0.45	20.25
卡特爾「文化公平」測驗 （Cattell "Culture Fair"）	0.48	23.04
三十個字詞自由回憶	0.32	10.24
與人相關資訊的回憶	0.15	2.3
累積性回憶	0.39	15.21
字母／字母編碼	0.39	15.21
史柱普（Stroop）干擾情境	0.39	15.21
視覺搜尋	0.19	3.6
Mill Hill A 型字彙測驗	0.01	—
魏氏智力測驗中的字彙測驗	0.11	1.0

果的大小，譬如疾病的效果，像在老年愈來愈普遍的晚發型糖尿病，或是與整體的適應性（general fitness）比較，例如有氧運動的效率，這個效率通常會隨著年齡降低。瑞畢特、班特與麥因斯（Rabbitt, Bent and McInnes, 1997）討論許多這類的比較，他們使用多元回歸分析去估計個別心智能力間的變異，在可歸因於年齡的變異區隔開後，有多少可以歸因於整體健康與有氧運動效率方面的差異，反之亦然。

瑞畢特等人（Rabbitt et al., 1993）總結了曼徹斯特／新城地區縱貫研究的證據。首先，與直覺相反的發現是，雖然個體的認知能力隨著疾病的數目顯著地衰退，雖然一些特定的疾病，像是非胰島素依賴型糖尿病會顯著地傷害心智能力，很令人驚訝的，它們的效果很小。排除五十歲到九十歲間年齡可以解釋的變異之後，即便疾病在五年或六到十一年間造成死亡，從估計的角度，這些疾病可以解釋的部分占不到3%。貝爾茲在與林登伯格（Baltes and Lindenberger, 1997; Lindenberger and Baltes, 1994）兩人領先發展出的回歸分析技術，也讓我們可以問一個比較好的問題：年齡可解釋的變異之中（在智力測驗中大約占20%），有多少可以用健康變壞、各種疾病與其他「生物生命事件」（biological life events）來解釋。從曼徹斯特／新城地區暫時的計算結果推測，智力測驗分數中與年齡有關的變異中，與整體健康有關的占不到10%至15%，整體健康狀態至少是用問卷上的自我報告，像是「康乃爾醫學問卷」（Cornell Medical Questionnaire），也就是在分數上所有的個別差異，只有20%與年齡的差異有關，在這20%之中，最多有11%是與自己報告的疾病有關。

這說明兩點：第一點是，在生命的任何時候，心智能力是由大範圍的許多因素所決定的。基因遺傳是整體心智能力與成就一個非常有力的決定因素（Bouchard, 1983, 1992），教育、動機與一生中心智活動的參與也是很重要的決定因素。在晚年，年齡與健康狀態的差異也是影響心智能力很重要的因素。然而，相對於這些個別差異主要的決定因素（譬

如，有證據指出遺傳可以解釋40%至80%的變異），令人訝異的是，年齡與健康狀態的效果非常小。第二點是，至少在相當「精英」與健康的曼徹斯特／新城居民當中，年齡的效果與整體健康狀態的差異，很大的程度上是不同且彼此相互獨立的。要特別注意的是，這些發現都不支持「終點掉落」模式，如圖11.1(B)所說明的認知能力衰退方式。確實，認知能力的衰退會在生命的終點加速，但是我們所觀察到的改變程度並沒有如預期般的嚴重。也許，與直覺相反的，這些改變並無法以疾病的角度解釋，即使這些疾病在五年內造成死亡（Rabbitt et al., 1997）。

年齡以相同程度影響所有的心智能力，或是影響某些能力早一點、嚴重一點？

這個很簡單的問題，其實很難回答。日常生活的語言對不同的心智能力做出明確的、直覺上滿意的區分，譬如「注意力」、「記憶」、「問題解決」，與「心智速度」。看起來，好像只要比較年輕人與老年人，就可以輕易地發現這些能力是否以同樣的速率變化。其中一個問題是，很難設計一個完全「純粹」的作業，可以用來評估某一種心智能力，而不會涉及其他心智能力。特別是智力測驗中一些複雜的技巧，像是「問題解決能力」，必須依賴其他我們已經用日常生活語言加以區分的技巧，像是「心智快速程度」（mental quickness），腦中可以同時保存的資訊數量，可用以評估這些資訊之間的關係〔「工作記憶量」（working memory capacity）〕，集中並保持注意力在重要資訊、並忽略不相關資訊的能力（譯註：即選擇注意力），或是從長期記憶中快速與正確地提取資訊的能力。神經心理學的模式也預期，這些不同的能力是由不同的、功能上區隔的大腦系統所負責，這些大腦系統會受到年齡不同程度的影響（如Verhoff, 1980）。在這種情形下，智力測驗分數是一種非常粗略的測量，沒有辦法區分喪失部分功能所影響的心智能力，而哪

些心智能力沒有受到影響。

　　第二個，也是比較普遍的問題是，日常生活語言所稱呼的，像是「心智速度」、「記憶效率」或是「問題解決能力」，都只描述這些作業的要求，而不是完成這些要求所需要的功能歷程（functional processes）。即使是作業要求（task demand）這樣一個描述性的術語，日常生活語言以操作角度相互區分特定的要求這件事上面，都只是任意的、不一致的與暫時的（譯註：**意指以操作型定義無法區分各種作業需求之間的不同**），特定作業未明確說明的需求造成語意上的混淆，滿足這些需求所推定的一些功能歷程，在討論不同的功能歷程是否隨著年齡有不同的變化速率時，造成許多的混淆（Rabbitt, 1993a）。一個很極端的見解是，老年時資訊處理速度的變慢是一種獨特的功能變化，因為這個功能的啟動，降低所有其他心智能力的效率。這個論證是說，當處理速度變慢時，注意力選擇性也會變得比較沒有效率，短期記憶容量也會降低，因為記憶材料沒有辦法快速地或是經常地複述。學習也會變慢，因為有用的連結沒有辦法快速地形成。從長期記憶中提取訊息的時間也會變長，因為所需要的資訊無法那麼快就可以提供（Salthouse, 1985, 1991, 1995）。

　　所有認知能力的改變是因為中樞神經系統一個單一主要功能特徵（譬如，訊息處理速率）的啟動所造成的想法，會有許多的問題產生。其中一個問題是，我們從各種行為作業中，可以測量得到的表現指標（performance indices）是速度與正確率。此外，所有的表現都會有時間、速率與持續時間，這正是所有可以用來比較的作業表現指標之本質，所以指出速率很有可能是所有作業表現指標中最有相關的一項，只是一種同義反覆（tautologous）罷了。這也會誤導我們將行為實驗中測量到的表現指標，與執行這些作業的大腦與中樞神經系統之功能歷程的特徵（characteristics of the functional processes）相互混淆。

　　另一種「單一變化」論證的形式是，即便是像實驗室實驗中測量到的反應時間，也不等同於大腦中的功能歷程。然而根據統計結果，在不

同年齡反應時間的差異是所有其他作業隨年齡變化程度一個很好的指標（Salthouse, 1985, 1991, 1996），也確實是成人與兒童在所有認知作業上個別差異的良好指標（Anderson, 1995; Jensen, 1980, 1985, 1987; Eysenck, 1986）。

這個假設直接的論述方式允許實際的測試。譬如可以給不同年齡的一大群人不同的作業。其中一些作業，像是選擇反應時間（choice reaction time, CRT）對記憶有很少的要求，因為只要求參與者看到訊號後以最快的速度做出某個按鍵反應。其他的，像是記憶測驗與未規定速率作業中的學習速率，效率的指標都是可以學到的並保存的資訊量，對訊息處理速率有很小的要求。如果大量的年輕人跟老年人都進行選擇反應時間與記憶的作業，像主成分分析（principal components analyses）、確認性的因素分析（confirmatory factor analysis）與邏輯回歸分析（logistic regression analysis）統計技術，都可以用來回答速率上的個別差異是否可以解釋所有在記憶與學習效率上的個別差異。完成這些分析之後，通常會發現訊息處理速率上的差異，確實可以解釋大部分在記憶與學習測試上與年齡有關的變異。確實，當林登伯格與貝爾茲率先使用回歸技術時，看起來在記憶測試分數上與年齡有關的變異，最多有70%的變異可以用訊息處理速率上的差異來解釋，而這些作業對記憶很少或是沒有要求。但是，也很清楚的一點是，訊息處理速率的差異沒有辦法解釋「所有」與年齡有關的變異。另外很清楚的一點是，我們也沒有辦法用年齡解釋所有測驗分數上的變異，除非也把這些測驗分數當作其他不同記憶測試的預測分數（Rabbitt and Yang, 1996; Robbins et al., 1994）。換句話說，雖然訊息處理速率在很大範圍內的記憶作業中，確實是預測表現一個很好的指標，但想要去解釋所有記憶效率上的改變，我們必須引入一些不依賴決策速度或是訊息處理速率的功能歷程作業。

從另一個方式考慮這個問題會很有用。有限樣本模式（the limiting-case models）指的是，當一個群體老化時，它的成員或多或少會朝著某

個方向改變，或是相反的，許多人改變很少、或甚至沒有改變。隨著年齡增加，經驗到巨大變化的個體數目會穩定地增加。在任何一個情形中，我們都可以懷疑當個體在年輕時的表現有一點點的改變時，他們在各種作業表現之間的相關也會維持不變。根據這些假設，只有因為老化造成的改變，讓一些心智能力較其他心智能力有較快的變化時，才會觀察到各種作業表現之間區隔開（disassociation）的情況。根據這些假設，「漸進衰退」與「終點掉落」模式都預測我們測試的樣本愈老，愈有可能發現到這種不同認知作業區隔開的狀況。

因為曼徹斯特／新城地區的樣本都接受了智力測驗與記憶測驗，因此有可能確認出哪些人在記憶作業的表現特別差（表現低於平均數兩個標準差），這種例子出現的頻率會隨著樣本的老化而逐漸增加。換句話說，老化增加了記憶表現不佳出現的頻率。當這些「記憶力不好」的人被確認並加以檢驗後，他們的智力測驗分數與訊息處理速率之間的相關，與其他年齡的人並沒有什麼兩樣。另外，當「記憶力正常」的人顯示出訊息處理速率與記憶力分數之間顯著堅實的相關時，那些「記憶力差」的人在這兩者之間的相關則為零。換句話說，看起來那些導致記憶效率變差的功能性改變，並未造成訊息處理速率的改變。這個發現回答了我們一開始的問題：確實有證據指出大腦的老化會較嚴重地影響一些功能歷程，譬如參與記憶與學習的歷程，而對其他的歷程較沒有影響，譬如參與快速做決定或是快速解決智力測驗問題的歷程。

在簡單的實驗室作業中測量到的訊息處理速度變慢，看起來是其他作業表現衰退的良好預測指標。但是它會誤導大家把老年時認知能力的改變，當成是單一系統表現參數（parameter）的「整體」變化所造成的，而這個參數只是被當作「心智速度」的指標。一些表現的參數，特別是那些參與學習與記憶新資訊的，會有較其他參數更獨立、更本質的改變。這與因為某些腦區域在老化過程中損失較多的組織，認知功能的改變可能反映這些不同的損失程度，因此與損失是區域性而非整體性的

觀念相互一致（譯註：因此也不會有前述的整體變化）。

有證據指出記憶效率的喪失程度，遠大於智力測驗中較「整體」認知技巧的喪失程度，這樣的證據與死後解剖的證據一致，也與該年齡時大腦掃描發現顳葉皮質組織喪失較顯著的證據一致，而皮質的完整性正是被認為與有效地記憶與學習有關。因此我們很自然地會假設額葉（同樣在老年時也有很嚴重的組織損失）所負責的功能，也會較其他心智能力有不成比例的喪失。然而，儘管有許多的研究結果，對這一點的證據仍不是很清楚，也許是目前我們仍然沒有很可靠或是經驗證過額葉功能的測驗可以去測量一般「智力測驗」測不到的能力（參見Burgess, 1977; Duncan, 1995; Duncan, Burgess and Emslie, 1995）。此時最好的猜測是，老年時心智能力的改變最後會被證明是「區域」的，且與不同腦區域有不同的變化速率有關。而不是一種「整體」的想法，認為所有的改變都是由人類認知系統一個單一「主宰」表現參數所驅動。

洪恩與他的同事（如Horn, 1982; Horn and Cattell, 1967）提出一個看法，一生中得到的各種知識與解決問題的技巧，可以稱之為「結晶」能力，在老年時仍然可以堅實地保持住。但是「流動」能力，譬如解決新奇問題的能力、在工作記憶中維持住大量資料、快速處理資訊、學習並記住新的資訊的能力，都會穩定地衰退。對洪恩「結晶」與「流動」能力區的一個類比是，電腦的處理容量（processing capacity）跟程式與資料的整合性。資料與操弄資料的程式，都可以保存在軟碟片或是其他儲存媒體之中。然而，一個機器的「處理容量」決定有多少資料可以被處理，有多少程式可以運作，而處理容量可以降低，但是不會損及資料與程式的保存。根據這個類比，一生中長期學習得到的各種知識與問題解決的技巧，可以在老年時經過持續的使用之後，仍可以很堅實地保存下來。但是大腦的改變可能會影響一些必須系統的效率，這些必須系統包括處理新資訊、從記憶中提取資料的能力、使用之前習得的問題解決技巧。老年時，我們不再能夠使用年輕時習得的資訊與問題解決的程序。

以電腦的類比來說，我們不再有功能容量可以進行細緻的問題解決程序，即便我們已經學會了很久，而且理論上我們應該可以提取得到這些資訊。另一個可能性是，電腦的類比可能是誤導的，且洪恩的區分可能也不是決定的。因為練習了一輩子，維持到老年，也保存了特定結構，讓我們可以使用這些資訊跟這些技巧。以洪恩的術語，這意味著「流動」能力經由練習也可以被保存下去，雖然可能只在一些特定的情境。一生的練習，讓我們不僅可以保有這些資訊與程序，且讓我們繼續使用這些資訊，且更快速、更正確地使用這些程序，相較於我們去學習新的資訊，或是實行其他新奇的作業。

不斷練習可以保存心智能力到何種程度？

在我們實驗室中已經有許多研究重複了過去很有名的一些發現，譬如較老的人在簡單作業上可以達到的表現水準，至少是由練習程度以及「流體」智力所共同決定的（Rabbitt, 1993b）。年輕的成人需要較少的練習，就可以達到老年人的表現水準，當年輕人與老年人都達到這樣的表現水準時，年輕人可以持續表現到更好的程度。然而，這裡遺漏了很重要的一點，如果給與足夠的練習，老年人可以達到令人印象深刻的表現水準，這種表現是超過任何未訓練的人在任何年齡可以達到的程度一級以上（Rabbitt, 1993b）。老年人，就像任何年齡一樣，只要有足夠的練習，都可以從事任何事情，且到達相當卓越的程度。另一個不同的問題是，練習某一種技巧可以增進並保持到何種程度？

一些實驗室的研究為這個問題提供部分的解答。溫得（Winder, 1993）比較年老的解字謎專家，以不擅解字謎的普通人當控制組，性別與年齡都是配對好的，且有相同的智力測驗分數。結果當然不令人意外的是，專家組解字謎的速度與正確率都高於控制組。更有趣的發現是，配對過的兩組在智力測驗分數衰退的速率是相同的。換個說法是，這些

老年解字謎專家的表現較智力測驗所預期的還要好。相對地，控制組普通人的表現就如同智力測驗分數所預期的。沒有證據顯示解字謎專家解字謎的能力隨著年齡而衰退，但是也沒有證據顯示他們保留了解字謎技巧，同時也保持住智力測驗所測量的那些能力。練習可以保留住一些很特別、非常複雜的智能技巧，即便智力測驗分數在衰退之中，這反映了其他心智能力隨著年齡衰退。

像解決智力測驗的技巧一樣，解字謎也可「分解」成許多不同、可清楚辨認的「成分技巧」，譬如從模糊或是故意誤導的定義中找到適當字的能力，找到一堆字可以適合未完成的字，解決回文構詞等等的技巧。所有這些簡單的成分技巧都牽涉洪恩與他的同事所定義的「流動」能力，特別是快速處理資訊的能力，以產生與比較各種可能的解法，同時在工作記憶中保持住可能的程序與資訊的能力，比較線索的需求與任何可行的字母，最佳的選擇就會產生。因為年老的專家在解字謎複雜的技巧中保持表現，我們可以假設他們也保留住決策速度與工作記憶容量的「流動」能力。問題是這種「流動」能力的保留是否只出現在解字謎需要的一些特定程序與材料，或是它更普遍地延伸到與字詞有關的其他技巧。其中一個發現是練習可以保留「流動」能力，即使在相當特定的領域，這顯示「流動」與「結晶」能力與年齡之間的界線沒有像當初想像的那麼清楚。

為了探索這個問題，佛秀（Forshaw, 1994）招募一些很大年齡範圍跟專業程度範圍的解字謎者，利用字謎測驗建立相對能力的資料，接著給他們各種其他類型的測驗，像是區分字與非字的速度、解出回文構詞或是找出可以符合未完成字串的合法字之速度與正確率、確認同音異義字（homonym）與同音字的速度與正確率。除了這些與字詞有關的測驗外，他也利用一些不同、非語文的材料，來測量訊息處理速度與工作記憶的容量。他發現非專家的實驗參與者，他們的年齡、智力測驗的分數、非語文相似測驗的速度與效率，都可以預測前述字彙測驗的速度與

效率。對這些未練習過的新手，一個看起來合理的假設是，所有作業的表現水準都是由智力測驗分數、速度與記憶容量的「整體」改變來決定的。解字謎專家對非語文材料的決策速度與工作記憶容量，也都可以由他們的年齡與智力測驗分數預測。然而專家對語文材料的決策速度與工作記憶容量，大於年齡與智力測驗所預測的數值，也遠遠大於與快於由非語文材料的決策速度與工作記憶容量所預測的數值。明顯持久且維持到老年的練習，不僅可以保留住特定的資訊與程序，也可以保留住處理這些資訊與使用這些程序的效率。然而，這些程序是「專用的」或是「領域特定的」，因此當這些程序可以非常有效率地實行時，其他邏輯上相似的程序，牽涉到新奇的材料，則會變得愈來愈慢與愈不可靠。

結論

　　傳記方面的證據推測，雖然傑出人士最有可能在年輕的時候達成最顯著的成就，但直到令人驚訝的老年，他們仍能在運動或是智能的追求上維持遠大於他們達到顛峰前的程度（譯註：亦即維持表現在高原期），這是任何年齡的其他人達不到的。不同智能領域達到顛峰的年齡，隨著對心智能力不同的要求而有所不同。數學、化學、物理學跟抒情詩的主要成就跟最有生產力的時期，通常發生在二十幾歲跟三十幾歲早期，這些領域都需要想出新奇、不預期的解法跟想法。其他領域的成就，像是歷史、哲學或是文學，需要獲得大量的資訊或是人生經驗，傾向在中年或是更晚一點達到顛峰。平面藝術、建築跟音樂領域的明顯成就，常常要到晚年，甚至是七十或是八十幾歲才會達到。這些結論很有趣，但仍是暫時的，因為它們部分是基於十九世紀與更早人們的生涯資料。在二十世紀，中年與老年時可以獲得的社會資源已經大大地改善了。更特別的是，平均壽命大大的延長，人們不僅活得更久且活得更健康。根據這些條件，運動員與許多智能領域的巔峰期可以更早一點達到，很高的成就

可以維持到中年，甚至更晚的時期。

　　實驗室的研究也推測一些簡單作業表現的衰退。雖然這些改變是統計上可以察覺到的，但是其效果大小的絕對值是很小的。在長期縱貫研究招募到大量的實驗志願者中，五十到八十六歲，不同世代的年齡只能解釋不到20%認知表現上的變異。即便是比較晚期的生命，高達80%認知能力的變異是無法歸因到年齡的。在某些人身上，與年齡有關的變化顯然發生得早一點也快一點。這意味著，以人口統計學的角度，與年齡有關的認知能力變化，最好用與年齡有關的經驗重大變化的個體比率增加來預測。幸運的人可能到很晚年的時候才只有很小的變化。生命晚期認知能力的變化，一定有部分的原因是特定疾病發生率增加，譬如晚發型的糖尿病或是心臟血管疾病，已知這些病會降低認知功能。所有的疾病與經驗到的「負向生物生活事件」也會產生累積性的效果。但是，大母群內特定疾病對認知功能的效果，很令人訝異的，只能解釋整體認知能力變異的很小比率（較少的是5%），我們最多可以決定的是，在五十到九十歲間與年齡相關的整體變異量20%之中的10%（Rabbitt et al., 1997）。目前最佳的猜測是，老年時許多認知能力的改變，可以用「正常」或是「通常」的老化歷程來解釋，這些都不被醫生認為是可以治療的疾病（Ricklefs and Finch, 1995）。

　　年齡不會對所有的認知能力有相同的影響。許多在實驗室作業中觀察到的變化，或是解決智力測驗問題能力的變化，都是與訊息處理速率「整體」的變慢有關。較細心的檢驗顯示，一些人的記憶受損程度有不成比例的早，且較智力測驗或是訊息處理速率受損程度嚴重。依賴逐漸取得資料以及發現與學習問題解決程序的認知技巧，及在一生中持續練習的認知技巧，在老年時都會傾向於保持完好。這些被稱之為「結晶」能力，相對於智力測驗中所指稱的「流動」能力，譬如訊息處理速率、找到新奇問題解答的能力、在工作記憶中同時保持住許多資料的能力與快速提取先前學過資訊的能力。但是，看起來這種區分並不是完全令人

滿意的，因為保留住高度練習「結晶」的技巧，同樣也可以意味著保留住「流動」能力，例如與特別、高度練習過的「專門」、「領域特定」資訊與程序有關的決策速度及工作記憶容量。

　　此外，即使直接以決策速度、工作記憶容量或是問題解決能力來評估作業表現，如果給與老年人充分的練習，他們也可以達到並維持很好的表現水準，遠遠優於那些未經訓練的年輕人。老年時，許多事情依然可以進行，即使變得愈來愈難，但完成之後的酬賞依然是可以達成且令人滿意的。

所以，你是一百七十公分高
你住在離市區二十五英哩的地方
你每年賺三萬英鎊
你的伴侶賺三萬九千英鎊
讓我算一下……平均而言，你價值七千五百五
十八點九七英鎊

12

催眠

衛格史岱夫

（Graham F. Wagstaff）

催眠的傳統觀點

對大部分的人而言，催眠的傳統觀點是可以立即確認的，且可以整理如下：

1.有一個像睡眠的特殊狀態，或稱恍惚（trance，亦有催眠之意），在品質上（或許也有數量）跟正常清醒狀態是不同的，與正常睡眠也不同。雖然它可能跟夢遊有關（確實，催眠hypnosis一字源自希臘字hypnos，睡眠之意，被催眠的人有時稱為somnambules），這個狀態通常稱為催眠的恍惚（hypnotic trance）。

2.恍惚可自發性地產生，但正常狀況是由一套引導程序，包括眼睛注視、摩擦頭皮與身體其他部分、跳脫身體／忽略身體的感覺（make passes over the body）及給與睡著與放鬆的口語暗示。

3.當一個人在恍惚狀態時，她或他會有一些經驗可以當成這個狀態出現的指標。包括喪失覺醒、喪失意志與控制力、被暗示性提高、失憶、對妄想與幻覺特別容易感受、知覺與運動作業表現能力的提高，包括麻醉的產生。更進一步，更深層的恍惚，會經驗到更多的現象。

4.催眠的恍惚不是一個暫時的狀態，而是可持續一段時間，個體藉由催眠者一些指令離開催眠狀態，譬如「醒來」，或事先決定的訊號，譬如敲手指或從二十倒數到一。

5.即使催眠結束，如果已經給被催眠的人一些後催眠（post-hypnotic）的指示，她或他仍會不自主地，有時不自覺地回應催眠者的指示。

調查研究指出，大部分的人仍相信上述的看法（Wagstaff, 1993）。然而，最近幾十年，學術界與臨床研究者已經努力移除這個傳統的許多層面，與消除許多專家相信的大眾所持有之催眠的錯誤觀念（如Perry,

1992）。移除催眠的傳統刻板印象，大部分是因為實驗研究的「狀態—非狀態爭辯」（state versus non-state debate）。

狀態—非狀態爭辯
（state versus non-state debate）

雖然學術研究者現在很少使用hypnotic trance這個詞，一些現代的研究者與理論家仍持續將催眠視為一個「改變的狀態」（altered state），或是意識的「情況」（"condition" of consciousness）（如Barber, 1991; Bowers, 1983; Hilgard, 1978, 1986; Nash, 1991; Spiegel, 1994）。也許「狀態」取向現今最流行的版本是希爾格德的「新解離理論」（neodissocia-tion theory）（Hilgard, 1985, 1986, 1991）。根據早期解離學家的看法，希爾格德認為我們的心智有多重控制的系統，或者有所謂「部分的」心智，這些不是同時出現在意識層次的。正常狀況下，這些認知控制系統是在一個中央控制結構，或「總裁自我」（executive-ego）的影響之下，它控制與管理其他系統。但如果個體進入到催眠狀態，會向催眠者繳出一些自我的正常控制與監視，譬如對暗示的反應，因此經驗到自己的動作（譬如手臂放下）是非自主的（因為對催眠者反應的部分與實際控制運動的部分是與覺醒「解離的」），疼痛可以降低或消除（因為疼痛的感覺與覺醒解離），且記憶與知覺可以被扭曲，譬如經驗到暗示性反轉失憶（suggested reversible amnesia）（因為忘掉的資訊是暫時跟覺醒解離的）。

然而，愈來愈多的研究者拒絕「催眠是一個改變的狀態」這整個概念。認為催眠是非狀態的支持者〔對催眠有不同的描述，包括「社會心理的」（social psychological）、「認知社會的」（cognitive-behavioural）或「社會認知的」（sociocognitive）〕，認為催眠是一種改變的狀態是一種誤導與不正確的想法（Barber, 1969; Coe and Sarbin, 1991; Sarbin and

Coe, 1972; Kirsch, 1991; Lynn and Rhue, 1991a; Spanos, 1982, 1986, 1991; Spanos and Chaves, 1989; Wagstaff, 1981, 1986, 1991a）。非狀態的理論家主張在許多心理歷程交互作用的觀點之下（這些歷程包括想像、放鬆、角色扮演、順從、從眾、注意力、態度與期望），不同的催眠現象是可以解釋的。

非狀態的理論家將催眠視為根本上是一種策略性的角色扮演（role enactment）。換句話說，易感的（susceptible）被催眠者扮演了一個被催眠的角色，根據當時場景給與的文化期待與線索所定義的。這種角色扮演主要是透過使用幫助催眠發生的策略來達成的，譬如，想經驗被暗示放下手臂（你的手臂愈來愈重），被催眠的人可能會想像他的手臂愈來愈重。當被要求對一個物品產生幻覺（有隻貓在你的膝蓋），被催眠的人可能會生動地想像有這樣一個物品。要去經驗催眠的失憶或止痛，被催眠的人可能將注意力從痛覺移開。他們扮演角色的程度也視他們是否擁有適當的態度與期待而定。或者是巴伯（Barber）跟他的同事所說的，「當他們對測試的情境有正向的態度、動機與期望時，他們會願意去思考與想像被暗示的主題，因此個體可表現出所謂的催眠行為」（Barber, Spanos and Chaves, 1974, p. 4）

巴伯的特別看法以圖12.1的概念表示。根據這個模式，被催眠的人是否會有反應，不僅依賴暗示的措詞（一些暗示的措詞可能會讓人感覺不可能表現出來，或是拖延），也依賴被催眠者的普遍態度、期望跟動機。譬如，假如被催眠者擔心失控或被操縱的話，他們可能不願意表現出來。另外，如果被催眠者覺得他們無法使用想像力去產生所需要的反應，可能不會對某些暗示產生反應。

另一個被巴伯及其他人與催眠反應連結的變項是「涉入或融入想像或幻想」（involvement or absorption in imaginings or fantasy），其關鍵是即使有其他因素的參與，除非被催眠者準備積極地融入其中，不然他們不會對催眠的暗示有反應。因此，雖然有一些人因為角色涉入而最後

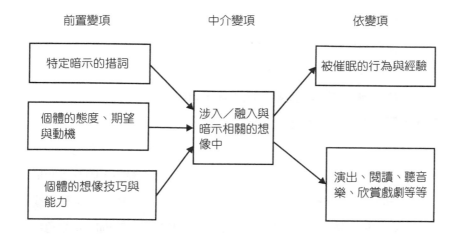

前置變項　　　　　　中介變項　　　　　　依變項

特定暗示的措詞

個體的態度、期望與動機

個體的想像技巧與能力

涉入／融入與暗示相關的想像中

被催眠的行為與經驗

演出、閱讀、聽音樂、欣賞戲劇等等

圖 12.1　巴伯的催眠觀點（from Fellows, 1986）。

覺得被帶走了（carried away），但如果被催眠者被動地期待事情發生在他們身上，並不準備涉入其中，那就不會有事情發生（Lynn and Rhue, 1991a）。從這個角度，催眠反應的一些層面可以視為等同於對演出、閱讀與欣賞戲劇這些活動的涉入。

　　然而，根據一些非狀態的理論家，在沒有暗示的主觀經驗時，催眠也包括一些「行為順從」（behavioural compliance）或「演出暗示的內容」（acting out suggestions），特別是對一些較不尋常與極端的催眠狀況（Coe, 1989; Perlini, Spanos and Jones, 1996; Spanos, 1991, 1992; Wagstaff, 1981, 1986, 1991a, 1996）。然而，必須強調的一點是，非狀態的理論家並未主張所有的催眠行為都是假的或只是表演。根據非狀態的觀點，許多策略與期望效果都可以很成功地引發暗示的現象，一些被催眠者也許真誠地相信他們是被催眠，或曾經在被催眠的狀態，因為在那情境下，看起來很適合命名此種經驗。因此，舉例來說，根據目前作者版本的非狀態觀點，催眠最好以三階段的歷程來解釋。因此，當個體進入一個被定為催眠的情境時，他們會做出以下的行為（Wagstaff, 1981, 1986, 1991a, 1996）：

1.他們表現出適合該角色的行為。

2.他們利用正常的認知策略來讓整個經驗變得真實或可信，這與他們的期望一致，且與暗示外顯或內隱的要求一致。

3.如果應用正常的策略失敗，或不可能，或在該情境下是不適合的，他們可能會停止反應，或行為上順從與誇大。

實際上，對非狀態的理論家而言，像「催眠」或「催眠的」的詞純粹只是標籤，指稱參與者或觀察者所定義的情境（譬如，因為這些情境包含所謂的催眠誘導的儀式）。簡單的說，催眠是任何一套指導語或是程序，當他們了解這個名詞時，讓他們表現出一個人被催眠時的角色，它沒有假設某種獨特心智狀態或歷程的存在。

但是非狀態理論家認為催眠狀態是一種誤導與不正確，所根據的證據是什麼？

催眠的生理

如果有可以確認的大腦狀態與催眠這個名詞有關，確認一些生理指標會有很大的用處。然而，不幸的是，催眠生理的研究受限於方法上的問題。催眠程序通常包括一些指導語，這些指導語有一些明顯的生理後果，並不需要假設一個催眠狀態的存在。譬如，常常有一些活動是與定義良好的生理反應有關，譬如閉眼、放鬆、集中注意力與注意力，所有都與被催眠者的行為有關。當一個人坐著、放鬆、閉眼並集中在一些事情上面，他的生理狀態一定跟一個人保持醒覺、只是注視著房間周遭不同，這還不可以當作一個特別催眠狀態的證據。

生理證據指出一個人對催眠暗示有反應時，並不是昏昏欲睡或是夢遊（Barber, Spanos and Chaves, 1974），但是被催眠者生理上常常伴隨著放鬆感。確實，艾德蒙斯頓（Edmonston, 1991）曾經主張，他所稱的「中性催眠」（neutral hypnosis）是指一種放鬆的狀態。然而，其中的

困難是，被催眠者對暗示的反應程度，與費勁、不放鬆的活動（譬如騎健身腳踏車）的反應程度相同，這個被稱為「警覺」催眠（alert hypnosis）（Banyai and Hilgard, 1976; Malott, 1984）。當然，還有其他形式的放鬆，譬如運動員常常報告的一種「認知放鬆」（cognitive relaxation），但我們不去找到一組與放鬆和警覺催眠的生理指標；放鬆與各種催眠的現象有關，但我們也不去處理到底放鬆真正的意義為何。

給與相同的指導語，依照對催眠的反應與否可以區分成二類人，當某些人被歸類於對催眠沒有反應的，而另一些個體被歸類為特別容易被催眠時，在評估生理狀態時會產生一個特別的問題。沒有反應的個體會顯示一個所謂的「負向受試者效果」（negative subject effect），因為他們不想表現出被催眠的樣子，因此他們的實際表現可能會拒絕或相反於給他們的暗示。換句話說，當處於一個催眠的情境中，這些人無法表現出指導語的內容（Jones and Spanos, 1982; Lynn, 1992）。因此在這個領域中，適當指導獨立的控制組實驗參與者，對一個有意義的研究相當重要。因此不管是支持狀態與非狀態理論的研究者都同意，當使用適當的控制組時，沒有確切的生理指標可以說明這個人是否被催眠了（Davies, 1988; Sarbin and Slagle, 1979; Jones and Flynn, 1989; Spanos, 1982; Wagstaff, 1981）。

催眠生理指標的找尋仍在繼續中，但目前呈現的證據與催眠是一種非狀態「策略—演出」（strategic-enactment）的看法一致。舉例來說，如果參與者試圖對催眠暗示主動地反應，我們會期待他們固定地轉移注意力焦點，一些生理研究的資料也與此一致：容易被催眠的人較常使用注意力轉移的策略（Crawford, 1996）。

有一些人曾經主張，催眠是右腦半球的活動，但像克勞馥（Crawford, 1996, p. 272）所評論的，「愈來愈多的證據指出，催眠現象會依照作業的本質，選擇性地牽涉任一腦半球的皮質與皮質下的活動」。克勞馥的觀察也與策略—演出的看法相當一致。如果容易被催眠的人持續依

照暗示去思考與想像，我們應該期待催眠反應的生理相關指標會因為一些特別的作業而變化。與這個看法一致的是，葛魯基理爾（Gruzelier, 1988）發現，在標準催眠引導時，容易與不容易被催眠的人傾向顯示出不同的反應型態。容易被催眠的人會先顯示左腦的優勢，但引導繼續時，這些神經的電子活動會轉移到右腦。然而，這是期望兩組參與者會有的反應，容易被催眠的隨著引導進行「思考與想像」，不容易被催眠的則不會或較少這樣做。這種分析處理的形式被認為是左腦半球的功能。然而，過了一會兒，引導使用的句子通常轉移到集中一個人的感覺或內在狀態之想法，也就是整體的（holistic）活動，一些人主張這與右腦半球的功能較有關（Springer and Deutsch, 1981）。相對地，那些根據前述理由無法執行暗示的人，較少表現出這種側化的轉移。

撒力圖（Saletu, 1975）的研究同樣也顯示生理測量會隨著指定的作業而改變。在撒力圖的研究中發現，利用標準的催眠引導程序，被催眠者的腦波顯示出與放鬆想睡有關的反應。但是當被催眠者被給與電擊時止痛的暗示時，這些反應很快就消失了。

總結來說，雖然沒有證據顯示一組固定的生理指標可以指出催眠狀態的存在。不意外的是，催眠反應的生理指標會根據作業本質、使用策略與參與者投入的程度而變化。

催眠與表現的增進

對催眠一個最普遍的概念是它以某種方法讓人超越正常的表現，這一點被某些人當作是一些特殊催眠狀態存在的證據。然而，同樣地，方法的問題妨礙了這個領域的研究。譬如，如果相同的參與者在催眠與沒有催眠的狀態下接受測試，參與者有時候會在非催眠狀態表現出所謂的退縮效果（holding back effect）。也就是他們會在控制情境時表現較差，因此他們的表現看起來在催眠狀態時被提高了（Wagstaff, 1981）。

另一個問題是催眠程序與指導語可能激勵了參與者。然而，當使用適當的實驗控制方法時，在許多作業上（包括顯露出耳聾、眼瞎或色盲，像小孩子與回憶兒時的事件、舉重與其他運動作業，包括在兩張椅子間當人肉橋樑，與表現視力變好了），看起來沒有證據顯示被催眠的參與者表現得比被激勵的控制組參與者要好（Barber, 1969; Barber, Spanos and Chaves, 1974; Jacobs and Gotthelf, 1986; Jones and Flynn, 1989; Wagstaff, 1981）。

　　這個領域的研究有許多實際的應用。譬如，最近被傳播的一個概念是，在警方調查案件中，催眠是個很有效的工具，可以幫助促進目擊者的記憶。然而，實際證據強烈指出，催眠增進記憶的效果並沒有神奇到超過適當指導非催眠參與者可以達到的程度。相反地，它有效果時，看起來只是鼓勵參與者以比較寬鬆的標準報告記憶（也就是，報告出一些參與者原先不太確定的事情）。因此，如果有任何新的資訊產生了，通常伴隨著不正確資訊的增加與自信程度的擴增（回顧評論文章請看Anderton 1986; Erdelyi, 1994; Smith, 1983; Wagstaff, 1984, 1989, 1993）。

　　對這類發現的反應是，有一些研究催眠與記憶的人傾向於去改變所強調的部分。因此，他們不把催眠當成發現正確記憶一個潛在有價值的工具，反而把這個當作一種傾向，因為它增加了不正確報告的機率（Diamond, 1980; Orne, 1979）。然而，其他研究指出，催眠導致的不正確記憶常常可能是反應了報告偏誤（reporting bias），而不是本質上不可逆的記憶扭曲（也就是，參與者報告錯誤資訊，因為他們認為該情境需要那個資訊，而不是因為記憶受損）。因此，催眠創造的假記憶與不實信心效果可以被反轉，如果參與者被告知，譬如，他們內在隱藏的部分可能會描述「真的」記憶，或是透過宣誓交互檢驗，或給一個正確報告的經濟誘因，或是給與機會讓他們拒絕催眠。在這些狀況下，錯誤並沒有被完全消除，但是伴隨催眠程序的錯誤，不會比非催眠程序高（Murray, Cross and Whipple, 1992; Spanos and McLean, 1986; Spanos, et al., 1989, 1991; Wagstaff and Frost, 1996）。

但是，即便如此，報告偏誤仍然出現在警方調查之中。因此，即便有這些考慮，我們如何解釋催眠可以成功地幫助警方？一個很明顯的理由是，在日常生活的調查中，所謂的催眠訪談（hypnotic interviewing）可能有一些超出平常警方訪談的優點，譬如，指導語與暗示可能幫助目擊者放鬆，與提供想像的線索，透過情境重建（context reinstatement）幫助他們記得一些事情。但是不需要利用「催眠狀態」來解釋這些因素的效果。確實有相似的技術已經整合進非催眠的訪談中，譬如認知訪談（cognitive interview）（Fisher and Geiselman, 1992; Wagstaff, 1982b, 1993）。

利用認知訪談可以達到催眠在一個訪談程序中據稱可以達到的最大優點，但不會有報告可能產生扭曲之缺點，因此許多催眠專家已經開始勸阻警方不要使用催眠。

順從的問題

雖然大部分現代的理論家看起來都拒絕催眠可以提高一個人非催眠時的能力，但是，現代催眠狀態／解離學派的觀點是，他們仍然相信一些現象，在其他心理情境下（即其他學派的觀點）則保持懷疑。譬如，其中一個最具戲劇化的據稱效果是負向幻覺（negative hallucination）。因此，回應這些暗示，一些被催眠的參與者宣稱他們不能看見某些人或某些東西，譬如在他們眼前的一個人或椅子。一個解離學家的解釋是，雖然這些東西沒有被心智「覺醒」的部分看到，它們可以被心智的另一部分（在覺醒之外）「看見」。但這如果是真的，這種解釋會挑戰任何主流的知覺心理學理論。然而，另一種觀點是參與者可能使用深思熟慮的策略讓被暗示的效果產生，譬如看旁邊、閉起眼睛或是眼睛失焦。也有可能是參與者嘗試將影像視覺化，因此將不預備看到的材料模糊化

（blot out）（Spiegel, Bierre and Rootenberg, 1989; Spiegel et al., 1985）。

然而，即使這些策略在某些程度是成功的，但在這些策略能否使參與者選擇性且完全「擦掉」視野的部分，仍是一個爭議。事實上確實如此，有兩個研究顯示所有原先因為負向幻覺而看不到任何東西的參與者，如果告訴他們心智有另一個隱藏的部分可以看見所呈現的東西，接著他們就可以報告呈現在眼前的物品（Zamansky and Bartis, 1985; Spanos, Flynn and Gwynn, 1988）。這些研究指出，一些策略，像嘗試去擦掉視野，不能完整解釋負向幻覺的結果。所以，我們如何解釋這些報告？當然，可以主張有另一個解離的部分心智可以看見所發生的。然而，這看起來是不太可能的解釋，因為參與者甚至報告出先前所看到的數目字的相反數（譬如18與81），如果他們相信隱藏的心智可以看見反轉的刺激。一個進一步、也許是更簡潔的解釋是，所謂的負向幻覺基本上是行為順從的表現，也就是參與者只是假裝他們看不到一些物品（Spanos, 1992; Perlini, Spanos and Jones, 1996; Wagstaff, 1981, 1991a）。

被催眠者可能誇大或說謊的程度一直是個爭議的議題，即使是在非狀態理論家之間（Council, Kirsch and Grant, 1996; Kirsch, 1991），順從在催眠反應中扮演重要的角色也未能說服一些人。在一個利用皮膚導電性當測謊器的研究中，金鈕涅、札曼斯基與布拉克（Kinnunen, Zamansky and Block, 1994）報告說，一組七個容易被催眠的參與者，在報告他們回應暗示的經驗時達到89%的真實性，另外六個被教導去模擬催眠的只有35%的真實性。然而，這個研究有許多嚴重研究方法上的問題（註1）。

順從觀點的支持者仍然可以指出催眠文獻上的經典例子（Wagstaff, 1996）。譬如佩提（Pattie, 1935）報告一個婦女在催眠時，宣稱她有一眼瞎了，她也通過一些視力測驗，看起來她似乎真的是瞎的。但是她並沒有通過一些更複雜的測試。後來發現，她跟一個朋友在家裡練習，讓眼睛在早期的測驗中看起來像是瞎了。看起來有時這些順從的參與者可以很簡單就被找出來。譬如，巴伯、史班諾斯與查菲斯（Barber, Spanos and Chaves, 1974）報告說，當收到催眠耳聾的暗示時，參與者被問到「你可以聽得到嗎？」一些參與者會說「不，我聽不到」（當然，解離學家會主張，這是意識的另一部分在回答，如果是這樣的話，也許它應該回答「是的，我聽得到」）。

　　然而，最近一些研究中最著名的應該是史班諾斯與其同事利用實驗設計所發展的研究，其中強烈指出在催眠反應中順從的行為（Spanos, 1992; Perlini, Spanos and Jones, 1996）。譬如，史班諾斯與其同事的研究已經顯示，根據事後實驗者傳達給被催眠者在暗示訊息呈現時，被催眠者是否進入催眠狀態，易被催眠的參與者會傾向報告出各種暗示訊息有效或無效。這個結果指出易被催眠的人故意誤導他們的報告來順從實驗的要求。然而，也可以主張暗示這些易被催眠的人已經進入被催眠狀態，會影響他們曾經經驗過何種事情的記憶。他們會重新解釋自己的經驗，以滿足實驗的需求或預期，並且相信這些重新解釋（Council, Kirsch and Grant, 1996）。

　　然而在另一個研究中，史班諾斯等人給參與者一個負向幻覺的暗示：他們看不到很清楚呈現在面前的數字8。一些參與者的確報告說看不到任何東西。同樣的這些參與者被告知，誠實的人（reals）不像騙子（fakers），確實看見數字出現很短暫的時間，然後就消失了。給了這個資訊後，實際上所有的參與者都確認他們曾經看到數字。很明顯地，很難單獨用「記憶的再解釋」來說明這個結果。相反地，這個結果看起來很強烈的指出，參與者當初說看不到數字時是在說謊。史班諾斯與他的同事發現，在這個作業順從的人通常是那種容易被催眠的人，在其他困難的催眠作業上也表現得很好，譬如看見一個刺激有不同的顏色（Spanos, 1992; Perlini, Spanos and Jones, 1996）。因此，他們（Perlini, Spanos and Jones, 1996）得到一個結論，「順從是催眠反應的中樞成分」（compliance is a central component of hypnotic responding）（p. 206）。

　　順從的議題在另一個有名的催眠現象——催眠失憶中會再度討論。

催眠失憶

相對於普遍的信仰，參與者在催眠後很少宣稱出現未受暗示的「自發性失憶」（spontaneous amnesia）。因此，除非參與者實際上期望催眠後會有自發性的失憶，否則他們通常會記得曾透露過哪些內容，在正常遺忘的限制下。然而，暗示性的失憶是另一件事。在典型暗示性催眠失憶的情況中，被催眠的參與者會做一系列的作業，或是記住一些東西的列表，之後，他們會被暗示以後很難記住曾經發生過，直到他們聽到一個逆轉（reversal）的提示，譬如「你現在可以記住所有的東西」（在催眠後失憶的案例中，暗示與逆轉都會在參與者從催眠中醒來後給與）。通常，實驗結果顯示，許多參與者在一開始回憶與再認的表現都不好，給了逆轉提示後，表現就會恢復。此外，這種失憶逆轉（amnesia reversal）不單單是重複企圖去記憶的結果。因此，像鮑爾斯（Bowers, 1983, p. 41）所強調的，「暗示催眠失憶的一個區辨特徵是它是可以逆轉的，可以把遺忘的材料恢復」。

根據狀態／解離學家的解釋，可逆轉的催眠後失憶會發生，是因為當參與者進入催眠狀態時，他們對催眠者交出至少部分對記憶歷程的控制。結果，他們的記憶從覺醒解離到一個失憶的藩籬（amnesic barrier），直到催眠者給與一個訊號後才能恢復對記憶的正常控制（Bowers, 1983; Hilgard, 1986）。然而，社會認知與認知行為的觀點是，催眠失憶是回應作業要求所產生精細策略的結果。根據這個解釋，被催眠的人強烈地投入其中，讓自己看起來像是被催眠。因此，當被催眠的人對失憶的暗示反應時，他們會利用一些策略，如干擾、不注意、自主地抑制反應（順從），來表現出失憶的樣子，直到實驗的要求改變了（即逆轉提示出現）（Coe, 1989; Coe and Sarbin, 1991; Spanos, 1986, 1991; Wagstaff, 1977a, b, 1981, 1986, 1991a）。

　　然而，如果可逆轉的催眠失憶確實是一個對情境要求的自願反應，那麼當告誡參與者要誠實，且要努力地回憶時，應該期望可以成功地中斷失憶。然而，這種中斷失憶的嘗試只有部分成功，有很大部分的參與者還是保持失憶，直到逆轉提示出現時（Coe, 1989; Kihlstrom, et al., 1980; Kunzendorf, 1990）。然而，社會認知理論家對此的回應是，在某些案例中仍然保持失憶，是因為這些參與者發現中斷失憶的指導語與先前他們拒絕去提取那些材料是不一致的（Spanos, 1991; Spanos, Radtke and Bertrand, 1984; Wagstaff, 1981, 1986, 1991a）。因此，現在需要的是，使用一個中斷失憶的指導語，給參與者很大的壓力去回憶，讓他們停止採用讓失憶出現的策略，或是讓他們可以記起來，但不會覺得丟臉。

　　有幾個研究支持這樣的看法。譬如使用一套包括告誡參與者要誠實不要說謊、用錄影呈現他們的行為，與使用測謊器來偵測他們的方法，幾乎可以把整個催眠後的失憶中斷（Coe, 1989）。其他「保留面子」的技巧包括暗示參與者在不同的大腦半球，可以找到一些不同的記憶材料（Spanos, Radtke and Bertrand, 1984），要求參與者「相信他們想像的記憶」（Kuzendorf, 1990），與暗示他們記憶可以從深層的催眠中恢復（Silva and Kirsch, 1987）。然而，也許最決定性的是，看起來在測試是否有失憶之前（亦即在他們讓自己失憶之前），如果讓參與者有機會說他們是在「角色扮演」而非在「催眠」之中，整個催眠失憶可以完全被中斷（Wagstaff, 1977a; Wagstaff and Frost, 1996）。

　　就像有人會期待的，催眠失憶的標準測量程序很容易模擬，因此研究者可以找到一些更細微的測量指標。根據某些人的看法，其中一個測量是「來源失憶」（source amnesia）（Evans, 1979）。曾經有人認為，經過幾次催眠之後，一些真正被催眠的人，有時候會回憶出當他們被催眠時一些新奇的資訊，但是不曉得這些資訊是從哪裡來的。然而，被教導去模擬催眠的參與者卻傾向不會表現出這種行為。另一個測量據稱可以區分真催眠與模擬催眠的是「混亂的提取」（disorganized retri-

eval），因此一直以來有個爭論是，記住一些東西的催眠失憶者傾向會
以一種相當隨機、沒有組織的方式記住，而模擬的參與者則不會如此
（Evans and Kihlstrom, 1973; Kihlstrom and Wilson, 1984）。

然而，這種情形再度強調在催眠時使用「真實—模擬」設計的一個
主要問題，在這個設計中，模擬催眠的人通常會被告知要表現得像優秀
的被催眠者，當他們這樣做時，常常得到一個「表演過火效果」（over-
play effect）。也就是，模擬的人表現得好像極度被催眠的樣子（就像部
分真正被催眠的人），並且表現出對訊息與來源的完全失憶。結果，完
全不能展現來源失憶與「混亂的提取」（Wagstaff, 1981）。因此有需要
教導一個非催眠的控制組，去模擬部分失憶。目前有證據顯示，當使用
這種控制組時，非催眠的控制組的確會表現來源失憶。與非狀態學派看
法一致的是，有被教導只要「假裝忘掉」或從記憶材料中移開注意力的
非催眠參與者表現出混亂提取的效果（Coe, 1989; Spanos, 1986; Wagstaff,
1977b, 1982a; Wagstaff and Carroll, 1987）。

順從在催眠失憶扮演的角色，再一次成為爭議的議題，但不可拒絕
的是它確實存在。一些研究顯示大部分（大約60%）的參與者在被詢問
時承認，他們故意壓抑他們的報告，好讓自己看起來像是失憶（Coe,
1989）。就像柯依所問的，「也許我們應該懷疑到底有多少人沒有承
認？」（Coe, 1989, p. 118）。在催眠研究的文獻中，不管是支持催眠是
意識的特別狀態，或者催眠是個解離的情況，都很少用這個角度來解釋
催眠失憶。

催眠中喪失意志力的描述
（reports of non-volition with hypnosis）

傳統催眠觀點的另一個特徵是在催眠時會有不自主的經驗。首先要
考慮的是，這種看法與許多非狀態的社會認知理論家的看法矛盾，因為

他們認為被催眠的人可以控制自己的行為，並且可以策略地改變行為以滿足實驗作業的要求。然而，對非狀態理論家而言，這不必然是個矛盾，也就是參與者使用策略，根據催眠暗示主動思考跟想像使催眠的效果發生，這與有些催眠效果會有不自主的經驗未必矛盾（Gorassini, 1997; Lynn, 1992; Lynn and Rhue, 1991a; Lynn, Rhue and Weekes, 1990; Spanos, 1991）。譬如，當我將注意力故意集中在一些事物上時，如果我故意移動我的手臂，最後可能會感覺手臂是自己移動的。

此外，除了催眠的角色本身要求將暗示經驗成不自主的之外，被催眠的人可能故意嘗試去說服自己他們喪失部分的控制。因此，舉例來說，如果我故意嘗試讓我的手臂僵硬，只將注意力集中在這，不用意識的努力去轉換注意力將手臂彎曲，我可能可以說服自己：我不能彎曲手臂（這有點像同時想要站起來跟坐下）。很明顯的是，如果參與者被教導要故意讓自己的反應自動化，而不是被動等待事情發生，那麼即使是不容易被催眠的人，催眠的感受性也會增加，且至少有一些反應會是不自主的（Gorassini, 1996）。這些發現與其他人的看法相容，如果使用一些灌輸態度、期望與策略的技巧，這些非狀態的理論家相信會有催眠的效果，因此可將不易催眠的轉變成容易催眠的人（Bertrand, 1989; Spanos, 1991; Spanos et al., 1995）。

雖然狀態／解離理論家對於催眠反應中意志力的角色，傾向於拒絕策略—演出的解釋（Bowers and Davidson, 1991），當這個議題一開始出現的時候，持社會認知看法的一派與解離學派實際上意見並沒有不同。譬如，現代解離學派所持的看法是，因為像催眠者交出一些行為的控制與從覺醒解離，因此催眠的暗示會被經驗成是不自主的。然而，依照催眠者的控制去控制一個人的行動，還是應該視為有意的舉動（亦即自主的行為）（譬如依據醫生、老師、家庭成員或呈現遊戲的人，去口述一個人的行為）。因此，即使從解離學派的角度還是可以主張，雖然有些參與者最後還是經驗到不自主的行為（因為控制與覺醒解離），他們實

際上並未喪失對自己行動的控制，只是在催眠者的操控下經驗到自動化
（Nash, 1991）。

　　這個觀點可以由以下的事實加以擴大，不管他們理論的派別為何。
大部分現代的研究者與理論家看起來都拒絕「催眠會讓人變成無助的自
動化」這個看法（Lynn and Rhue, 1991b, p. 606）。這個看法很明顯的應
用是，催眠可以驅使一個人去傷害自己與做出一些反社會的行為，而這
些是他們正常時應該不會做的。確實有報告指出，不經意被催眠而做出
犯法行為的人的例子，不僅數量上很少，且通常會對其結果產生懷疑
（Barber, 1969; Conn, 1972; Gibson, 1992; Laurence and Perry, 1988; Udolf,
1983; Wolberg, 1972）。少數早期的實驗看起來的確證實，可以使被催
眠的人做出一些對自己或他人不道德或傷害的事情，這些事情包括猥褻
暴露、抓起一條危險的蛇、對實驗者丟擲酸液、小竊盜與口語攻擊
（Wagstaff, 1989, 1991b, 1993）。然而，這些研究的一些評論者得到一
個結論，沒有必要（not necessary）以催眠的狀態來解釋這些結果。相
反地，他們的解釋主要從參與者(1)想要幫助催眠者／實驗者，(2)認為他
們的行為實際上是安全的，與／或(3)假設別人會負起行為後果的責任
（Barber, 1969; Coe, Kobayashi and Howard, 1972, 1973; Orne and Evans,
1965; Udolf, 1983）。

　　譬如早期由羅南（Rowland, 1939）與楊格（Young, 1952）進行的研
究發現，大部分深度催眠的參與者都會嘗試去抓一條危險的蛇，與對實
驗者丟酸液，而參與者在清醒時通常拒絕這麼做。然而，歐恩與依凡斯
（Orne and Evans, 1965）發現，如果給一個強調語氣的暗示要他們去
做，被催眠與未被催眠的人，都會嘗試抓一條危險的蛇，將手放到濃縮
硝酸的燒杯中，對實驗者丟酸液。更進一步的研究指出，未被催眠的人
與被催眠的人，有同樣的可能性去做一些反社會行為，與令人厭惡的舉
動，包括毀壞聖經、剪掉國旗，甚至是海洛因交易（Coe, Kobayashi and
Howard, 1973; Levitt et al., 1975; O'Brien and Rabuck, 1976）。

　　進一步被認可的觀點是，催眠不會讓一個人變成無助的自動化。衛格史岱夫、格林與蘇模（Wagstaff, Green and Somers, 1997）指出，大部分沒有催眠經驗的人，會接受催眠自動化當作犯罪藉口的答辯（亦即，因為他們是被催眠的，被告並不曉得他做了什麼）。但是，曾經接受過催眠引導程序，自認為已經被催眠的參與者毫無異議地拒絕了這種答辯。

　　最後，看起來很少證據支持催眠結束後，會有不自主的持續被催眠的行為。因此，歐恩、席翰與依凡斯（Orne, Sheehan and Evans, 1968）發現，當催眠者不在場時，一些被催眠的人仍持續對催眠結束後的暗示產生反應（譬如當聽到「實驗」這個字時，摸一下額頭），而模擬催眠的人則會停止反應。但是在這個研究中，後催眠的反應是由一個實驗者熟知的人進行測試的。因此，當一些非反應可以完全相容於模擬者的角色，與被催眠者的角色則無法相容（Wagstaff, 1981）。為了評估這個解釋，史班諾斯等人（Spanos et al., 1987）利用一個明顯與實驗無關的人來測試後催眠的反應，他們發現後催眠的反應完全消失。

催眠邏輯

　　一些有爭議的催眠研究曾經針對一個主題，與正常清醒狀態相比，被催眠的人表現出某種形式的思考，或者「催眠邏輯」（trance logic）。催眠邏輯首先由歐恩（Orne, 1959, 1979）提出來，它並不像模擬催眠的人，真正接受催眠的人可以忍受不合邏輯的不一致性。譬如，若要他們⑴注視一個人，⑵看（以幻覺）這個人同時站在不同的地方。模擬催眠的人通常會報告他們看到一個幻覺的影像與一個真的人，這個稱之為「雙重幻覺反應」（double-hallucination response）。模擬催眠的人傾向報告看到不透明的幻覺，而被催眠的人則可能會報告看到透明的幻覺。對年齡回歸（age regression）暗示的反應，一些被催眠的人可能會覺得

他們同時像個小孩與成人（雙重性，duality），而且正確寫下一些小孩子寫不出來的複雜句子（不一致的寫作，incongruous writing）。而模擬催眠的人則傾向於說他們一直覺得自己像個小孩，且寫錯複雜的句子（Orne, 1959; Nogrady et al., 1983; de Groot and Gwynn, 1989）。雖然無法成功重複雙重幻覺反應中，真實被催眠與模擬催眠兩者的差異，其他催眠邏輯的現象則有被重複驗證（de Groot and Gwynn, 1989）。

　　但是還是可以像以前那樣主張，這些模擬催眠的人扮演一個優秀的被催眠者，可能又只是對這個角色表演得過火，且抑制了極端的反應。而那些有所謂「催眠邏輯」的被催眠者，可能只是使用他們的想像，或是做出較不完整或極端的反應（Wagstaff, 1981）。為了測試這個想法，一些研究者利用被教導要想像（而不是假裝各種效果），或是給相同的指導語但沒有催眠誘導的控制組。結果發現這些組成功地重現「催眠邏輯」的效果（Spanos, 1986; de Groot and Gwynn, 1989）。當然，還是可以主張，只是因為利用適當教導過的控制組使用效果重現，它不必然指出，被催眠的人因為相同原因以同樣方式表現行為。但是這些研究指出，這些效果有完美的合理解釋，而不需要催眠過程中一些特殊的催眠思考過程（Wagstaff, 1981; Spanos, 1986; Lynn and Rhue, 1991a）。

臨床催眠

　　催眠據稱在處理各種臨床上的問題很有效，包括失眠、肥胖、輕微的恐懼、抽煙、皮膚不適與看牙科的壓力。但是，另一個有關催眠共同的誤解是，如果拒絕了催眠是與一些特別的狀態有關，那麼也必須拒絕催眠有治療的助益。事實上，雖然非狀態的理論家認為一些催眠的治療助益被誇大了（Stam, 1989; Wagstaff, 1981），但很難拒絕的是，所謂的催眠程序看起來對一些疾病的處理很成功，特別是比起沒有任何處理（Heap and Dryden, 1991; Kirsch, Montgomery and Sapirstein, 1995; Spanos and Chaves, 1989; Wadden and Anderton, 1982; Wagstaff, 1981）。因此，在這類例子中，討論的議題不是催眠是否有作用，而是跟哪種作法比較，以及為什麼？

一個主要的問題是，催眠程序常牽涉許多因素，這些因素不是催眠特別有的，因此要解釋它的增進效果，不需要特別用「催眠狀態」這個名詞。這些因素包括社會支持、放鬆、內隱範行（covert modelling）、安慰劑效果，甚至是社會順從（Wadden and Anderton, 1982; Wagstaff, 1981, 1987）。確實，臨床醫生常常很用心地指出，催眠本身不是用來治療用的，從催眠引導程序的施行來看，相反地，催眠是其他治療的附屬。但是針對十八個研究的調查發現（Kirsch, Montgomery and Sapirstein, 1995），比較認知行為治療與同樣治療加上所謂的催眠程序，結果發現，多接受催眠程序的病患，改善的比率超過75%。但是在大約半數的研究中，催眠與非催眠程序的唯一顯著不同是，那個處理是不是叫作催眠，處理的效果量是一樣的。就像研究者指出的，後面的發現指出改善並不是來自於催眠引導的儀式，而是所增加的正向期望或是安慰劑效果，來自於將那個情境稱之為催眠。

同樣地，在一個處理咬手指的研究中，衛格史岱夫與羅一斯（Wagstaff and Royce, 1984）發現，先有一個催眠引導程序再給與催眠暗示會顯著地更有效。但是，更進一步的分析發現，有沒有效的關鍵在於病患對醫療處理是否有效的信仰或期望，不管是被分派到催眠或是非催眠的情境中。換句話說，將程序命名為催眠有其好處，但不是透過引起某種大腦狀態，主要是鼓勵病患相信這個處理是有效的（Johnson, 1989）。

催眠止痛

現在我們面對一個現象，對許多人而言，它提供了一些特別狀態存在最有說服力的證據，也就是被催眠的人具有忍受或消除手術疼痛的能

力。

　　根據狀態學派／解離學家的看法，催眠止痛可以作用是因為在催眠狀態下，疼痛跟覺醒是解離的（Bowers, 1983; Hilgard, 1986; Hilgard and Hilgard, 1983; Miller and Bowers, 1993）。但是同樣地，非狀態的理論家主張，有可能以不牽涉催眠狀態的概念來解釋這個現象。譬如，他們指出利用催眠止痛來進行手術的例子相當少，而且催眠止痛的程序常常牽涉各種不特定疼痛處理的策略，這些都是可能降低疼痛的方式，包括疼痛解除的暗示（麻木、寒冷等等）、放鬆與分心、術前準備以降低恐懼與焦慮（Barber, Spanos and Chaves, 1974; Chaves, 1989）。但是很明顯的，很難針對手術疼痛進行控制實驗來測試這些想法，所以研究者轉向用實驗室方法來研究催眠止痛（在實驗室研究中，引發疼痛的程序通常包括將參與者的手臂放到冰水中，或利用壓力刺激，兩種方法都可以引發強烈疼痛，而不會有永久傷害）。

　　有人可能會想，一個測試催眠止痛報告效度的明顯方法是，使用與疼痛有關的生理測量。但是已被證實很難去解釋利用這種方法的研究結果。譬如一些研究曾發現，雖然被催眠的人在止痛暗示後，確實報告出疼痛感降低，伴隨疼痛的生理指標（譬如心跳加快、血壓上升）卻與這些報告矛盾。這可能暗示一些被催眠的人報告出比實際感覺還少的疼痛感（Wagstaff, 1981）。然而，一些狀態理論家相信，這個研究可以從解離的角度解釋。為了說明這點，他們使用了所謂「隱藏觀察者」（hidden observer）的程序。

　　為了在一個催眠的過程中展示隱藏觀察者，催眠者暗示當他或她碰到被催眠者的肩膀時，催眠者可以接觸到另一部分的意識（所謂的隱藏觀察者），隱藏觀察者更了解在發生的事情。當使用這個程序時，一些研究者發現，面對不舒服的刺激（noxious stimulus）時，雖然通常被催眠者會報告疼痛降低，當接觸到隱藏觀察者時（據稱代表一個解離的意識），疼痛的報告就回到「正常」（Bowers, 1983; Hilgard, 1986; Knox,

Morgan and Hilgard, 1974）。這個發現曾用來支持一個想法：在催眠止痛時，疼痛是在覺醒之外的，因此解釋了口頭報告與生理指標之間的明顯矛盾。然而，非狀態的理論家認為有兩個其他因素也參與在這個效果中，兩者都代表參與者嘗試去符合實驗的要求。第一，被催眠的人可能只是表現出順從，因此在隱藏觀察者的情境中，報告她或他真的覺得疼痛。第二，參與者可能在正常的催眠情境下使用疼痛處理的策略，但是在隱藏觀察者的情境則不使用。有許多證據指出非催眠疼痛降低的策略也跟催眠止痛一樣有效，支持了第二種看法（Spanos, 1986, 1989）。

史班諾斯與同事進行的其他實驗，似乎提供非狀態社會認知觀點更多的支持證據。譬如，他們發現在隱藏觀察者的情境之前，如果實驗指導語暗示將會感覺到相同、較少或較多的疼痛，他們的隱藏觀察者也根據暗示報告出相同、較少或較多的疼痛感（Spanos, 1986, 1989）。他們也發現如果容易被催眠的人，接觸到疼痛刺激而沒有提及催眠，他們接著會報告出經驗到止痛感，但只有在事後給的指導語中，暗示當他們接受到疼痛刺激時是在被催眠的狀態下（Spanos et al., 1990）。進一步研究指出催眠止痛的產生中，安慰劑反應與可能的行為順從都可能參與其中（Baker and Kirsch, 1993; Spanos et al., 1990; Wagstaff, 1981）。整個來說，當參與者想要去符合實驗作業的要求時，這些結果暗示催眠止痛的報告可能代表一些「真實」效果的混合，主要是由於正向期望與疼痛處理策略的運用，與反應偏誤效果。

很自然地，一些狀態／解離學家持續反對這些解釋。譬如，有人主張在催眠止痛時，有真正解離的證據（Bowers and Davidson, 1991; Miller and Bowers, 1993）。因此米勒與鮑爾斯（Miller and Bowers, 1983）發現，在催眠止痛時，易感的被催眠者在一個競爭的（解離的）認知作業表現良好（譯註：指這個認知作業與止痛兩者競爭），而被教導使用非催眠認知策略以降低疼痛的參與者則表現得較不好。鮑爾斯與其同事主張，這種情形是因為使用認知策略的參與者耗費努力，所以干擾在競爭作業的

表現。相對地，催眠之中的易感被催眠者則不須耗費努力去產生止痛，因為他們可以從覺醒狀態對疼痛的控制中解離。

　　但是，即使我們排除了易感被催眠者是在順從與誇大他們止痛報告的可能性，這個發現仍有其他解釋。譬如，在沒有特別要他們使用認知策略的情況下，易感的被催眠者可能只是將注意力轉換到競爭作業。結果他們可以藉由將注意力由疼痛轉到認知作業，而同時在認知作業表現較好與降低疼痛。其他證據指出在解離的競爭作業中，被催眠的參與者不必然表現較好，這個解釋與此證據較符合，如果有哪些事他們做得比較差的話（Stevenson, 1976; Wagstaff, 1981）。此外，在生理層次，一些資料看起來符合一個看法：容易被催眠的人較會使用認知努力讓被暗示的效果表現出來（Crawford, 1996）。另一個可能性是在任何例子中，認知努力不是使用疼痛處理策略的很可靠指標。譬如史班諾斯（Spanos, 1991）曾經主張也許催眠止痛最主要的因素是，重新將感覺活動解釋為沒有痛覺的能力與意願。

　　但如果我們要接受解離學家對催眠止痛的解釋，也不需要利用一個特別催眠狀態的概念來解釋。並不是因為一些人具有自醒覺解離疼痛的能力，為了使用這個能力，他們就需要一個特別的催眠狀態。但是這將注意力轉到另一個議題：為什麼有人比較容易被催眠？

催眠感受性的個別差異

　　研究已經顯示有幾個向度與催眠感受性有關，雖然這些相關通常很小。這些向度包括對催眠的正向態度與期望、傾向於幻想與融入於想像之中，和從眾與順從的傾向（de Groh, 1989; Hilgard, 1970; Sarbin and Coe, 1972; Spanos, 1991; Wagstaff, 1981, 1991a; Wilson and Barber, 1982）。但是研究指出，一些變項之間的關係，譬如幻想傾向、想像、解離經驗與催眠感受性，會因為情境效果而擴大。也就是，有時候他們只與同一情境

的催眠有顯著相關。雖然嘗試探討催眠感受性與解離經驗的測量之間的相關性，會有助於了解這個問題，但研究結果仍是混亂的（Faith and Ray, 1994; Council, Kirsch and Grant, 1996）。

因此雖然看起來沒有單一特徵可以確認一個人是特別容易感受到催眠暗示。但是仍有可能建立一種「理想催眠參與者」的形象，這將會是一個對經驗催眠現象有正向態度的人。他會傾向於幻想與報告奇怪的經驗，像是變成融入幻想中，也有意願跟隨暗示與嘗試去體驗，通常是做被告知的事情，也願意採用一個較鬆散的標準去報告催眠經驗。

結論

我們可以從這些大量的催眠研究結果中得到何種結論呢？

首先，不管抱持何種理論立場，很明顯的是，與催眠有關的程序可以產生具有心理意義的效果。催眠研究讓我們可以蒐集關於普通人能力、技巧與受感染性（vulnerabilities）的大量資訊。

第二，很清楚的是一些關鍵議題仍待解決。譬如，解離概念在解釋催眠現象的意義與有用性仍是一個持續中的爭辯，與催眠現象能被歸因於行為順從的程度。

第三，看起來仍然有許多議題，大部分的專業研究者與理論家都有相同的看法。十九世紀對催眠的看法是一些神秘的、單一的、被改變過的大腦狀態，個體會變得自動被一些超自然的力量操控，這種看法是過時的、不正確的、或多或少已經被廢止了。雖然有一些研究者持續認為「催眠狀態」這個名詞是有用的。他們想到的是有點像「集中注意力」（focused attention）或「想像涉入」（imaginative involvement）。被催眠的人因此基本上被推斷為活潑的、有感情的、認知的個體，而不是被動的反應者，喪失了他們行為的控制，機械性地對催眠者奇怪的念頭做反應。值得注意的是，美國心理學會一九九四年公布的催眠定義中，改

變的狀態或是恍惚並不是定義的中心概念。此外，這個催眠的定義也被英國實驗與臨床催眠學會的會員廣泛地認可（Fellows, 1994）。

儘管有這些發展，調查的證據也指出大眾對催眠的概念被喜歡聳動的媒體所影響，穩穩地維持利基於相當遙遠的過去。催眠的研究文獻可能太龐大了，然而，與大眾溝通研究發現的過程還沒有開始。

附註

註 1 ▶ 這個研究的一個困難是，像測謊的指標，皮膚傳導性工作的假設是不真實的反應會伴隨一些程度的焦慮（Ney, 1988）。這是有問題的，因為在 Kinnunen et al. (1994) 的研究中，在重要的催眠實驗中，參與者會被誤導，而且未必告知皮膚傳導性是用來測謊的。因此參與者會選擇成為真實的被催眠者，所以沒有什麼理由焦慮。因為他們有成功表現出催眠暗示的歷史，且沒有理由去假設他們會被抓到。相對地，在許多催眠實驗中，參與者會選擇當模擬者，是因為他們之前無法成功地對催眠暗示反應（一些實驗者傾向於選擇不易被催眠的人當模擬者，以避免他們意外地被催眠），當他們收到模擬的指導語時，可能會讓他們敏感，使他們因為可能被發現而焦慮。

第五部分

欺騙的多種層面

吉普賽人李貝格
等車或等人時，來看一下掌紋算命吧！
任何 VISA 或 MASTER 信用卡都收
恕不賒欠

我看看⋯⋯我看你是
一個很容易受騙的人

　　安慰劑（placebo）在拉丁文的意思是「我該取悅（上帝）」（I shall please），它也是為「往生者的晚禱」（Vespers for the Dead）的開頭，它以複數型placebos出現（to sing Vespers有時會以to sing placebos出現，但後者帶有貶低的奉承意味）。

　　這個主題並不流行，因為它常常與庸醫的醫術搞混，而且被視為嘲笑的對象（Wall, 1993）。然而，它是非常現代化的，而且會影響健康政策。在西方工業社會中大約有三分之一的成人使用非傳統的醫藥〔Eisenberg et al., 1993；同時請看相關報導《新英格蘭醫學期刊》（*The New England Journal of Medicine*），1993.10.14, pp. 1200-1204〕，但是其效果沒有被證實過。與此非常類似的情形是，「法定的」醫學也把一些未經科學證實的藥物認為是具有治療的效果，譬如把全世界都會使用的抗生素（抵抗細菌無價的武器）用來治療病毒引起的感冒，或者是物理治療師使用許多未經測試的方法來治療中風（Della Sala, 1997b），或者的確有一些醫學執業人員或是顧問之類的人，使用一些未確定效果藥物的頻率，較其他國家同類人員為多（Garattini and Garattini, 1993）。確實有些研究已經指出常用的處置與療法之中只有五分之一是被科學證實有效的（如Brown, 1998）。

　　自從聖母瑪莉亞的異象在一八五八年發生後，勞德斯醫藥局（The Lourdes Medical Bureau）已經核可六十四個奇蹟療法（Nickell, 1993）。為了論證的緣故，讓我們先接受這些例子是「醫學上難以理解的」（不同的看法請看West, 1957; Randi, 1982; Rogo, 1991; Nickell, 1993）。即便是較沒有洞察力的相信者，也會接受假設每年有某一數目的遊客去參觀，這個情況也不能被認為是很傑出的結果，只是機率上小於贏得樂透彩（Sagan, 1996）。在六十四個疾病自發性緩解的例子中，三個是被診斷出罹患癌症。據估計，癌症發生自發性緩解的機率是在萬分之一到十萬分之一之間（與癌症的類型或嚴重程度無關，患者也沒有到勞德斯旅遊）。因此從未經治療的癌症中康復的機率看起來是高一點，如果病患

待在家中閱讀喜歡的詩。當然這種不尋常的現象並非局限於基督教徒，伊斯蘭教的朝聖者也因為聖地麥加附近贊贊河的水而痊癒，而印度的婆羅門教徒也在恆河中治療他們的病痛。

對安慰劑療法一個共同的迷思是，如果在一個假設的情況中，因為安慰劑而情況改善了，那麼應該是發生在腦中。下一章會呈現另一種看法。對安慰劑效果的秘密有興趣的讀者，可以在底下較完整的書籍中找到更多的資訊（包括White et al., 1985; Frank and Frank, 1991; Hartwick, 1996; Harrington, 1997；最近比較完整的回顧請看Skrabanek and McCormick, 1989; Wall, 1993; Chaput de Saintonge and Herxheimer, 1994; Brown, 1998）。

底下的兩章由兩位魔術師所撰寫，他們曾經告訴我自我錯覺的限度，即便是科學家都不應該低估（Wolpert, 1993, p.141）。倫敦的數學教授泰勒（Taylor, 1976），認為蓋勒的花招「對現代的科學家構成嚴重的挑戰」，看完這兩章後應該會完全改變他的看法（Milton, 1994）。輕信並不只限於普通人，它足夠提醒我們柯南道爾相信精靈的存在，前美國第一夫人南西雷根傾向於相信舊金山的星象學家奎格莉（Joan Quigley）（Regan, 1988）。確實有愈來愈多的人對欺騙與自我欺騙的神經學與心理學感到興趣（Drake, 1995; Myslobodsky, 1997）。在我們的實驗中，我們應該都要警覺到無瑕疵調查這個教條的危險性（Eco, 1997）。當然這不是說，魔術師可以豁免於自我錯覺。最偉大的魔術師胡迪尼（Harry Houdini）也曾經被歐布萊恩（Willis O'Brien, 1925）的電影「失落的世界」（The Lost World）中的特效所欺騙，而相信他看到的是真正的恐龍（*Radio Times*, 25 April 1998）。

說「盲目的信仰是空白且無聊的」並不意味著，所有的科學家都是十分仔細的且皆以科學為依歸的（Cerf and Navasky, 1984; Kohn, 1986）。這一節的最後一章以幾個例子證明了輕率科學的反諷。理夫海德（Leafhead）與柯普曼（Kopelman）追隨薩克斯的腳步（Sacks, 1995, p.151），指出在神經科學的發表文章中，常常有「歷史或文化上的盲點」，若改述嘗試說服我們閱讀經典需要性的卡爾維諾（Calvino, 1991, p.19）話語，那我想說的就是去閱讀原始文獻勝過於不要去閱讀它們。

13

我該取悅：
安慰劑的神奇力量

恩斯特與艾柏特
（Edzard Ernst and Neil C. Abbot）

醫師使用它的次數超過其他療法,但是討論它時常常覺得不太舒服,常常承認他們並不真正了解它,也很少針對它進行研究。我們這邊所講的「它」,當然指的是安慰劑,以及它所擁有臨床改善的神奇力量。

在科學的發展可以提供強而有效的藥物之前,醫生可以發揮的力量幾乎都依賴安慰劑效果,大部分的療法對目標疾病並沒有直接的效果。任何治療的效果都被錯誤地歸因到醫師處方中的特定作用。安慰劑效果是繼承自對任何處理的反應,這點事實常常被忽略。而故意給病患安慰劑的醫生,則與庸醫沒有差別。因為忽略與難堪阻礙了對安慰劑系統化的探究,直到最近才有所改善。

安慰劑在拉丁文的意思是「我該取悅」(I shall please),但是在過去被當作是「假裝的藥物」或是「方便的藥物」。今天對安慰劑效果有許多詳盡的定義,它可以被描述成治療過程產生的效果,包括治療中許多不特定的效果(NHI Conference on Placebo, 1996)。安慰劑效果可以在它明確存在或不存在的狀況下產生(安慰劑包括藥丸、注射液等等),或是不需要任何外顯的治療、單純有意圖要去治療、或是只是說明要去治療、或是進行一些診斷的程序,這些方式通常都會造成某些形式的安慰劑效果。

不是總是很容易去分辨哪些效果是在安慰劑效果的這類別之下。大部分的專家都同意安慰劑效果是個單一的實體,但是有著多種外貌。依據觀看的角度,我們會對安慰劑效果有相當不同的印象,這也許是為什麼第一眼會覺得整件事看起來令人困惑,而專家們的觀點如此不同,甚至對於是否有安慰劑效果都有不同的看法,因為大部分指出安慰劑效果確實存在的實驗都有方法上的缺失(Kienle, 1995)。對於這一點,我會有相似的理由主張,每個人大概都可以據此懷疑阿斯匹靈的止痛效果。

大部分的醫生大概都有關於安慰劑的故事。在我(恩斯特)自己醫學院的學生生涯中,我曾經被教導要將病人接上心電圖儀器——一種診

斷心臟病的儀器。我的第一個病人是個老婦人，在診斷程序後對我說：
「真好，我感覺好多了，我的胸痛完全不見了。」我啞口無言，這是我
所上的關於安慰劑的力量與神秘的第一堂課。

決定因素

　　如果可以定義為什麼某些時候安慰劑效果如此強大，而在另一些情
境安慰劑效果如此地小，甚至偵測不到，會是很吸引人且很有價值的。
有部分的原因看起來是依據所施予的處理來決定的（Turner et al.,
1994）。一個侵入性的檢查程序，或是一整套的醫學技術，比起只吞進
一顆小藥丸，較有可能引發較強的安慰劑效果。手術就是一個好例子，
它有潛力引發強而有力的安慰劑效果。在一個研究中，假手術（sham
surgery）切割開病人的皮膚，但沒有實行任何手術，結果引起幾乎百分
之百病人症狀的緩解（Dimond, Kittle and Crockett, 1960）。針灸是另一
個好例子，它是侵入性的（有時還會引發疼痛），因為它穿透了皮膚。
在其中一個研究中，幾乎百分之百的疼痛都因為假針灸（沒有把針扎到
正確的位置）而緩解（Taub et al., 1979）。其他研究顯示假藥丸的大小
與顏色，會影響它對藥物測試自願者的效果（Craen et al., 1996）。前述
我的病患顯然是因為受到一大堆醫學儀器帶來的高科技氛圍所震懾，產
生對藥效的強烈期待，即便根本沒有施行任何處理。

　　另外，安慰劑的效果也依病患而定。有些初步的研究發現亞洲人比
起高加索人有較強的安慰劑效果（Johnson and Din, 1997）。上述例子中
我那位老婦人病人對症狀緩解保持開放的態度，她確實希望有所緩解，
因此經歷了正向的結果。讓病人參與治療的過程（而不只是純粹被治
療），也可能會增強安慰劑的效果。譬如，我們曾經發現安慰劑藥丸比
起安慰劑藥膏，效果就較弱（Saradeth, Resch and Ernst, 1994），這也許
是病患藉由在皮膚上擦抹藥膏的主動參與，造成比較好的效果。

醫師或是治療者的態度也是一樣重要，因為這決定了病患參與治療的程度，也影響了治療的過程。當我做心電圖檢驗時，我當然會裝作很親切，並且了解我所缺乏的經驗，而相信會有效果的醫師比起對效果產生懷疑的醫師，比較會有成功的結果（Gracely et al., 1985）。同樣地，對病患一個正向、溫暖的且同理的接觸，也較有可能增加治療的成功（Lasagna et al., 1954）。

治療情境的本質也是另一個與安慰劑效果有關的重要因素。偶爾我們會相信安慰劑效果只能影響主觀的經驗，或是可能想像得到的抱怨，像是疼痛、焦慮或是幸福感，但這並非十分正確。客觀的變項，像是血液測試的結果、手術後組織的脹大、體溫或是傷口的癒合都是與安慰劑效果有關的（Ernst, 1992）。然而，還是會有些人懷疑，是否在某些情境下會有比較好的安慰劑效果，譬如經期前的緊張、憂鬱、失眠、偏頭痛與其他形式的疼痛，會有比較好的安慰劑效果。然而不管如何，不太可能任何的疾病或是症狀，都沒有任何的反應。

直至目前為止，我們仍未完全了解安慰劑反應的所有影響，或是它們可能的複雜交互作用，因為有太多的變項參與其中。在一個大型「多地區」的研究（multicentre study）中，想要進一步了解這個問題，結果顯示最重要的決定因素是地區（the centre）（Tangrea, Adrianza and Hel-sel, 1994）。換句話說，即便在一個單一的研究中，仍然有明顯的地理變異，我們仍不能確知這些不同是如何發生的。

對安慰劑效果的迷思

畢徹（Beecher）一九五五年分析了在當時已經發表且以安慰劑當控制組的研究，他這篇報告在當時是最有影響力的研究，也誤導了後續的研究者幾十年。畢徹的研究得到一個結論，平均而言，大約三分之一的人對安慰劑治療有反應（Beecher, 1955）。這個結果產生一個誤解是，

安慰劑的效果貢獻了所有治療效果的三分之一。我們現在知道這不是真的。畢徹的數字是所有已經發表的研究之平均值，但是其中效果大小可能的範圍從0%到100%。

　　一些研究者也主張具有某些人格型態可以稱之為「安慰劑反應者」（placebo responder），這同樣也是錯誤的。過去數十年的研究都無法確認有哪些人格特質可以區分出對安慰劑有反應與沒有反應的人（Richard-son, 1994）。今天可以顯現安慰劑反應的人，可能在不同的（甚至是相同的）情境下，明天就不會顯現安慰劑反應，反過來也是一樣。不可能找到特定的一群人是所謂的「安慰劑反應者」，如果有一些特徵可以用來區分對安慰劑有反應跟沒有反應的人，那這些特徵應該還沒有被發現。

　　另一個對安慰劑的誤解是，安慰劑的效果都發生在大腦裡面，也就是靠想像與一些比較不真實的感覺。這種看法並沒有真正了解心智與大腦之間的連結：其中一個會以深層跟細微的方式影響另一個，在我們可以完全了解的範圍之外。事實上，從藥理學的角度，安慰劑的作用方式跟藥物差不多。它們也會有劑量依賴（dose-dependent）與時間依賴（time-dependent）的效果（譯註：劑量依賴指的是不同的藥物劑量會產生不同，甚至是相反的效果，時間依賴指的則是在不同的注射時間產生不同的效果），也會有累積的效果，就如同真的藥物一般（Rosenzweig, Brohier and Zipfel, 1995）。另外，安慰劑也會影響客觀的指標——從膽固醇的濃度到掉髮的情形（Ernst, 1992; Richardson, 1994）。

　　有的人可能會被誤導，而假設安慰劑不會對人體造成傷害。然而這也是錯誤的看法，安慰劑的反作用通常稱之為驚嚇效果（nocebo effect，譯註：nocebo effect 並沒有中文譯名，安慰劑的效果指的是使用據稱可治療疾病但實際上無效的藥物，而得到臨床症狀的改善。而此處安慰劑的反效果指的是，使用據稱會產生不適症狀，但實際上亦為無效的藥物，在病人身上也產生不適的症狀，因此譯為驚嚇效果），也是常常發生的（Dhume, Agshiker and Diniz, 1975）。平均而言，大約20%的健康志願者與35%的病患會產生安慰劑的副作用

（Rosenzweig, Borhier and Zipfel, 1995），但是研究結果之間的變異相當大。許多使用安慰劑當控制組的藥物測試，會發現驚嚇效果出現在使用安慰劑的實驗參與者身上，同樣也出現在使用測試藥物的實驗參與者身上。如果，在某個測試中，藥物是被用來引發頭痛的，使用安慰劑的這一組人同樣也會報告出頭痛的結果。如果，在另一個測試中，實驗藥物引起食慾降低，那麼使用安慰劑的那組同樣也有這樣的效果。我們目前不了解為什麼會這樣——可能是因為有一些（非語言？）溝通在兩組之間發生，但是其他因素也可能參與其中。認為驚嚇效果總是很溫和因此不太重要的看法，已經被那些把巫毒（voodoo）致死視為強烈的驚嚇反應的人所推翻了（譯註：這一派學者認為，巫師施用法術使人致死的原因，不是因為巫師某些神秘的能力，而是因為施用法術的過程，以及被施術的人相信巫師的法術具有某些神秘能力，因此在被施法者身上產生身體不適的效果乃至於死亡，因此巫毒致死是因為相信所產生的強烈驚嚇反應，這也是前述nocebo effect譯成驚嚇效果的原因，有關這部分的論述，詳情請參閱坊間討論巫毒的書籍）。

作用機制

　　心理學家、醫師與其他專業人員已經重複嘗試想去確認安慰劑作用的機制，有幾個理論已經被發展出來（Richardson, 1994）。其中一個主張腦內啡（腦內自行生成類似鴉片的化學物質）濃度的改變是主要的原因，很有趣的是這個理論找到幾個「安慰劑上癮」的稀少例子（Richardson, 1994）。另一個理論把安慰劑效果視為古典制約反應的一種例子，古典制約反應是由巴夫洛夫在流口水的狗身上發現的，這種想法也是很可行的，因為過去治療成功的經驗是一直留在我們身上的。直至今日，這些理論都尚未得到證明，因此我們無法真正辨別哪種是真正作用的機制，然而普通常識告訴我們期待與暗示是很重要的。

研究進程

在一九五〇年代一陣研究的熱潮過後，安慰劑的研究幾乎變成一種邊陲地帶的醫學研究，感染一種被懷疑為庸醫的氣息（Wall, 1993）。大部分的研究者把安慰劑效果當成是臨床實驗的「背景雜訊」，一種不會被正式研究的干擾，但是透過合適的實驗設計與控制，用來解釋實驗的結果。這種態度現在正在改變，一些醫生知道安慰劑效果對其每天的醫療處置有多大的用處，因此想要對安慰劑效果達到最佳化的利用，而不是去壓制它。如果醫生沒有引發很強烈的安慰劑反應，他們會說，他或她選錯了職業。在甄選醫學生時，確實有一些較極端選擇的例子，甄選標準是根據他們天生同理心為基礎，而不是採用適當的能力認定。雖然有些醫生害怕故意開立安慰劑處方，會被認為是對病人的不誠實，但調查結果已經顯示安慰劑的處方是很普遍的。譬如，大約80%的護士表示她們曾經在某些時候使用安慰劑（Gray and Flynn, 1981）。

安慰劑與安慰劑效果這個領域仍然需要許多研究。一部分是因為一些研究者與臨床工作人員沒有體認到它的重要性，一部分也是因為它的範圍不廣，以及缺乏經費支援——有哪個藥廠會願意支援安慰劑的研究？

安慰劑效果幾乎可以在所有的醫學處置中看到——藥物、生物回饋技巧、手術，甚至是診斷程序（Voudouris, Peck and Coleman, 1990）。因此它在病人與治療者的一級、二級與三級照護中都扮演一個角色。問題不在於找到安慰劑的一個面向來進行研究，而是從它的許多面向中找到一個開始點。

直到現今的研究都集中在已經發表的醫學文獻（如Turner et al., 1994）。這些研究從相當少的研究中將一些已知的效果集合在一起，而真正的需要是採用嚴格而設計良好的實驗針對這些現象的特定層面。繼

續採用先前花的比喻，植物生理學的早期歷史集中在生長、發展與衰退一些非常特定的層面，對後來的了解開花的決定因素是一個必須的階段。同樣地，嚴格有目標的研究對了解安慰劑效果是必須的（雖然不是去了解它的奇妙之處）。

結論

目前已經有的證據讓我們不會去懷疑安慰劑效果可以幫忙許多人。它們是「專家手上有力的工具，可以降低病患的不幸，也是原始醫療環境中很實在的治療取向」（Sannita, 1995）。它們與每天的醫療處置是互補的。治療師、醫師與科學家不該忽視這個現象、視為理所當然，或是因為「安慰劑庸醫」而覺得不好意思，而是該考慮多了解這個現象，以用來服務病患──畢竟，安慰劑的意思是「我該取悅」。

14

魔術師的秘密

藍迪
（James Randi）

我是一個魔術師,更精確的講法,我是一個巫師,但是美國讀者可能比較不能體認到巫師這兩個字的意義。我施行巫術的意思是我使用一些心理上與物理上的技巧,來達成一些真正的魔術也可達成的效果。對「魔術」這個詞我所使用的定義是「藉由咒語與魔法引發一些神靈或是其他超自然的物體與力量,來改變事物的本質」。相信我,當我跟你說,從實際的觀點,咒語跟魔法不會有任何作用,一些巧計只是讓它發生的方式。所有的作法都是為了娛樂的目的,並不是為了詐騙,除非一些巫師想要使壞,想要讓他的觀眾認為他具有一些神奇的力量,這種人就稱為靈媒,專業人士相當厭惡他們。

現在來看一下巫師用來達成錯覺的一些心理學方法。我可以洩漏其中一些,而不會讓這個領域的專業人士感到憤怒,因為我只會讓這些讀者可以了解這門藝術基本的知識,並且推測這些讀者無法因為得到這些知識,就可以坐在大衛考伯菲(David Copperfield)的觀眾席,然後沾沾自喜地解開大衛的魔術。我的讀者大概也不想這麼做,雖然可能有些讀者會期望如此。很有經驗的表演者的一個損失是像普通觀眾一樣被錯覺所誤導的能力。我們坐在巫師前面,讚美那些普通人看不出來或是注意到的細緻技巧。這是對其他人可以享受驚訝的顫抖的一種補償。

我不會告訴你巫術的物理層面。利用滑動的板子、電線、化學物品、敏捷的手部動作、鏡子與其他機械層面,大概只能解釋所有錯覺的30%,雖然它們對最後的效果相當重要。其他的70%主要是表演者的技巧所提供,這個部分是指導手冊上面不會說明的,也是我底下會詳細說明的。

空箱子技法

魔術的一個主要規則是,「別告訴觀眾那是什麼,讓他們自己決定。」假設我步上一個舞台,上面有個紙箱,我希望我的觀眾相信它是

空的（它可能是空的或者不是空的，但與此處的主題無關），很明顯地，我有幾個方式可以達成。最糟的一種是告訴他們這箱子是空的。想一下：這些坐在魔術師前面的觀眾，心裡很明白魔術師想要騙他們，他們已經準備好要抓住任何可以誤導他們的任何手法，所以會傾向不相信我給的任何保證，如果我想要「告訴」他們箱子是空的，最快的方式是把箱子往下朝向地板，更容易說服他們這箱子是空的。接著，我怎麼達成這一點？

簡短在魔術表演上有很高的價值。講太多斷言的魔術師，會喪失觀眾對他的信任。要完成讓觀眾相信箱子是空的這項工作，魔術師只要很輕鬆地擺弄箱子，不去注意箱子，然後把箱子朝下擺放，觀眾就會覺得看起來像個空箱子。看見箱子在舞台上，聽見空箱子撞擊舞台的聲音，因此會得到一個結論：他們看到一個空箱子撞擊舞台。就是這麼簡單，他們得到了影像跟聲音的感覺經驗，也相信自己的感官。沒有人會想要出賣自己，但是他們已經出賣自己了。當他們獨立地決定任何事情，他們就會相信。

「我知道那是真的，我用我自己的眼睛看見了。」這是天真最好的表現方式，魔術師也充分利用它的缺點。

建立態度

我記得許多年以前在加拿大，當我在一個嘉年華會工作時，一個我們只知道名叫「傑克」的傢伙傳授給我欺騙的一些微妙之處，直到今天我仍常常使用。一天晚上因雨取消表演時，我看著他與其他遊藝團的團員玩牌。他不斷地捏鼻子，很仔細地利用他的手來「玩牌」，那天晚上結束時，他領先其他的人。玩完牌後，在一個宵夜的場合，我跟他說他玩了很久的鼻子，他向我吐露秘密說，這個姿勢是有理由的。「鼻油，」他說：「我敢說，好的老鼻油增加許多老千很多的資金。」他解

釋說，為了暗中確定自己喜歡的牌，他使用所謂「塗鴉」的技法。這種技法也可以用一些上色的材料（唇膏或是眼影），或者任何可以在紙牌背後的邊緣上色然後再消除的材料。傑克使用的是鼻油。

鼻子的油脂腺分泌鼻油。可以利用大拇指將鼻油塗到紙牌背後，然後利用一些光源來觀察油的反光。傑克已經讓自己坐到一個比較方便的地方，所以他可以很方便地利用光源看到紙牌上面的反光。

但是傑克顯然捏他的鼻子超過需要的程度，每次看他的牌時，他都會捏一下鼻子。我問他這樣子是否是不正常。「建立你的手勢，」他告訴我：「讓笨蛋接受你的小小態度，他們可能會認為你是古怪的，但是他們一下子就會忽視了。當你想要耍一些小花招時，他們甚至不會注意到。」

魔術師利用這種技法，他建立一些手勢與態度可以（或者不可以）讓他在整套表演的某個時刻發揮出功用。一直把手放在口袋、抓住背心的一角，或是偶爾將雙手放在桌上，這些都是這種技法的過程之一。即便像是注視一個舞台外一群想像中的人，好像跟他們分享一個私人的笑話，都具有相同的效果。

我們一個童年時期的好友，勞森（T. K. Lawson），有一次用一種很難忘的方式對我展示這種方法。在一個為小朋友辦的聖誕節聚會上，我當他的幕後助理。我們都很討厭的事發生了，他發現有個舞台上的支架缺少一個對魔術表現很重要的大木頭。所以我站在舞台邊緣，扶住那個支架。勞森停下來，看起來有點顫抖，宣稱他好像看到了聖誕老人在演藝廳的後面。每次他稍微轉一下頭，我們彼此都知道下個動作是什麼。勞森繼續下一個魔術表演，當他的觀眾為他鼓掌時，他瞄一下我、點一下頭，然後指一下演藝廳的後面，並且大喊：「他在那邊，小朋友，聖誕老人。」當他的頭再轉一次時，我用木頭做了一個投手柯法斯（Sandy Koufax）投球的動作，勞森做了一個班區（Johnny Bench）投球的動作，然後熟練地將東西放到正確的位置，表演繼續進行。

千萬不要眨眼

最近我在紐約市一家魔術商店看到一個年輕魔術師的即席紙牌表演。這個表演，雖然不是沒有缺點，但是相當有前途。但是我被他的「抽動」嚇到，當他每次要揭露事實時。看起來好像是如果他看不到那個「動作」，別人也看不到。鴕鳥！要記住。

這種情形在新進的魔術師身上很常見。他們藉由眨眼或是閉眼，來把實際的動作弄模糊。即使是最有名的紙牌魔術師與賭博專家史卡恩（John Scarne），在他晚年也有一個「眨眼」，包括一個短暫的嗅聞的動作，然後進行第二次發牌或是更換最上面的牌（實際情形請自行想像）。這是很難避免的。

像伯頓（Lance Burton），今天最有名的、技藝最高超的表演者。從我的觀點，當他在拉出活生生的鴿子、點燃蠟燭與玩紙牌時，都散發出迷人的氣息。連一個眨眼也沒有，當他展現一系列熟練與高技巧的動作時，這是你以前所沒有看過的。雖然整個表演就在眼前，那種熟練的程度是你找不到字眼可以形容的。

表演這件事的底線是：要很酷。任何不尋常的動作或是觀眾沒有期待的變異，都會把你的底細洩露出來。

讓它適合，即便它不適合

我有一個很喜歡的紙牌魔術，這個魔術讓觀眾自己玩整付牌、洗牌、發牌，最後出現一個令人意料之外的結果。給觀眾的印象是所發生的事情是根本不可能的，因為他所回憶的整個事件基本上是不存在的，整個都是經由樣式翻新的。

這是一種錯誤地重新建構事件的藝術，讓你的觀眾會去說服自己你

的解釋是正確的。「警察靈媒」（police psychics）是應用這種技巧的高手，這些人是警察請來要幫忙破案的。他們的技巧是提供大量不特定的資料，然後讓案件自行發展，再回到這些資料，然後說「喔！就是這個」，不管當初這些資料有多麼不顯著。所有的注意力都會集中到這些少數成功的例子，其他一大堆不成功的例子就被忽視掉了。律師也不會完全忽視這個技巧，他們也常常使用。我當了很久的專家證人，在法庭上看到一些很成功的應用。

讓受害者自己找到證明

這個方法回應前面提及的第一個方法，但是比較進步且只能讓很有經驗的人使用。新手常會問我一個問題：「如果我被觀眾抓住手時，該怎麼辦？」或者是「如何處理那些擾亂的人？」這些問題並不容易回答。當你有權威性時，這些問題也不應該發生或是不會發生。這是表演者必須負責的部分。這個「權威性的」問題，從我的觀點，是為什麼女性魔術師占的比例很少（直到最近）的理由之一。

所以如果你有足夠的權威性，你可以很成功地用一些我曾經用過的小花招：讓觀眾自己去發現如何證明你的技巧，直到你離開表演現場後。底下的例子會說明我的看法。

當我還是青少年的時候，我發明一種方法可以確認一張牌從整付牌中被抽出來的方法：只要去檢驗其他的五十一張牌。很簡單就可以做到。我把每張牌加上一個數值，譬如么點（aces）當作是一，人頭牌（court cards）（包括傑克Jack，皇后Queen與國王King）分別是十一、十二與十三，所以總合是三百六十四。現在如果你看完整付牌，然後得到的總數是三百六十二，你就知道被拿開的牌是二，對吧？加總是很累的一件事，所以我只加到五十，然後就從頭開始，加到七次五十之後，我就用剩下的十四來減掉看到的牌，最後的數字就是被抽掉的牌。簡單

吧！

　　但是如何確認花色還是一個謎。所以我的看法是我討厭作弄自己，喜歡很快地檢驗，如果我對的話。我很快地檢視整付牌，檢查我認為的那個花色，只要我只看到三張牌，就知道被抽掉的牌是哪一種花色。

　　這就是我們稱「可以」的魔術，而不是那種會得獎的魔術。觀眾會相信也許我在看牌的時候把整付牌都記住了，因此當他聽到我知道哪一張牌不見了，印象會相當深刻。但是還是需要一個使觀眾「確信」的動作，用來強調我的聰明。使用的技巧就是底下我們會討論的。

　　當我看完整付牌後，我會表現出很困惑的樣子，然後問觀眾：「你是不是拿走兩張牌？因為有兩張牌不見了。」觀眾會跟我確認只有拿走一張牌，我會再說我確定有兩張牌被拿走了。一張是他選的，然後底下是有趣的部分，我稍微離開一下然後等一通電話告訴我，另一張牌已經在椅子上或者報紙底下被發現了，其實這是我事先放的。我只要把那張牌加上去就可以，這個令人震驚的能力讓觀眾更加確信我的高超技藝。

融入背景

　　這個技巧跟魔術的關係不大，除非在非常特別的場合，我在許多許多年前從一個英國的記者朋友那邊學會這個技巧。我這位朋友擅長在謀殺案的現場掩蓋自己的存在，他有一些方法可以在其他新聞同業經過時待在現場。他的穿著非常單調，看起來就像是很沒有趣味的人，他發展出一個技巧可以待在現場，直到嫌犯或是其他官員到達時。其中一個技巧與測量有關。他帶著一個寫字板跟捲尺。他會開始非常詳細地測量消防栓、路面、樓梯、腳步跟房子的正面等等，然後煞費苦心地記錄這些結果。他的眼睛老是需要清洗，常常有石頭跑到他的鞋子裡面，老是在擤鼻涕、咳嗽發作，讓他的樣子看起來更像。常常他會「不小心」在拿手帕的時候掉出一大堆銅板，所以必須蹲下來慢慢地撿拾。指揮的警官

有時候還得幫忙這個笨手笨腳的人，因此有時會有換班的人問起他。「你去告發啊！」與「你不要說！」常會讓有罪惡感的警官透露多一點訊息，這一招常常是管用的。

幾年前，身為一個逃脫藝術家，我很需要讓自己先被關在牢裡，然後再嘗試逃脫。我發現小鎮一個晚上值班的警官，很喜歡有些東西可以注意。我曾經不只一次凌晨一點經過警局，表面上是問路，事實上是在觀察裡面的情形。看看周圍的物品，我會問一下自己很喜歡的新舊建築的歷史還有警官本人的歷史。我還會跟警官講我喜歡老舊的鎖，我堅稱在這個地方應該還看過一些老舊的鎖，可能是一付手銬之類的。在加拿大新詩科細亞省（Nova Scotia）的一個小鎮，一位老警官不僅帶我逛了一圈臨時拘留所，並且跟我展示他蒐集多年的一整個抽屜的腳鐐跟掛鎖。這樣子你就一點也不會驚訝，兩天後我帶上手銬腳鐐，然後表演了轟動一時的監獄逃脫。我的資助人是當地一家俱樂部，為了一些好表演籌措了相當多的錢，我也因為這次的表演得到許多錢。因為那位警官值晚班，在不知情的狀況下提供了這樣有用的資訊，他也許永遠不會知道他幫了多大的忙。為了降低他可能有的罪惡感，我確定他收到了一瓶來自加拿大釀酒廠很好的酒，當作是驚喜的禮物。

好了，你已經有了六個「專業騙子」的技巧。我要再一次的提醒你，這些知識並不會立刻讓你有能力看穿魔術師的秘密，只是可以讓你稍微看出一點點端倪。記住精靈歐茲（Wizard of Oz）告訴桃樂西跟她朋友的話：「不要注意窗簾後面的人。」

我已經警告你了喔！

15

所有的秘密都在腦子裡：通靈騙術的欺騙機制

波利多羅

（Massimo Polidoro）

　　媒體在介紹宣稱具有異常通靈能力的人時，常常提到這樣的情形，他們可以知道別人心裡的想法，藉由思想移動物品，用手指閱讀報紙，讓身體漂浮或是其他令人驚異的能力。在這些例子中，通靈能力常常伴隨一些科學的證實，意思是說一個或更多的科學家曾經在科學化的情境下觀察過，然後認為這些人的能力是真的。

　　當我們去檢驗過去一百三十年來通靈研究的歷史時，就會發現一個問題：有個驚人的事實浮現。事實上，有數不盡的例子是科學家（即便是很有名的）曾經被一些聰明的魔術師所欺騙（Houdini, 1926; Mulholland, 1979; Randi, 1975, 1982; Gardner, 1981; Brandon, 1984; Hall, 1984a, b; Polidoro, 1995; Polidoro, 1998）。接下來一個很明顯的問題是：科學家是不是總是通靈研究最適合的人選？

　　他們顯然是，但是他們不應該在這個領域獨自工作，特別是當面對一些顯然天生具有一些特殊能力的人時。就像嘉德納（Gardner, 1981, p. 92）很清楚地指出：「科學家是世界上最容易被愚弄的人，想了解為何如此並不難，他們的實驗室儀器就是它看起來的樣子，這些儀器沒有隱藏的鏡子、秘密的部分或是隱藏的磁鐵。如果助理將化學品A放在燒杯中，他不會偷偷用化學品B來替換。一個科學家的思考是理性的，根據他一生生活在理性世界的經驗。但是魔術的方法是不理性的，且完全超出科學家的經驗之外。」

　　根據這個理由，參與檢驗通靈現象的科學家必須尋求其他技術領域專家，跟欺騙行為心理學專家的意見，因為這些專家通常都是夠資格的魔術師。

　　本章的目的在於幫助讀者進一步了解，許多假通靈者用來說服觀眾他們真的具有某些通靈能力的策略與技巧。

　　一開始，我們會先報導一個假想靈媒史奈樂（Turi Sneller）通靈的故事，雖然史奈樂實際上不存在，不過我們用來說明的故事內容，都是根據現實情況中很相似的情節——有時候這些情節都是逐字逐句被記錄

下來的，這個練習可以讓我們解開其中的描述，也可以用來幫助了解在這些「實驗」中常常發生的情節。

通靈的情境

　　史奈樂是個二十八歲的義大利人，幾年前很成功地表現他的心電感應跟心靈動力方面的能力。他看起來具有一些特別的能力：隔空移動物品、彎曲湯匙跟釘子、閱讀信封裡的紙條、使自己的身體消失等等。

　　在義大利帕菲亞一個科學家團體的實驗情境中，史奈樂示範了他的能力。在說明他很累，所以有些能力表現不出來之後，他解釋他的能力可以表現到多好的程度，是根據觀眾心中的態度而定。他說，如果觀眾是跟他在一起的，所有的能力都可以表現出來，否則，沒有任何能力可以表現出來。

　　史奈樂宣稱，他第一次注意到這種奇怪的能力，是在小時候一次嚴重的電擊之後，事件過後他保持住這種能力，但是仍然持續不斷地練習，直到最後他決定以此為謀生的工具。沒有意外地，他吸引了心靈學家的注意力，他們很有興趣研究他的奇異能力。

　　史奈樂要求拿來一些金屬物品，像是鑰匙、餐具、筆之類。他把這些東西都放在一個托盤裡面，一個一個拿起來，然後選了一支鑰匙。他把鑰匙放在手掌中，然後很努力地集中注意力。幾分鐘後，他打開手掌，但是沒有任何事情發生。實驗者還是給他鼓勵，並且允許他可以嘗試其他實驗。他要求其中一個研究者在紙上隨便畫個圖，他則轉過身去。他也要求其他在場的人看那個圖並集中注意力，但是不要小聲說出看到的東西。

　　當圖畫好了之後，他要求把這張圖翻面，然後他把身體轉回來。他閉上眼睛，然後在他的紙上畫出一個簡單的幾何形狀的房子。畫圖的研究者把圖翻回來，上面也畫著一間簡單的房子。史奈樂對這次表演的成

功相當興奮，研究者也感到相當訝異。

一個新的心電感應實驗接著進行。史奈樂拿到一張事先畫好、彌封在信封內的圖，他可以猜得出裡面的內容嗎？他畫了一個簡單的太陽，但是隨即取消這次的測試，因為他注意到可以從信封外看到裡面的圖畫。然而他的誠實真是令人讚賞。

另一項測試是尋找放在四周的紙牌，他要求某個人洗牌，因為他說他不擅長做這件事。接著他要求另一個實驗者將牌分成兩疊：紅色跟黑色的，但是不去看（譯註：亦即憑自己的直覺，不看牌面，將紙牌分的紅的跟黑的兩疊）。一會兒後，他站了起來，好像感覺到什麼事情。他轉到有金屬物品的托盤那邊，然後看看鑰匙是否有什麼變化，但是什麼事也沒有發生。

這個紙牌實驗重新進行一遍。紙牌重新分成兩疊，向下放置。可是紙牌轉過來的時候，可以清楚地看到它們幾乎很完美地被分成紅的跟黑的兩疊。史奈樂恭喜這位將紙牌分成兩疊的研究員，因為他感覺到了，這位研究員必定也有很強的心電感應能力。

接著他再看一次托盤，並且顯得很訝異。幾支鑰匙跟湯匙被彎曲了。史奈樂解釋說有些連他也沒有注意到的事情發生了。他說，也許有某種「能量」從前面成功的紙牌實驗中釋放出來，以某種方式影響了鑰匙。至於這種力量的本質，他沒有辦法確切說明，但是可以感覺到來自「外面」的「某些外在的智力」。

然後他嘗試想彎曲湯匙，但是沒有成功。他說，這顯示他做的事不是一件魔術，因為魔術總是成功的。他要求把一些金屬物品跟湯匙放在一起，然後再一次嘗試，這一次湯匙向上彎曲。他接著拿來一支叉子將它鎔成兩塊。這些實驗者對所看到的景象感到相當訝異。

史奈樂重複強調他的能力是真的，並且要求在場的人士檢查他的身體，以免有人懷疑他藏了一些儀器來讓金屬彎曲。在他離開前，最後一個現象發生了。一個聲響突然出現，一個小玩具掉到地板上面，顯然不

曉得是從哪個地方出現的。一個研究者認出這是他的小孩子很久以前遺失的玩具。

幕後

　　已經有許多人嘗試去描述這些騙子用來說服實驗者他們的確有通靈能力的心理策略（Fuller, 1975, 1980; Randi, 1975, 1982b; Marks and Kamman, 1980; Harris, 1985; Wiseman, 1994）。本章嘗試將這些內容做個整理，如果可能的話，將這些先前的嘗試整理成一個各種心理策略的表格。至少有二十六種心理策略，分成五種主要的過程：⑴如何變成可相信的；⑵如何限制跟阻撓控制；⑶如何表現出似真實的奇蹟；⑷如果有些事情出錯了，該如何做；⑸如何扭曲記憶。

如何變成可以相信的

通靈者創造一個可相信的宣稱

　　為了避免引起觀眾太多的質疑，通靈者通常會創造出一個宣稱，雖然是異常的，但對那些準備要相信的人而言可以認為這是真的。譬如，在心電感應的測試中，當通靈者猜測藏起來的卡片時，如果通靈者猜中的數目稍微高於機率，就會被認為是成功了。因此，假的通靈者找到藉由正常工具得到資訊的方法，就會決定只猜對高於機率的數目，而不是全部都猜對。在前面的例子中，史奈樂要一個研究者將紙牌分成兩疊，這是一個標準的魔術技巧，讓表演者以外的人可以將紙牌分成紅跟黑的兩疊，而不曉得表演者是如何達成的。然而為了讓觀眾相信這是一個通靈的表演，史奈樂必須讓整個表演稍微糟一點，讓這兩疊紙牌中出了一些差錯。

力量來自通靈者以外的地方

通常通靈者會宣稱他們擁有的力量，來自一些超自然力量的賜予，並不是他們可以控制的。通靈者通常會說這是一些精靈在引導他們，並且暗示他們理想的表現情境（也就是在一個暗室裡面）。星相學家迪克生（Jean Dixon）宣稱她的先知來自於上帝；自封為通靈者的蓋勒（Uri Geller）說他的力量來自一個叫做「光譜」（spectra）的飛行碟子。利用這種方式，像史奈樂這樣的騙子，可以讓他們的測試情境看起來不像人工化的：「祂們希望如此」（They want it so），他們這樣解釋。這樣也可讓先知做出各種狂野的預言，而不用太擔心預言是否正確。像藍迪（Randi, 1990, p. 35）所指出的，星相學家的「規則」之一就如同「把成功的預言歸因於上帝，如果預言錯了，就責備你錯誤解釋了上帝神聖的訊息。像這種方式，誹謗占星學的人必須跟上帝戰鬥才可。」

通靈者看起謹慎與謙虛

他的聲音聽起來很誠懇，他經常道歉「如果沒成功」。這種情形毫無意外地讓觀眾希望通靈者能夠成功。就像在史奈樂的例子中，一個實驗者會覺得很有動機去幫助他，並且不慎忽略其中一個控制或另一個。

通靈者假裝為自己的能力感到驚訝

這是讓整個表演具有信賴性的最好方法。在測試的一開始，通靈者看起來對測試的成功與否並不確定。他會像史奈樂一樣，宣稱他很累，這是第二個策略的直接結果。因為他的能力來自自身以外的力量，通靈者不曉得是不是每次都會成功。可是，當實驗成功時，很明顯的反應就是被結果所嚇到跟震懾。

與先前報導現象的一致性會被當作其真實性的強烈證據

在唯心論的全盛時期，常常發現的情形就是，被具體物質化的形象被發現是由同一個巫師或是其同謀所假扮的。但是唯心論者不把這些當成一些具體化的伎倆，反而在每一次這些人被揭發時，都把這些事當成是現象真實性的另一個證明。「因為它總是會發生，」唯心論者理解的方式是，「一定有個理由才會如此。」根據這個就產生一個理論，當一個精靈想要物質化時，「它需要從物質世界借到一個有機的物質，因此從這些巫師借」（Holms, 1969）。

通靈者會產生一個大家想要相信的宣稱

通靈者會利用人們物質跟情緒上的需要。舉例來說，就像衛斯曼（Wiseman, 1994）所指出，為什麼一個假通靈者會宣稱具有治療的能力，希望病患可以從疾病中痊癒，然後相信他的能力。同樣地，巫師會藉由承諾可以用某種方式跟死去的朋友或親人聯絡，來利用剛喪失朋友或親人的人需要被安慰的需求。

參與者也被認為具有超能力

另一種可以讓參與者涉入，讓他們對通靈感到很有動機的強烈方式是宣稱他們也有超能力。藉由一個表演讓參與者看起來像是與結果有關，就可以達到這個目的。而事實上，這是由控制遊戲的人所表現出來的。一個義大利的通靈者羅（Gustavo A. Rol）常常用一個紙牌的表演，讓觀眾看起來有能力在不看牌的情況下，將紙牌分成紅的跟黑的兩疊（就像前述史奈樂的表演一樣）。這是一個經典的魔術之一。這是魔術師裘利（Paul Curry）所發明的，稱之為「離開這個世界」（out of this world），表演者只要很自然地碰到紙牌就可以讓表演成功。看到這個表演的人會無可避免地被說服他們具有一些能力可以掌控這些紙牌，得到

令人驚異的結果。藍迪（Randi, 1982b, p. 196）的看法是：「記住人們此時會較平常更易於動感情與鬆弛，如果失敗了也可以用同樣的理由來責備他們。」

如何限制跟阻撓控制

不事先說明表演的結果

這是魔術師最古老的規則之一：千萬不要事先說你接下來要做什麼。這個規則在假裝通靈有多麼有用時是很清楚的。如果觀眾不曉得接下來會發生什麼，就不曉得該去尋找什麼。所以直到整個表演結束之前，觀眾就不可能去控制或是了解可以達到結果的可能作法。當表演結束後，通常這類的嘗試都已經太晚了。

轉換原先的目標，讓觀眾接受新的目標

當實驗者知道通靈者想要做哪種表演時，通靈者還是可以轉換成與原先稍微有一點不同的表演，以逃脫實驗者的控制。譬如，一個實驗者可能會要求通靈者利用他的能力將湯匙弄斷（這是稍後會知道的事實），然後交給他一個檢驗過的湯匙。然而，靈媒會把湯匙弄彎，而不是弄斷。這種目標的轉換可以被實驗者接受，因為現象非常相似。但是想要弄斷湯匙，需要一種特別處理過的湯匙，而將湯匙弄彎只需要特別的操弄技巧，這種技巧是可以立刻完成的。

通靈者創造混沌

這是一個金科玉律，讓通靈者可以從觀眾要求的測試中將注意力轉移開。通靈者會開始實驗，然後停下來，因為他沒有辦法有足夠的「集中」。接著他開始另一個表演，然後停下來「再充電」，然後講一大堆話，然後回到原來的一個表演，諸如此類。在史奈樂的故事裡面，這種

花招是很明顯的。通靈者開始一個紙牌的實驗，然後沒有什麼理由地站了起來，然後檢查托盤裡面的餐具：什麼事也沒發生。然後他再回到紙牌的實驗，接著就發現托盤裡面的湯匙已經彎曲了。利用動作或暗示來放鬆對原先企圖動作的觀察，然後通靈者可以轉移觀眾的注意力。用這種方式，通靈者可以表現出整個表演裡面所謂的「卑鄙勾當」（dirty work）（就是一些騙局），當觀眾的注意力都集中到其他事實的時候。另一個極端是，也是為了干擾觀眾的注意力，通靈者使用一個策略叫做「單調」（Frizkee, 1945）。簡單地說，就是在正式的魔術之前有很長的時間是進行一些其他不重要的事情，因此降低觀眾的警覺性。

通靈者會在不適合的時間利用控制性

在實驗開始之前很久的時間，通靈者常常可以準備做假表演的一些詭計。譬如，他可能會被邀請到一個電視節目，他知道要表演畫出信封裡面的圖畫。利用早一點到電視台，他可能可以接近那個信封（即使只有幾分鐘），並且利用魔術師常用的一些技術去了解裡面的內容。在這個例子中，即便在節目開始前，通靈者已經知道信封裡面的圖畫是什麼。當節目正式開始時，他只要演出一個不確定的魔術師，嘗試要去猜測圖畫內容；當信封打開，兩個圖畫內容有所關聯時，表現出很驚訝的樣子。在史奈樂的故事裡，玩具的出現也可以利用相同的方式。譬如，通靈者可以是由實驗室裡面一個成員用自己的車子接到實驗室的。在這個例子中，通靈者只要找一下車內的椅子底下，常常便可以找到一些丟掉的東西，像是耳環或是玩具。只要接送過後一段較長的時間，當人們分心時，通靈者（或是他的同謀）便可以把東西丟到空中，然後說它是「隔空取物」（apport，譯註：原義是從虛空中取得物品，就如同前陣子大陸人士張穎事件中所指稱的隔空取物），東西便可以很神奇地出現在通靈者的手中（Fuller, 1980）。

通靈者利用無效或是可移開的控制

在一九七〇年代，當蓋勒變得有名時，有許多模仿者，特別是小孩子，宣稱他們也可以利用心智的力量把金屬物品弄彎。在這些例子中，心靈學家常用的測試就是在試管裡面放一根金屬物品，試管通常用軟木塞蓋起來（但是沒有完全封住）。小孩子常常可以利用實驗者分心的時候把軟木塞拿開，弄彎金屬然後再蓋上塞子：只要幾秒鐘的時間。這裡應該要注意的一點是，沒有人可以將封好在試管內的任何金屬物品弄彎。

被測試的對象可以建議測試與測試的情境

利用建議測試的情境，通靈者可以把限制調整到他可以操作的程度內。在一八七〇年代，有名的巫師宏姆（Daniel Douglas Home）因為一些引人注目的事蹟變得家喻戶曉，也因為他宣稱從來沒有被抓到他欺騙（相對於他的同事）。這一點並不會令我們感到訝異，一旦我們知道宏姆在哪種狀態下表現他的能力。他不會讓自己處在任何局限或是控制之下（雖然有時候他讓觀眾以為他受到限制），相反地，都是他決定測試的情境。他可以選擇降神會的參與者，也可以驅逐那些他感覺懷疑他的人，他決定什麼該發生，在那種情況下，當然，他會用精靈要他如此做來辯解整個發生的事實（Hall, 1984a; Polidoro, 1995）。

如何表現出似真實的奇蹟

通靈者看起來沒有能力欺騙

為了讓觀眾覺得通靈者是表現出真的奇蹟，他首先必須說服觀眾他不能，最重要的是，也不想去欺騙。一些心靈學的專家被說服而相信。這些假的通靈者具有某種這種角色的體型（physique du role）。根據這

些專家的想法，一個假通靈者應該是：成人、極端聰明，有良好的教育程度。如果他們沒有滿足這些條件，那麼應該是真的。在出現過的無數例子中，小孩子、鄉下人、沒有受教育的人被認為具有真的通靈能力，只因為他們被認為不具有能力去欺騙有教養的人。像通靈的歷史所顯示的，事實是相當不同的。這可以讓讀者想起整個唯心論運動（spiritual-ism movement）是由兩個小女孩瑪格莉特與凱特‧福斯（Margaret and Kate Fox）所發起的，她們扳動腳趾，創造出很快就被歸因為精靈的聲音。短短四十年後，當唯心論大為盛行時，這對福斯姊妹說明當年的騙局，就像我們所預期的，很少人願意承認他們曾經被這種簡單的詭計所欺騙（Brandon, 1983; Polidoro, 1995）。

通靈者無法通過是否具有必須技巧的測試

藍迪（Randi, 1982b, p. 37）提供一個像這樣很清楚的例子，「在法國，吉拉得（Jean-Pierre Girard）最近接受他的老師克魯薩（Charles Crussard）的測試，看看他是否能夠用手將金屬物品弄彎，原先他似乎可以用心靈力量將金屬物品弄彎。克魯薩報告出的結果是，不管吉拉得如何努力，都沒有辦法弄彎。」吉拉得的失敗可以證明他對克魯薩是誠實的。附帶一提的是，稍後吉拉得被證實是個騙子。

通靈者看起來沒有動機去欺騙

一些心靈學家共有的信仰是，一個人會決定要變成一個假的通靈者，是因為他追求金錢或是名聲，沒有其他的動機被認為是足夠的。因此，如果一個通靈者不求利，也不求名，這個事實可以當成他具有真實能力的證明。在義大利，已經很有名的羅從不為他的表演要求收費，也不要求在媒體上曝光。事實是，他已經非常有錢，而且因為他的表演變得非常有權力，幾乎是藝術家、知識份子跟科學家瘋狂崇拜的對象，譬如說費里尼（Federico Fellini）據說是他最好的朋友之一，因此看起來他

似乎沒有足夠的動機去欺騙義大利的心靈學專家。

通靈者利用熟悉的物品

就像史奈樂故事中的情節，使用每天常見的物品，有時候跟觀眾借物品可以大大地提高該效果的影響：首先，因為是日常生活的物品，很輕易地能說服觀眾這是真實的，如果是跟觀眾借的，效果更好；第二，因為觀眾可以認出這是日常生活的用品，因此會自動假設這物品不會是作假的。就像哈利斯（Harris, 1985, p. 11）所說的：「許多魔術師都會用有秘密裝置的器材來達成某些效果，因為這些器材看起來有很自然的外表，大部分的觀眾每天都會碰到，我們不會懷疑其中有些秘密裝置。為了更進一步增加心理的細微差別，所有的魔術師必須去做的就是，從隱身到觀眾中的同謀借到他的器材。」

通靈者使用簡單的方法

通靈者永遠不會被抓到欺騙的方式就是避免使用秘密裝置。相反地，利用簡單的方法會比較好，如果只利用一些心理上的欺騙會更好。根據這個理由，被抓到在衣服內偷藏包乳酪紗布（通常用來假裝外皮）的巫師，很難去為自己辯解。而心理的巫師，利用像是令人戰慄的讀心術（cold reading，譯註：原義指的是操弄者具有一些專業的技巧，可以使他人照他的意思表現出某些行為，或是以某些方式表現出一些行為，抑或是可以完全了解他人心中的想法）之類的心理技巧（Hyman, 1977，譯註：這個參考文獻就是Hyman寫的一本書，專門討論cold reading的種種），在避免被抓包的表現上就更好了。一些通靈者常常使用的有名技巧是去說服觀眾他們可以閱讀別人的心智，依賴的就是這種心理欺騙的方法。通靈者會要求觀眾想一個簡單的幾何圖形，然後想一下第二個幾何圖形（在第一個圖形內的）。接著他畫出從觀眾那邊「接收」到的圖形，大部分的時候，他是正確的。這個技巧所依賴的事實是，給這樣的指導語，大部分的時候，人們會想

一個在三角形裡面的圓圈，或者是反過來的。

通靈者從不會使用相同的方法來製造相同的現象

這是魔術師的老式詭計：「千萬不要用相同的技巧，如果要這樣的話，用不同的方法。」理由是當某人第一次看的時候，他不曉得該注意什麼，所以很容易被騙了。但是如果這個魔術表演第二次，這個優勢就消失了。這種情形的唯一解決之道就是，使用不同的方法來達成相同的結果。譬如，人們通常都不曉得有許多種方法可以移動桌子或是弄彎湯匙，而每一種方法都適合某一些情境。

偉大的假通靈者是即席表演者

這句話的意思是，一個真正的假通靈者在幾乎任何情況下都可以產生某種現象。所需要的就是快速的思考、對技巧與欺騙的心理學有良好的知識。有時候，只要有快速的思考就足夠了。在一個早期對心電感應的測試中，假通靈者史密斯（G. A. Smith）在一八八二年，與他的同謀布萊克伯恩（Douglas Blackburn），有辦法愚弄心靈研究協會（Society for Psychical Research）的一些研究人員。在他後來的告白中，布萊克伯恩（1911）說明他們必須很快地思考，常常發明新的方法在心電感應中作假。譬如，有一次史密斯被毯子包住，以避免跟布萊克伯恩交換訊息。史密斯必須猜測那幅圖是對的，布萊克伯恩偷偷把圖畫在一張捲煙紙上面。當史密斯宣布「我感應到了」，並且同時把他的右手伸到毯子下面。這個時候，布萊克伯恩早就準備好了，當史密斯要求一支鉛筆時，他拿出一支鉛筆給他，並且用鉛筆上面的黃銅片把捲煙紙傳給史密斯。在毯子底下，史密斯偷藏的可發光的畫板，在很暗的狀況下還是可以看清楚捲煙紙上的圖案。史密斯需要做的就是畫一個一樣的圖。

關於偵測作假，魔術師胡迪尼指出（1924, p. 245）：「很明顯地不可能偵測與重複假通靈者可以做到的所有事實，因為他們不會對不禮貌

感到不安，也不會合宜地達成他們的目標……同樣地，許多效果也都是在衝動的、不持續的，在某些時刻中完成的，受到一些環境的啟發或是促進，他們自己也沒有辦法重複。」

如果有些事情出錯了，該如何做

失敗是超能力真實性的證明

一些心靈學的研究者有一個普遍的信念是：「如果它是一個魔術，就應該每次都會成功。」因為這個錯誤的信仰，一位假通靈者不但在表演沒有成功時用這個當理由，也用沒有表演成功這件事來證明他有真實的通靈能力。事實上，他所表演的現象已經被認為是偶爾會發生的，因此無法讓這個現象要發生就發生。一個假通靈者因此就比直接的魔術師更有優勢，因為後者必須每次都讓「奇蹟」發生，以免被噓下台。相反地，後者在觀眾很挑剔跟情況不是很理想的狀態下還是可以過關。

懷疑產生「負向振動」

當有持懷疑態度的觀眾坐在附近時，通靈者會表現得不太好（請看圖15.1）。這件事的結果就是，除非這個懷疑者可以被驅逐，不然現象就會被抑制。因此那些觀看表演但是不會被扭曲信仰的人會被驅逐。就像常常看到的（Jones and Russell, 1980; Wiseman and Morris, 1995），相信的人常常會扭曲這些通靈表演的記憶，而懷疑的人則會傾向正確地記住表演的內容，即便表演看起來支持超能力的存在。

任何被抓到的詭計都可以說是通靈者想要取悅的意圖

有個歷史上最偉大的靈媒帕拉迪諾（Eusapia Palladino）也可能是最常被抓到作假的（Polidoro and Rinaldi, 1998）。然而，她的實驗者很快就替她解釋，她是不由自主的，且主要要怪觀眾沒有阻止她如此做。當

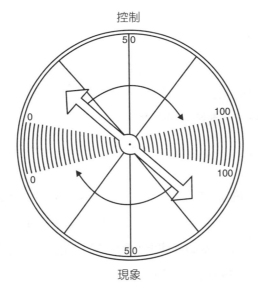

控制

50

0

100

100

0

50

現象

圖 15.1 控制計，這個圖顯示心靈學研究一個很顯著的層面。當控制降低到零時，現象就會增加到一百，反之，當控制增加到一百時，現象就會降低到零（Angela, 1978）。

然這是假通靈一個很有力的工具。換句話說，它意味著作假被抓到不是他／她的錯，因為他或她被強迫要去欺騙，去取悅觀眾。一些其他的心靈學研究者，會嘗試要去解釋通靈者的作假，而不是歸罪於通靈的不可靠性，因此拒絕之前對他所做的所有研究，而寧願相信通靈是在「無意識的狀態下」進行。

任何被抓到的詭計可以被認為是能力真實性的證明

有時實驗者會注意到，對靈媒或通靈者的測試中，一些相當可疑的動作可以幫助通靈者以正常的方式達成某些現象。然而，在這些例子中，許多實驗者認為這是該現象真實性的進一步證明。他們單純地解釋說，因為使用的策略太粗糙了、太容易搞錯了（沒有疑問地，這是用來在表演中作假的一步），通靈者一定是不自主就做出來了，因為很容易就被抓到。

如何扭曲記憶

許多研究已經顯示關於通靈表演的目擊者證詞普遍是不可靠的，且常常導致錯誤的結論。有許多因素會影響到目擊者證詞的可靠性（Wiseman, 1996），且假通靈者會利用這一點。

通靈是難以理解的

通靈者的宣稱總是模糊且永遠不會在表演之前很清楚地說明結果。就如同前面所說的，這讓觀眾不可能知道要去觀察什麼，進一步，在表演後也無法精確地記住整個表演進行的過程，特別是如果表演是照著特別設計的混沌方式進行的（請看前文）。

通靈者再次概述的內容常常改變記憶的內容

如果通靈者說鑰匙被弄彎的時候他從未摸到它，觀眾就會記住這一點（Fuller, 1975）。譬如通靈者將鑰匙從一個地方移到另一個地方就會被觀眾完全忘記，因為這個動作被認為是不重要的，而事實上真正的詭計可能是在這個時候發生。同樣地，通靈者可能會重複同一種表演很多次，但是每次都用不同的方法。岱雅可尼斯（Diaconis, 1985, p. 572）在解釋「一束棒子現象」（bundle of sticks phenomenon）時指出：「一個表演的微弱特徵會被排除，因為它們在其他的表演裡面沒有出現。一束棒子強過任何單一的棒子。」

結論

回顧假通靈者使用來模擬真實超能力的各種策略後，你可能會比較能夠對抗通靈方面的作假。然而，你不應該認為從此就不會被騙，因為這是不可能的，即便是通靈欺騙方面的專家也沒有辦法不被欺騙。然

而，你可以做的是有效地利用這些知識去檢驗通靈表演的神秘故事。一開始，你可以再閱讀一次前面史奈樂的故事，看看你是否可以了解他使用的方法。之後你可以將你的注意力轉到實際發生過宣稱通靈的事實：這種東西可以用不同的角度來看，許多前面忽略的細節會重新擁有一些意義。

致謝

作者感謝葛拉史耐力（Luigi Garlaschelli）博士親切的幫忙與協助。

16

「倒退走」的最新發展

理夫海德（Katharine M. Leafhead）

柯波曼（Michael D. Kopelman）

序論

「我不同意你的看法，但我會誓死保衛你表達的權利。」（I disapprove of what you say, but I will defend to the death your right to say it.）伏爾泰的名言常被用來捍衛言論自由。除非他沒有說。這句話是出現在霍爾（Evelyn Beatrice Hall）用泰倫泰爾（S. G. Tallentyre）這個假名寫的一本書《伏爾泰的朋友》（*Friends of Voltaire*）（Tallentyre, 1906）之中，且在公開燒掉Helvétuis的書《心靈》（*De l'Esprit*）後，她總結伏爾泰的整體態度時，所寫下的流傳至今的名言。後人不清楚的是這句話是引用或是轉述伏爾泰的話，因為她說：「『我不同意你的看法，但我會誓死保衛你表達的權利』是他的態度。」我們現在無法區辨伏爾泰是否說過比較通順的版本。我們倒是很清楚在焚書時，他曾經說過「不過是一個煎蛋，有什麼好大驚小怪的」這句話。

錯誤引用並不限於伏爾泰，十九世紀作者靈敏的臨床觀察，像卡葛瑞斯（Capgras）、庫塔（Cotard）、柯沙柯夫（Korsakoff）與克瑞普林（Kraepelin）很普遍都曾經誇張或是濃縮過事實，因此他們描述中的原始臨床現象的豐富程度喪失了，也可能已經被錯誤解釋了。

在這一章中，我們想說明至少有兩個在百年前很有名的臨床學家，已經在各自的研究主題上達到目前可以做到的程度。直到最近，許多他們說過的大部分都已經被遺忘了，但是研究的進展與現代實驗的證據都證實了他們早期的臨床洞見。

庫塔妄想

說著她不再是任何事物，病人乞求她的靜脈可以打開，她的

手臂跟腳被切斷，她的身體打開，這樣子她就沒有任何血液，她的器官都不存在。

（Cotard, 1882, 1974, case 6）

我感覺就像我已經死掉了……我相信我已經死掉了……我不能呼吸……我已經死了。

（Young, Leafhead and Szulecka, 1994）

大約距今超過一百年前，法國精神病學家庫塔（Jules Cotard）發表了幾個病例報告（Cotard, 1882），其中有幾個主要的症狀，他稱之為虛無妄想（nihilistic delusions; le délire de négation）。庫塔注意到這種妄想在個體內與個體間有不同的嚴重程度。從最輕微的程度，主要特徵是自貶與失望感，到最嚴重的形式，完全拒絕自我與外在的世界。因此，某些庫塔的病患開始出現慮病的妄想。譬如，病患「幻想她的喉嚨在收縮，她的心臟被換過」（Cotard, 1882, 1974, p. 364）。還伴隨著也導致其他人受苦的罪惡感。病患會繼續描述各種負面的想法，這是庫塔認為這個疾病的主要症狀。譬如，某些病患可能會想像她將要因為做錯的事情被折磨，會不斷地痛哭，宣稱被咒罵，有些則宣稱身體的某一部分正在腐壞。其中一個病患（Cotard, 1882, case 1）甚至相信她已經死掉了，一種只會在極端病例中看到的特徵。

許多作者都誇大庫塔的描述，只是單單引用身體或身體一部分死掉的妄想（如 Drake, 1988; Campbell, Volow and Cavenar, 1981; Förstl and Beats, 1992; Malone and Malone, 1992）。此外，許多作者通常會使用「症候群」一辭，雖然這是誤導的，主要原因是因為在這些病例中並不是都會描述到這一群的症狀（Young and Leafhead, 1996）。可以用來區分「庫塔症候群」與其他憂鬱症的描述只是一個人死掉的信念。庫塔將虛無妄想視為憂鬱症的一個子類型，可以藉由他所謂焦慮型憂鬱症（an-

xious melancholia）來區分（Cotard, 1882; Hirsch and Shepherd, 1974）。
我們現在知道妄想與許多心理病理異常有關，包括精神分裂症與一些器
質性的異常，如憂鬱症（如Campbell et al., 1981; Joseph, 1986）。雖然
妄想也會出現在憂鬱症以外的疾病上，但是情緒低落（depressed mood）
則是幾乎都會出現的。

　　楊與理夫海德（Young and Leafhead, 1996）分析了十七個以英文呈
現的個案報告。與庫塔（1882）八個原始個案比較後，他們注意到一些
很重要的不同。庫塔發現一半的個案中，病患有虛無妄想的症狀，而在
楊與理夫海德的十七個案例中，都沒有發現拒絕其他人或是環境的情
形。最驚人的事實是，認為自己已經死掉的妄想只出現在庫塔其中一個
病人身上，而楊與理夫海德的十七個病人中就有十三個有這種情形。也
很值得注意的一點事實是，庫塔的病人都出現各種形式的自我否定妄
想，楊與理夫海德的病人中只有五個有此種情形。總而言之，在庫塔八
個「純粹」的病人中都出現自我否定的妄想，但是只有一個相信他是已
經死掉，一半的人出現了一些症狀（例如虛無妄想或是身體的妄想），
而這些症狀在庫塔眼中只是一些伴隨出現的症狀。楊與理夫海德研究中
的十七個例子，病患擁有的症狀產生完全不一樣的型態，其中大約有四
分之三的病患認為他們是死的。很重要須注意的一點是，如果楊與理夫
海德根據一個人以為自己已經死掉，主張庫塔症候群的存在，那麼應該
有許多類似的病例在庫塔的研究中沒有被報告出來，可能在當時被當作
憂鬱的變異形式，而不是一種特定的憂鬱症狀。

　　楊與他的同事推測，庫塔妄想是錯誤解釋異常知覺現象的結果，譬
如事情以奇怪與不平常的方式呈現（Young et al., 1992; Wright et al., 1993;
Young, 1994）。如同凱尼與班拓（Kaney and Bentall, 1989）所指出的，
這種經驗有許多種解釋的方式，解釋的方法會依據一些社會與個人的因
素。關於這一點，比較有關的是庫塔妄想都出現在憂鬱的狀況下。貝克
（Beck, 1967, 1989）認為憂鬱個體的特徵是一組負面的認知，包括對自

己本身、外在的世界與未來負面的看法。這個事情的相關就是，憂鬱的個體傾向將負向結果的事件做內在歸因──「這是我的錯」，而不是外在歸因──「這是其他人的錯」（Kaney and Bentall, 1989; Candido and Romney, 1990）。偉特等人（Wright et al., 1993）從這個理論推測，個體的憂鬱情緒導致他們會由知覺上的異常尋找內在的原因，因此錯誤地得到一個他們一定是死了的結論。也就是說，他們（正確地）知覺到被改變過的知覺經驗是自己身上發生的改變，但是（錯誤地）推論他們是死掉的。楊與他的同事（如 Young, Reid, Wright and Hellawell, 1993）曾經用相同的推理來解釋「卡葛瑞斯妄想」（Capgras delusion），也就是宣稱他們的親戚已經被一些複製人或是冒充的人所取代了（Capgras and Re-boul-Lachaux, 1923）。卡葛瑞斯與庫塔妄想的相同點是，譬如兩種妄想的病人都有知覺上的異常與辨認相似面孔的問題。但是，卡葛瑞斯妄想與迷信的情緒有關，常常伴隨著被迫害妄想。研究已經顯示，有被迫害妄想的人傾向將負面結果歸因於外在，而非內在（Kaney and Bentall, 1989; Candido and Romney, 1990）。因此楊等人（Young et al., 1993）假設，在卡葛瑞斯妄想中，迷信的情緒與被迫害妄想的出現，導致他們將自己知覺的改變錯誤歸因到其他人的改變，因此使得他們去推論這些人一定是冒充的人。

楊與同事所陳述的許多看法中比較驚人的一點是，這些看法也曾經被庫塔直接或意有所指地提出。庫塔（1884）指出某些病人喪失視覺想像的能力，這是一種常常與視覺再認有關的缺損（如 Charcot and Bernard, 1883; Young and van de Wal, 1996），他認為這在妄想的形成是很重要的。因此他推測，妄想是知覺經驗改變後錯誤解釋的結果，而且這些妄想符合邏輯。庫塔（1882, case 4）也指出其中一個病人不僅相信她已經死了，而且相信她的女兒是惡魔所偽裝的。她也不能辨認她的家人，雖然就像庫塔所指出的，這可能是因為她開始不相信他們的存在。然而，這兩種妄想之間的連結是很清楚的，就像前面一些以歸因為基礎的假設

所陳述的。庫塔在報告的末端列出了一個令人印象深刻的表格，說明虛無妄想與被迫害妄想間的對比與相同點。他得到一個結論，有虛無妄想的「病患責備自己」（Le malade s'accuse lui-même），有被迫害妄想的「病患會責備外在的世界」（Le malade s'en prend au monde extérieur）。很有趣的一點是，在超過百年之後，庫塔的洞見最後納入我們對這些妄想的了解。

柯沙柯夫症候群

對柯沙柯夫症候群也有類似的情形（Korsakoff, 1889），在醫學教科書裡面常被描述為「一種很嚴重的短期記憶缺失伴隨虛談症（confabulation）」。事實上這個定義是不正確的，這個症候群根本就不是短期記憶的異常，病患的工作記憶是正常的，有問題的是許多年前的老記憶（Kopelman, 1989; Parkin et al., 1990）。事實上虛談症通常只出現在急性期，很少在長期的病患身上看到。有許多現代的神經心理學研究發現這些病患的短期記憶是完好的（Zangwill, 1946; Baddeley and Warrington, 1970; Kopelman, 1985），但是這一點被柯沙柯夫本人所指出：「首先，在與這些病患的交談中……他或她會給人一個印象是對自己的身體有完整的掌控，對每件事情的理解相當好，也可以從前提中演繹出正確的結論，有很機智的評論，可以玩西洋棋或是紙牌遊戲，從舉止來看是一個心智很健全的人。」換句話說，這些人表現出「完整工作記憶」的所有特徵。

因為桑得士與沃靈頓（Sanders and Warrington, 1971）的研究，許多研究人員開始探討這個症候群的回溯失憶（retrograde amnesia），並且發現可以延伸超過二十年。然而柯沙柯夫本人曾經提到：「不只是對最近事件的記憶喪失了，長遠過去的記憶也喪失，在這些記憶中可能包括超過三十年前的記憶。」柯沙柯夫也預期會有情節記憶與語意記憶的區

分（Tulving, 1972），主張只有在嚴重的病例中，「失憶是更全面性的……對事實的記憶已經完全消失了」。有個流行的關於失憶的理論，是最近由哈波特與皮爾希（Huppert and Piercy, 1976, 1978）首先提出來的，有種特殊的記憶缺失病人，他們沒有辦法回憶出記憶的時間順序或是情境（Mayes, Meudell and Pickering, 1985; Leng and Parkin, 1988; Hirst, 1982; Johnson, Hashtroudi and Lindsay, 1993）。很有趣的是，柯沙柯夫也注意到這種缺失，但是他特別指出這是所謂「虛談症」的基礎。

> 病患在告訴我們過去的一些事情時，會突然搞混一些事件，會將一些某個時期的事情放到另一個時期……在敘述她生病前到芬蘭的一個旅行時，用很詳細的方式描述這次的旅行，將這段旅行與她對克里米亞島的回憶混在一起，結果就變成芬蘭人都吃羊，且那裡的人都是韃靼人。

現代研究證實了所謂的「自發性」虛談症只出現在少數柯沙柯夫症候群的患者身上（Berlyne, 1972; Kopelman, 1987），事實上，它比較可能是額葉病理的結果（如Stuss et al., 1978; Kapur and Coughlan, 1980）。然而，一個最近由史耐得、馮丹尼肯與格博羅（Schnider, von Däniken and Gutbrod, 1996）共同提出的理論，由顳葉情境記憶缺損的角度來解釋自發性虛談症，這個解釋與柯沙柯夫自己的病例一致（Johnson, O'Connor and Cantor, 1997; Kopelman, Ng and Van den Boucke, 1997）。

最後，最近也在爭辯柯沙柯夫症候群是否也會由酒精導致維他命B1缺乏以外的因素所引起，事實上最近的一些病例已經顯示出，至少有一些程度的酗酒，才會有這個症候群（Kopelman, 1995）。然而，柯沙柯夫（Korsakoff, 1889）本人列出了完全沒有接觸酒精的例子，以後見之明的眼光看來，這些例子都有維他命B1缺乏的問題。這些例子中包括長期的嘔吐、產後敗血症（sepsis postpartum）、長期感染與其他長期的疾

病，譬如新生腫瘤、淋巴腺瘤。

　　有時候有人會說柯沙柯夫沒有注意同一時期威尼基（Wernicke）對腦部疾病的重大貢獻，這也許是真的，但是柯沙柯夫注意到出現在病患許多腦部疾病的許多特徵（同時也被威尼基所描述），包括眼肌麻痺、眼球震顫、運動失調與混亂（confusion）。比較要擔心的是這些神經學的症狀以及在臨床上的重要性，現在還是常常在臨床診斷時被忽視。

結論

　　我們前面所說的並不是現代的科學研究沒有比十九世紀將我們的了解帶得更遠，而是與此大大不同的看法。現代神經心理學的研究已經產生更好的臨床觀察，描述許多這兩個異常的特徵，在柯沙柯夫症候群的例子中，現代甚至對它的成因有比較好的醫學了解。被遺忘的是臨床的觀察與詳細描述，像當年由庫塔與柯沙柯夫所做到的。醫學教科書的作者想要把許多主題擠進書的內容裡面，毫無疑問地有時候會是不正確與誤導的。當教科書變得被人尊敬、引用以及當作考試的內容時，小小的錯誤會被放大成大的錯誤（Bartlett, 1932），而且錯誤的引用變成誤解。這種情形在其他例子裡面也發生過。最近也有許多例子，其中的作者參與了發展的重要部分，譬如海伯（Hebb, 1949）參與了現代連結論的重要發展。簡而言之，多去了解某一些看法的文獻永遠是很有價值的——但不是那些很久以前就被說過很多次的那種。

第六部分

媒體觀察

柯茲（Paul Kurtz），超自然現象科學調查委員會主席（Committee for the Scientific Investigation of Claims of the Paranormal, CSICOP），最近組織了一個學術大會，主題是關於「（錯誤）資訊時代的科學」〔Science in the Age of (Mis) information〕，他主張：「人們大多經由媒體了解科學，他們應該從學校得到這些知識，但是並沒有人這樣要求」（Yam, 1997）。如果新聞記者沒有評斷過就接受並呈現這些未經證實的看法，我們可能會信以為真（Randi, 1992）。只要想一下，每天出現在幾個高姿態（high-profile）報紙上的占星專欄，就可以了解大眾媒體對培養我們的信念扮演很重要的角色，已經不是新鮮事了（如Maller and Lundeen, 1932），而且它的角色隨著觀看電視愈來愈普及而益加重要（Gerbner, 1987; Ogles, 1987），這兩個看法最近都得到實驗證據的支持（如Sparks, Nelson and Campbell, 1997）。

對人們而言，大眾媒體所提供的「事實證據」是令人覺得舒服的（comforting），而多疑的科學取向則被認為是有距離的，且有一點笨的。人們喜歡的資訊是包裝過的，他們對長篇大論詳述的解釋沒有耐心（Paulos, 1996, p.191）。每天我們從閱讀報紙或是從電視聽到的某個人剛發現一個基因可以讓我們變得特別長壽；或是膽固醇並非一無是處，特別是如果我們將它從碎片組合而成；或者是維他命C及其他未必確實的調製物可以預防或是治療癌症；或是應該學習使用大腦隱藏的（通常是右邊）一邊大腦，如同一些出名的自稱科學家的人士所適當地推算的；或者是一些無害的，雖然是昂貴的藥丸（擁有一個不像其功能的藥名），宣稱可以增進我們的記憶、生活滿意度，或是性滿足的程度。許多「獨家新聞」圍繞在這些全能產品與得意洋洋發現的潘朵拉盒子，這些新聞加速餵養我們的錯覺與希望，並且只被俗麗的災變說膨脹它的重要性，而且這些看法同樣是未經辯正過的。而媒體的雪球，這個最後的烏托邦已經在滾動（Garattini and Chiaberge, 1992）。因為我們很少接觸到任何關於先前過度誇張宣稱的任何論證式的辯駁，對於過去錯誤的報

導很少看到媒體給與論證式的辯正。

　　有時候媒體想嘗試在兩種不同的立場中保持客觀與協調（譬如同時對支持與反對宣稱可以治療所有癌症、失智症或是多重硬化症的某一種治療法給與支持或是反對），然而，這種調和的策略希望觀眾可以自己下決定，是很冒險的。有點類似想要去整合二加二等於四與二加二等於六的一方，而給與二加二等於五這種妥協的答案一樣（譯註：亦即媒體僅僅給與平衡報導，讓兩種不同立場都充分表達其意見，而不主動質疑兩種立場的問題，或是其支持證據的缺失。作者認為媒體的此種做法是很冒險的，因為一般大眾未必有判斷證據的能力，作者也認為媒體若是因此採用折衷的態度也是不對的，因為有很多問題並非是採取折衷之道就可以解決的。舉個例來說，若有兩派人馬分別支持與反對某一棟古蹟該不該拆除，媒體除了應該提供支持與反對兩方的看法與論點，同時也要質疑兩方論點是否站得住腳，當然也不能採取折衷的看法——把古蹟的一半拆除）。

　　科學是被媒體掩蓋所有主題的灰姑娘。鄧巴（Dunbar, 1995, p. 147）計算在一週內四個英國國家頻道（觀看時間總數為五百六十小時）中，有二百一十分鐘（即0.6%）的節目時間是針對科學（主要是自然史）這個主題。他也指出報紙事實上沒有表現得比較好，英國一個主要的報紙《時報》（The Times），所有的內容中平均只有0.5%是關於科學的。針對神經科學的比率當然更是微小了。

　　典型的情形是，新聞記者在訪談普通民眾，詢問他們關於科學發展的意見時，這些人急忙匆促的態度會被當成是反對該項論點的證據，而沒有給與大眾機會去了解該項爭辯的細微之處。這些看法通常就會藉助民意測驗被「平均」，然後這個「平均」的答案會變成事實。這件事讓我想起費曼講過的一個故事（Feynman 1985, p.269）：因為沒有人看過中國的皇帝，他鼻子的長度是大家的猜測，因此所有猜測的平均會被當成是這個皇帝鼻子的實際長度（譯註：作者在這邊要強調的兩點看法是，第

一，科學的意見需要證據的支持，而不是透過民意調查來「企圖」得到事實，就如同費曼所講中國皇帝鼻子長度的例子；第二，多數人都相信的看法不一定是事實，歷史上發生過許多例子，譬如在哥白尼的時代，絕大多數的人都支持太陽繞著地球運行）。

　　如果普通人對科學的方法與科學可以提供或不能提供哪些訊息有所了解，也許他們更能欣賞科學的努力與成就，也更能同理科學的失敗。否則的話，舉例來說，他們就會覺得科學家拒絕接受超心靈現象的真實性，是因為這種接受會傷害到這些科學家自己的信仰系統（Couttie, 1988, p. 93）。

17

媒體與大腦

霍爾（Toby Howard）

唐恩力（Steve Donnelly）

序論

在十多年前,我們很有興趣去質疑假科學與超自然現象,特別是它們在媒體上的呈現。身為英國唯一以質疑為主題的雜誌(*The Skeptic*, www.skeptic.org.uk)之編輯,我們蒐集了很多剪報、書本與其他資料,針對大範圍的主題,其中有許多針對目前已知人類力量與能力應該延伸範圍的報告。

雖然有一些值得尊敬的心靈學學術研究目前正在全球的少數機構中進行,而在英國報紙上有關於一些超心靈感應、千里眼與心理動力這些相關現象的報導,但說這些報導與這些領域的學術研究發現一點關係也沒有是一點也不誇張的。這些報導特別會出現在一些小報,有時也出現在一些雙面的傳單,因為與目前的知識距離甚遠,它們只能被當成是科幻小說。

因為有許多被歸類為超自然現象的主題與人類大腦的能力有關,我們特別有興趣了解:整體而言,哪些大腦機制研究的延伸會被部分的大眾媒體錯誤地解釋。我們預期所有大腦研究的報告會以相似的方式被極度誇大成超自然現象的報告。然而,如我們以下顯示的,實情並非如此。

因為邏輯方面的理由,我們決定將主題限制在三個特定的範圍:報上的文章、報紙上的廣告與普通主題的雜誌(包括針對廣告的後續文章),最後是增長迅速的網際網路資訊。

印刷媒體上的文章

雖然我們沒有嘗試執行一個詳細與正式的統計調查,我們感覺這個

調查應該是具有相當合理的代表性（特別是我們說明了一些我們相信是
很典型例子的報紙剪報）。我們蒐集的剪報涵蓋了過去十年，所包括的
文章從小報到夾報的傳單，與一些普通的刊物，譬如女性雜誌。這些剪
報由《懷疑者》的讀者所提供，他們提供一些很大範圍的主題，而不只
是超自然現象。除了搜尋剪報以外，我們也搜尋電子電報（*Electronic
Telegraph*）的資料庫，它是《每日電報》（*The Daily Telegraph*）與《星
期天電報》（*The Sunday Telegraph*）的互動版本。這個辦法讓我們得到
一九九四年十一月以來發表在至少一個英國報紙印刷品的主要文章。

　　我們這個蒐集的特色是大範圍與大腦有關的主題，包括大量應該是
超感知覺的文章，小部分的文章關於夢與幻覺、催眠、錯誤記憶症候
群、大腦活動的左右腦功能、靜坐、行為／人格／心理學、藥物與腦化
學、大腦活動的監測、智力與人工智慧，與意識研究。

　　很清楚地，在一本書的一章很難說明所有主題的細節。因此，我們
會在這一章說明一些關於超感知覺發生例子的新聞報導，以及由一些不
同形式報紙中的少數例子來說明主流大腦研究之報導。最後我們會得到
一些整體的結論。

超自然主題的文章

　　雖然這一章的主題不是超感知覺與其他應該是超自然的現象，但從
印刷媒體中稍微瀏覽一下這些文章的內容仍是相當有教育性，因它為大
腦功能較不普遍的部分提供了對比。

　　根據最近里茲大學針對八千名成人進行的一項調查發現（Uhlig,
1997），更多的人相信心電感應、幽浮與鬼，甚於祈禱可以改變一些事
件。里茲大學未來溝通中心的研究主管史芬妮維格（Michael
Svennevig）認為：「人們在愈來愈理性的世界顯得愈來愈不理性。」雖
然有人可以質疑他那句「愈來愈理性的世界」的真正意義，但是朝向不
理性，或至少是由傳統宗教本質的不理性信仰轉移到其他形式的不理性

信仰，在過去十年或更久遠之前，已經變成愈來愈明顯的趨勢，而且加強這種趨勢的，毫無疑問的就是那些出現在許多報紙或期刊以超自然現象為主題的文章。

舉一些文章（但限制在超感知覺現象，先忽略像幽浮、妖精、百慕達三角洲與鬼）為例，我們將會討論分別出現在全國大報、全國小報以及地方小報的三篇文章當作代表性的例子。

出現在一九八九年二月《週末衛報》（*Weekend Guardian*）的一篇文章是相當典型的例子，它針對受教育的中產階級讀者。這篇標題為〈心靈力量或是兒童遊戲？〉的文章由自由撰搞人所撰寫，文章以作者一個名叫傑克的小孩的小故事為開始，他被認為應該可以察覺到跟他父親有關的一些小意外的能力（Eason, 1989）。作者提出一個問題：「我的小孩是個通靈者或是有其他更實際可行的解釋？」

在其他心靈感應的許多傳說故事中，包含了一些假設：「杜克大學進行的萊因實驗（Rhine experiments）已經提供心靈感應堅強的基礎。」這句話很明顯地給了這些小故事學術上的權威，並且是極端地誤導（也許是不經意的）。萊因（J. B. Rhine）在杜克大學進行的實驗已經被懷疑者嚴厲地批評過（如 Gardner, 1981, p. 217），更特別的是後來還被用來欺騙，雖然用來欺騙的人之中沒有包括萊因本人（Gardner, 1983, p. 16）。《週末衛報》的這篇文章以這個主張作為結束：「不管傑克心靈力量的真實如何……如果他真的給我一個示警……我應該開車開得更小心一點。」這篇文章的整體效果就是搭配上一些明顯的學術支持證據，產生一個印象讓讀者覺得心靈力量可能是真的，我們應該給它「疑慮的好處」（the benefit of the doubt）（譯註：亦即因為疑慮這種能力可能是真的，所以採取某些措施或更小心所帶來的好處）。

在小報文章部分選的是一九九五年一月刊登在《每日郵報》（*Daily Mail*）的文章，它報導了一隻狗可以預測牠的主人何時將回家的心靈感應能力（Oldfield, 1995）。許多這個主題的文章已經出現在這幾年很大

範圍的報紙上，主要原因是薛德瑞克博士（Dr. Rupert Sheldrake）在他的《可以改變世界的七個實驗》（*Seven Experiments That Could Change the World*）一書中建議的研究計畫的結果（Sheldrake, 1995）。

雖然這些文章的主要本質是軼事，與薛德瑞克研究的連結使這些文章的論點增加了學術上的支持——也就是「每天晚上等待主人回家，這種心靈感應的能力在狗身上並不是不尋常」。然而，在動物身上的心靈感應，並不像人類身上的心靈感應那般確立，動物心靈感應主要的擁護者只有薛德瑞克自己而已。然而，這些文章很堅實地導向一個結論是，動物與主人之間有密切的心靈交往關係（譯註：Rupert Sheldrake的另一本同一主題的書《狗狗知道你要回家？》（*Dogs that know when their owner are coming home*）在台灣也已由商周文化出版。狗是否具有心靈感應的問題，在日本電視台的節目也探討過，只不過探討的方式是採用科學的方式，該節目一一針對狗的知覺管道進行改變，結果發現狗可以預知家中主人的回家，是因為綜合了各種知覺管道的訊息，包括主人的體味、腳步聲等等。這裡牽涉一個很重要的觀念是人類與狗的知覺能力未必是相同的，因此人類透過感官能力無法感覺到的，未必是其他物種也無法感覺到的）。

在大報或是小報上面的文章，引用另一篇同樣也是軼事型態的文章來增加學術味是很常見的。雖然《每日郵報》把自己定位在比較有知識價值的那一端的小報。

另一方面，地方小報就沒有這樣的自我定位。我們選的文章是來自《曼徹斯特晚報》（*Manchester Evening News*）（Barratt, 1994），且與當地發生的事件有關。在這個例子中，英國與歐洲神聖心靈與身體的節慶（the British and European Festival for the Spiritual Mind and Body）就在這篇文章刊出的那週在曼徹斯特舉行。這篇文章呈現一系列與靈氣感應術士（aura reader）、人體運動學家（kinesiologist）與心靈治療者齊菲克勒（Coby Zvikler）的訪談，以一個事實的態度來認定各種超自然現象與治療能力的存在。

特別令人感興趣的一點是最後談到的這個人，幾年前他曾經接受我們其中之一實驗室（作者唐恩利的實驗室）的測試。他宣稱可以很明確地展現心靈的力量，譬如藉由施展「心靈推動」（psychic push），在不實際接觸的情況下讓一個人失去平衡。當然他沒有通過我們的測試。他宣稱可以透過心靈力量診斷疾病，以及透過心靈動力的力量干擾電子儀器，同樣也都沒有通過我們的測試。齊菲格勒沒有透過測試的結果，並沒有降低他對自己心靈力量的宣稱，曼徹斯特晚報引述他的話：「我的能力每天都在發展，而且我要用來幫助更多更多的人。」

雖然在文章的最後有懷疑論者觀點的小註解，但馬上又被齊菲格勒沒有實據的宣稱所抵銷掉了。

我們之中最質疑的可能會不去注意（從齊菲格勒的注視中傳達來的傳透性的溫暖感），但是齊菲格勒宣稱已經治好嚴重的脊椎彎曲，以及生理治療師都無法成功解決的肩膀移位問題。

這是在小報文章中常見到的技巧——加入懷疑論者警告的註解，只是立刻用未經證實的宣稱來抵銷。當文章是出現在全國性的大報時，從《曼徹斯特晚報》得到的印象是有很大範圍的心靈能力是已經確定了，而且即使是最質疑的讀者都很嚴肅地看待這些能力。

有關人類大腦超感知覺能力的報紙文章，常常是極端誤導的，並且傾向於藉由引用一篇顯然支持該宣稱的科學研究來支持這個未經科學證實的看法，或者利用一些引人懷疑的宣稱否定懷疑論者的看法。即使是一個受過良好教育且聰明的讀者，若只藉由閱讀大量英國報紙內容來取得資訊的話，也會認為超感知覺能力的存在是已經很確定的——這是很難從事實得到的。

大腦機制的文章

現在來關心有關大腦機制以及與超自然能力無關的大腦功能，整個情形顯得大大地不同。首先，關於這些主題的文章很少出現在小報（我們大部分的剪報都是從大報蒐集來的）。第二，在很少的例子中，這些文章出現在小報上面，在我們的能力可以判斷的範圍內，它們看起來呈現很合理正確與很負責的描寫。

第一個例子的文章，是我們從大報取得的剪報與電子電報（*Electronic Telegraph*）檔案（www.telegraph.co.uk）中的相關文章中相當典型的一篇。我們在此呈現一篇文章是從一九九七年四月份《每日電報》（*The Daily Telegraph*）中選出的文章，主題是使用大腦顯影的技術來檢查睡眠對大腦的影響（Highfield, 1987）。這篇文章報告了比利時君臣大學（University of Liege in Belgium）馬奎特博士（Dr. Pierre Maquet）進行的研究，他的研究顯示睡眠並沒有提供大腦各區域休息的功能，但是對特定區域有特別的效果，包括那些影響社會行為與社交互動的區域。

這個研究利用了大腦顯影的技術，檢驗八個年輕人在深度睡眠時慢波睡眠（slow wave sleep）的情形，慢波睡眠占了睡眠時間的75%，且伴隨著特定神經活動的型態（譯註：**慢波睡眠是非快速眼動睡眠四個階段中的第三與第四個階段，主要的腦波型態是**theta wave**與**delta wave**，被認為是大腦真正在休息的狀態，當然不是所有的大腦區域都在休息**）。引用《每日電報》文章的內容，馬奎特博士在《神經科學期刊》（*The Journal of Neuroscience*）上面提到：「我們的結果顯示在慢波睡眠時，特定的腦皮質區域有大量的神經活動降低。」配合學術期刊的調性，這篇文章引用其他研究，並下了一個結論：

> 這個發現特別有趣的地方是，它吻合羅夫波羅大學（Loughborough University）洪恩（Jim Horne）與哈里森（Yvonne

Harrison）博士睡眠剝奪研究的結果，大腦「休息」的區域包括與社會行為、社交互動有關的區域。「任何與此區域有關的好處都會因為睡眠剝奪而損壞」，馬奎特博士說。他並且說這些區域受損的病患會顯示出衝動行為與喪失社會限制（social constraint）。

比較出現在《每日電報》的報導內容與《神經科學期刊》上面的原始文章（Maquet et al., 1997）之後發現，《每日電報》上的報導略過大部分原始文章出現的技術方面細節資訊，而像《新科學家》（*New Scientist*）之類的科普期刊風格一樣，從其中擷取主要論點，呈現一個非專家的讀者有興趣的故事。

應該要指出的一點是，在所有的全國大報中，《每日電報》看起來包括最多科學性的內容，特別是大腦研究，有許多經過一番研究的良好文章經常性出現在報紙版面上。

如果以風格為對比，出現在一九九六年十二月《衛報》（*The Guardian*）的第二篇文章（Mihill, 1996），有個很吸引人的標題是「毛髮較多的人比較聰明」，伴隨格萊特（Gary Glitter）濃密胸毛的照片，文章的第一段寫著：

> 對像格萊特與瓊斯（Tom Jones）這樣的男人有個很好的消息，也會引發假胸毛這個行業一番興盛，根據昨天一項學術會議上面精神病學家的說法，多毛的人會肯定會比較聰明。

雖然有個比較像小報的標題與開頭的那段文字，有點讓人想起超自然文章中誇張的句法，這篇文章事實上是由一個具醫學相關背景的人所撰寫，主要是根據一些與負責該研究的伊利諾州查斯特心理健康中心艾里亞斯博士（Dr. Aikarakudy Alias）的訪談，而得到「多毛較聰明」的

結論。艾里亞斯的研究在歐洲精神病學家協會（Association of European Psychiatrists）與倫敦的精神病學家的皇家學會（the Royal College of Psychiatrists in London）會議中報告。在艾里亞斯博士的論點中引用了一些論點，他指出多毛與智力之間的連結可能與一項叫DHT的化學物質有關。DHT是睪固酮的變異，它不僅控制像體毛之類的性徵，也在心智能力上扮演重要的角色。同樣主題，但表達得較有限制的文章也在同一天出現在《獨立報》（*The Independent*）與《每日電報》上。

這裡的關鍵是，與其他科學主題（非超自然）的許多文章相比，這些記者所犯的「罪」是在科學的故事中引起人們的興趣。雖然從研究報告轉換到報紙文章的過程中，文章強調的重點從技術的細節移開，原始科學文章的重要事實還是保留住了，這是一般（許多都是非科學領域）的讀者所期望有的內容。這類文章再一次地顯示出與超感知覺和相似主題的文章之強烈對比。

如前面所提，探討像大腦機制研究這類複雜科學主題的文章，很少出現在小報上面，除非所研究的問題從實驗室搬移到較容易普遍化的場景，譬如法庭。其中一個典型的文章來自一九九四年五月的《週日郵報》（*Mail on Sunday*），它的標題是「被記憶治療撕裂的家庭」（Fraser, 1994）。

這篇文章很典型的原因是因為它關注的問題是在法庭裡面討論所謂的「恢復記憶症候群」（recovered memory syndrome）與「錯誤記憶症候群」（false memory syndrome），其中牽涉到可能是兒童虐待的案例，有些例子牽涉到美國女星阿諾（Roseanne Arnold）。對熟悉外星人到訪與過去生活的錯誤記憶症候群例子的懷疑者而言，一點也不令他們訝異的是，很清楚的跡象顯示，當愈來愈多性侵害壓抑記憶的例子進入司法程序，「錯誤記憶」的稱呼也愈常被使用。這篇文章主要針對的是因為錯誤記憶而被錯誤控告的父親，他的一生就因此而毀了，也因為治療師對他女兒施行壓抑記憶治療的錯誤，而得到五十萬美元的賠償。感

覺上，《週日郵報》上的這篇文章是其中的領導者，當一九九四年它指出父親在法庭上的勝利代表「普通常識對醫學鬼怪（medical mumbo-jumbo）的勝利」。然而對小報的新聞而言，這是很典型的情形，這篇文章充其量只能說是表現感情的文章，而不能說是報導出錯誤記憶症候群背後的科學事實，如果有哪些事情可以用來表示這篇文章是反科學的話（如果壓抑記憶的治療被認為與科學有連結）。很清楚的是，負責這篇文章的人並不是與科學相關的人士，而是比較注意群眾會感興趣的層面，這種態度很普遍地出現在與大腦功能相關的小報文章中。

這一節的最後一個例子來自一份發行量頗大的地方報紙——倫敦的《晚間標準報》（*Evening Standard*），以用來完整地比較對超感知覺現象的報導。出現在一九九〇年三月的這個故事（也出現在全國性的大報）的主題是，由管理顧問在溫布敦建立所謂的「大腦健身房」（brain gymnasium），他在美國加州首先想到這個點子（Gruner, 1990）。很有趣的是，使用在這個心智訓練中的器材，很類似底下的章節會提到的廣告中的「大腦機器」（brain machines）。

很重要的一點是，消費者得付出三十英鎊的代價，「坐進一個全暗的房間中，透過耳機聆聽高科技音樂與海的聲音，並且佩帶特殊眼鏡觀看彩色的光線」。很有趣的是，先前探討超自然現象的文章中提及的新聞記者的技巧，在這裡也使用到了：這篇文章討論的是在賀爾大學（Hull University）有個高年級課程討論設立一個研究計畫來了解心智活動的效率。同樣地，提到這個課程是想給那些具模糊價值的療法一些學術上的信用。

討論

當出現在報紙上討論大腦機制或是相似主題的報導，與超自然現象的報導比較時，有個很有趣的型態出現了。當這個主題被主編認為有科學的本質，它比較不可能出現在地方報紙，可能是因為這些報社並沒有

聘請科學界的人士或是科學編輯的緣故。另一方面，如果一個主題很明顯地會引起讀者興趣（human interest），這個文章（故事）會出現在地方小報與全國性的大報，這些報紙的編輯不會因為科學的精確性而犧牲一個好故事。

就某些程度來講，大腦研究被認為是「困難的科學材料」而不是「讀者有興趣的」是一種幸運，其結果便是不會常常出現在地方小報上。另一方面，會出現在全國大報的報導，通常是經過有科學背景的編輯手上，雖然這些編輯將其中的複雜性簡化，但是就報導一個故事而言，他們做得不錯。

對研究者而言，想不透過誇張的手法讓研究結果在全國性大報上報導出來，其關鍵就是讓整個故事維持中等程度複雜的科學資訊，還有一些（但不要太多）讀者興趣的角度。

最後，為了避免讓讀者產生一個「媒體報導出的大腦研究整個都是很好」的印象，我們想要呈現一個在英國也有的美國小報《每週世界新聞》（*The Weekly World News,* WWN）的剪報內容。它的口號是「你永遠都會有獨家新聞，當你去製造它時。」有一篇出現在《每週世界新聞》、標題為「爆炸的大腦」（exploding brain）的文章，其開頭的第一段是這樣的：

　　莫斯科——醫生將一名在冠軍賽中突然頭腦爆炸離奇死亡的西洋棋選手，其死因歸因於腦中產生極少見的電位不平衡。沒有人在這次的嚴重爆炸中受傷，但是在此次莫斯科西洋棋冠軍賽中的四位選手與三位官員，當帝舵夫（Nikolai Titov）的大腦突然爆開時，血液與腦漿都噴濺到他們身上。專家指出出現在帝舵夫的狀況稱為皮質高電流（Hyper-Cerebral Electrosis, HCE）（WWN, 1994）。

這篇文章繼續警告過度用腦的危險性（對這件事，WWN的讀者應該是相當免疫的），並且引用了「有名的神經學家與人腦研究的專家，且對此次聰明的西洋棋選手進行死後解剖」的馬丁南柯（Anatoly Martinenko）博士的話：

（HCE）是一種因為身體本身的電流導致大腦的神經迴路過度負荷的狀況，爆炸是在大量使用心智活動、許多電流通過大腦時發生的，受害者是具有很高集中力的高智力人士。

因此我們會建議本書的讀者，假設您有以下的傾向：

1.每天花超過五小時的時間閱讀、計算支票簿，或是進行其他花費思考的活動。

2.有時候聽到一些微弱的鈴聲或是嗡嗡的聲音。

3.傾向去分析自己。

4.發現自己無法將一些想法排除於腦外。

您應該立即停止手邊在進行的工作，去觀賞電視上的遊戲節目——以降低大腦爆炸的危險性。

廣告中的大腦功能

雖然我們發現全國大報中的大腦功能的報導大致上是很合理的，但在許多廣告中宣稱可以直接影響大腦運作的「神奇」產品卻未必如此。

許多公司現在都在行銷所謂的「大腦機器」或是「電子大腦加強器」（electronic brain-boosters）的設備，這些儀器宣稱可以藉由閃光，有時伴隨著音樂，直接影響使用者的心智狀態。這些產品的宣傳從相當謹慎到非常無恥的程度。底下從「超級心智腦波訓練電腦」（SuperMind Brainwave Entrainment Computer）摘錄的一小段廣告，是一個非常典型

的例子：

> 非常神奇的新電腦，可以將腦波型態同步化以壓制你的壓
> 力，加速心智能力，並且以電子化「禪」釋你的心智。

這種誇張的宣稱是心智機器宣傳的里程碑。「同步化你的腦波型態」到底在說什麼呢？用什麼來「加速你的心智能力」？什麼是心智能力？「『禪』釋你的心智」？「禪」釋？

這種超級心智的機器還是可以找得到（www.mindmax.com/supermind），如果你想評估一下上述的說法，只要美金199.95元加上運輸的費用，就可以擁有自己的一套機器。就像我們看到的，心智機器並不便宜。

這種超級心智的機器只是市場上幾十種相似的機器之一，其他的機器像放鬆伴侶（RelaxMate）、心智實驗室（MindLab）、新星夢想家（NovaDreamer）、夢想之光（The Dream Light）、銀河（Galaxy）、戴爾他貝他（Deltabeta）等等。大部分這些現代的心智機器都可以追溯到一個名為「夢想機器」的會擺動的機械設備，由一個前衛詩人蓋辛（Brion Gysin，1916-1986）發明。當蓋辛看到陽光在樹木之間閃爍，這個神奇的經驗啟發他發明一個機器，可以在需要的時候模擬那種情形。他的機器包括一個在兩邊有洞的垂直圓柱，放在一個唱機的轉盤上面，一個電燈泡掛在轉盤上，當轉盤每分鐘轉七十八圈的時候，光線會透過圓柱的開口，就好像當初他記得斷斷續續的陽光。對蓋辛與伯若斯（William Burroughs）那一群人而言，夢想機器是擴展意識機器的最佳選擇。

雖然從今天的角度而言，夢想機器是「古老」的科技，它仍然吸引許多地下的擁護者，包括成為最近一本書的主題（Cecil, 1997），這個機器也上了報紙的頭條，因為據稱過度使用該機器，造成搖滾樂手柯本

（Kurt Cobain）的自殺。你甚至可以在全球資訊網上面找到製作夢想機器的細節（McIntyre, 1997）。

為了對比新聞記者對大腦功能的報導與公開販售的「心智控制」機器，我們挑選了幾個相當典型的廣告。跟這些廠商接觸，索取更多的資訊，在某些該公司有全球網站的例子中，我們還進行了一些研究。在底下的章節，我們呈現一些其中的例子，同時也呈現一些神經迷思學（neuromythology）的分析。

馬克思壓力控制器

「他們指的是我嗎？」「廣播與電視人格」（radio broadcaster and TV personality）節目的主持人詹姆森（Derek Jameson）露出他招牌的牙齒笑著問道，他舉起像肥皂大小的機器，這是他的馬克思壓力控制器，底下取自宣傳文宣的內容是這類產品典型會採用的角度。

> 最近的研究顯示大腦放射出不同頻率的電磁波，這些電磁波代表心智的理想狀態（EduCom, 1997a）。

這段敘述所描述的是一個「熱腦」（hot brain），像個無線電台不斷地放射出能量（由此到心電感應的距離很短，一個大腦放射出的電磁波能量可以穿透空間到達另一個大腦，並且影響它？）。

這台機器提供令人驚訝的微調功能，可以控制它如何影響你的心智狀態，發射出「五種頻率來調整你的大腦，讓大腦回到最自然的運作模式」，這些狀態包括：睡眠模式、溝通模式、記憶模式、壓力釋放模式，與最佳模式。但是這些機器是如何運作的？根據宣傳的資料：

> 這台機器發射出與大腦極為相似的超低頻波，如果你在這台機器一米的距離內，你的大腦會逐漸與這些波同步。

宣傳品並沒有提供其他技術上的解釋。為了當作這台機器有效性的科學「證明」，這個公司的全球資訊網上有如此的說明：

全球的科學家已經進行無數的研究探討低能量傳播的效果；研究者讓睡眠困難的人接觸低能量的電磁場，發現睡眠週期有相當的進步，而且是安全的（嘻）、可以忍受的且帶來放鬆感（EduCom, 1997b）。

在上述的摘述中，「研究者」這三個字有超連結指向有審稿制度的期刊《睡眠》（*Sleep*, 1995），沒有任何的內容與所連結的網頁有任何的關聯性，只是有個線索曾經出現在史可利斯臨床與研究基金會（Scripps Clinic and Research Foundation）的宣傳單中，在「睡眠」網站的搜尋指出一個可能有關的文獻，它的標題是〈低能量放射療法對長期身心性失眠的效果〉（Effects of Low Energy Emission Therapy in Chronic Psychophysiological Insomnia）（Pasche et al., 1997）。

因為有指向「睡眠」網站的超連結，可以很合理地作個假設，這個機器的製造者想利用這篇研究報告來支持他們對Max這個機器所有的宣稱。這篇研究的確描述了成功利用低能量放射療法來減緩長期失眠，然而這個研究採用的技術與這個機器採用的技術有很明顯的不同。這個研究採用的是直接放到口中的電子護齒套，而宣稱有效的機器，並沒有利用任何實體上的接觸來產生效果——只要在機器的周圍一米就夠了。

Max這個機器的宣傳文宣也指出了卡希爾（Roger Coghill）的背書「電磁波的專業研究」，很有趣的是，卡希爾是《大腦的黑暗面——柯立連照相術與電晶療法的主要發現》（*The Dark Side of The Brain—Major Discoveries in the Use of Kirlian Photography and Electro-Crystal Therapy*）一書的共同作者（Oldfield and Coghill, 1994）。

「Max這個機器對每個人都適合嗎？」在這個大肆宣傳的廣告中有

這樣的問句，「當然，這個機器就像跟朋友談話一樣自然。」很快地回答就出現了。給未來的購買者的忠告是去做後面那件事（跟朋友談話），這樣子可以省下79.95英鎊。

生命工具

創立於一九九三年，生命工具很廣泛地在《復廷時報》（*Fortean Times*）與《新科學家》（*New Scientist*）做廣告，並且行銷「難以置信」的獵戶座心智實驗室（MindLab Orion），它提供了「在十五分鐘的使用後完全地放鬆」，並且可以「幫助你睡得更深沉或是學得更快」（LifeTools, 1997）。

獵戶座這個機器很像新力的卡匣式隨身聽，並且配有立體聲的耳機與一副「光框」眼鏡，可以呈現出不同型態的光線。獵戶座可以根據輸入的任何聲音產生不同型態的光線，包括來自光碟或是它本身內建的麥克風。它也配對二十三個內建的片段（sessions），長度由十分鐘（每四十到六十分鐘使用一次可以對你學習的內容有較佳的整合效果）到六十分鐘（當訓練如何長時間靜坐時有最佳的效果），其他的片段包括「增加你的集中力、清晰度與決策」（十五分鐘），「刺激問題解決時的思考過程」（二十分鐘），利用「強力的打盹」（power nap）讓你增加活力。

雖然他們在宣傳品上面用很小的字體印出「我們沒有對獵戶座有任何外顯或內隱的醫學宣稱」，然而生命工具還是用雙面的A4紙，大大地印上「科學證明心智機器的確有效！」。在其中一面我們發現很奇怪的背書，沒有一個有完整的資料來源，從一個發表在有審稿制度的期刊《頭痛》（*Headache*）上的一篇報告，「希力（Norman Shealy）醫生／博士，《創造健康》（*The Creation of Health*）的作者」。

後面那個例子很有趣，希力是美國整體醫療協會（American Holistic Medical Association）（www.shealyinstitute.com）的創立者與主席，他

的書《創造健康》的共同作者是一個叫麥絲（Carolyn Myss）的「心靈診斷師」（psychic diagnostician）。根據麥絲的網站，「她從一九八二年就用『醫學直覺』工作」，一種藉由直覺「看」到病患身體哪裡有病痛的方法（Myss, 1997）。希力博士也行銷他自己的心智機器「放鬆伴侶」。

宣傳單的另一面是滿意消費者的證詞，「在微晶片上靜坐」使哈利斯先生充滿興趣；「戴上光框眼鏡的兩分鐘內，我幾乎進入昏迷的狀態，我非常的放鬆。」來自麻州布蘭趣（Braintree）鎮的普得尼先生如此說。

獵戶座並不便宜，基本型要249英鎊，進階「多重同步專業」型多提供二十七種片段，則要349英鎊。

新世紀電子學

花呢博威克公司的新世紀電子學（New Age Electronics of Berwick-upon-Tweed）行銷許多小機器，幾乎全部都無法經過靈敏的分析。閣下錄音設備、心智放鬆器、夢想機器（與前述蓋辛的不同）、磨擦肩膀的硬木三角錐、EVP偵測器（可以讓你聽見死者的聲音）、水晶力量柱（可以聚焦，讓心智影響次原子粒子），與放射盒（一種可以在潛意識聚焦能量的儀器）。產品還包括一些書，例如《讓星際旅行變得簡單：星際邊界與如何到達》（*Astral Travel Made Easy: The Astral Realms and How to Get There*）與《事實建構——創造所有你想要的》（*Reality Structuring—Create All That You Desire*），還有一個可能與上述產品相互違背的產品，《不費力地改變你的生活》（*Change Your Life Without Effort*）（New Age Electronics, 1997）

這個奇怪的目錄有趣的地方是，它透露腦力增進與新世紀兩方面之間重疊的部分愈來愈多。

實現系統

　　另一個「自我成長」的方法提供驚人的結果，譬如「如何解決人格中的情緒問題」，是由英格蘭赤郡史塔克波特（Stockport, Cheshire）（Heap, R. and W., Publishing Company Limited, 1997）郵購取得的「實現系統」。整個實現系統的細節是一個相當個人化的印刷信件、幾頁的證詞，與折價卷的包裹。用基本價格197.95英鎊買到的是一組十二個實現系統課程，包括有標準答案的自我評分測驗。很自然地，這些物品都用相當漂亮的書套包裝。

　　如果實現系統的宣傳是正確的，那麼用197.95英鎊可以得到「一個消除疼痛的簡單方法」、「婚姻的問題與如何解決」，以及「記憶訓練的實用方法」，是相當合理的。但是譬如你考慮到全球對疼痛研究投下無數的努力，以及長期疼痛患者每天的失望，像實現系統這種虛幻的宣稱，只會引起這些靈敏讀者的憤怒。然而，那些證詞，如果它們是真實的，則很清楚地指出，至少對某些人而言，實現系統可以增進他們的心智能力與增強他們精神上的安樂。

　　實現系統的零售商相當堅持不懈。在寄出從雜誌廣告剪下的折價優待券之後，我們收到所有的物品。一個月後，收到四封自動寄來的信件，每一種都有不同個人化的印刷信函，提供不同減價購買的方式。

討論

　　儘管這些產品有誇張的宣稱，像實現系統這樣的產品根本不需要去分析，因為這些產品是關於自省與自我激勵的改變。什麼是心智機器？它們如何運作？許多機器都相當強調腦部產生阿爾發波的功能，都宣稱會有放鬆、平靜、心智成長與精神自由的結果。但是如同西蒙法瑟大學（Simon Fraser University）大腦與行為實驗室的貝爾斯坦所指出的，阿爾發波與視覺系統的活動直接相關，沒有任何證據指出它有治療的能力

（Beyerstein, 1985）。

　　我們找到的所有廣告的共同特徵是，都有像「你可以因此而受益」、「我們的產品可以幫助你」等等的句子。所有的意義都是「可以」與「可能」。廣告主可能會辯稱這種不精確的語言是必須的，因為不可能保證百分之百的成功率，而且他們必須要有個論點。但是同樣的辯解同樣適用於0%的成功率，或是其他任何的比率。

　　假定大部分的心智機器需要你閉上眼睛，並且假定大部分的人閉上眼睛後會開始產生阿爾發波，心智機器到底扮演何種角色？除非同行審閱過的研究有其他的看法，不然這些質疑的答案一定「不會太多」。

全球資訊網上與大腦有關的內容

　　雖然全球資訊網變化無常的本質，讓引用網上資訊的統計值沒有太大的意義。在一九九七年十一月，我們在網路上搜尋哪些資訊與大腦有關，結果令我們相當驚訝。

　　利用AltaVista搜尋引擎與關鍵字「大腦」，我們找到超過兩百個網站。其中有六個網站是學術的，呈現最近研究的結果，或是大腦結構或是功能的標準資料。在這些網站中，資料的品質是相當高的。其他的網站幾乎照抄我們曾經看過的印刷資料上的廣告內容：心智機器的行銷。我們也利用雅虎（Yahoo!）來搜尋，雅虎的網站分類是人工進行的，我們發現有九個網站列在「心智機器」這個項目底下（Yahoo, 1997）。

　　我們看到相同形式的機器在行銷可立即操弄情緒的相同宣稱，承諾會有安樂與改善的生活風格。同樣「專家」的名字一再出現，如果你追蹤那些超連結，會發現這些網路上的心智機器大部分都是自我參考的（self-referential）。每個人背書其他人的產品。

討論

我們相信網路跟隨印刷媒體的趨勢：想要很資訊性的網站會如此，其他剩下的網站則為商業性的網站，與印刷媒體有同樣含糊不清的宣稱。當然，這其中最大的差別在於，網站幾乎是不受規範的。個人或是公司都可以自己發表任何想發表的內容（在法律的限制之下）。舉例來說，對心智機器的廣告主而言，就是他們的廣告內容幾乎不會受到任何編輯方面的控制——他們不會受到提供網頁空間者的任何檢查，但在印刷媒體就會有此種檢查。相對地，在網頁上面對心智機器的宣稱就會更誇張。

就像我們在一九九七年晚期所說的，這件事可能不大重要。因為，就如同我們看到的，這些可能誤導的網站被資訊性網站的出現比下去。然而，當網站成為訊息流通的主流時，我們期望它們在未來會有所改變。特別是當網站與電視無可避免的整合最後發生時，接觸未調節或是未標示的資訊將是社會要去處理的新問題。

結論

身為一個討論的主題，大腦功能被大部分的印刷媒體所忽略，當它出現在媒體時，報導的內容是相當合理的（在正常新聞的規範下）。這與其他的主題（像超自然的主題）產生強烈的對比，大腦研究的文章出現在報紙的方式，與鬼神、心電感應或是星相學等等的方式並不相同。

廣告是另一個重點，我們看到誇張沒有證據支持的宣稱，包括可以控制心智狀態與增加心智能力。我們並不是說心智機器完全沒有價值，或是「自我實現」系統沒有任何助益。我們關心的重點是它們誤導了大腦如何運作的印象，以及一般自我發展與健康方法中，「可以不費力改變你的生活」的取向。

　　當我們進入下一個世紀時，網路與電視整合的取向、各種資訊的數量一定會增加。但是如果由未受規範的內容主導，品質下降的危機會愈來愈大。

參考文獻

Aarons, L. (1977) Sleep assisted instruction. *Psychological Bulletin*, **83**, 1–40.

Abel, A. (1997) You looking at me? *Fortean Times*, **101**, 36–39.

Adey, W.R. (1981) Tissue interactions with nonionizing electromagnetic fields. *Physiological Reviews*, **61**, 435–514.

Albert, R.S. (1975) Toward a behavioral definition of genius. *American Psychologist*, **30**, 140–151.

Alcock, J. (1981) *Parapsychology: Science or Magic?* New York: Pergamon.

Alder, H. (1993) *Right Brain Manager: How to Harness the Power of Your Mind to Achieve Personal and Business Success*. London: Piatkus.

Altman, J. (1967) Postnatal growth and differentiation of the mammalian brain, with implications for a morphological theory of memory. In: G. Quarton, T. Melnichuk and F. Schmitt (eds) *The Neurosciences: A Study Program*. New York: Rockefeller University Press, pp. 723–743.

American Psychological Association (1994) Definition and description of hypnosis. *Contemporary Hypnosis*, **11**, 143.

Amiel, S.A. (1995) Organ fuel selection: brain. *Proceedings of the Nutrition Society*, **54**, 151–155.

Anderson, A. (1997) No divine right. *New Scientist*, 13 September, 3.

Anderson, M. (1995) Evidence for a single global factor of developmental change – too good to be true? *Australian Journal of Psychology*, **47**, 18–24.

Anderton, C.H. (1986) The forensic use of hypnosis. In: F.A. De Piano and H.C. Salzberg (eds) *Clinical Applications of Hypnosis*. Norwood, NJ: Ablex, pp. 197–223.

Andrade, J. (1995) Learning during anaesthesia: a review. *British Journal of Psychology*, **86**, 479–506.

Andreasen, N.C. (1987) Creativity and mental illness: prevalence rates in writers and their first degree relatives. *American Journal of Psychiatry*, **144**, 1288–1292.

Angela, P. (1978) *Viaggio nel Mondo del Paranormale*. Milano: Garzanti editore.

Annett, M. (1985) *Left, Right, Hand and Brain: The Right Shift Theory*. London: Erlbaum.

Annett, M. (1995) The right shift theory of a genetic balanced polymorphism for cerebral dominance and cognitive processing. *Current Psychology of Cognition*, **14**, 427–480.

Apkarian, A.V. (1995) Functional imaging of pain: new insights regarding the role of the cerebral cortex in human pain perception. *Seminars in the Neurosciences*, **7**, 279–293.

Armstrong, E., Schleicher, A., Omran, H., Curtis, M. and Zilles, K. (1995) The ontogeny of human gyrification. *Cerebral Cortex*, **5**, 56–63.

Arnheim, R. (1962) *Picasso's Guernica: The Genesis of a Painting*. Berkeley: University of California Press.

Astrup, J. (1982) Energy-requiring cell functions. Their critical supply and possible inhibition in protective therapy. *Journal of Neurosurgery*, **56**, 482–497.

Baddeley, A.D. (1993) *Your Memory. A User's Guide*. London: Prion.

Baddeley, A.D. and Warrington, E.K. (1970) Amnesia and the distinction between long- and short-term memory. *Journal of Verbal Learning and Verbal Behavior*, **9**, 176–189.

Bagchi, B. and Wenger, M. (1957) Electrophysiological correlates of some Yogi exercises. *EEG and Clinical Neurophysiology*, Suppl. 7, 132–149.

Baker, R.A. (1992) *Hideen Memories*. Buffalo: Prometheus Books.

Baker, S.L. and Kirsch, I. (1993) Hypnotic and placebo analgesia: order effects and the placebo label. *Contemporary Hypnosis*, **10**, 117–126.

Bakker, D. and Pauwels, E.K.J. (1997) Stroke: the role of functional imaging. *European Journal of Nuclear Medicine*, **24**, 2–5.

Baltes, P.B. and Lindenberger, U. (1997) Emergence of a powerful connection between sensory and cognitive functions across the lifespan: a new window to the study of cognitive aging? *Psychology and Aging*, **12**, 12–21.

Bancaud, J., Brunet-Bourgin, F., Chauvel, P. and Halgren, E. (1994) Anatomical origin of deja vu and vivid "memories" in human temporal lobe epilepsy. *Brain*, **117**, 71–90.

Bandler, R. and Grinder, J. (1979) *Frogs into Princes: Neuro-linguistic Programming*. Moab, UT: Real People Press.

Banyai, E.I. and Hilgard, E.R. (1976) A comparison of active alert hypnotic induction and traditional relaxation induction. *Journal of Abnormal Psychology*, **85**, 218–224.

Baranaga, M. (1997) New imaging methods provide a better view into the brain. *Science*, **276**, 1974–1976.

Barber, J. (1991) The locksmith model: accessing hypnotic responsiveness. In: S.J. Lynn and J.W. Rhue (eds) *Theories of Hypnosis: Current Models and Perspectives*. New York: Guilford, pp. 241–274.

Barber, T.X. (1969) *Hypnosis: A Scientific Approach*. New York: Van Nostrand.

Barber, T.X., Spanos, N.P. and Chaves, J.F. (1974) *Hypnotism, Imagination and Human Potentialities*. New York: Pergamon.

Barker, A.T. (1994) Electricity, magnetism and the body: some uses and abuses. *Journal of the Royal Society of Health*, **114**, 91–97.

Barlow, H.B. (1972) Single units and sensation: a neuron doctrine for perceptual psychology? *Perception*, **1**, 371–395.

Barratt, R. (1994) Getting a kick from the psychic. *Manchester Evening News*, 30 April.

Barrett, S. (1995) The dark side of Linus Pauling's legacy. *The Skeptical Inquirer*, **19**(1), 18–20.

Barron, F. (1955) The disposition toward originality. *Journal of Abnormal and Social Psychology*, **51**, 478–485.

Barron, F. and Harrington, D.M. (1981) Creativity, intelligence and personality. *Annual Review of Psychology*, **32**, 439–476.

Barsley, M. (1970) *Left-handed Man in a Right-handed World*. London: Pitman.

Bartlett, F.C. (1982) *Remembering: A Study in Experimental and Social Psychology*. Cambridge: Cambridge University Press.

Bartley, A.J., Jones, D.W. and Weinberger, D.R. (1997) Genetic variability of human brain size and cortical gyral patterns. *Brain*, **120**, 257–269.

Basil, R. (1988) *Not Necessarily the New Age: Critical Essays*. Amherst, NY: Prometheus Books.

Basser, L.S. (1962) Hemiplegia of early onset and the faculty of speech with special reference to the effect of hemispherectomy. *Brain*, **85**, 427–460.

Baylor, D.A., Lamb, T.D. and Yau, K.-W. (1979) Responses of retinal rods to single photons. *Journal of Physiology*, **288**, 613–634.

Bear, D. (1979) Temporal lobe epilepsy: a syndrome of sensory–limbic hyperconnectionism. *Cortex*, **15**, 357–384.

Beck, A.T. (1967) *Depression: Clinical, Experimental, and Theoretical Aspects*. New York: Harper and Row.

Beck, A.T. (1989) *Cognitive Therapy and the Emotional Disorders*. New York: International Universities Press.

Beecher, H.K. (1955) The powerful placebo. JAMA, **159**, 1602–1606.

Bekerian, D.A. and Baddeley, A.D. (1980) Saturation advertising and the repetition effect. *Journal of Verbal Learning and Verbal Behavior*, **19**, 17–25.

Bem, D.J. and Honorton, C. (1994) Does psi exist? Replicable evidence for an anomalous process of information transfer. *Psychological Bulletin*, **115**, 4–18.

Benaron, D.A. and Stevenson, D.K. (1994) Resolution of near infrared time-of-flight brain oxygenation imagining. In: P. Vaupel, R. Zander and D.F. Bruley (eds) *Oxygen Transport to Tissue XV*. New York: Plenum Press, pp. 609–617.

Bennett, W. (1980) Providing for posterity. *Harvard Magazine*, **82(3)**, 13–16.

Benson, H. (1975) *The Relaxation Response*. New York: Avon Books.

Benson, H. (1996) *Timeless Healing: The Power and Biology of Belief*. New York: Simon and Schuster.

Benton, A.L. (1984) Hemispheric dominance before Broca. *Neuropsychologia*, **22**, 807–811.

Berger, H. (1929) Uber das elektrencephalogramm des menschen. *Archiv für Psychiatrie Nervenkr*, **87**, 527–570.

Berlyne, N. (1972) Confabulation. *British Journal of Psychiatry*, **120**, 31–39.

Bernheim, H. (1885) Notes et discussions. L'hypnotisme chez les hystériques. *Revue Philosophique*, **19**, 311–316.

Bertrand, L.D. (1989) The assessment annd modification of hypnotic susceptibility. In: N.P. Spanos and J.F. Chaves (eds) *Hypnosis: The Cognitive Behavioral Perspective*. Buffalo, NY: Prometheus, pp. 18–31.

Beyerstein, B.L. (1985) The myth of alpha consciousness. *The Skeptical Inquirer*, **10**(1), 42–59.

Beyerstein, B.L. (1987) The brain and consciousness: implications for Psi phenomena. *The Skeptical Inquirer*, **12**(2), 163–174.

Beyerstein, B.L. (1988) Neuropathology and the legacy of spiritual possession. *The Skeptical Inquirer*, **12**(3), 248–263.

Beyerstein, B.L. (1990) Brainscams: Neuromythologies of the New Age. *International Journal of Mental Health*, **19**(3), 27–36.

Beyerstein, D.F. (1992a) Graphology and the philosophy of science. In: B.L. Beyerstein and D.F. Beyerstein (eds) *The Write Stuff*. Amherst, NY: Prometheus Books, pp. 121–162.

Beyerstein, B.L. (1992b) The origins of graphology in sympathetic magic. In: B.L. Beyerstein and D.F. Beyerstein (eds) *The Write Stuff*. Amherst, NY: Prometheus Books, pp. 163–200.

Beyerstein, B.L. (1992c) Handwriting is brainwriting. So what? In: B.L. Beyerstein and D.F. Beyerstein (eds) *The Write Stuff*. Amherst, NY: Prometheus Books, pp. 397–419.

Beyerstein, B.L. (1996a) Believing is seeing: organic and psychological reasons for anomalous psychiatric symptoms. *Medscape* (on-line medical journal): *http://www.medscape.com/Clinical/Medscape/MentalHealth/1996/v01.n01/mh65.be*

Beyerstein, B.L. (1996b) Graphology. In: G. Stein (ed.) *Encyclopedia of the Paranormal*. Amherst, NY: Prometheus Books, pp. 309–324.

Beyerstein, B.L. (1997) Why bogus therapies seem to work. *The Skeptical Inquirer*, **21**(5), 29–34.

Beyerstein, B.L. and Beyerstein, D.F. (eds) (1992) *The Write Stuff*. Amherst, NY: Prometheus Books.

Beyerstein, B.L. and Freeman, R.D. (1976) Increment sensitivity in humans with abnormal visual experience. *Journal of Physiology* (*London*), **260**, 497–514.

Bickler, P.E. (1992) Aspectos energéticos del metabolismo cerebral y el transporte de iones. *Clínicas de Anestesiología de Norteamérica*, **3**, 599–611.

Binet, A. and Feret, C. (1885) L'hypnotisme chez les hystériques: 1. Le transfert psychique. *Revue Philosophique de la France et de l'Etranger*, **19**, 1–25.

Birren, J.E. (1956) The significance of age changes in speed of perception and psychomotor skills. In: J.E. Anderson (ed.) *Psychological Aspects of Aging*. Washington DC: American Psychological Association.

Birren, J.E. (1974) Psychophysiology and speed of response. *American Psychologist*, **29**, 808–815.

Birren, J.E. and Williams, M.V. (1980) Cognitive issues: speed of behaviour. In: L.W. Poon (ed.) *Aging in the 1980's: Psychological Issues*. Washington DC: American Psychological Association.

Bishop, D.V.M. (1987) Is there a link between handedness and hypersensitivity? *Cortex*, **22**, 289–296.

Bishop, D.V.M. (1988) Can the right hemisphere mediate language as well as the left? A critical review of recent research. *Cognitive Neuropsychology*, **5**, 353–367.

Blackburn, D. (1911) Confessions of a telepathist: thirty-year hoax exposed. *London Daily News*, 1 September.

Blackmore, S. (1991) Is meditation good for you? *New Scientist*, 6 July, 28–33.

Blackmore, S. (1993) *Dying to Live. Science and the Near-death Experience*. London: Grafton.

Blackmore, S. (1994) Alien abduction: the inside story. *New Scientist*, 19 November, 29–31.

Blakemore, C. (1994) *The Mind Machine*. London: Penguin Books.

Blank, M. and Goodman, R. (1997) Do electromagnetic fields interact directly with DNA? *Bioelectromagnetics*, **18**, 111–115.

Blau, A. (1946) *The Master Hand*. New York: American Orthopsychiatric Association.

Bliznitchenko, L. (1968) Hypnopaedia and its practice in the USSR. In F. Rubin (ed.) *Current Research in Hypnopaedia*. London: Macdonald, pp. 202–207.

Boden, M.A. (1990) *The Creative Mind*. London: Weidenfeld and Nicolson.

Boden, M.A. (1994) Précis of "The creative mind": myths and mechanisms. *Behavioral and Brain Sciences*, **17**, 519–570.

Bogen, J.E. (1969) The other side of the brain. II: An appositional mind. *Bulletin of the Los Angeles Neurological Society*, **34**, 135–162.

Bogen, J.E. (1993) The callosal syndromes. In: K.M. Heilman and E. Valenstein (eds) *Clinical Neuropsychology*, 3rd edn, New York: Oxford University Press, pp. 337–407.

Bogen, J.E. (1997) Does cognition in the disconnected right hemisphere require right hemispheric possession of language? *Brain and Cognition*, **57**, 12–21.

Bogen, J.E., DeZare, R., TenHouten, W.D. and Marsh, J.F. (1972) The other side of the brain: IV. The A/P ratio. *Bulletin of the Los Angeles Neurological Society*, **37**, 49–61.

Bogousslavsky, L. and Caplan, L.R. (1993) Vertebrobasilar occlusive disease: review of selected aspects. *Cerebrovascular Disease*, **3**, 193–205.

Borgens, R.B. (1986) The role of natural and applied electric fields in neural regeneration and development. In: *Ionic Currents and Development*. New York: Ian R. Liss, pp. 239–250.

Bouchard, T.J., Jr (1972) A comparison of two group brainstorming procedures. *Journal of Applied Psychology*, **56**, 418–421.

Bouchard, T.J., Jr (1983) Do environmental similarities explain the similarity of intelligence of identical twins reared apart? *Intelligence*, **7**, 175–184.

Bouchard, T.J., Jr (1992) Genetic and environmental influences on adult personality: evaluating the evidence. In: J. Hettema and I.J. Deary (eds) *Foundations of Personality*. Dordrecht, NL: Kluwer Academic.

Bouchard T.J., Jr (1997) Whenever the twain shall meet. *The Sciences*, **37**(5), 52–57.

Bouchard, T.J., Jr and Hare, M. (1970) Size, performance, and potential in brainstorming groups. *Journal of Applied Psychology*, **54**, 51–55.

Bourru, H. and Burot, F. (1888) *Variations de la Personnalité*. Paris: J.B. Baillière.

Bowers, K.S. (1983) *Hypnosis for the Seriously Curious*. New York: Norton.

Bowers, K.S. and Davidson, T.M. (1991) A neodissociative critique of Spanos's social psychological model of hypnosis. In: S.J. Lynn and J.W. Rhue (eds) *Theories of Hypnosis: Current Models and Perspectives*. New York: Guilford, pp. 105–143.

Bradford, H.F. (1986) *Chemical Neurobiology*. New York: W.H. Freeman and Co.

Bradshaw, J.L. and Rogers, L.J. (1993) *The Evolution of Lateral Asymmetries, Language, Tool Use, and Intellect*. Sydney: Academic Press.

Brandon, R. (1984) *The Spiritualists. The Passion for the Occult in the Nineteenth and Twentieth Centuries*. Amherst, NY: Prometheus Books.

Brandwein, P. (1977) The duality of the brain: a symposium in print with Paul Brandwein and Robert Ornstein. *Instructor*, **58**, 56–58.

Brazier, M.A.B. (1959) The historical development of neurophysiology. In: H.W. Magoun (ed.) *Handbook of Physiology, Section 1: Neurophysiology*, Vol. 1. Washington: American Physiological Society, pp. 1–58.

Brazier, M.A.B. (1977) *Electrical Activity of the Nervous System*, 4th edn. Tunbridge Wells: Pitman Medical Publishing Company.

Briere, J. (1992) *Child Abuse Trauma: Theory and Treatment of the Lasting Effects*. Newbury Park, CA: Sage Publications.

Briere, J. (1998). Address to the 12th International Congress on Child Abuse and Neglect (ISPCAN), September 6–9, Auckland, New Zealand.

Brilhart, J.K. and Jochen, E.M. (1964) Effects of different patterns on outcomes of problem solving discussions. *Journal of Applied Psychology*, **48**, 175–179.

British Psychological Society (1992) *The Psychologist*, **5**(3) March, p. 99.

Broca, P. (1865) Sur le siège de la faculté du langage articulé. *Bulletins de la Société d' Anthropologie de Paris*, **6**, 377–393.

Broch, H. (1987) *Los Fenómenos Paranormales: Una Reflexión Crítica*. Barcelona: Crítica.

Broch, H. (1991) *Au Coeur de l'Extraordinaire*. Bordeaux: L'horizon Chimérique.

Brown, W.A. (1998) The placebo effect. *Scientific American*, January, 68–73.

Brown-Sequard, Ch.-E. (1877) Dual character of the brain (Toner lecture). *Smithsonian Miscellaneous Collections (Washington, DC)*, **15**, 1–21.

Brunvand, J.H. (1982) *The Vanishing Hitchhiker: American Urban Legends and Their Meaning*. New York: W.W. Norton.

Brunvand, J.H. (1986) *The Study of American Folklore*. New York: W.W. Norton.

Bryan, R.M. (1990) Cerebral blood flow and energy metabolism during stress. *American Journal of Physiology*, **259** (Heart and Circulatory Physiology, **28**), H269–H280).

Bryden, M.P., McManus, I.C. and Bulman-Fleming, M.B. (1994) Evaluating the empirical support for the Geschwind–Behan–Galaburda model of cerebral lateralization. *Brain and Cognition*, **26**, 103–167.

Buchanan, A. (1862) Mechanical theory of the preponderance of the right hand over the left; or, more generally, of the limbs of the right side over the left side of the body. *Proceedings of the Philosophical Society of Glasgow*, **5**, 142–167.

Buchsbaum, M.S. (1995) Positron emission tomography studies of abnormal glucose metabolism in schizophrenic illness. *Clinical Neuroscience*, **3**, 122–130.

Bunge, M. (1980) *The Mind–Body Problem: A Psychobiological Approach*. Oxford: Pergamon Press.

Bunge, M. (1984) What is pseudoscience? *The Skeptical Inquirer*, **9**(1), 36–46.

Burgess, P. (1997) Theory and methodology in executive function research. In: P. Rabbitt (ed.) *Methodology of Frontal and Executive Function*. Hove: Psychology Press.

Burt, C.L. (1937) *The Backward Child*. London: University of London Press.

Butler, S. (1985) *Erewhon*. Penguin Classics: London.

Buzan, T. (1991) *Use your Perfect Memory*. London: E.P. Dutton.

Cabeza, R. and Nyberg, L. (1997) Imaging cognition: an empirical review of PET studies with normal subjects. *Journal of Cognitive Neuroscience*, **9**, 1–26.

Calvino, I. (1991) *Perche' Leggere i Classici* [Why should we read classic works]. Mondadori: Milano.

Campbell, D. (1960) Blind variation and selective retention in creative thought as in other knowledge processes. *Psychological Review*, **67**, 380–400.

Campbell, S., Volow, M.R. and Cavenar, J.O., Jr (1981) Cotard's syndrome and the psychiatric manifestations of typhoid fever. *American Journal of Psychiatry*, **138**, 1377–1378.

Candido, C.L. and Romney, D.M. (1990) Attributional style in paranoid vs. depressed patients. *British Journal of Medical Psychology*, **63**, 355–363.

Capgras, J. and Reboul-Lachaux, J. (1923) L'illusion des "sosies" dans un délire systématisé chronique. *Bulletin de la Société Clinique de Médicine Mentale*, **11**, 6–16.

Carnegie, D. (1936) *How to Win Friends and Influence People*. New York: Simon and Schuster.

Carnegie, D. (1944) *How to Stop Worrying and Start Living*. New York: Simon and Schuster.

Caro, R.A. (1990) *Means of Ascent: the Years of Lyndon Johnson*. New York: Alfred A. Knopf.

Cattell, R.B. (1959) The personality and motivation of the researcher from measurements of contemporaries and from biography. In: C.W. Taylor (ed.) *The 1959 University of Utah Research Conference on the Identification of Creative Scientific Talent*. Utah: University of Utah Press.

Cattell, R.B. and Drevdahl, J.E. (1955) A comparison of the personality profile (16PF) of eminent researchers with that of eminent teachers and administrators, and of the general population. *British Journal of Psychology*, **46**, 248–261.

Cecil, P. (1997) *Flickers of the DreamMachine*. Hove: CodeX.

Cerf, C. and Navasky, V. (1984) *The Expert Speak*. Villard Books.

Chance, B. (1994) Non-invasive approaches to tissue bioenergetics. *Biochemical Society Transactions*, **22**, 983–987.

Changeux, J-P. (1983) *L'homme Neuronal* [The neuronal man]. Librairie Arthème Fayard: Princeton UP.

Chaput de Saintonge, D.M. and Herxheimer, A. (1994) Harnessing placebo effects in health care. *Lancet*, **344**, 995–998.

Charcot, J.-M. and Bernard, D. (1883) Un cas de suppression brusque et isolée de la vision mentale des signes et des objets (formes et couleurs). *Le Progrès Médical*, **11**, 568–571.

Chaves, J.F. (1989) Hypnotic control of clinical pain. In N.P. Spanos and J.F. Chaves (eds) *Hypnosis: The Cognitive Behavioral Perspective*. Buffalo, NY: Prometheus Books, pp. 242–272.

Chi, J.G., Dooling, E.C. and Gilles, F.H. (1977) Left–right asymmetries of the temporal speech areas of the human fetus. *Archives of Neurology*, **34**, 346–348.

Chomsky, N. (1959) Review of *Verbal Behavior* by B.F. Skinner. *Language*, **35**, 26.

Chrisjohn, R.D. and Peters, M. (1986) The pernicious myth of the right-brained Indian. *Canadian Journal of Indian Education*, **13**, 62–71.

Churchland, P.M. (1984) *Matter and Consciousness*. Cambridge, Mass: Bradford/MIT Press.

Clark, J.B., Bates, T.E., Almeida, A., Cullingford, T. and Warwick, J. (1994) Energy metabolism in the developing mammalian brain. *Biochemical Society Transactions*, **22**, 980–983.

Clarke, E. and Jacyna, L.S. (1987) *Nineteenth-Century Origins of Neuroscientific Concepts*. Berkeley: University of California Press.

Coe, W.C. (1989) Posthypnotic amnesia: Theory and Research. In: N.P. Spanos and J.F. Chaves (eds) *Hypnosis: The Cognitive Behavioral Perspective*. Buffalo, NY: Prometheus, pp. 110–148.

Coe, W.C., Kobayashi, K. and Howard, M.L. (1972) An approach toward isolating factors that influence antisocial conduct in hypnosis. *International Journal of Clinical and Experimental Hypnosis*, **20**, 118–131.

Coe, W.C., Kobayashi, K. and Howard, M.L. (1973) Experimental and ethical problems of evaluating the influence of hypnosis in antisocial conduct. *Journal of Abnormal Psychology*, **82**, 476–482.

Coe, W.C. and Sarbin, T.R. (1991) Role theory: hypnosis from a dramaturgical and narrational perspective. In: S.J. Lynn and J.W. Rhue (eds) *Theories of Hypnosis: Current Models and Perspectives*. New York: Guilford, pp. 303–323.

Coghlan, A. (1997) Pride and prejudice. *New Scientist*, 13 September, 24.

Cohen, J. (1994) The earth is round (p<0.05). *American Psychologist*, **49**, 997–1003.

Collins, R.C. (1991) Basic aspects of functional brain metabolism. *Ciba Foundation Symposium*, **163**, 6–22.

Conn, J.H. (1972) Is hypnosis really dangerous? *International Journal of Clinical and Experimental Hypnosis*, **20**, 61–79.

Cook, C.M. and Persinger, M.A. (1997) Experimental induction of the "sensed presence" in normal subjects and an exceptional subject. *Perceptual and Motor Skills*, **85**, 683–693.

Cooper, C.E., Matcher, S.J., Wyatt, J.S., Cope, M., Brown, G.C., Nemoto, E.M. and Delpy, D.T. (1994) Near-infrared spectroscopy of the brain: relevance to cytochrome oxidase bioenergetics. *Biochemical Society Transactions*, **22**, 974–980.

Corballis, M.C. (1980) Laterality and myth. *American Psychologist*, **35**, 284–295.

Corballis, M.C. (1983) *Human Laterality*. New York: Academic Press.

Corballis, M.C. (1991) *The Lopsided Ape*. New York: Oxford University Press.

Corballis, M.C. (1997) The genetics and evolution of handedness. *Psychological Review*, **104**, 714–727.

Corballis, M.C. and Beale, I.L. (1976) *The Psychology of Left and Right*. Hillsdale, NJ: Erlbaum.

Corballis, M.C. and Morgan, M.J. (1978) On the biological basis of laterality: I. Evidence for a maturational left–right gradient. *Behavioral and Brain Sciences*, **1**, 261–269.

Coren, S. and Porac, C. (1977). Fifty centuries of right-handedness. *Science*, **198**, 631–632.

Corliss, W.R. (1993) Remarkable capabilities of badly damaged brains. In *Biological Anomalies: Humans II*. Glen Arm, MD: The Sourcebook Project, pp. 263–266.

Cotard, J. (1882) Du délire des négations. *Archives de Neurologie*, **4**, 152–170; 282–295. Translated in S.R. Hirsch and M. Shepherd (eds.) (1974) *Variations in European Psychiatry: An Anthology*. Bristol: John Wright and Sons, Ltd.

Cotard, J. (1884) Perte de la vision mentale dans la mélancholie anxieuse. *Archives de Neurologie*, **7**, 289–295.

Council, J.R., Kirsch, I. and Grant, D.L. (1996) Imagination, expectancy and hypnotic responding. In: R.G. Kunzendorf, N.P. Spanos and B.J. Wallace (eds) *Hypnosis and Imagination*. New York: Baywood, pp. 41–66.

Cousins, N. (1957) Smudging the subconscious. *Saturday Review*, 5 October, 20.

Couttie, B. (1988) *Forbidden Knowledge. The Paranormal Paradox*. Cambridge: Lutterworth Press.

Coxhead, N. (1980). *Los Poderes de la Mente*. Barcelona: Martínez Roca.

Craen, A.J.M., Ross, P.J., de Vries, A.L. and Kleijnen, J. (1996) Effect of colour of drugs: systematic review of perceived effect of drugs and of their effectiveness. *British Medical Journal*, **313**, 1624–1626.

Crawford, H.J. (1996) Cerebral brain dynamics of mental imagery: evidence and issues for hypnosis. In: R.G. Kunzendorf, N.P. Spanos and B.J. Wallace (eds) *Hypnosis and Imagination*. New York: Baywood, pp. 253–282.

Crews, F. (1995) *The Memory Wars: Freud's Legacy in Dispute*. New York: New York Review Book.

Crick, F. and Koch, C. (1990) Towards a neurobiological theory of consciousness. *Seminars in the Neurosciences*, **2**, 262–275.

Culver, R.B. and Ianna, P.A. (1984) *The Gemini Syndrome: A Scientific Evaluation of Astrology*. Buffalo: Prometheus Books.

Czikszentmihalyi, M. (1975) *Beyond Boredom and Anxiety*. San Francisco: Jossey-Bass.

Damasio, H. and Damasio, A.R. (1989) *Lesion Analysis in Neuropsychology*. New York: Oxford University Press.

Damasio, A.R., Tranel, D. and Damasio, H. (1990) Face agnosia and the neural substrates of memory. *Annual Review of Neuroscience*, **13**, 89–109.

Darton, N. (1991) The pain of the last taboo. *Newsweek*, 7 October, 70–72.

Dash, M. (1997) *Borderlands*. London: Heinemann.

Davies, P. (1988) Some considerations of the physiological effects of hypnosis. In: M. Heap (ed.) *Hypnosis: Current Clinical, Experimental and Forensic Practices*. London: Croom Helm, pp. 61–67.

Davis, L. (1991) Murdered memory. *In Health*, **5**, 79–84.

Dax, M. (1865) Lésions de la moitié gauche de l'encéphale coincident avec l'oubli des signes de la pensée. *Gazette Hebdomadaire de Médicine et de Chirurgie (Paris)*, **2**, 259–260.

Dean, G.A. (1992) The bottom line: effect size. In: B.L. Beyerstein and D.F. Beyerstein (eds) *The Write Stuff*. Amherst, NY: Prometheus Books, pp. 269–341.

Dean, W. and Morganthaler, J. (1990) *Smart Drugs and Nutrients*. Santa Cruz, CA: B&J Publications.

Dean, G.A., Kelly, I.W., Saklofske, D.H. and Furnham, A. (1992) Graphology and human judgment. In: B.L. Beyerstein and D.F. Beyerstein (eds) *The Write Stuff*. Amherst, NY: Prometheus Books, pp. 342–396.

De Bono, E. (1976) *Teaching Thinking*. London: Temple Smith.

De Bono, E. (1983) The Cognitive Research Trust (CoRT) thinking program. In: W. Maxwell (ed.) *Thinking: the Expanding Frontier*. Philadelphia, PA: The Franklin Institute Press, pp. 115–128.

Decker, D.R. (1994) The right brain. *The Skeptical Inquirer*, **18**, 210.

De Fleury, A. (1872) Du dynamisme comparé des hémisphères cérébraux dans l'homme. *Association Française pour l'Avancement des Sciences*, **1**, 834–845.

de Groh, M. (1989) Correlates of hypnotic susceptibility. In N.P. Spanos and J.F. Chaves (eds) *Hypnosis: The Cognitive Behavioral Perspective*. Buffalo, NY: Prometheus Books, pp. 32–63.

de Groot, H.P. and Gwynn, M.I. (1989) Trance logic, duality and hidden observer responding. In N.P. Spanos and J.F. Chaves (eds) *Hypnosis: The Cognitive Behavioral Perspective*. Buffalo, NY: Prometheus, pp. 187–205.

Della Sala, S. (1997a) Notes from a fringe watcher. *Physiotherapy, Theory and Practice*, **13**, 113–115.

Della Sala, S. (1997b) The Pope's Neo-Darwinism. *The Skeptical Inquirer*, **21**, 65.

Della Sala, S. and Berrini, R. (1979) Epilessia: pregiudizi e prevenzione. *Il Dialogo*, **22**(8), 8.

Della Sala, S. and Logie, R.H. (1998) Dualism down the drain: thinking in the brain. In: K.J. Gilhooly and R.H. Logie (eds) *Thinking in Working Memory*. Hove: The Psychology Press, pp. 45–66.

Delmonte, M. and Kenny, V. (1985) An overview of the therapeutic effects of meditation. *Psychologia*, **28**, 189–202.

Démonet, J.-F., Wise, R. and Frackowiak, R.S.J. (1993) Les fonctions linguistiques explorées en tomographie par émission de positons. *Médecine/Sciences*, **9**, 934–942.

Dennis, W. (1955) Variations in productivity among creative workers. *Scientific Monthly*, **80**, 277–278.

Dennis, W. (1956) Age and productivity among scientists. *Science*, **123**, 724–725.

Dennis, W. (1958a) Early graphic evidence of dextrality in man. *Perceptual and Motor Skills*, **8**, 147–149.

Dennis, W. (1958b) The age decrement in outstanding scientific contributions. *American Psychologist*, **13**, 457–460.

Dennis, W. (1966) Creative productivity between the ages of 20 and 80 years. *Journal of Gerontology*, **21**, 1–8.

Dennis, M. and Kohn, B. (1975) Comprehension of syntax in infantile hemiplegics after cerebral hemidecortication. *Brain and Language*, **2**, 472–482.

Dennis, M. and Whitaker, H.A. (1976) Language acquisition following hemidecortication: linguistic superiority of the left over the right hemisphere. *Brain and Language*, **3**, 404–433.

De Sanchez, M.A. and Astorga, M. (1983) *Projecto Aprendar a Pensor*. Caracas: Ministerio de Educacion.

Descartes, R. (1985) *The Philosophical Writings of Descartes*. (J. Cottingham, R. Stoothoff and D. Murdock, editors and translators). Cambridge: Cambridge University Press.

De Vernejoul, P., Darras, J.C. and Beguin, C. (1984) Approche isotopique de la visualisation des méridiens d'acupuncture. *Agressologie*, **25**, 1107–1111.

Devinsky, O. (1993) Electrical and magnetic stimulation of the central nervous system. Historical overview. In: O. Devinsky, A. Beric and M. Dogali (eds) *Electrical and Magnetic Stimulation of the Brain and Spinal Cord*. New York: Raven Press, pp. 1–16.

Dhume, V.G., Agshikar, N.V. and Diniz, R.S. (1975) Placebo-induced side-effects in healthy volunteers. *Clinician*, **39**, 289–290.

Diaconis, P. (1985) Statistical problems in ESP research. In: P. Kurtz (ed.) *The Skeptic's Handbook of Parapsychology*. Buffalo: Prometheus Books, pp. 569–584.

Diamond, B.L. (1980) Inherent problems in the use of pre-trial hypnosis on a prospective witness. *California Law Review*, **68**, 313–349.

Dillon, P.C., Graham, W.K. and Aidells, A.L. (1972) Brainstorming on a "hot" problem: effects of training and practice on individual and group performance. *Journal of Applied Psychology*, **56**, 487–490.

Dimond, E.G., Kittle, C.F. and Crockett, J.E. (1960) Comparison of internal mammary ligation and sham operation for angina pectoris. *American Journal of Cardiology*, **5**, 483–486.

Dobelle, W.H. and Mladejovsky, M.G. (1974) Phosphines produced by electrical stimulation of the human occipital cortex and their application to the development of a prosthesis for the blind. *Journal of Physiology* (London), **243**, 553–576.

Dominowski, R.L. and Jenrick, R. (1972) Effects of hints and interpolated activity on solution of an insight problem. *Psychonomic Science*, **26**, 335–338.

Drake, M.E.J. (1988) Cotard's syndrome and temporal lobe epilepsy. *Psychiatric Journal of the University of Ottawa*, **13**, 36–39.

Drake, R.A. (1995) A neuropsychology of deception and self-deception. *Behavioural and Brain Sciences*, **18**, 552–553.

Drevdahl, J.E. and Cattell, R.N. (1958) Personality and creativity in artists and writers. *Journal of Clinical Psychology*, **14**, 107–111.

Druckman, D. and Bjork, R.A. (eds) (1991) *In the Mind's Eye: Enhancing Human Performance*. Washington, DC: National Academy Press.

Druckman, D. and Bjork, R.A. (eds) (1994) *Learning, Remembering, Believing: Enhancing Human Performance*. Washington, DC: National Academy Press.

Druckman, D. and Swets, J. (eds) (1988) *Enhancing Human Performance: Issues, Theories, and Techniques*. Washington, DC: National Academy Press.

Duffy, C.J. and Wurtz, R.H. (1997) Medial superior temporal area neurons respond to speed patterns in optic flow. *Journal of Neuroscience*, **17**, 2839–2851.

Dumontpallier, A. and Magnan, V. (1883) Des hallucinations bilaterales à caractère différent suivant le côté effecté, dans le délire chronique; léçon clinique de M. Magnan, et demonstration expérimentale du siège hémilateral ou bilateral cérébral des hallucinations. *Union Médicale, 3ème série*, **35**, 845–848, 869–875.

Dunbar, R. (1995) *The Trouble with Science*. London: Faber and Faber.

Duncan, J. (1995) Attention, intelligence and the frontal lobes. In: M.S. Gazzaniga (ed.) *The Cognitive Neurosciences*. Cambridge: MIT Press, pp. 721–731.

Duncan, J., Burgess, P. and Emslie, H. (1995) Fluid intelligence after frontal lobe lesions. *Neuropsychologia*, **33**, 261–268.

Dunnette, M.D., Campbell, J. and Jaastad, K. (1963) The effects of group participation on brainstorming effectiveness for two industrial samples. *Journal of Applied Psychology*, **47**, 10–37.

Eadie, B.J. (1992) *Embraced by the Light*. New York: Bantom.

Eason, J. (1989) Psychic powers or child's play? *The Weekend Guardian*, 18 February.

Ebbern, H., Mulligan, S. and Beyerstein, B.L. (1996) Maria's near-death experience: waiting for the other shoe to drop. *The Skeptical Inquirer*, **20**, 27–33.

Eccles, J.C. (1965) *The Brain and the Unity of Conscious Experience*. Cambridge: Cambridge University Press.

Eccles, J.C. (1981) Mental dualism and commissurotomy. *Behavioral and Brain Sciences*, **4**, 105.

Eccles, J.C. (1992) Evolution of consciousness. *Proceedings of the National Academy of Sciences of the USA*, **89**, 7320–7324.

Eco, U. (1997) *Kant e l'ornitorinco*. Bompiani: Milano.

Edelman, G.M. (1989) *The Remembered Present: a Biological Theory of Consciousness*. New York: Basic Books.

Edmonston, W.E. (1991) Anesis. In: S.J. Lynn and J.W. Rhue (eds) *Theories of Hypnosis: Current Models and Perspectives*. New York: Guilford Press, pp. 197–240.

EduCom (1997a) EduCom Limited, Bournehall Hall, Bournehall Road, Bushey, Hertfordshire, WD2 3YG

EduCom (1997b) www.maxproducts.com

Edwards (1979) Drawing on the Right Side of the Brain. Los Angeles: Tarcher.

Edwards, J. and Baldauf, R.B. (1983) Teaching thinking in secondary science. In: W. Maxwell (ed.) *Thinking: the Expanding Frontier*. Philadelphia, PA: The Franklin Institute Press, pp. 129–138.

Eich, E. (1990) Learning during sleep. In: R.R. Bootzin, J.F. Kihlstrom and D.L. Schacter (eds) *Sleep and Cognition*. Washington, DC: American Psychological Association, pp. 88–108.

Eisenberg, L. (1976) The outcome as a cause: predestination and human cloning. *Journal of Medicine and Philosophy*, **1**, 318–331.

Eisenberg, L. (1995) The social construction of the human brain. *American Journal of Psychiatry*, **152**, 1563–1575.

Eisenberg, D.M., Kessler, R.C., Foster, C., Norlock, F.E., Calkins, D.R. and Delbanco, T.L. (1993) Unconventional medicine in the United States. Prevalence, costs, and pattern of use. *New England Journal of Medicine*, **328**, 246–252.

Ellis, A.X., Della Sala, S. and Logie, R.H. (1996) The bailiwick of visuo-spatial working memory: evidence from unilateral spatial neglect. *Cognitive Brain Research*, **3**, 71–78.

Elo, A.E. (1965) Age changes in master chess performance. *Journal of Gerontology*, **20**, 289–299.

Erdelyi, M.J. (1990) Repression, reconstruction, and defense: history and integration of the psycho-analytic and experimental frameworks. In: J.L. Singer (ed.) *Repression and Dissociation*. Chicago: University of Chicago Press, pp. 1–31.

Erdelyi, M.W. (1994) The empty set of hypermnesia. *International Journal of Clinical and Experimental Hypnosis*, **42**, 379–390.

Erecinska, M. and Silver, I.A. (1989) ATP and brain function. *Journal of Cerebral Blood Flow and Metabolism*, **9**, 2–19.

Ericsson, K.A. (1990) Peak performance and age: an examination of peak performance in sports. In: P.B. Baltes and M.M. Baltes (eds) *Successful Aging: Perfpectives from the Behavioural Sciences*. Cambridge: Cambridge University Press.

Ericsson, K.A. and Charness, N. (1994) Expert performance: its structure and acquisition. *American Psychologist*, **49**, 725–747.

Ericsson, K.A., Krampe, R.T. and Tesch-Rohmer, C. (1993) The role of deliberate practice. *Psychological Review*, **100**(3), 363–406.

Ericsson, K.A. and Pennington, N. (1993) The structure of memory performance in experts: implications for memory in everyday life. In: G.M. Davies and R.H. Logie (eds) *Memory in Everyday Life*. Amsterdam: Elsevier, pp. 241–272.

Ericsson, K.A. and Simon, H.A. (1993) *Protocol Analysis: Verbal Reports as Data*, revised edition. Cambridge, Mass: MIT Press.

Ericsson, K.A. and Smith, J. (1991) Prospects and limits of the empirical study of expertise: an introduction. In: K.A. Ericsson and J. Smith (eds) *Towards a General Theory of Expertise*. Cambridge: Cambridge University Press.

Erlich, J. (1992) Brain gain: drugs the boost intelligence. *Omni*, 14 September, 42–47.

Ernst, E. (1992) Placebo forte. *Wiener Medizinische Woohenschrift*, **142**, 217–219.

Evans, F.J. (1979) Contextual forgetting: post-hypnotic source amnesia. *Journal of Abnormal Psychology*, **88**, 556–563.

Evans, F.J. (1991) Hypnotizability: individual differences in dissociation and the flexible control of psychological processes. In: S.J. Lynn and J.W. Rhue (eds) *Theories of Hypnosis: Current Models and Perspectives*. New York: Guilford Press, pp. 144–168.

Evans, F.J. and Kihlstrom, J.F. (1973) Post-hypnotic amnesia as disrupted retrieval. *Journal of Abnormal Psychology*, **82**, 319–323.

Exner, S. (1881) *Untersuchungen uber die localisation der Functionen in der Grosshirnrinde des Menschen*. Vienna: Wilhelme Braumuller.

Eysenck, H.J. (1986) The theory of intelligence and the psychophysiology of cognition. In: R.J. Sternberg (ed.) *Advances in the Psychology of Human Intelligence*, Vol. 3. Hillsdale, NJ: Erlbaums.

Eysenck, H.J. (1994) The measurement of creativity. In: M. Boden (ed.) *Dimensions of Creativity*. Cambridge, MA: MIT Press, pp. 199–242.

Faber, D.S. and Korn, H. (1989) Electrical field effects: their relevance in central nervous system networks. *Physiological Reviews*, **69**, 822–863.

Faith, M. and Ray, W.J. (1994) Hypnotizability and dissociation in a college population: orthogonal individual differences. *Personality and Individual Differences*, **17**, 211–216.

Fedotchev, A.I., Bondar, A.T., Maevskii, A.A. and Zuimach, E.A. (1996) Physiological effects of photostimulation and their relationship with the subjective state parameters. *Human Physiology*, **21(3)**, 203–207.

Fellman, A. and Fellman, M. (1981) *Making Sense of Self: Medical Advice Literature in Late Nineteenth-Century America*. Philadelphia: University of Pennsylvania Press.

Fellows, B.J. (1986) The concept of trance. In: P.L.N. Naish (ed.) *What is Hypnosis?* Philadelphia: Open University Press, pp. 37–58.

Fellows, B.J. (1994) Defining hypnosis: a survey of British opinions on the APA definition. *Contemporary Hypnosis*, **11**, 155–159.

Fenwick, P. (1987) Meditation and the EEG. In: M.A. West (ed.) *The Psychology of Meditation*. Oxford: Clarendon Press, pp. 104–117.

Feynman, R.P. (1985) *Surely You are Joking, Mr. Feynman. Adventures of a Curious Character*. New York: Bantam Books.

Fink, G.R., Markowitsch, H.J., Reinkemeier, M., Bruckbauer, T., Kessler, J. and Heiss, W-D. (1996) Cerebral representation of one's own past: neural networks involved with autobiographical memory. *Journal of Neuroscience*, **16**, 4275–4282.

Fisher, R.P. and Geiselman, R.E. (1992) *Memory Enhancing Techniques for Investigative Interviewing: The Cognitive Interviewer*. Springfield, Ill.: Charles C. Thomas.

Fitzkee, D. (1945) *Magic by Misdirection*. Oakland, California: Magic Ltd.

Fliess, W. (1923) *Der Ablauf der Lebens*. Vienna: Deuticke.

Forem, J. (1973) *Transcendental Meditation: Maharishi Mahesh Yogi and the Science of Creative Intelligence*. New York: Bantam Books.

Forshaw, M. (1994) Expertise and ageing: *the crossword puzzle paradigm*. Unpublished PhD thesis, University of Manchester.

Förstl, H. and Beats, B. (1992) Charles' Bonnett's description of Cotard's delusion and reduplicative paramnesia in an elderly patient (1788). *British Journal of Psychiatry*, **160**, 416–418.

Fox, B.H. and Robbins, J.S. (1952) The retention of material presented during sleep. *Journal of Experimental Psychology*, **43**, 75–79.

Frank, J.D. and Frank, J.B. (1991) *Persuasion and Healing*. Baltimore: J. Hopkins University Press.

Frankel, C. (1973) The nature and sources of irrationalism. *Science*, **180**, 927–931.

Fraser, L. (1994) Families who have been torn apart by memory therapy. *The Mail on Sunday*, 15 May.

Fredrickson, R. (1992) *Repressed Memories: A Journey to Recovery from Sexual Abuse*. New York: Simon & Schuster.

Fried, I., Nenov, V.I., Ojemann, S.G. and Woods, R.P. (1995) Functional MR and PET imaging of rolandic and visual cortices for Neurosurgical planning. *Journal of Neurosurgery*, **83**, 854–861.

Friedman, H. and Davis, M. (1938) ''Left-handedness' in parrots. *Auk*, **55**, 478–480.

Friston, K.J., Frith, C.D., Liddle, P.F. and Frackowiak, R.S.J. (1991) Comparing functional (PET) images: the assessment of significant change. *Journal of Cerebral Blood Flow and Metabolism*, **11**, 690–699.

Friston, K.J., Holmes, A., Poline, J.-B. Price, C.J. and Frith, C.D. (1996) Detecting activations in PET and fMRI: levels of inference and power. *Neuroimage*, **40**, 223–235.

Fritsch, V. (1968) *Left and Right in Science and Life*. London: Barrie & Rockliff.

Fulgosi, A. and Guilford, J.P. (1968) Short term incubation in divergent production. *American Journal of Psychology*, **81**, 241–246.

Fuller, U. (1975) *Confessions of a Psychic*. Teaneck, New Jersey: Karl Fulves.

Fuller, U. (1980) *Further Confessions of a Psychic*. Teaneck, New Jersey: Karl Fulves.

Gambril, E. (1992) Self-help books: pseudoscience in the guise of science? *The Skeptical Inquirer*, **16**(4), 389–399.

Garattini, S. and Chiaberge, R. (1992) *Scoppiare di Salute*. Milano: Rizzoli.

Garattini, S. and Garattini, L. (1993) Pharmaceutical prescriptions in four European countries. *Lancet*, **342**, 1191–1192.

García Márquez, G. (1994) *Strange Pilgrims*. London: Penguin Books.

Gardner, M. (1957) *Fads and Fallacies in the Name of Science*. New York: Dover Publications.

Gardner, M. (1981) *Science: Good, Bad and Bogus*. Buffalo, NY: Prometheus Books.

Gardner, M. (1983) Notes of a psi watcher. *The Skeptical Inquirer*, **7**(4).

Gardner, M. (1985) Parapsychology and quantum mechanics. In: P. Kurtz (ed.) *A Skeptic's Handbook of Parapsychology*. Buffalo: Prometheus Books, pp. 585–598.

Gardner, M. (1989) Water with memory? The dilution affair. *The Skeptical Inquirer*, **13**(2), 132–141.

Gardner, H. (1994) *Creating Minds*. New York: Basic Books.

Garrett, S.V. (1976) Putting our whole brain to use: a fresh look at the creative process. *Journal of Creative Behavior*, **10**, 239–249.

Garry, M., Manning, C.G. and Loftus, E.F. (1997, July) A cognitive whodunnit: thinking about an event can make you think it happened to you. Presented at the second meeting of the Society for Applied Research in Memory & Cognition (SARMAC), Toronto.

Garry, M., Manning, C., Loftus, E. and Sherman, S. (1996) Imagination inflation: imagining a childhood event inflates the confidence that it occurred. *Psychonomic Bulletin and Review*, **3**, 208–214.

Gazzaniga, M.S. (1983) Right hemisphere language following brain bisection: a 20-year perspective. *American Psychologist*, **38**, 525–537.

Gazzaniga, M.S. (1987) Perceptual and attentional processes following callosal section in humans. *Neuropsychologia*, **25**, 119–133.

Gazzaniga, M. (1989) Organization of the human brain. *Science*, **245**, 947–952.

Gazzaniga, M.S. (1992) *Nature's Mind*. Basic Books, New York.

Gazzaniga, M.S., Bogen, J.E. and Sperry, R.W. (1967) Dyspraxia following division of the cerebral commissures. *Archives of Neurology*, **16**, 606–612.

Gerbner, G. (1987) Science on television: how it affects public conceptions. *Issues in Science and Technology*, **3**, 109–115.

Geschwind, N. and Behan, P. (1982) Left-handedness: association with immune disease, migraine, and developmental learning disorder. *Proceedings of the National Academy of Sciences of the USA*, **79**, 5097–5100.

Geschwind, N. and Galaburda, A.M. (1987) *Cerebral Lateralization: Biological Mechanisms, Associations, and Pathology*. Cambridge, MA: Bradford Books/MIT Press.

Geschwind, N. and Levitsky, W. (1968) Human brain: right–left asymmetries in temporal speech region. *Science*, **161**, 186–187.

Ghez, C. (1991) Muscles: effectors of the motor systems. In: E.R. Kandel, J.H. Schwartz and T.M. Jessell (eds) *Principles of Neural Science*, 3rd edn. Norwalk: Appleton & Lange, pp. 548–563.

Ghiselin, B. (1952) *The Creative Process*. New York: Mentor.

Gibson, H.B. (1992) A recent case of a man charged for rape and other sexual offences. *Contemporary Hypnosis*, **9**, 139–148.

Gloor, P., Olivier, A., Quesney, L., Andermann, F. and Horowitz, S. (1982) The role of the limbic system in experiential phenomena of temporal lobe epilepsy. *Annals of Neurology*, **12**, 129–144.

Gloor, P., Salanova, V., Olivier, A. and Quesney, L. (1993) The human dorsal hippocampal commissure. *Brain*, **116**, 1249–1273.

Gold, P.E. (1995) Role of glucose in regulating the brain and cognition. *American Journal of Clinical Nutrition*, **61**(suppl), 987S–995S.

Golding, W. (1955) *The Inheritors*. London: Faber and Faber.

Goleman, D. (1997) Split-brain psychology: fad of the year. *Psychology Today*, **11**, 88–90, 149–150.

Golla, F.L., Hutton, E.L. and Walter, W.G. (1943) The objective study of mental imagery. *Journal of Mental Science*, **89**, 375.

Goodman, E.M., Greenebaum, B. and Marron, M.T. (1995) Effects of electromagnetic fields on molecules and cells. *International Review of Cytology*, **158**, 279–338.

Gorassini, D.R. (1996) Conviction management: lessons from hypnosis research about how self-images of dubious validity can be willfully sustained. In: R.G. Kunzendorf, N.P. Spanos and B.J. Wallace (eds) *Hypnosis and Imagination*. New York: Baywood, pp. 177–198.

Gorassini, D.R. (1997) Strategy selection and hypnotic performance. *Contemporary Hypnosis*, **14**, 37–47.

Gordon, S. (1996) *The Book of Miracles*. London: Headline.

Gorn, G.J. (1982) The effects of music in advertising on choice behavior: a classical conditioning approach. *Journal of Marketing*, **46**, 94–101.

Gould, S.J. (1980) *Ever Since Darwin*. London: Penguin Books.

Gould, S.J. (1981) *The Mismeasure of Man*. New York: W.W. Norton.

Gould, S.J. (1997) Individuality. *The Sciences*, **37**(5), 14–16.

Graceley, R.H., Dubner, R., Deeter, W.R. and Wolskee, P.J. (1985) Clinicians expectations' influence placebo analgesia. *Lancet*, **i**, 43.

Grady, M.P. and Luecke, E.A. (1978) *Education and the Brain (Fastback* 108). Bloomington, IN: Phi Delta Kappa Education Foundation.

Grafton, S.T. (1995) Mapping memory systems in the human brain. *Seminars in the Neurosciences,* **7**, 157–163.

Gray, G. and Flynn, P. (1981) A survey on placebo use in a general hospital. *General Hospital Psychiatry,* **3**, 199–203.

Greenfield, S. (1997) *The Human Brain. A Guided Tour.* London: Weidenfeld & Nicolson.

Green, J. (1975) *Thinking and Language.* London: Methuen.

Greenwald, A.G., Spanaberg, E.R., Pratkanis, A.R. and Eskenazi, J. (1991) Double-blind tests of subliminal self-help autotapes. *Psychological Science,* **2**(2), 119–122.

Grossman, S.P. (1967) A *Textbook of Physiological Psychology.* New York: John Wiley, pp. 564–595.

Gruber, H.E. (1980) *Darwin on Man: A Psychological Study of Scientific Creativity,* 2nd edn. Chicago: University of Chicago Press.

Gruber, H.E. and Davis, S. (1988) Inching our way up Mount Olympus: the evolving systems approach to creative thinking. In: R.J. Sternberg (ed.) *The Nature of Creativity: Contemporary Psychological Perspectives.* Cambridge: Cambridge University Press, pp. 243–270.

Gruner, P. (1990) Scientists to exercise minds at "brain gym". *Evening Standard,* 30 March.

Grünewald-Zuberbier, E., Grünewald, G. and Rasche, A. (1975) Hyperactive behavior and EEG arousal reactions in children. *EEG and Clinical Neurophysiology,* **38**(2), 149–159.

Gruzelier, J. (1988) The neuropsychology of hypnosis. In: M. Heap (ed.) *Hypnosis: Current Clinical, Experimental and Forensic Practices,* London: Croom Helm, pp. 68–76.

Guiraud, G.G. and Lile, P.C. (1993) Acupuncture: procédés abusifs de valorisation scientifique. *La Presse Médicale,* **22**, 1249–1250.

Gustin, W.C. (1995) The development of exceptional research mathematicians. In: B.S. Bloom (ed.) *Developing Talent in Young People.* New York: Ballantine Books, pp. 270–331.

Hahnemann, S. (1991) *Organon de la Medicina.* Buenos Aires: Editorial Albatros.

Haier, R.J., Siegel, B.V., Nuechterlein, K.H., Hazlett, E., Wu, J.C., Paek, J., Browning, H.L. and Buchsbaum, M.S. (1988) Cortical glucose metabolic rate correlates of abstract reasoning and attention studied with positron emission tomography. *Intelligence,* **12**, 199–217.

Haier, R.J., Siegel, B.V., MacLachlan, A., Solderling, E., Lottenberg, S. and Buchsbaum, M.S. (1992a) Regional glucose metabolic changes after learning a complex visuospatial/motor task: a positron emission tomographic study. *Brain Research,* **570**, 134–143.

Haier, R.J., Siegel, B.V., Tang, C., Abel, L. and Buchsbaum, M.S. (1992b) Intelligence and changes in regional glucose metabolic rate following learning. *Intelligence,* **16**, 415–426.

Hall, T. (1962) *The Spiritualists: The Story of Florence Cook and William Crookes.* Londra (reprinted as: *The Medium and the Scientist,* 1984, Buffalo: Prometheus Books).

Hall, T. (1984) *The Medium and the Scientist.* Buffalo: Prometheus Books.

Hall, T. (1984a) *The Enigma of Daniel Home.* Buffalo: Prometheus Books.

Hamilton, I. (1994) A *Touch more Treason.* Glasgow: Neil Wilson Publishing.

Hammer, J. (1989) Brain boosters: road-testing the new mind machines. In: T. Schultz (ed.) *The Fringes of Reason.* New York: Harmony Books, pp. 130–136.

Hammond, C. (1997) Investigating False Memory for the Unmemorable: a Critique of Experimental Hypnosis and Memory Research. American Society of Clinical Hypnosis International, San Diego, 22–27 June.

Hansson, E. and Rönnbäck, L. (1995) Astrocytes in glutamate neurotransmission. *FASEB Journal,* **9**, 343–350.

Hari, R. and Lounasmaa, O.V. (1989) Recording and interpretation of cerebral magnetic fields. *Science,* **244**, 432–436.

Hari, R. and Salmelin, R. (1997) Human cortical oscillations: a neuromagnetic view through the skull. *Trends in Neurosciences,* **20**, 44–49.

Harmony, T. (1990) Origen del electroencefalograma. *Salud Mental,* **13**(3), 27–34.

Harrington, A. (1985) Nineteenth-century ideas on hemispheric differences and "duality of mind". *Behavioral and Brain Sciences,* **8**, 617–660.

Harrington, A. (1987) *Medicine, Mind, and the Double Brain.* Princeton, NJ: Princeton University Press.

Harrington, A. (ed.) (1997) *The Placebo Effect: An Interdisciplinary Exploration.* Cambridge, Mass: Harvard University Press.

Holms, A.C. (1969) *The Facts of Psychic Science*. New York.

Hopkins, W.D. (1996) Chimpanzee handedness revisited: 55 years since Finch (1941). *Psychonomic Bulletin and Review*, **3**, 449–457.

Horn, J.L. (1982) The theory of fluid and crystallised intelligence in relation to concepts of cognitive psychology and aging in adulthood. In: F.I.M. Craik and S. Trehub (eds) *Aging and Cognitive Processes*. Boston: Plenum.

Horn, J.L. and Cattell, R.B. (1967) Age differences in fluid and crystallised intelligence. *Acta Psychologica*, **26**, 107–129.

Horwitz, B., McIntosh, A.R., Haxby, J.V. and Grady, C.L. (1995) Network analysis of brain cognitive function using metabolic and blood flow data. *Behavioural Brain Research*, **66**, 187–193.

Houdini, H. (1926) *A Magician Among the Spirits*. Reprint 1972. New York: Arno Press.

Houser, C.R. (1992) Morphological changes in the dentate gyrus in human temporal lobe epilepsy. In: C.E. Ribak, C.M. Gall and L. Moody (eds) *The Dentate Gyrus and its Role in Seizures*. New York: Elsevier, pp. 223–234.

Howe, M.J.A. (1996) *Intelligence*. London: Sage.

Howe, M.J.A. (1997) *IQ in Question: The Truth about Intelligence*. London: Sage.

Howe, M.J.A., Davidson, J.W. and Sloboda, J.A. (1998) Innate talents: reality or myth? *Behavioral and Brain Sciences*, in press.

Hudson, L. (1966) *Countrary Imaginations*. London: Methuen.

Hughes, T. (1992) *Shakespeare and the Goddess of Complete Being*. London: Faber & Faber.

Huppert, F.A. and Piercy, M. (1976) Recognition memory in amnesic patients: effect of temporal context and familiarity of material. *Cortex*, **12**, 3–20.

Huppert, F.A. and Piercy, M. (1978) The role of trace strength in recency and frequency judgements by amnesic and control subjects. *Quarterly Journal of Experimental Psychology*, **30**, 347–354.

Hussein, J.N., Fatoohi, L.J., Al-Dargazelli, S. and Almuchtar, N. (1994) The deliberately caused bodily damage phenomena: mind, body, energy or what? Final part (iii) of a three-part article. *Journal of Alternative and Complementary Medicine*, **12**(11), 25–29.

Huston, P. (1995) China, Chi and chicanery. Examining traditional Chinese medicine and Chi theory. *The Skeptical Inquirer*, **19**, 38–42, 58.

Hutchinson, M. (1994) *Megabrain Power. Transform your Life with Mind Machines and Brain Nutrients*. New York: Hyperion.

Huxley, A. (1972) *Brave New World*. Harmondsworth, Middlesex: Penguin Books Ltd.

Hyman, R. (1977) Cold reading: how to convince strangers that you know all about them. *The Zetetic*, **1**, 18–37.

Hyman, R. (1992) *The Elusive Quarry: A Scientific Appraisal of Psychical Research*. Amherst, NY: Prometheus Books.

Hyman, I., Husband, T. and Billings, F. (1995) False memories of childhood experiences. *Applied Cognitive Psychology*, **9**, 181–197.

Jackson, J.H. (1864) Clinical remarks on cases of defects of expression (by words, writing, signs, etc) in diseases of the nervous system. *Lancet*, **ii**, 604.

Jackson, J. (1905) *Ambidexterity or Two-handedness and Two-brainedness*. London: Kegan Paul, Trench & Trubner.

Jacobs, S. and Gotthelf, C. (1986) Effects of hypnosis on physical and athletic performance. In: F.A. DePiano and H.C. Salzberg (eds) *Clinical Applications of Hypnosis*. Norwood, NJ: Ablex.

James, W. (1890) *The Principles of Psychology*. New York: Henry Holt.

Jamison, K.R. (1995) Manic-depressive illness and creativity. *Scientific American*, **272**, 46–51.

Jarvik, L.F. (1983) Age is in – Is the wit out? In: D. Samuel, S. Algeri, S. Gershon, V.E. Grimm and G. Toffano (eds) *Aging of the Brain*. New York: Raven Press.

Jensen, A.R. (1980) Chronometric analysis of mental ability. *Journal of Social and Biological Structures*, **3**, 181–224.

Jensen, A.R. (1985) The nature of the black–white difference on various psychometric tests: Spearman's hypothesis. *Behavioural and Brain Sciences*, **8**, 193–219.

Jensen, A.R. (1987) Individual differences in the Hick paradigm. In: P.A. Vernon (ed.) *Speed of Information Processing and Intelligence*. Norwood, NJ: Ablex.

Jerison, H. (1982) The evolution of biological intelligence. In: R.J. Sternberg (ed.) *Handbook of Human Intelligence*. Cambridge UK: Cambridge University Press.

Harris, B. (1985) *Gellerism Revealed*. Calgary: Micky Hades International.

Harris, L.J. (1988) Right-brain training: some reflections on the applications of research on cerebral hemispheric specialization to education. In: D.L. Molfese and S.J. Segalowitz (eds) *Brain Lateralization in Children*. New York: Guilford, pp. 207–235.

Harten, H.-U. (1977) *Física básica para estudiantes de medicina*. Barcelona: Editorial Científico-Médica.

Hartwick, J.J. (1996) *Placebo Effects in Health and Disease: Index of New Information with Authors, Subjects, and References*. Washington: ABBE Publications Associations.

Haug, H., Barmwater, U.J., Eggers, R., Fischer, D., Kuhl, S. and Sasi, N.L. (1983) Anatomical change is aging brain: morphometric analysis of human prosecephalon. *Neuropharmacology*, **21**, 1–12.

Healey, F., Persinger, M.A. and Koren, S.A. (1996) Enhanced hypnotic suggestibility following applications of burst-firing magnetic fields over the right temporoparietal lobes: a replication. *International Journal of Neuroscience*, **87**, 201–207.

Heap, M. and Dryden, W. (1991) *Hypnotherapy: A Handbook*. Milton Keynes: Open University Press.

Heap, R. and W., Publishing Company Limited (1997) Bowden Hall, Marple, Stockport, Cheshire SK6 6NE, UK.

Hebb, D.O. (1949) *Organization of Behavior*. New York: John Wiley.

Hebb, D.O. (1966) *A Textbook of Psychology*. Saunders, Philadelphia.

Heim, A.W. (1970) *The AH 4 Group Test of General Intelligence*. Windsor: NFER-Nelson.

Hembrooke, H.A. and Ceci, S.J. (1997) True and false memories of traumatic childhood events. SARMAC, Toronto.

Henriksen, O. (1994) MR spectroscopy in clinical research. *Acta Radiologica*, **35**, 96–116.

Herman, J.L. and Harvey, M.R. (1993) The false memory debate: social science or social backlash. *Harvard Mental Health Letter*, **9**, April.

Herman, J.L. and Schatzow, E. (1987) Recovery and verification of memories of childhood sexual trauma. *Psychoanalytic Psychology*, **4**, 1–14.

Hermann, N. (1981) The creative brain. *Training and Development Journal*, **35**, 11–16.

Herrnstein, R.J., Nickerson, R.S., de Sanchez, M. and Swets, J.A. (1986) Teaching thinking skills. *American Psychologist*, **41**, 1279–1289.

Hertz, R. (1909) La préeminence de la main droite: etude sur la polarité religieuse. *Revue Philosophique*, **68**, 553–580 (translated in Hertz, 1960).

Hertz, R. (1960) *Death and the Right Hand*. Aberdeen: Cohen & West.

Hewes, G. (1949) Lateral dominance, culture, and writing systems. *Human Biology*, **21**, 233–245.

Highfield, R. (1997) Scientists tap into the secret of sleep. *The Daily Telegraph*, 26 April.

Hilgard, E.R. (1978) States of consciousness in hypnosis: divisions or levels? In: F.H. Frankel and H.S. Zamansky (eds) *Hypnosis at its Bicentennial: Selected Papers*. New York: Plenum, pp. 15–36.

Hilgard, E.R. (1985) Conscious and unconscious processes in hypnosis. In D. Waxman, P.C. Misra, M. Gibson and M.A. Basker (eds) *Modern Trends in Hypnosis*. New York: Plenum, pp. 29–40.

Hilgard, E.R. (1986) *Divided Consciousness: Multiple Controls in Human Thought and Action*. New York: Wiley.

Hilgard, E.R. (1991) A neodissociation interpretation of hypnosis. In: S.J. Lynn and J.W. Rhue (eds) *Theories of Hypnosis: Current Models and Perspectives*. New York: Guilford, pp. 83–104.

Hilgard, E.R. and Hilgard, J.R. (1983) *Hypnosis in the Relief of Pain*. Los Altos, CA: William Kaufmann.

Hilgard, J.R. (1970) *Personality and Hypnosis: A Study of Imaginative Involvement*. Chicago: University of Chicago Press.

Hinke, R.M., Hu, X., Stillman, A.E., Kim, S.-G., Merkle, H., Salmi, R. and Ugurbil, K. (1993) Functional magnetic resonance imaging of Broca's area during internal speech. *Neuroreport*, **4**, 675–678.

Hirsch, H. and Jacobson, M. (1975) The perfectible brain: principles of neural development. In: M. Gazzaniga and C. Blakemore (eds) *Handbook of Psychobiology*. New York: Academic Press, pp. 107–137.

Hirsch, S.R. and Shepherd, S. (1974) *Themes and Variations in European Psychiatry*. Bristol: Wright. Translation of Cotard (1882).

Hirst, W. (1982) The amnesic syndrome: descriptions and explanations. *Psychological Bulletin*, **91**, 435–460.

Holloway, T. (1956) Left-handedness is no handicap. *Psychology*, **20**, 27.

Holmes, D.S. (1984) Meditation and somatic arousal reduction. *American Psychologist*, **39**(1), 1–10.

Holmes, D.S. (1987) The influence of meditation versus rest on physiological arousal: a second examination. In: M.A. West (ed.) *The Psychology of Meditation*. Oxford: Clarendon Press, pp. 81–103.

Johnson, R.F.Q. (1989) Hypnosis, suggestion and dermatological changes: a consideration of the production and diminution of dermatological entities. In: N.P. Spanos and J.F. Chaves (eds) *Hypnosis: The Cognitive-Behavioral Perspective*. Buffalo, NY: Prometheus, pp. 297–312.

Johnson, M. and Din, (1997) Ethnocultural differences in the analgesic effects of placebo. *Complementary Therapies in Medicine*, **5**, 74–79.

Johnson, M.K., Hashroudi, S. and Lindsay, D.S. (1993) Source monitoring. *Psychological Bulletin*, **114**, 3–28.

Johnson, M.K., O'Connor, M. and Cantor, J. (1997) Confabulation, memory deficits, and frontal dysfunction. *Brain and Cognition*, **34**, 189–206.

Johnson, C. and Persinger, M. (1994) The sensed presence may be facilitated by interhemispheric intercalation: relative efficacy of the mind's eye, Hemi-Sync tape, and bilateral temporal magnetic field stimulation. *Perceptual and Motor Skills*, **79**, 351–354.

Jones, E. (1961) *The Life and Work of Sigmund Freud*. Edited by L. Trilling and S. Marcus. London: Hogarth.

Jones, G.V. (1990) Misremembering a common object: when left is not right. *Memory and Cognition*, **18**, 174–182.

Jones, H.E. and Conrad, H. (1933) The growth and decline of intelligence: a study of a homogenous group between the ages of ten and sixty. *Genetic Psychological Monographs*, **13**, 223–298.

Jones and Flynn (1989) Methodological and theoretical considerations in the study of "hypnotic" effects in perception. In: N.P. Spanos and J.F. Chaves (eds) *Hypnosis: The Cognitive Behavioral Perspective*. Buffalo, NY: Prometheus, pp. 149–174.

Jones, W.H. and Russell, D. (1980) The selective processing of belief disconfirming information. *European Journal of Social Psychology*, **10**, 309–312.

Jones, B. and Spanos, N.P. (1982) Suggestions for altered auditory sensitivity, the negative subject effect and hypnotic susceptibility: a signal detection analysis. *Journal of Personality and Social Psychology*, **43**, 637–647.

Joseph, A.B. (1986) Cotard's syndrome with coexistent Capgras' syndrome, syndrome of subjective doubles, and palinopsia. *Journal of Clinical Psychiatry*, **47**, 605–606.

Joseph, R. (1992) *The Right Brain and the Unconscious: Discovering the Stranger Within*. New York: Plenum.

Jung, C. (1971) *Memories, Dreams and Reflections*. London: Collins.

Kalat, J.W. (1995) *Biological Psychology*, 5th edn. Pacific Grove, CA: Brooks-Cole.

Kamiya, J. (1969) Operant control of the EEG alpha rhythm and some of its reported effects on consciousness. In: C. Tart (ed.) *Altered States of Consciousness*. New York: Anchor Books, pp. 519–529.

Kandel, E.R., Schwartz, J.H. and Jessell, T.M. (eds) (1991) *Principles of Neural Science*, 3rd edn. Norwalk: Appleton & Lange.

Kaney, S. and Bentall, R.P. (1989) Persecutory delusions and attributional style. *British Journal of Medical Psychology*, **62**, 191–198.

Kantor, D. (1980) Critical identity image. In: J.K. Pearce and L.J. Friedman (eds) *Family Therapy: Combining Psychodynamic and Family Systems Approaches*. New York: Grune & Stratton, pp. 137–167.

Kapur, N. and Coughlan, A.K. (1980) Confabulation and frontal lobe dysfunction. *Journal of Neurology, Neurosurgery and Psychiatry*, **43**, 461–643.

Karmiloff-Smith, A. (1993) Is creativity domain-specific or domain-general? Clues from normal and abnormal development. *Artificial Intelligence and Simulation of Behavior Quarterly*, August (**84**), 35–40.

Kasamatsu, J. and Hirai, T. (1966) An electroencephalographic study on the Zen meditation (Zazen). *Folio Psychiatrica et Neurologica Japonica*, **20**, 315–336.

Kienle, G.S. (1995) *Der sogenanute Plazeboeffekt*. Stuttgart: Schattauer.

Kihlstrom, J.F. and Wilson, L. (1984) Temporal organization of recall during posthypnotic amnesia. *Journal of Abnormal Psychology*, **93**, 200–208.

Kihlstrom, J.F., Evans, F.J., Orne, E.C. and Orne, M.T. (1980) Attempting to breach posthypnotic amnesia. *Journal of Abnormal Psychology*, **89**, 603–616.

Kim, S.-G., Ashe, J., Hendrich, K., Ellerman, J.M., Ugurbil, K. and Georgopoulos, A.P. (1993) Functional magnetic resonance imaging of motor cortex: hemispheric asymmetry and handedness. *Science*, **261**, 615–617.

Kinnunen, T., Zamansky, H.S. and Block, M. (1994) Is the hypnotized subject lying? *Journal of Abnormal Psychology*, **2**, 184–191.

Kipling, R. (1901) *Kim*. London: Macmillan.

Kirsch, I. (1991) The social learning theory of hypnosis. In: S.J. Lynn and J.W. Rhue (eds) *Theories of Hypnosis: Current Models and Perspectives*. New York: Guilford, pp. 439–466.

Kirsch, I., Montgomery, G. and Sapirstein, G. (1995) Hypnosis as an adjunct to cognitive-behavioural therapy: a meta-analysis. *Journal of Consulting and Clinical Psychology*, **63**, 214–220.

Kirsch, I., Mobayed, C.P., Council, J.R. and Kenny, D.A. (1992) Expert judgments of hypnosis from subjective state reports. *Journal of Abnormal Psychology*, **101**, 657–662.

Kleeimeier, R.W. (1962) Intellectual changes in the senium. *Proceedings of the Social Statistics Section of the American Statistical Association*, 290–295.

Klippel, M. (1898) La non-equivalence des deux hémisphères cérébraux. *Revue de la Psychiatrie*, 52–57.

Knox, J.V., Morgan, A.H. and Hilgard, E.R. (1974) Pain and suffering in ischemia: the paradox of hypnotically suggested anesthesia as contradicted by reports from the "hidden-observer". *Archives of General Psychiatry*, **30**, 840–847.

Koestler, A. (1964) *The Act of Creation*. London: Hutchinson.

Kohn, A. (1986) *False Prophets*. Oxford: Basil Blackwell Ltd.

Kolata, G. (1997) *Clone. The Road to Dolly and the Path Ahead*. London: Allen Lane, The Penguin Press.

Kolb, B. and Whishaw, I.Q. (1996) *Fundamentals of Human Neuropsychology*, 4th edn. New York: W.H. Freeman.

Kopelman, M.D. (1985) Rates of forgetting in Alzheimer-type dementia and Korsakoff's syndrome. *Neuropsychologia*, **23**, 623–638.

Kopelman, M.D. (1987) Two types of confabulation. *Journal of Neurology, Neurosurgery and Psychiatry*, **50**, 1482–1487.

Kopelman, M.D. (1995) The Korsakoff syndrome. *British Journal of Psychiatry*, **166**, 154–173.

Kopelman, M.D., Ng, N. and Van den Boucke, O. (1997) Confabulation extending across episodic memory, personal and general semantic memory. *Cognitive Neuropsychology*, **14**, 683–712.

Korsakoff, S.S. (1889) Psychic disorder in conjunction with peripheral neuritis (translated by M. Victor and P.I. Yakovlev, 1955). *Neurology*, **5**, 394–406.

Krauss, L. (1997) *The Physics of Star Trek*. New York: Harper Collins.

Krech, D. (1962) Cortical localization of function. In: L. Postman (ed.) *Psychology in the Making: Histories of Selected Research Problems*. New York: Alfred A. Knopf, pp. 31–72.

Krivacska, J. (1993) Antisexualism in child sexual abuse prevention programs – Good touch, bad touch . . . don't touch? *Issues in Child Abuse Accusations*, **5**, 78–82.

Kuhn, T.S. (1970) *The Structure of Scientific Revolutions*. Chicago: University of Chicago Press.

Kulikov, V.N. (1964) The question of hypnopaedia. *Problems in Psychology*, **2**, 87–97.

Kunzendorf, R.G. (1990) Post-hypnotic amnesia: dissociation of self concept or self-consciousness? *Imagination, Cognition and Personality*, **9**, 321–334.

Kuschinsky, W. (1987) Coupling of function, metabolism and blood flow in the brain. *News in Physiological Sciences*, **2**, 217–220.

Lachman, R., Lachman, J.L. and Taylor, D.W. (1982) Re-allocation of mental resources over the productive lifespan: assumptions and techniques. In: F.I.M. Craik and S. Trehub (eds) *Aging and Cognitive Processes*. New York: Plenum Press.

Landau, W.M. (1988) Clinical neuromythology. *Neurology*, **38**, 1496–1499, 1799–1801.

Landau, W.M. (1989) Clinical neuromythology. *Neurology*, **39**, 725–730.

Landau, W.M. (1990) Clinical neuromythology. *Neurology*, **40**, 733–740, 884–886, 1337–1339.

Landau, W.M. and Nelson, D.A. (1996) Clinical neuromythology XV. Feinting science. *Neurology*, **46**, 609–618.

Lasagna, L., Mosteller, F., von Felsinger, J.M. and Beecher, H.K. (1954) A study of the placebo response. *American Journal of Medicine*, **16**, 770–779.

Latour, B. (1998) From the world of science to the world of research. *Science*, **280**, 208–209.

Laurence, J.R. and Perry, C.W. (1988) *Hypnosis, Will and Memory: A Psycho-legal History*. New York: Guilford.

LeBars, P., Katz, M., Berman, N., Itil, T., Freedman, A. and Schatzberg, A. (1997) A placebo-controlled, double blind, randomized trial of and extract of Ginko Biloba for dementia. *Journal of the American Medical Association*, **278**(16), 1327–1332.

Le Doux, J.E., Wilson, D.J. and Gazzaniga, M.S. (1977) Manipulo-spatial aspects of cerebral lateralization: clues to the origin of lateralization. *Neuropsychologia*, **15**, 743–750.

LeMay, M. (1976) Morphological cerebral asymmetries of modern man, fossil man, and nonhuman primates. *Annals of the New York Academy of Sciences*, **280**, 349–366.

Lehmann, H.C. (1953) *Age and Achievement*. Princeton, NJ: Princeton University Press.

Lehmann, H.C. (1954) Men's creative production rate at different ages and in different countries. *Scientific Monthly*, **78**, 321–326.

Lehmann, H.C. (1957) The chemist's most creative years. *Science*, **127**, 1213–1222.

Leng, N.R.C. and Parkin, A.J. (1988) Double dissociation of frontal dysfunction in organic amnesia. *British Journal of Clinical Psychology*, **27**, 359–362.

LeShan, L. (1942) The breaking of habit by suggestion during sleep. *Journal of Abnormal and Social Psychology*, **37**, 406–408.

Letzelter, M., Jungermann, C. and Frietag, W. (1986) Schwimmleistungen im Alter. *Zeitschrift fur Gerontologie*, **19**, 389–395.

Leuba, C. and Bateman, D. (1952) Learning during sleep. *American Journal of Psychology*, **65**, 301–302.

Levinson, B.W. (1965) States of awareness during general anaesthesia. *British Journal of Anaesthesia*, **37**, 544–550.

Levinthal, F., Macagno, E. and Levinthal, C. (1976) Anatomy and development of identified cells in isogenic organisms. *Cold Spring Harbor Symposia of Quantitative Biology*, **40**, 321–331.

Lévi-Strauss, C. (1970) *The Raw and The Cooked*. London: Cape.

Levitan, I.B. and Kaczmarek, L.K. (1997) *The Neuron. Cell and Molecular Biology*. New York: Oxford University Press.

Levitt, R.E., Aronoff, G., Morgan, C.D., Overley, T.M. and Parrish, M.J. (1975) Testing the coercive power of hypnosis: committing objectionable acts. *International Journal of Clinical and Experimental Hypnosis*, **23**, 59–67.

Lewin, R. (1980) Is your brain really necessary? *Science*, **210**, 1232–1234.

Lewontin, R.C. (1997) The confusion over cloning. *New York Review of Books*, **XLIV**(16), 18–23.

Liddle, P.F. (1996) Functional imaging – schizophrenia. *British Medical Bulletin*, **52**, 486–494.

LifeTools (1997) LifeTools, Freepost SK1852, Macclesfield SK10 2YE, also on the Web at www.lifetools.com.

Lindenberger, U. and Baltes, P.B. (1994) Sensory functioning and intelligence in old age: a strong connection. *Psychology and Aging*, **9**, 339–355.

Llinas, R. and Ribary, U. (1993) Coherent 40–Hz oscillation characterizes dream state in humans. *Proceedings of the National Academy of Sciences of the USA*, **90**, 2078–2081.

Loftus, E.F. (1993) Desperately seeking memories of the first few years of childhood: the reality of early memories. *Journal of Experimental Psychology: General*, **122**, 274–277.

Loftus, E. (1996) *Eyewitness Testimony*. Cambridge, Mass: Harvard University Press.

Loftus, E.F. and Ketcham, K. (1991) *Witness for the Defense*. New York: St Martin's Press.

Loftus, E.F. and Pickrell, J.E. (1995) The formation of false memories. *Psychiatric Annals*, **25**, 720–725.

Lotka, A.J. (1926) The frequency distribution of scientific productivity. *Journal of the Washington Academy of Sciences*, **16**, 317–323.

Ludwig, A.M. (1992) Creative achievement and psychopathology: comparison among professions. *Journal of Psychotherapy*, **46**, 330–356.

Lusted, H.S. and Knapp, R.B. (1996) Controlling computers with neural signals. *Scientific American*, **275**(4), 58–63.

Luys, J.B. (1879) Etudes sur le dédoublement des operations cérebrales et sur le rôle isolé de chaque hémisphère dans les phénomènes de la pathologie mentale. *Bulletins de l'Académie de Médecine, 2ème série*, **8**, 516–534, 547–565.

Luys, J.B. (1881) Recherches nouvelles sur les hémiplégies émotives. *Encéphale*, **1**, 644–646.

Lynn, S.J. (1992) A non-state view of hypnotic involuntariness. *Contemporary Hypnosis*, **9**, 21–27.

Lynn, S.J. and Rhue, J.W. (1991a) An integrative model of hypnosis. In: S.J. Lynn and J.W. Rhue (eds) *Theories of Hypnosis: Current Models and Perspectives*. New York: Guildford, pp. 397–438.

Lynn, S.J. and Rhue, J.W. (eds) (1991b) *Theories of Hypnosis: Current Models and Perspectives*. New York: Guilford.

Lynn, S.J., Rhue, J.W. and Weekes, J.R. (1990) Hypnotic involuntariness: a social cognitive analysis. *Psychological Review*, **97**, 169–184.

Macagno, E.R., Lopresti, V. and Levinthal, C. (1973) Structure and development of neuronal connections in isogenic organisms: variations and similarities in the optic system of *Daphnia magna*. *Proceedings of the National Academy of Sciences*, **70**, 57–61.

MacKinnon, D.Q. (1962) The personality correlates of creativity: a study of American architects. In: *Proceedings of the 14th Congress of Applied Psychology*, Vol. 2. Copenhagen: Munksgaard, pp. 11–39, Excerpts reprinted in P.E. Vernon (ed.) (1970) *Creativity*, Harmondsworth: Penguin Books.

Macklis, R.M. (1993) Magnetic healing, quackery, and the debate about the health effects of electromagnetic fields. *Annals of Internal Medicine*, **118**, 376–383.

Madsen, P.L., Holm, S., Herning, M. and Lassen, N.A. (1993) Average blood flow and oxygen uptake in the human brain during resting wakefulness: a critical appraisal of the Kety–Schmidt technique. *Journal of Cerebral Blood Flow and Metabolism*, **13**, 646–655.

Magistretti, P.J. and Pellerin, L. (1996) Cellular bases of brain energy metabolism and their relevance to functional brain imaging: evidence for a prominent role of astrocytes. *Cerebral Cortex*, **6**, 50–61.

Maller, J.B. and Lundeen, G.E. (1932) Sources of superstitious beliefs. *Journal of Education Research*, **26**, 321–343.

Malone, K. and Malone, J.P. (1992) Remarkable resolution of an uncommon psychosyndrome: epilepsy-induced remission of Cotard's syndrome. *Irish Journal of Psychological Medicine*, **9**, 53–54.

Malott, J.M. (1984) Active-alert hypnosis: replication and extension of previous research. *Journal of Abnormal Psychology*, **93**, 246–249.

Maquet, P. (1997) Positron emission tomography studies of sleep and sleep disorders. *Journal of Neurology*, **244** (suppl. I), S23–S28.

Maquet, P., Degueldre, C., Delfiore, G., Aerts, J., Peters, J-M., Luxen, A. and Franck, G. (1997) Functional neuroanatomy of human slow wave sleep. *Journal of Neuroscience*, **17**(8), 2807.

Marden, O.S. (1909) *Peace, Power, and Plenty*. New York: Thomas Y. Crowell.

Marden, O.S. (1917) *How to Get What You Want*. New York: Thomas Y. Crowell.

Marg, E., Adams, J.E. and Rutkin, B. (1968) Receptive fields of cells in the human visual cortex. *Experientia*, **24**, 348–350.

Marie, P. (1922) Existe-t-il dans le cerveau humain des centres innés ou préformés de language? *La Press Médicale*, **17**, 117–181.

Marks, D.F. (1986) Investigating the paranormal. *Nature*, **320**, 119–124.

Marks, D. and Kamman, R. (1980) *The Psychology of the Psychic*. Buffalo: Prometheus Books.

Marshall, J. (1997) Everyday tales of ordinary madness. *Nature*, **389**, 29.

Marshall, J.C. and Halligan, P.W. (1988) Blindsight and insight in visuo-spatial neglect. *Nature*, **336**, 766–767.

Martin, J.H. (1991) Coding and processing of sensory information. In: E.R. Kandel, J.H. Schwartz and T.M. Jessell (eds) *Principles of Neural Science*, 3rd edn. Norwalk: Appleton & Lange, pp. 329–340.

Mayes, A.R., Meudell, P.R. and Pickering, A. (1985) Is organic amnesia caused by a selective deficit in remembering contextual information? *Cortex*, **21**, 167–202.

Mazziotta, J.C., Valentino, D., Grafton, S., Bookstein, F., Pelizzari, C., Chen, G. and Toga, A.W. (1991) Relating structure to function *in vivo* with tomographic imaging. *Ciba Foundation Symposium*, **163**, 93–112.

McCann, T.E. and Sheehan, P.W. (1987) The breaching of pseudomemory under hypnotic instruction: implications for original memory retrieval. *British Journal of Experimental and Clinical Hypnosis*, **4**, 101–108.

McCarthy, G., Puce, A., Constable, R.T., Krystal, J.H., Gore, J.C. and Goldman-Rakic, P. (1996) Activation of human prefrontal cortex during spatial and nonspatial working memory tasks measured by functional MRI. *Cerebral Cortex*, **6**, 600–611.

McClearn, G.E., Johansson, B., Berg, S., Pedersen, N.L., Aher, F., Petrill, S.A. and Plomin, R. (1997) Substantial genetic influence on cognitive abilities in twins 80 or more years old. *Science*, **276**, 1560–1563.

McIntyre, T. (1997) ebom.com.au/thom/drmmach.html

McLelland, D.C. (1962) On the dynamics of creative physical scientists. In: H.E. Gruber, G. Teller and M. Wertheimes (eds) *Contemporary Approaches to Creative Thinking*. New York: Atherton, pp. 141–174.

McManus, I.C. (1985) Handedness, language dominance and aphasia: a genetic model. *Psychological Medicine*, **8** (Suppl.) 1–40.

Meadow, A., Parnes, S.J. and Reese, H. (1959) Influence of brainstorming instruction and problem sequence on a creative problem solving test. *Journal of Applied Psychology*, **43**, 413–416.

Melton, J.G. (1988) A history of the New Age. In: R. Basil (ed.) *Not Necessarily the New Age: Critical Essays*. Amherst, NY: Prometheus Books, pp. 35–54.

Melzack, R. (1989) Phantom limbs, the self and the brain: the D.O. Hebb Memorial Lecture. *Canadian Psychology*, **30**(1), 1–16.

Merikle, P.M. and Skanes, H. (1992) Subliminal self-help audio tapes: a search for placebo effects. *Journal of Applied Psychology*, **77**, 772–776.

Merriam-Webster's Collegiate Dictionary (1993) 10th edn. Springfield: Merriam-Webster, Inc.

Meyer, D. (1965) *The Positive Thinkers: A Study of the American Quest for Health, Wealth and Personal Power from Mary Baker Eddy to Norman Vincent Peale*. Garden City, New York: Doubleday Anchor.

Michaels, R.R., Huber, M.J. and McCann, D.S. (1976) Evaluation of transcendental meditation as a method of reducing stress. *Science*, **192**, 1242–1244.

Mihill, C. (1996) Hairy men "are more intelligent". *The Guardian*, 12 December.

Miller, K. (1997) Star struck. LIFE, July, 38–52.

Miller, L. (1995) Freudian Flame Wars. *Salon Magazine*, 2 December. http://www.salon1999.com/02dec1995/reviews/freud.html

Miller, M.E. and Bowers, K.S. (1993) Hypnotic analgesia: dissociated experience or dissociated control? *Journal of Abnormal Psychology*, **102**, 29–38.

Milner, B. (1971) Interhemispheric differences in the localisation of psychological processes in man. *British Medical Bulletin*, **27**, 272–277.

Milner, B. (1975) Psychological aspects of focal epilepsy and its neurosurgical management. *Advances in Neurology*, **8**, 299–321.

Milton, R. (1994) *Forbidden Science*. London: Fourth Estate Limited.

Minsky, M. (1987) *The Society of Mind*. London: Heinemann.

Mintzberg, H. (1976) Planning on the left side and managing on the right. *Harvard Business Review*, **54**, 49–58.

Mitroff, I.I. (1974) *The Subjective Side of Science*. Amsterdam: Elsevier.

Mittenberg, W., Seidenberg, M., O'Leary, D.S. and DiGuilio, D. (1989) Changes in cerebral functioning associated with normal ageing. *Journal of Clinical and Experimental Neuropsychology*, **11**(6), 918–932.

Mittwoch, U. (1977) To be right is to be born male. *New Scientist*, **73**, 74–76.

Mondadori, C. (1994) In search of the mechanisms of action of the nootropics: new insights and potential clinical implications. *Life Sciences*, **55**(25/26), 2171–2178.

Moody, R.A. (1975) *Life after Life*. New York: Bantam.

Moore, T.E. (1982) Subliminal advertising: what you see is what you get. *Journal of Marketing*, **46**, 38–47.

Moore, T.E. (1995) Subliminal self-help auditory tapes: an empirical test to perceptual consequences. *Canadian Journal of Behavioral Science*, **27**, 9–20.

Morse, C.K. (1993) Does variability increase with age? An archival study of cognitive measures. *Psychology and Aging*, **8**, 156–164.

Morton, J. (1967) A singular lack of incidental learning. *Nature*, **215**(5097), 203–204.

Mulholland, J. (1979) *Beware Familiar Spirits*. New York: Charles Scribner's Sons.

Mulholland, T. and Peper, E. (1971) Occipital alpha and accommodative vergence, pursuit tracking, and fast eye movements. *Psychophysiology*, **8**, 556–575.

Murphy, J. (1985) *Las sorprendentes leyes de la fuerza del pensamiento cósmico*. México D.F.: Diana.

Murray, G.J., Cross, H.J. and Whipple, J. (1992) Hypnotically created pseudomemories: further investigation into the "memory distortion or response bias" question. *Journal of Abnormal Psychology*, **101**, 75–77.

Murray, H.G. and Denny, J.P. (1969) Interaction of ability level and interpolated activity in human problem solving. *Psychological Reports*, **24**, 271–276.

Myslobodsky, M.S. (ed.) (1997) *The Mythomanias: The Nature of Perception and Self-deception*. Mahwah, New Jersey: LEA.

Myss, C. (1997) www.powersource.com/myss/caroline.htm.

Nash, M.R. (1991) Hypnosis as a special case of psychological regression. In: S.J. Lynn and J.W. Rhue (eds) *Theories of Hypnosis: Current Models and Perspectives*. New York: Guilford, pp. 171–198.

Needham, R. (1973) *Right and Left: Essays on Dual Symbolic Classification*. Chicago: University of Chicago Press.

Neher, A. (1961) Auditory driving observed with scalp electrodes in normal subjects. *EEG and Clinical Neurophysiology*, **13**, 449–451.

Neher, A. (1962) A physiological explanation of unusual behavior in ceremonies involving drums. *Human Biology*, **34**, 151–160.

Neher, A. (1990) *The Psychology of Transcendence*. New York: Dover Publications.

Nehlig, A. (1993) Imaging and ontogeny of brain metabolism. *Baillière's Clinical Endocrinology and Metabolism*, **7**, 627–642.

Nehlig, A. (1997) Cerebral energy metabolism, glucose transport and blood flow: changes with maturation and adaptation to hypoglycemia. *Diabetes and Metabolism (Paris)*, **23**, 18–29.

Neisser, U. (1984) Toward an ecologically oriented cognitive science. In: T.M. Shlechter and M.P. Toglia (eds) *New Directions in Cognitive Science*. Norwood, NJ: Ablee, pp. 17–32.

Neisser, U. (1993) Memory with a grain of salt. Conference on ''Memory and Reality'', Valley Forge, PA.

Neisser, U. and Harsch, N. (1992) Phantom flashbulbs: false recollections of hearing the news about Challenger. In: E. Winograd, and U. Neisser (eds) *Affect on Accuracy in Recall*. Cambridge: Cambridge University Press, pp. 9–31.

New Age Electronics (1997) 42 Greenwood, Tweedmouth, Berwick-upon-Tweed, TD15 2EB, UK.

Newman, L.S. and Baumeister, R.F. (1996) Toward an explanation of the UFO abduction phenomenon: hypnotic elaboration, extraterrestrial sadomasochism, and spurious memories. *Psychological Inquiry*, **7**, 99–126.

Ney, T. (1988) Expressing your emotions and controlling feelings. In: A. Gale (ed.) *The Polygraph Test: Lies, Truth and Science*. London: Sage.

NHI Conference on Placebo, 1996.

Nicholls, D.G. (1993) The glutamatergic nerve terminal. *European Journal of Biochemistry*, **212**, 613–631.

Nicholson, C.D. (1990) Pharmacology of nootropics and metabolically active compounds in relation to their use in dementia. *Psychopharmacology*, **101**, 147–159.

Nichell, J. (1993) *Looking for a Miracle: Weeping Icons, Relics, Stigmata, Visions and Healing Cures*. Buffalo: Prometheus Books.

Nickerson, R.S. and Adams, M.J. (1979) Long-term memory for a common object. *Cognitive Psychology*, **11**, 287–307.

Nogrady, H., McConkey, K.M., Laurence, J.R. and Perry, C. (1983) Dissociation, duality, and demand characteristics in hypnosis. *Journal of Abnormal Psychology*, **92**, 223–235.

Nordberg, A. (1996) Application of PET in dementia disorders. *Acta Neurologica Scandinavica Suppl*, **168**, 71–76.

Oakley, D.A. and Plotkin, H.C. (eds) (1979) *Brain, Behaviour, and Evolution*. London: Methuen.

O'Brien, R.M. and Rabuck, S.J. (1976) Experimentally produced self-repugnant behavior as a function of hypnosis and waking suggestion: a pilot study. *American Journal of Clinical Hypnosis*, **18**, 272–276.

Office of Population Censuses and Surveys (1980) *Classification of Occupations*. London: HMSO.

Ogawa, S., Menon, R.S., Tank, D.W., Kim, S.-G., Merkle, H., Ellermann, J.M. and Ugurbil, K. (1993) Functional brain mapping by blood oxygenation level-dependent contrast magnetic resonance imaging. A comparison of signal characteristics with a biophysical model. *Biophysical Journal*, **64**, 803–812.

Ogden, J.A. (1988) Language and memory functions after long recovery periods in left-hemispherectomized subjects. *Neuropsychologia*, **26**, 645–659.

Ogden, J.A. (1989) Visuospatial and other ''right-hemispheric'' functions after long recovery periods in left-hemispherectomized subjects. *Neuropsychologia*, **27**, 765–776.

Ogles, R.M. (1987) Cultivation analysis: theory, methodology, and current research on television-influenced constructions of social reality. *Mass. Comm. Review*, **14**, 43–53.

Oldfield, S. (1995) A smart family pet to set your watch by. *The Daily Mail*, 16 January.

Oldfield, H. and Coghill, R. (1994) *The Dark Side of The Brain – Major Discoveries in the Use of Kirlian Photography and Electro-Crystal Therapy*. Shaftesbury: Element Books.

Olivotto, M., Arcangeli, A., Carlà, M. and Wanke, E. (1996) Electric fields at the plasma membrane level: a neglected element in the mechanisms of cell signalling. *BioEssays*, **18**, 495–504.

Olton, R.M. and Johnson, D.M. (1976) Mechanisms of incubation in creative problem solving. *American Journal of Psychology*, **7**, 617–630.

Oppenheim, J.S., Skerry, J.E., Tramo, M.J. and Gazzaniga, M.S. (1989) Magnetic resonance imaging of the corpus callosum in monozygotic twins. *Annals of Neurology*, **26**, 100–104.

Orne, M.T. (1959) The nature of hypnosis: artifact and essence. *Journal of Abnormal Psychology*, **58**, 277–299.

Orne, M.T. (1962) On the social psychology of the psychological experiment: with particular reference to demand characteristics and their implications. *American Psychologist*, **17**, 776–783.

Orne, M.T. (1970) Hypnosis, motivation and the ecological validity of the psychological experiment. In: W.J. Arnold and M.M. Page (eds) *Nebraska Symposium on Motivation*. Lincoln, Nebraska: Nebraska Press, pp. 187–265.

Orne, M.T. (1971) The simulation of hypnosis: why, how, and what it means. *International Journal of Clinical and Experimental Hypnosis*, **19**, 183–210.

Orne, M.T. (1979) On the simulating subject as quasi-control group in hypnosis research: what, why and how? In: E. Fromm and R.E. Shor (eds) *Hypnosis: Research Developments and Perspectives*. New York: Aldine, pp. 399–443.

Orne, M.T. and Evans, F.J. (1965) Social control in the psychological experiment: antisocial behaviour and hypnosis. *Journal of Personality and Social Psychology*, **1**, 189–200.

Orne, M.T. and Paskewitz, D.A. (1974) Aversive situational effects on alpha feedback training. *Science*, **186**, 458–460.

Orne, M.T., Sheehan, P.W. and Evans, F.J. (1968) Occurrence of posthypnotic behavior outside the experimental setting. *Journal of Personality and Social Psychology*, **9**, 189–196.

Ornstein, R.E. (1972) *The Psychology of Consciousness*. San Francisco: Freeman.

Osborn, A.F. (1953) *Applied Imagination*. New York: Scribners.

Oster, G. (1973) Auditory beats in the brain. *Scientific American*, **229**, 94–102.

Ostrander, S. and Schroeder, L. (1970) *Psychic Discoveries Behind the Iron Curtain*. Englewood Cliffs: Prentice-Hall.

Ostrander, S. and Schroeder, L. (1994) *Superlearning 2000*. New York: Delacorte Press.

Owen, O.E. (1988) Resting metabolic requirements of men and women. *Mayo Clinic Proceedings*, **63**, 503–510.

Pallis, C. and Harley, L.H. (1996) *ABC of Brain Stem Death*. London: BMJ Publishing Group.

Palomar, J. (1991) Viaje al centro del cerebro. *Clarín Revista*, 10 November, 12.

Paredes, J.A. and Hepburn, M.J. (1976) The split brain and the culture-and-cognition paradox. *Current Anthropology*, **17**, 121–127.

Park, R.L. (1997) Alternative medicine and the laws of physics. *The Skeptical Inquirer*, **21**(5), 24–28.

Parkin, A.J., Montaldi, D., Leng, N.R.C., et al (1990) Contextual cueing effects in the remote memory of Korsakoff patients and normal subjects. *Quarterly Journal of Experimental Psychology*, **42A**, 585–596.

Parnes, S.J. and Meadow, A. (1963) Development of individual creative talent. In: C.W. Taylor and F. Barron (eds) *Scientific Creativity: Its Recognition and Development*. New York: John Wiley, pp. 198–212.

Pasche, B., Erman, M., Hayduk, R., Mitler, M., Reite, M., Higgs, L., Kuster, N., Rossel, C., Dafni, U., Amato, D., Barbault, A. and Lebet, J-P. (1997) Effects of low energy emission therapy in chronic psychophysiological insomnia. *Sleep*, **9**(4), 327.

Passingham, R.E. (1982) *The Human Primate*. San Francisco: Freeman.

Patrick, C. (1935) Creative thought in poets. *Archives of Psychology*, **26**, 73.

Patrick, C. (1937) Creative thought in artists. *Journal of Psychology*, **4**, 35–73.

Pattie, F.A. (1935) A report of attempts to produce uniocular blindness by hypnotic suggestion. *British Journal of Medical Psychology*, **15**, 230–241.

Paulos, J.A. (1988) *Innumeracy*. London: Penguin Books.

Paulos, J.A. (1996) A *Mathematician Reads the Newspaper*. London: Penguin Books.

Payne, D.G., Elie, C.J., Blackwell, J. and Neuschatz, J.S. (1996) Memory illusions: recalling, recognizing, and recollecting events that never occurred. *Journal of Memory and Language*, **35**, 261–285.

Pellerin, L. and Magistretti, P.J. (1996) Excitatory amino acids stimulate aerobic glycolysis in astrocytes via an activation of the Na^+/K^+ ATPase. *Developmental Neuroscience*, **18**, 336–342.

Penfield, W. and Perot, P. (1963) The brain's record of auditory and visual experience: a final summary and discussion. *Brain*, **86**(4), 595–696.

Pennisi, E. (1997) The lamb that roared. *Science*, **278**, 2038–2039.

Perlini, A.H. and Spanos, N.P. (1991) EEG alpha methodologies and hypnotizability: a critical review. *Psychophysiology*, **28**(5), 511–530.

Perlini, A.H., Spanos, N.P. and Jones, W. (1996) Hypnotic negative hallucinations: a review of subjective, behavioral and physiological methods. In: R.G. Kunzendorf, N.P. Spanos and B.J. Wallace (eds) *Hypnosis and Imagination*. New York: Baywood, pp. 199–222.

Perry (1992) Countering the stereotypes of hypnosis. *Contemporary Hypnosis*, **9**, 150.

Persinger, M.A. (1974) *The Paranormal: Part I. The Patterns*. New York: MSS Information.

Persinger, M.A. (1985) Death anxiety as a semantic conditioned suppression paradigm. *Perceptual and Motor Skills*, **60**, 827–830.

Persinger, M.A. (1987) *The Neuropsychological Bases of God Experiences*. New York: Praeger Press.

Persinger, M.A. (1993a) Vectorial hemisphericity as differential sources of the sensed presence, mystical experience and religious conversions. *Psychological Reports*, **76**, 915–930.

Persinger, M.A. (1993b) Near-death experiences: determining the neuroanatomical pathways by experimental patterns and simulation in experimental settings. In: L. Bessette (ed.) *Healing: Beyond Suffering or Death*. Quebec: MHH, pp. 227–286.

Persinger, M.A. (1995) Out-of-body-experiences are more probable in people with elevated complex partial epileptic-like signs during periods of enhanced geomagnetic activity: a non-linear effect. *Perceptual and Motor Skills*, **80**, 563–569.

Persinger, M.A. (1996) Feelings of past lives as expected perturbations within the neurocognitive processes that generate the sense of self: contributions from limbic lability and vectorial hemisphericity. *Perceptual and Motor Skills*, **83**, 1107–1121.

Persinger, M.A., Carrey, N.J. and Suess, L. (1980) *TM and Cult Mania*. North Quincy, Massachusetts: Christopher Publishing.

Persinger, M.A. and Makarec, K. (1993) Complex partial epileptic-like signs as a continuum from normals to epileptics. Normative data and clinical populations. *Journal of Clinical Psychology*, **49**, 33–45.

Persinger, M.A. and Richards, P.M. (1995) Vestibular experiences during brief periods of partial sensory deprivation are enhanced when daily geomagnetic activity exceeds 15–20 nT. *Neuroscience Letters*, **194**, 69–72.

Persinger, M.A., Richards, P.M. and Koren, S.A. (1994) Differential ratings of pleasantness following right and left hemispheric application of low energy magnetic fields that simulate long-term potentiation. *International Journal of Neuroscience*, **79**, 191–197.

Petersen, S.E. and Fiez, J.A. (1993) The processing of single words studied with positron emission tomography. *Annual Review of Neuroscience*, **16**, 509–530.

Petersen, S.E., Fox, P.T., Snyder, A.Z. and Raichle, M.E. (1990) Activation of extrastriate and frontal cortical areas by visual words and word-like stimuli. *Science*, **249**, 1041–1044.

Peterson, M.R., Beecher, M.D., Zoloth, S.R., Moody, D.B. and Stebbings, W.C. (1978) Neural lateralization of species-specific vocalizations by Japanese macaques. *Science*, **202**, 324–327.

Petit, T.L. (1982) Neuroanatomical and clinical neuropsychological change in ageing and dementia. In: F.I.M. Craik and S. Trehub (eds) *Ageing and Cognitive Processes*. New York: Plenum Press.

Pezdek, K., Finger, K. and Hodge, D. (1997) Planting false childhood memories: the role of event plausibility. *Psychological Science*, **8**, 437–441.

Phelps, M.E., Mazziotta, J.C. and Huang, S.-C. (1982) Study of cerebral function with positron computed tomography. *Journal of Cerebral Blood Flow and Metabolism*, **2**, 113–162.

Piattelli-Palmarini, M. (1980) *Language and Learning: The Debate between Jean Piaget and Noam Chomsky*. Cambridge, MA: Harvard University Press.

Pinker, S. (1997) *How the Mind Works*. New York: W.W. Norton & Co.

Pistarini, J. (1991) *Biosinergia, maravilla de Acuario*. Buenos Aires: Lumen.

Plato (1995) *The Republic*. London: Everyman.

Plotkin, W.B. (1979) The alpha experience revisited: biofeedback in the transformation of psychological state. *Psychological Bulletin*, **86**, 1132–1148.

Plotkin, W.B. and Rice, K.M. (1981) Biofeedback as a placebo: anxiety reduction facilitated by training in either suppression or enhancement of alpha brainwaves. *Journal of Consulting and Clinical Psychology*, **49**(4), 590–596.

Plum, F. and Posner, J.B. (1980) *The Diagnosis of Stupor and Coma*, 3rd edn. Philadelphia: F.A. Davis Company.

Poincaré, H. (1908) *Science et Methode*. Paris: Flammarion.

Polidoro, M. (1995) *Viaggio tra gli spirit*. Carnago (VA): Sugarco.

Polidoro, M. (1998) L'Illusione del paranormale. Padova: Franco Muzzio Editore.

Polidoro, M. and Rinaldi, G.M. (1997) Eusapia's Sapient Foot: a new consideration of the Fielding Report. *Journal of the Society for Psychical Research*, **62**, 242–256.

Pope, A. (1978) Neuroglia: quantitative aspects. In: E. Schoffeniels, G. Franck, L. Hertz and D.B. Tower (eds) *Dynamic Properties of Glia Cells*. London: Pergamon Press, pp. 13–20.

Popper, K. and Eccles, J.C. (1977) *The Self and its Brain*. Berlin: Springer-Verlag.

Pratkanis, A. (1995) How to sell a pseudoscience. *The Skeptical Inquirer*, **19**(4), 19–25.

Pratkanis, A.R. (1996) Persuasione sublimale. Una pseudoscienza commerciale. *Scienza & Paranormale*, **4**, 30–38.

Pratkanis, A.R., Eskenazi, J. and Greenwald, A.G. (1990) What you expect in what you believe (but not necessarily what you get: a test of the effectiveness of subliminal self-help audio tapes). *Basic and Applied Social Psychology*, **15**, 251–276.

Prodi, G. (1987) *Il Cane di Pavlov*. Milan: Camunia.

Puthoff, H.E. and Targ, R. (1976) A perceptual channel for information transfer over kilometer distance: historical perspective and recent research. *Proceedings of the IEEE*, **64**, 329–354.

Quintero Osso, B. (1992) Equilibrio químico. In: Sanz Pedrero, P. (ed.) *Fisicoquímica para farmacia y biología*. Barcelona: Ediciones Científicas y Técnicas, S.A., pp. 385–408.

Rabbitt, P.M.A. (1993a) Does it all go together when it goes? *Quarterly Journal of Experimental Psychology*, **46A**, 385–434.

Rabbitt, P.M.A. (1993b) Crystal Quest: an examination of the concepts of "fluid" and "crystallised" intelligence as explanations for cognitive changes in old age. In: A.D. Baddeley and L.S. Weiskrantz (eds) *Attention, Selection, Awareness and Control*. Oxford: Oxford University Press.

Rabbitt, P.M.A. (1996a) Do individual differences in speed reflect "global" or "local" differences in mental abilities? *Intelligence*, **22**, 68–88.

Rabbitt, P.M.A. (1996b) Intelligence is not just mental speed. *Journal of Biosocial Science*, **28**, 425–449.

Rabbitt, P.M.A., Bent, N. and McInnes, L. (1997) Health, age and mental ability. *Irish Journal of Psychology*, **18**, 104–131.

Rabbitt, P.M.A. and Yang, Q. (1996) In: C. Hertzog, D. Herman et al. (eds) *Proceedings of 3rd International Conference on Practical Aspects of Memory*. New Jersey: Erlbaums.

Rabbitt, P., Donlan, C., Bent, N., McInnes, L. and Abson, V. (1993) The University of Manchester Age and Cognitive Performance Research Centre and North East Age Research Longitudinal Programmes, 1982 to 1997. *Zeitschrift fur Gerontologie*, **26**, 176–183.

Rabbitt, P.M.A., Watson, P., Donlan, C., Bent, N. and McInnes, L. (1994) Subject attrition in a longitudinal study of cognitive performance in community based elderly people. *Facts and Research in Cognitive Gerontology*, Paris, Sardi.

Rabbitt, P.M.A., Watson, P., Donlan, C., McInnes, L., Bent, N., Horan, M. and Pendleton, N. (1997) Effects of cause and time of death within 11 years on cognitive performance in old age. *Psychology and Aging*, submitted.

Radin, D.I. (1997) *The Conscious Universe*. New York: Harper-Collins.

Radner, D. and Radner, M. (1982) *Science and Unreason*. Belmont, CA: Wadsworth.

Randi, J. (1975) *The Magic of Uri Geller*. New York: Ballantine (reprinted as: *The Truth about Uri Geller* (1982). Buffalo, NY: Prometheus Books).

Randi, J. (1982a) Lourdes revisited. *The Skeptical Inquirer*, **6**, 4.

Randi, J. (1982b) *Flim-Flam!* Buffalo, NY: Prometheus Books.

Randi, J. (1989) The case of the remembering water. *The Skeptical Inquirer*, **13**(2), 142–146.

Randi (1990) The Mark of Nostradamus. New York: Charles Scribner & Sons (paper – Buffalo, NY: Prometheus Books).

Randi, J. (1992) Help stamp out absurd beliefs. *Time*, 13 April, 80.

Reed, G. (1988) *The Psychology of Anomalous Experience*. Buffalo, NY: Prometheus Books.

Regan, D. (1988) *For the Record*. New York: Harcourt Jovanovich.

Reisser, P.C., Reisser, T.K. and Weldon, J. (1987) *New Age Medicine*. Downers Grove: InterVarsity Press.

Reite, M. and Zimmerman, J. (1978) Magnetic phenomena of the central nervous system. *Annual Review of Biophysics and Bioengineering*, **7**, 167–188.

Renault, B. and Garnero, L. (1996) Les perspectives de l'imagerie fonctionnelle cérébrale électrique et magnétique. *Médecine/Sciences*, **12** (Spécial), 119–122.

Richardson, J.T.E. (1992) Remembering the appearance of familiar objects: a study of monarchic memory. *Bulletin of the Psychometric Society*, **30**, 389–392.

Richardson, P.H. (1994) Placebo effects in pain management. *Pain Reviews*, **1**, 15–32.

Richer, P. (1881) *Etudes cliniques sur l'hystéro-épilepsie ou grande hystérie*. Paris: Delahaye et Lacroisnier.

Ricklefs, R.E. and Finch, C.E. (1995) *Aging, A Natural History*. New York: W.H. Freeman.

Rico, G.L. (1983) *Writing the Natural Way: Using Right-brain Techniques to Release Your Expressive Power*. Los Angeles: J.P. Tarcher.

Ridley, M. (1995) Weird science. *The Waterstone's Magazine*, **2**, 4–11.

Ritter, M. (1991) Sudden recall of forgotten crimes in a puzzler for juries, experts say. *Los Angeles Times*, 30 June.

Robbins, T.W., James, M., Owen, A., Sahakian, B.J., McInnes, L. and Rabbitt, P.M. (1994) Cambridge Automated Neuropsychological Test (CANTAB): a factor analytic study of a large sample of normal elderly volunteers. *Dementia*, **5**, 266–281.

Robbins, T.W., James, M., Owen, A.M., Sahakian, B.J. and McInnes, L. (1997) A neural systems approach to the cognitive psychology of ageing. Studies with CANTAB on a large sample of the normal elderly population. In: P.M.A. Rabbitt (ed.) *Methodology of Frontal Executive Function Testing*. Hove, UK: Psychology Press, in press.

Roberts, R.J., Gorman, L.L., Lee, G.P., Hines, M.E., Richardson, E.D., Riggle, T.A. and Varney, N.R. (1992) The phenomenology of multiple partial epileptic-like symptoms without stereotyped spells: an epilepsy spectrum disorder? *Epilepsy Research*, **13**, 167–177.

Roe, A. (1952) A psychologist examines sixty-four eminent scientists. *Scientific American*, **187**, 21–25.

Rogers, S. (1993) How a publicity blitz created the myth of subliminal advertising. *Public Relations Quarterly* (Winter 1992/1993).

Rogo, D.S. (1991) *Miracles. A Scientific Exploration of Wondrous Phenomena*. London: Aquarian Press.

Roland, P.E. (1993) *Brain Activation*. New York: Wiley-Liss.

Rose, S. (1993) No way to treat the mind. *New Scientist*, 17 April, 23–26.

Rose, S. (1996) Minds, brains, and the Rosetta Stones. In: J. Brockman and K. Matson (eds) *How Things Are*. London: Phoenix, pp. 201–212.

Rosen, G.M. (1987) Self-help books and the commercialization of psychotherapy. *American Psychologist*, **42**(1), 46–51.

Rosenberg, N.L. (1996) The neuromythology of silicone breast implants. *Neurology*, **46**, 308–314.

Rosenberg, G.A. and Wolfson, L.I. (1991) Disorders of brain fluids and electrolytes. In: R.N. Rosenberg (ed.) *Comprehensive Neurology*. New York: Raven Press, pp. 201–214.

Rosenzweig, S., Brohier, S. and Zipfel, A. (1995) The placebo effect in healthy volunteers. *British Journal of Clinical Pharmacology*, **39**, 657–664.

Rosenzweig, M.R., Leiman, A.L. and Breedlove, S.M. (1996) *Biological Psychology*. Sunderland, Mass.: Sinauer Associates.

Rosner, B.S. (1974) Recovery of function and localization of function in historical perspective. In: D.G. Stein, J. Rosen and N. Butters (eds) *Plasticity and Recovery of Function in the Central Nervous System*. New York: Academic Press, pp. 2–29.

Rothman, M. (1989) Myths about science . . . and belief in the paranormal. *The Skeptical Inquirer*, **14**, 25–34.

Rothwell, J.C., Thompson, P.D., Day, B.L., Boyd, S. and Marsden, C.D. (1991) Stimulation of the human motor cortex through the scalp. *Experimental Physiology*, **76**, 159–200.

Rowland, L.W. (1939) Will hypnotised persons try to harm themselves or others? *Journal of Abnormal and Social Psychology*, **34**, 114–117.

Rubin, F. (1968) *Current Research in Hypnopaedia*. London: Macdonald.

Rubin, D.C. and Kontis, T.C. (1983) A schema for common sense. *Memory and Cognition*, **11**, 335–341.

Russell, B. (1959) Mysticism and logic. In: *Mysticism and Logic and Other Essays*. London: George Allen and Unwin, pp. 1–32.

Sacks, O. (1985) *The Man Who Mistook His Wife for a Hat and Other Clinical Tales*. New York: Summit Books.

Sacks, O. (1995) Scotoma: forgetting and neglect in science. In: R.B. Silver (ed.) *Hidden Histories of Science*. London: Granta, pp. 141–187.

Sagan, C. (1977) *The Dragons of Eden*. New York: Random House.

Sagan, C. (1996) *The Demon-haunted World. Science as a Candle in the Dark*. London: Headline.

Saletu, B. (1975) Hypno-analgesia and acupuncture analgesia: a neurophysiological reality. *Neuropsychobiology*, **1**, 218–242.

Salthouse, T.A. (1985) *A Theory of Cognitive Aging*. Amsterdam: North Holland.

Salthouse, T.A. (1991) *Theoretical Perspectives on Cognitive Aging*. Mahwah, NJ: Erlbaums.

Salthouse, T.J. (1996) The processing-speed theory of adult age differences in cognition. *Psychological Review*, **103**, 403–428.

Sanders, H. and Warrington, E. (1971) Memory for remote events in amnesic patients. *Brain*, **94**, 661–668.

Sannita, W.G. (1995) Benefits of placebos. *Nature*, **378**, 125.

Sapolsky, R.M. (1998) *Junk Food Monkeys*. London: Headline.

Saradeth, T., Resch, K.L. and Ernst, E. (1994) Placebo for varicose veins – don't eat it, rub it! *Phlebology*, **9**, 63–66.

Saraví, F.D. (1991) Efecto Kirlian y cuerpo astral. *El ojo escéptico*, **4**(1), 14–16.

Saraví, F.D. (1993a) *La trampa de las medicinas alternativas*. Barcelona: CLIE.

Saraví, F.D. (1993b) *Parapsicología œun engaño del siglo XX?* Barcelona: CLIE.

Sarbin, T.R. and Coe, W.C. (1972) *Hypnosis: A Social Psychological Analysis of Influence Communication*. New York: Holt, Rinehart and Winston.

Sarbin, T.R. and Slagle, R.W. (1979) Hypnosis and psychophysiological outcomes. In: E. Fromm and R.E. Shor (eds) *Hypnosis: Developments in Research and New Perspectives*, 2nd edn. Chicago: Aldine, pp. 273–303.

Sargant, W. (1957) *Battle for the Mind: A Physiology of Conversion and Brain-Washing*. London: Pan Books.

Sargant, W. (1973) *The Mind Possessed: From Ecstasy to Exorcism*. London: Pan Books.

Savage-Rumbaugh, S. and Lewin, R. (1994) *Kanzi: The Ape at the Brink of Human Mind*. New York: McGraw-Hill.

Schacter, D.L., Harbluk, J.L. and McLachlan, D.R. (1984) Retrieval without recollection: an experimental analysis of source amnesia. *Journal of Verbal Learning and Verbal Behavior*, **23**, 593–611.

Schacter, D.L., Verfaellie, M. and Anes, M.D. (1997) Illusory memories in amnesic patients: conceptual and perceptual false recognition. *Neuropsychology*, **11**, 1–12.

Schacter, D.L., Verfaellie, M. and Pradere, D. (1996) The neuropsychology of memory illusions: false recall and recognition in amnesic patients. *Journal of Memory and Language*, **35**, 319–334.

Schechter, D.C. (1971) Origins of electrotherapy, Part 1. *New York State Journal of Medicine*, **71**, May, 997–1008.

Schnider, A., von Däniken, C. and Gutbrod, K. (1996) The mechanisms of spontaneous and provoked confabulations. *Brain*, **119**, 1365–1375.

Schousboe, A., Westergaard, N. and Hertz, L. (1993) Neuronal–astrocytic interactions in glutamate metabolism. *Biochemical Society Transactions*, **21**, 49–53.

Schröter, K. (1985) Electroencephalography. In: H. Kresse (ed.) *Handbook of Electromedicine*, 3rd edn. Berlin-Chichester: Siemens AG-John Wiley & Sons, pp. 90–108.

Schultz, T. (ed.) (1989) *The Fringes of Reason*. New York: Harmony Books.

Schultz, R. and Curnow, C. (1988) Peak performance and age among super athletes: track and field, swimming, baseball, tennis and golf. *Journal of Gerontology, Psychological Sciences*, **43**, 113–120.

Schurr, A., Payne, R.S., Miller, J.J. and Rigor, B.M. (1997) Brain lactate, not glucose, fuels the recovery of synaptic function from hypoxia upon reoxygenation: an in vitro study. *Brain Research*, **744**, 105–111.

Schwender, D., Kaiser, A., Klasing, S., Peter, K. and Pöppel, E. (1993) Explicit and implicit memory and mid-latency auditory evoked potential during cardiac surgery. In: P.S. Seber, B. Bonke and E. Winograd (eds) *Memory and Awareness in Anaesthesia*. Englewood Cliffs, New Jersey: Prentice Hall, pp. 85–98.

Seuling, B. (1991) *You Can't Sneeze With Your Eyes Open* . . . Dunton Green: Hodder and Stoughton.

Shaywitz, B.A., Shaywitz, S.E., Pugh, K.R., Constable, R.T., Skudiariski, P., Fulbright, R.K., Bronen, R.A., Fletcher, J.M., Shankweiler, D.P., Katz, L. and Gore, J.C. (1995) Sex differences in the functional organization of the brain for language. *Nature*, **373**, 607–609.

Shealy, N. (1993) The Creation of Health: The Emotional, Psychological and Spiritual Responses that Promote Health and Healing. Walpole, NH: Stillpoint Publishing.

Sheldrake, R. (1995) Seven Experiments That Could Change the World. New York: Riverhead.

Shermer, M. (1997) Why People Believe Weird Things: Pseudoscience, Superstition, and Other Confusions of Our Time. UK: WH Freeman.

Shevelev, I.A., Tsicalov, E.N., Gorbach, A.M., Budko, K.P. and Sharaev, K.P. (1993) Thermoimaging of the brain. Journal of Neuroscience Methods, 46, 49–57.

Silva, C.E. and Kirsch, I. (1987) Breaching hypnotic amnesia by manipulating expectancy. Journal of Abnormal Psychology, 96, 325–329.

Silva, C.E. and Kirsch, I. (1992) Interpretive sets, expectancy, fantasy proneness and dissociation as predictors of hypnotic response. Journal of Personality and Social Psychology, 63, 847–856.

Silva, J. and Miele, P. (1985) El método Silva de control mental. México: Diana.

Simkins, L. (1982) Biofeedback: clinically valid or oversold? Psychological Record, 32, 3–17.

Simon, H.A. (1966) Scientific discovery and the psychology of problem solving. In: R.G. Colodny (ed.) Mind and Cosmos: Essays in Contemporary Science and Philosophy. Pittsburgh: University of Pittsburgh Press, pp. 22–40.

Simon, C.W. and Emmons, W.H. (1955) Learning during sleep? Psychological Bulletin, 52, 328–342.

Simon, J., Guiraud, G., Esquerre, J.P., Lazorthes, Y. and Guiraud, R. (1988) Les meridiens d'acupuncture démythifiés: apport de la méthodologie des radiotraceurs. La Presse Médicale, 17, 1341–1344.

Simonton, D.K. (1977) Creative productivity, age and stress: a biographical time-series analysis of 10 classical composers. Journal of Personality and Social Psychology, 35, 791–804.

Simonton, D.K. (1984) Creative productivity and age: a mathematical model based on a 2-step cognitive process. Developmental Review, 4, 77–111.

Simonton, D.K. (1988) Creativity, leadership and chance. In: R.J. Sternberg (ed.) The Nature of Creativity. Cambridge: Cambridge University Press, pp. 386–428.

Singer, W. (1993) Synchronization of cortical activity and its putative role in information processing and learning. Annual Review of Physiology, 55, 349–374.

Skinner, B.F. (1957) Verbal Behavior. New York: Appleton-Century-Crofts.

Skolnick, A. (1991) The Maharishi caper; or how to hoodwink top medical journals. Newsletter of the National Association of Science Writers, 39(3), 5–7.

Skolnick, A. (1992) Special Report: The Maharishi caper: JAMA hoodwinked (but just for a while). The Skeptical Inquirer, 16(3), 254–259.

Skrabanek, P. and McCormick, J (1989) Follies and Fallacies in Medicine. Glasgow: The Terragon Press, chapter 1, pp. 3–20.

Sleep (1995) www-leland.stanford.edu/dept/sleep/journal.

Smillie, B. and Strauss, S. (1997) Japanese TV yanks mind-bending show. The Globe and Mail (Toronto), December 18, 1997, 1, 14.

Smith, M.C. (1983) Hypnotic memory enhancement of witnesses: does it work? Psychological Bulletin, 94, 387–407.

Smith, B.D., Meyers, M.B. and Kline, R. (1989) For better or for worse: left-handedness, pathology, and talent. Journal of Clinical and Experimental Neuropsychology, 11, 944–958.

Sokoloff, L. (1977) Relation between physiological function and energy metabolism in the central nervous system. Journal of Neurochemistry, 27, 13–26.

Sokoloff, L., Takahashi, S., Gotoh, J., Driscoll, B.F. and Law, M.J. (1996) Contribution of astroglia to functionally activated energy metabolism. Developmental Neuroscience, 18, 343–352.

Spanos, N.P. (1982) A social psychological approach to hypnotic behavior. In: G. Weary and H.L. Mirels (eds) Integrations of Clinical and Social Psychology. Oxford: Oxford University Press, pp. 231–271.

Spanos, N.P. (1986) Hypnotic behavior: a social psychological interpretation of amnesia, analgesia, and "trance logic". Behavioral and Brain Sciences, 9, 449–502.

Spanos, N.P. (1989) Experimental research on hypnotic analgesia. In: N.P. Spanos and J.F. Chaves (eds) Hypnosis: The Cognitive-Behavioral Perspective. Buffalo, NY: Prometheus, pp. 206–240.

Spanos, N.P. (1991) A sociocognitive approach to hypnosis. In: S.J. Lynn and J.W. Rhue (eds) Theories of Hypnosis: Current Models and Perspectives. New York: Guilford, pp. 324–363.

Spanos, N.P. (1992) Compliance and reinterpretation in hypnotic responding. Contemporary Hypnosis, 9, 7–14.

Spanos, N.P. and Chaves, J.F. (eds) (1989) Hypnosis: The Cognitive-Behavioral Perspective. Buffalo, NY: Prometheus.

Spanos, N.P., Flynn, D.M. and Gwynn, M.I. (1988) Contextual demands, negative hallucinations, and hidden observer responding: three hidden observers observed. British Journal of Experimental and Clinical Hypnosis, **5**, 5–10.

Spanos, N.P. and McLean, J. (1986) Hypnotically created pseudomemories: memory distortions or reporting biases? British Journal of Experimental and Clinical Hypnosis, **3**, 155–159.

Spanos, N.P., Radtke, H.L. and Bertrand, L.D. (1984) Hypnotic amnesia as a strategic enactment: breaching amnesia in highly susceptible subjects. Journal of Personality and Social Psychology, **47**, 1155–1169.

Spanos, N.P., Menary, E., Brett, P.J., Cross, W. and Ahmed, Q. (1987) Failure of posthypnotic responding to occur outside the experimental setting. Journal of Abnormal Psychology, **96**, 52–57.

Spanos, N.P., Gwynn, M.I., Comer, S.L., Baltruweit, W.J. and de Groh, M. (1989) Are hypnotically induced pseudomemories resistant to cross-examination? Law and Human Behavior, **13**, 271–289.

Spanos, N.P., Perlini, A.H., Patrick, L., Bell, S. and Gwynn, M.I. (1990) The role of compliance in hypnotic and non-hypnotic analgesia. Journal of Research in Personality, **24**, 433–453.

Spanos, N.P., Quigley, C.A., Gwynn, M.I., Glatt, R.L. and Perlini, A.H. (1991) Hypnotic interrogation, pretrial preparation, and witness testimony during direct and indirect cross-examination. Law and Human Behavior, **15**, 639–653.

Spanos, N.P., Burgess, C.A., DuBreuil, S.C., Liddy, S., Bowman, K. and Perlini, A.H. (1995) The effects of simulation and expectancy instructions on responses to cognitive skill training for enhancing hypnotizability. Contemporary Hypnosis, **12**, 1–11.

Sparks, G.G., Nelson, C.L. and Campbell, R.G. (1997) The relationship between exposure to televised messages about paranormal phenomena and paranormal beliefs. Journal of Broadcasting & Electronic Media, **41**, 345–359.

Sperry, R.W. (1982) Some effects of disconnecting the cerebral hemispheres. Science, **217**, 1223–1226.

Spiegel, D. (1994) A definition without a definition. Contemporary Hypnosis, **11**, 151–152.

Spiegel, D., Bierre, P. and Rootenberg, J. (1989) Hypnotic alteration of somatosensory perception. American Journal of Psychiatry, **146**, 749–754.

Spiegel, D., Cutcomb, S., Ren, C. and Pribram, K. (1985) Hypnotic hallucination alters evoked potentials. Journal of Abnormal Psychology, **94**, 140–143.

Springer, S.P. and Deutsch, G. (1981) Left Brain Right Brain. San Francisco: Freeman.

Springer, S.P. and Deutsch, G. (1998) Left Brain, Right Brain: Perspectives from Cognitive Neuroscience, 5th edn. New York: W.H. Freeman and Co.

Stam, H.J. (1989) From symptom to cure. Hypnotic interventions in cancer. In: N.P. Spanos and J.F. Chaves (eds) Hypnosis: The Cognitive-Behavioral Perspective. Buffalo, NY: Prometheus, pp. 313–339.

Stanimirovic, D.B., Ball, R. and Durkin, J.P. (1997) Stimulation of glutamate uptake and Na,K-ATPase activity in rat astrocytes exposed to ischemia-like insults. Glia, **19**, 123–134.

Stannard, R. (1996) Science and Wonders. Conversations About Science and Belief. London: Faber and Faber.

Stead, C.K. (1997) The English patient. Metro, Issue No. 190, 84–90.

Stein, M. (1974) Stimulating Creativity, Vol. 1. New York: Academic Press.

Stein, M. (1975) Stimulating Creativity, Vol. 2. New York: Academic Press.

Steinmetz, H., Herzog, A., Schlaug, G., Huang, Y. and Jänke, L. (1995) Brain (a)symmetry in mono-zygotic twins. Cerebral Cortex, **5**, 296–300.

Stern, N. (1978) Age and achievement in mathematics: A case study in the sociology of science. Social Studies of Science, **8**, 127–140.

Stevenson, J.H. (1976) The effect of hypnotic dissociation on the performance of interfering tasks. Journal of Abnormal Psychology, **85**, 398–407.

Stillings, D. (1983) Mediterranean origins of electrotherapy. Journal of Bioelectricity, **2**, 181–186.

Stoerig, P. and Cowey, A. (1997) Blindsight in man and monkey. Brain, **120**, 535–559.

Stringer, C. (1997) The myth of race. The Observer, 27 April, p. 31.

Stuart, E.W., Shimp, T.A. and Engle, R.W. (1987) Classical conditioning of consumer attitudes: four experiments in an advertising context. Journal of Consumer Research, **14**, 334–349.

Stuss, D.T., Alexander, M.P., Liberman, A. and Levine, H. (1978) An extraordinary form of confabulation. Neurology, **28**, 1166–1172.

SuperMind (1993) Advertisement in *The Telling Voice*, Beltane issue, p. 27.

Sussmann, D.J. (1978) *Qué es la acupuntura. Qué puede curar. Cómo actúa*, 4th edn. Buenos Aires: Kier.

Svyadoschch, A.M. (1968) The history of hypnopaedia. In: F. Rubin (ed.) *Current Research in Hypnopaedia*. London: Macdonald, pp. 197–201.

Szeto, A.Y.J. (1983) The field is no longer filled with quacks & black magic. IEEE *Engineering in Biology and Medicine Magazine*, **2**, 12–13.

Tagle, N. (1995) *Kirlian. El diagnóstico preventivo de la salud*. Buenos Aires: Kier.

Tallentyre, S.G. (1906) *The Friends of Voltaire*. London: Smith, Elder & Co.

Tangrea, J.A., Adrianza, M.E. and Helsel, W.E. (1994) Risk factors for the development of placebo adverse reactions in a multicenter clinical trial. *Annals of Epidemiology*, **4**, 327–331.

Tardy, M. (1991) Astrocyte et homéostasie. *Médecine/Sciences*, **7**, 799–804.

Tart, C. (ed.) (1969) *Altered States of Consciousness*. New York: Anchor Books.

Taylor, J. (1976) *Superminds*. London: Pan.

Taylor, D.W., Berry, P.C. and Block, C.H. (1958) Does group participating when using brainstorming facilitate or inhibit creative thinking? *Administrative Science Quarterly*, **3**, 23–47.

Taub, H.A., Mitchell, J.N., Stuber, F.E., Eisenberg, L., Beard, M.C. and McCormack, R.K. (1979) Analgesia for operative dentistry: a comparison of acupuncture and placebo. *Oral Surgery*, **48**(3), 205–210.

Terr, L. (1988) What heppens to early memories of trauma? A study of 20 children under age five at the time of documented traumatic events. *Academy of Child and Adolescent Psychiatry*, **27**, 96–104.

Terr, L. (1994) *Unchained Memories: True Stories of Traumatic Memories, Lost and Found*. New York: Basic Books Inc.

Tessman, I. and Tessman, J. (1997a) Mind and body. *Science*, **276**, 369–370.

Tessman, I. and Tessman, J. (1997b) Troubling matters. *Science*, **278**, 561.

Thatcher, R.W., Walker, R.A. and Guidice, S. (1987) Human cerebral hemispheres develop at different rates and ages. *Science*, **236**, 1110–1113.

The Sceptic (1997) Editorial. Prize Quiz. *The Sceptic*, **10**, 26–27.

The Vancouver Sun (1997) Cartoon sparks convulsions in kids. Reuters/Associated Press story. 18 December, pp. 1 and 2.

Tiller, S.G. and Persinger, M.A. (1994) Enhanced hypnotizability by cerebrally applied magnetic fields depends upon the order of hemispheric presentation: an anisotropic effect. *International Journal of Neuroscience*, **79**, 157–163.

Trubo, R. (1982) How to tap your brain's success circuits. *Success, The Magazine for Achievers*, March issue, unpaginated (cited by Harris, 1988).

Trudeau, G. (1992a) My Story: The Draft. *New York Times*, 30 September, A17.

Trudeau, G. (1992b) My Story: The Holes. *New York Times*, 30 September, A17.

Tulving, E. (1972) Episodic and semantic memory. In: E. Tulving and W. Donaldson (eds.) *Organisation of Memory*. New York: Academic Press, pp. 381–403.

Turner, J.A., Deyo, R.A., Loeser, J.D., Von Korff, M. and Fordyce, W.E. (1994) The importance of placebo effects in pain treatment and research. *Journal of the American Medical Association*, **271**, 1609–1614.

Tversky, A. and Kahneman, D. (1973) Availability: a heuristic for judging frequency and probability. *Cognitive Psychology*, **5**, 207–232.

Tweney, R.D. (1985) Faraday's discovery of induction: a cognitive approach. In: D. Gooding and F. James (eds) *Faraday Rediscovered: Essays on the Life and Work of Michael Faraday, 1771–1867*. New York: Stockton Press, pp. 189–210.

Udolf, R. (1983) *Forensic Hypnosis: Psychological and Legal Aspects*. Lexington, Mass: Lexington Books.

Uglig, R. (1997) X-File Britain puts faith in the irrational. *The Daily Telegraph*, 5 September.

Ullman, M., Krippner, S. and Vaughn, A. (1989) *Dream Telepathy: Experiments in Nocturnal ESP*, 2nd edn. London: McFarland.

Ungerleider, L.G. (1995) Functional brain imaging studies of cortical mechanisms for memory. *Science*, **270**, 769–775.

Usher, J.A. and Neisser, U. (1993) Childhood amnesia and the beginnings of memory for four early life events. *Journal of Experimental Psychology: General*, **122**, 155–165.

Uttal, W. (1978) *The Psychobiology of Mind*. Hillsdale, NJ: Lawrence Erlbaum Assoc.

Van der Thillart, G. and Van Waarde, A. (1996) Nuclear magnetic resonance spectroscopy of living systems: applications in comparative physiology. *Physiological Reviews*, **76**, 799–837.

Van Essen, D.C. (1997) A tension-based theory of morphogenesis and compact wiring in the central nervous system. *Nature*, **385**, 313–331.

Vargha-Khadem, F., Carr, L.J., Isaacs, E., Adams, C. and Mishkin, M. (1997) Onset of speech after left hemispherectomy in a nine-year-old boy. *Brain*, **120**, 159–182.

Vernon, P.E. (1970) *Creativity*. Harmondsworth: Penguin Books.

Veroff, A.E. (1980) The neuropsychology of aging. *Psychological Research*, **41**, 259–268.

Voudouris, N.J., Peck, C.L. and Coleman, G. (1990) The role of conditioning and verbal expectancy in the placebo response. *Pain*, **43**, 121–128.

Wackermann, J., Lehmann, D., Dvorak, I. and Michel, C. (1993) Global dimensional complexity of multi-channel EEG indicates change of human brain functional state after a single dose of a nootropic drug. *EEG and Clinical Neurophysiology*, **86**, 193–198.

Wadden, T. and Anderton, C.H. (1982) The clinical use of hypnosis. *Psychological Bulletin*, **91**, 215–243.

Wagstaff, G.F. (1977a) An experimental study of compliance and post-hypnotic amnesia. *British Journal of Social and Clinical Psychology*, **16**, 225–228.

Wagstaff, G.F. (1977b) Post-hypnotic amnesia as disrupted retrieval: a role-playing paradigm. *Quarterly Journal of Experimental Psychology*, **29**, 499–504.

Wagstaff, G.F. (1981) *Hypnosis, Compliance, and Belief*. Brighton: Harvester.

Wagstaff, G.F. (1982a) Disorganized recall, suggested amnesia and compliance. *Psychological Reports*, **51**, 1255–1258.

Wagstaff, G.F. (1982b) Helping a witness remember – a project in forensic psychology. *Police Research Bulletin*, **38**, 56–58.

Wagstaff, G.F. (1984) The enhancement of witness memory by hypnosis: a review and methodological critique of the experimental literature. *British Journal of Experimental and Clinical Hypnosis*, **2**, 3–12.

Wagstaff, G.F. (1986) Hypnosis as compliance and belief: a sociocognitive view. In: P.L.N. Naish (ed.) *What is Hypnosis?* Philadelphia: Open University Press, pp. 59–84.

Wagstaff, G.F. (1987) Hypnotic induction, hypnotherapy and the placebo effect. *British Journal of Experimental and Clinical Hypnosis*, **4**, 168–170.

Wagstaff, G.F. (1989) Forensic aspects of hypnosis. In N.P. Spanos and J.F. Chaves (eds) *Hypnosis: The Cognitive Behavioral Perspective*. Buffalo, NY: Prometheus, pp. 340–359.

Wagstaff, G.F. (1991a) Compliance, belief and semantics in hypnosis: a nonstate, sociocognitive perspective. In: S.J. Lynn and J.W. Rhue (eds) *Theories of Hypnosis: Current Models and Perspectives*. New York: Guilford, pp. 362–396.

Wagstaff (1991b) Hypnosis and harmful and antisocial acts: some theoretical and empirical issues. *Contemporary Hypnosis*, **8**, 141–146.

Wagstaff, G.F. (1993) What expert witnesses can tell courts about hypnosis: a review of the association between hypnosis and the law. *Expert Evidence: The International Digest of Human Behaviour Science and Law*, **2**, 60–70.

Wagstaff, G.F. (1996) Compliance and imagination in hypnosis. In: R.G. Kunzendorf, N.P. Spanos and B.J. Wallace (eds) *Hypnosis and Imagination*. New York: Baywood, pp. 19–40.

Wagstaff, G.F. and Benson, D. (1987) Exploring hypnotic processes with the cognitive simulator comparison group. *British Journal of Experimental and Clinical Hypnosis*, **4**, 83–91.

Wagstaff, G.F. and Carroll, R. (1987) The cognitive simulation of hypnotic amnesia and disorganized retrieval. *Medical Science Research*, **15**, 85–86.

Wagstaff, G.F. and Frost R. (1996) Reversing and breaching posthypnotic amnesia and hypnotically created pseudomemories. *Contemporary Hypnosis*, **13**, 191–197.

Wagstaff, G.F., Green, K. and Somers, E. (1997) The effects of the experience of hypnosis, and hypnotic depth, on juror's decisions regarding the defence of hypnotic automatism. *Legal and Criminological Psychology*, **2**, 65–74.

Wagstaff, G.F. and Royce, C. (1994) Hypnosis and the treatment of nailbiting: a preliminary trial. *Contemporary Hypnosis*, **11**, 9–13.

Wall, P.D. (1993) Pain and the placebo response. In: P.D. Wall (ed) *Experimental and Theoretical Studies of Consciousness*. Ciba Foundation Symposium 174. Chichester: Wiley, pp. 187–216.

Wallace, R.K. and Benson, H. (1972) The physiology of meditation. *Scientific American*, **226**(2), 84–90.

Wallas, G. (1926) *The Art of Thought*. London: Jonathan Cape.

Walter, W.G. (1963) *The Living Brain*. New York: W.W. Norton.

Warren, T.F. and Davis, G.A. (1969) Techniques for creative thinking: an empirical comparison of three methods. *Psychological Reports*, **25**, 207–214.

Watkins, A. and Bickel, W.S. (1986) A study of the Kirlian effect. *The Skeptical Inquirer*, **10**, 244–257.

Watkins, A. and Bickel, W.S. (1989) The Kirlian Technique: controlling the wild cards. *The Skeptical Inquirer*, **13**, 172–184.

Watson, J.D.G. (1996) Functional imaging studies of human visual cortex. *Clinical and Experimental Pharmacology and Physiology*, **23**, 926–930.

Watts, F.N. and Sharrock, R. (1985) Relationships between spider constructs in phobics. *British Journal of Medical Psychology*, **58**, 149–153.

Webb, J. (1971) *The Flight from Reason*. London: Macdonald.

Weil, A. (1974) Andrew Weil's search for the true Geller. *Psychology Today*, June, 45–50; July, 74–82.

Weisberg, R.W. (1986) *Creativity: Genius and Other Myths*. San Francisco, CA: W.H. Freeman.

Weisberg, R.W. (1988) Problem solving and creativity. In: R.J. Sternberg (ed.) *The Nature of Creativity: Contemporary Psychological Perspectives*. Cambridge: Cambridge University Press, pp. 148–176.

Weiskrantz, L. (1996) Blindsight revisited. *Current Opinion in Neurobiology*, **6**, 215–220.

Weiss, H.R. and Sinha, A.K. (1993) Imbalance of regional cerebral blood flow and oxygen consumption: effect of vascular alpha adrenoceptor blockade. *Neuropharmacology*, **32**, 297–302.

Wernicke, C. (1874) *Der Aphasische Symptomenkomplen*. Brelau: Cohn & Weigart.

West, D.J. (1957) *Eleven Lourdes Miracles*. New York: Helix Press.

West, R.L. (1986) An application of prefrontal cortex function theory to cognitive aging. *Psychological Bulletin*, **120**, 272–292.

West, M.A. (1987) *The Psychology of Meditation*. Oxford: Clarendon Press.

Wheeler, M.A., Stuss, D.T. and Tulving, E. (1997) Toward a theory of episodic memory: the frontal lobes and autonoetic consciousness. *Psychological Bulletin*, **121**, 331–354.

Whelihan, W. and Lesher, E. (1985) Neuropsychological changes in frontal functions with ageing. *Developmental Neuropsychology*, **1**, 371–380.

White, L. Tursky, B. and Schwartz, G. (eds.) (1985) *Placebo: Theory, Research, and Mechanisms*. Guilford Press: New York.

Williams, L.M. (1994) Recall of childhood trauma: a prospective study. *Journal of Consulting and Clinical Psychology*, **62**, 1167–1176 (plus commentary).

Wilmut, I., Schnieke, A.E., McWhir, J., Kind, A.J. and Campbell, K.H.S. (1997) Viable offspring derived from fetal and adult mammalian cells. *Nature*, **385**, 810–813.

Wilson, D. (1872) Righthandedness. *The Canadian Journal*, No. 75, 193–203.

Wilson, S.C. and Barber, T.X. (1982) The fantasy prone personality: implications for understanding imagery, hypnosis and parapsychological phenomena. In: A.A. Sheikh (ed) *Imagery: Current Theory, Research and Application*. New York: Wiley, pp. 340–387.

Winder, B. (1993) Intelligence and expertise in the elderly. Unpublished MSc. Thesis, University of Manchester.

Winick, M. (1976) *Malnutrition and Brain Development*. New York: Oxford University Press.

Wiseman, R. (1994) Modeling the strategems of psychic fraud. *European Journal of Parapsychology*, **10**, 31–44.

Wiseman, R. (1996) Witnesses to the paranormal (how reliable?). In: G. Stein (ed.) *The Encyclopedia of the Paranormal*. Buffalo: Prometheus Books, pp. 829–834.

Wiseman, R. and Morris, R.L. (1995) Recalling pseudo-psychic demonstrations. *British Journal of Psychology*, **86**, 113–125.

Witelson, S.F. and Pallie, W. (1973) Left-hemisphere specialization for language in the newborn: neuroanatomical evidence of asymmetry. *Brain*, **96**, 641–646.

Wolberg, L.R. (1972) *Hypnosis: Is It For You?* New York: Harcourt Brace Jovanovich.

Wolpert, L. (1993) *The Unnatural Nature of Science*. London: Faber and Faber.

Wood, J.M. Bootzin, R.R., Kihlstrom, J.F. and Schacter, D.L. (1992) Implicit and explicit memory for verbal information presented during sleep. *Psychological Science*, **3**, 236–239.

Woodrum, E. (1978) Religious organizational change: an analysis based on the TM movement. *Review of Religious Research*, **24**(2), 89–103.

Woodworth, R.S. (1934) *Psychology*, 3rd edn. New York: Henry Holt.

Woodworth, R.S. and Schlosberg, H. (1954) *Experimental Psychology* 3rd Edn. London: Methuen.

Wright, S., Young, A.W. and Hellawell, D.J. (1993) Sequential Cotard and Capgras delusion. *British Journal of Clinical Psychology*, **32**, 345–349.

Wurtman, J.J. (1988) *Managing Your Mind and Mood Through Food*. New York: Harper Collins.

Wyatt, J.S. (1994) Noninvasive assessment of cerebral oxidative metabolism in the human newborn. *Journal of the Royal College of Physicians of London*, **28**, 126–132.

Wylie, M. (1993) Trauma and memory. *Family Therapy Networker*, **17**, 42–43.

Yahoo (1997) msn.yahoo.com/Business-and-Economy/Companies/Health/Alternative/Meditation/Mind-Machines/. Interested readers might like to browse the following sites: tile.net/theta, www.mindmachine.com, www.mintech.net, www. mindmax.com, www.breakthroughproducts.com/mindmach.htm, www.brain.com, www.geocities.com/HotSprings/7820/benefit.htm, www. mindspring,com/~jasko/brain/index.html, www.lifetools.com/default.htm, www.lucidity.com, www.photoreading.com, www.brainsync.com, www.hscti.com.

Yam, P. (1997) The media's eerie fascination. *Scientific American*. January, pp. 84–85.

Yaniv, I. and Meyer, D.E. (1987) Activation and metacognition of inaccessible stored information: potential bases for incubation effects in problem solving. *Journal of Experimental Psychology: Learning, Motivation and Cognition*, **13**, 187–205.

Yesudian, S. and Haich, E. (1986) *Yoga y salud*. Buenos Aires: Editorial Central.

Young, P.C. (1952) Antisocial uses of hypnosis. In: L.M. Le Cron (ed.) *Experimental Hypnosis*, 2nd edn. New York: Macmillan, pp. 376–409.

Young, R.M. (1970) *Mind, Brain and Adaptation in the Nineteenth Century: Cerebral Localization and its Biological Context from Gall to Ferrier*. Oxford: Clarendon Press.

Young, A.W. (1994) Recognition and reality. In: E.M.R. Critchley (ed.) *The Neurological Boundaries of Reality*. London: Farrand Press, pp. 83–100.

Young, A.W. and Leafhead, K.M. (1996) Betwixt life and death: case studies of the Cotard delusion. In: P.W. Halligan and J.C. Marshall (eds) *Methods in Madness: Case Studies in Cognitive Neuropsychiatry*. Hove, UK: Erlbaum (UK) Taylor & Francis, pp.146–171.

Young, A.W., Leafhead, K.M. and Szulecka, T.K. (1994) The Capgras and Cotard delusions. *Psychopathology*, **27**, 266–231.

Young, A.W. and van de Wal, C. (1996) Charcot's case of impaired imagery. In: C. Code, C.-W. Wallesch, A.R. Lecours and Y. Joanette (eds) *Classic Cases in Neuropsychology*. Hove, UK: Psychology Press.

Young, A.W., Reid, I., Wright, S. and Hellawell, D.J. (1993) Face-processing impairments and the Capgras delusion. *British Journal of Psychiatry*, **162**, 695–698.

Young, A.W., Robertson, I.H., Hellawell, D.J., de Pauw, K.W. and Pentland, B. (1992) Cotard delusion after brain injury. *Psychological Medicine*, **22**, 799–804.

Younkin, D.P. (1993) Magnetic resonance spectroscopy in hypoxic-ischemic encephalopathy. *Clinical and Investigative Medicine*, **16**, 115–121.

Zabalova, N.D., Zukhar', V.P. and Petrov, I.A. (1964) The problem of hypnopaedia. *Problems in Psychology*, **2**, 98–103.

Zaidel, E. (1983) A response to Gazzaniga: language in the right hemisphere, convergent perspectives. *American Psychologist*, **38**, 542–546.

Zamansky, H.S. and Bartis, S.P. (1985) The dissociation of experience: the hidden observer observed. *Journal of Abnormal Psychology*, **94**, 243–248.

Zangwill, O.L. (1946) Some qualitative observations on verbal memory in cases of cerebral lesion. *British Journal of Psychology*, **37**, 8–19.

Zangwill, O.L. (1976) Thought and the brain. *British Journal of Psychology*, **67**, 301–314.

Zdenek, M. (1985) *The Right Brain Experience: An Intimate Programme to Free the Powers of Your Imagination*. London: Corgi.

Zeman, A. (1997) Persistent vegetative state. *The Lancet*, **350**, 795–799.

Zimmermann, M. (1978) Neurophysiology of sensory systems. In: R.F. Schmidt (ed.) *Fundamentals of Sensory Physiology*. New York: Springer-Verlag, pp. 31–80.

Zinberg, N.E. (1984) *Drug, Set, and Setting*. New Haven: Yale University Press.

Zusne, L. (1985) Magical thinking and parapsychology. In: P. Kurtz (ed.) *A Skeptic's Handbook of Parapsychology*. Buffalo: Prometheus Books, pp. 685–700.

Zwicky, F. (1969) *Discovery, Invention, Research*. New York: Macmillan.

Zwicky, J.F., Hafner, A.W., Barrett, S. and Jarvis, W.T. (1993) *Reader's Guide to Alternative Health Methods*. Milwaukee: American Medical Association.

國家圖書館出版品預行編目資料

心智的迷思：探索大眾對心智與大腦的普遍想法／Sergio Della
 Sala 編；郭俊顯譯.--初版.--臺北市：心理, 2004（民 93）
  面； 公分.--（心靈探索；11）
參考書目：面

譯自：Mind myths: exploring popular assumptions about the mind
and brain
 ISBN 957-702-665-6（平裝）

1.思考   2.腦   3.智力

176.4   93004229

心靈探索 11　心智的迷思：探索大眾對心智與大腦的普遍想法

編 著 者：Sergio Della Sala

譯　　者：郭俊顯

校　　對：林嘉瑛

執行編輯：陳文玲

總 編 輯：林敬堯

發 行 人：邱維城

出 版 者：心理出版社股份有限公司

社　　址：台北市和平東路一段 180 號 7 樓

總　　機：(02) 23671490　　傳　　真：(02) 23671457

郵　　撥：19293172　心理出版社股份有限公司

電子信箱：psychoco@ms15.hinet.net

網　　址：www.psy.com.tw

駐美代表：Lisa Wu　　tel: 973 546-5845　　fax: 973 546-7651

登 記 證：局版北市業字第 1372 號

電腦排版：辰皓國際出版製作有限公司

印 刷 者：辰皓國際出版製作有限公司

初版一刷：2004 年 4 月

讀者意見回函卡

No. _____   填寫日期：　年　月　日

感謝您購買本公司出版品。為提升我們的服務品質，請惠填以下資料寄回本社【或傳真(02)2367-1457】提供我們出書、修訂及辦活動之參考。您將不定期收到本公司最新出版及活動訊息。謝謝您！

姓名：_____　　性別：1□男　2□女

職業：1□教師 2□學生 3□上班族 4□家庭主婦 5□自由業 6□其他____

學歷：1□博士 2□碩士 3□大學 4□專科 5□高中 6□國中 7□國中以下

服務單位：_____　部門：_____　職稱：_____

服務地址：_____　電話：_____　傳真：_____

住家地址：_____　電話：_____　傳真：_____

電子郵件地址：_____

書名：_____

一、您認為本書的優點：（可複選）

　❶□內容 ❷□文筆 ❸□校對 ❹□編排 ❺□封面 ❻□其他____

二、您認為本書需再加強的地方：（可複選）

　❶□內容 ❷□文筆 ❸□校對 ❹□編排 ❺□封面 ❻□其他____

三、您購買本書的消息來源：（請單選）

　❶□本公司 ❷□逛書局⇨_____書局 ❸□老師或親友介紹

　❹□書展⇨____書展 ❺□心理心雜誌 ❻□書評 ❼其他_____

四、您希望我們舉辦何種活動：（可複選）

　❶□作者演講 ❷□研習會 ❸□研討會 ❹□書展 ❺□其他_____

五、您購買本書的原因：（可複選）

　❶□對主題感興趣 ❷□上課教材⇨課程名稱_____

　❸□舉辦活動　❹□其他_____　　　　（請翻頁繼續）

（免貼郵票）

 心理出版社 股份有限公司

台北市 106 和平東路一段 180 號 7 樓

TEL: (02) 2367-1490
FAX: (02) 2367-1457
EMAIL:psychoco@ms15.hinet.net

沿線對折訂好後寄回

六、您希望我們多出版何種類型的書籍

❶□心理 ❷□輔導 ❸□教育 ❹□社工 ❺□測驗 ❻□其他

七、如果您是老師，是否有撰寫教科書的計劃：□有□無

書名／課程：＿＿＿＿＿＿＿＿＿＿＿＿＿＿＿＿＿＿＿＿＿

八、您教授／修習的課程：

上學期：＿＿＿＿＿＿＿＿＿＿＿＿＿＿＿＿＿＿＿＿＿＿＿

下學期：＿＿＿＿＿＿＿＿＿＿＿＿＿＿＿＿＿＿＿＿＿＿＿

進修班：＿＿＿＿＿＿＿＿＿＿＿＿＿＿＿＿＿＿＿＿＿＿＿

暑　假：＿＿＿＿＿＿＿＿＿＿＿＿＿＿＿＿＿＿＿＿＿＿＿

寒　假：＿＿＿＿＿＿＿＿＿＿＿＿＿＿＿＿＿＿＿＿＿＿＿

學分班：＿＿＿＿＿＿＿＿＿＿＿＿＿＿＿＿＿＿＿＿＿＿＿

九、您的其他意見

＿＿＿＿＿＿＿＿＿＿＿＿＿＿＿＿＿＿＿＿＿＿＿＿＿＿＿

謝謝您的指教！　　　　　　　　　　　　　12011